中央编译局文库编辑委员会

主　任：贾高建
委　员：贾高建　俞可平　魏海生　陈和平　柴方国　杨金海
　　　　王学东　何增科　季正聚　郗卫东　张文成　曹荣湘
　　　　卿学民　刘明清　薛晓源

中央编译出版社文库编辑中心编辑小组

刘明清　薛晓源　谭　洁　尹承东　董　巍　贾宇琰　冯　章
苗永姝　邓　彤　侯天保　盛菊艳　李媛媛　薛迎春　董　妍

国家"十二五"重点图书

国际共产主义运动历史文献

第37卷

主　编　王学东
副主编　戴隆斌（常务）童建挺

共产国际第五次代表大会文献（1）

本卷主编　陈新明

《国际共产主义运动历史文献》顾问委员会

贾高建 俞可平 顾锦屏 高　放 张中云 殷叙彝 胡文建
宋洪训 顾家庆 洪肇龙 沈志华 杨光远

《国际共产主义运动历史文献》编辑委员会

主　　编：王学东
副 主 编：戴隆斌（常务）　童建挺
编　　委：（以姓氏笔画为序）
　　　　　王　瑾 吕瑞林 邢艳琦 许宝友 张文成 张文红
　　　　　陈新明 林德山 胡振良 姚　颖 彭萍萍 薛晓源

参加本卷译校工作的有
王尊贤

参加本卷编辑出版工作的有
李媛媛 苗永姝 薛晓源

丛书编务统筹
苗永姝 李媛媛 董　妍

总 序

国际共产主义运动，是由以马克思主义为指导的无产阶级政党领导的国际性的无产阶级革命运动，其宗旨是推翻资产阶级统治和一切剥削制度，建立和发展社会主义制度，进而最终实现人的彻底解放，建立共产主义社会。

国际共产主义运动迄今已有一百六十多年的历史。19世纪40年代，马克思、恩格斯在创立科学社会主义理论的同时，努力把它与当时西欧无产阶级的革命实践相结合，于1847年6月创建了第一个国际性的无产阶级政党——共产主义者同盟，亲自拟定并于1848年2月公开发表了同盟纲领《共产党宣言》。这标志着国际共产主义运动的兴起。

自从共产主义者同盟建立以来，历经第一国际（国际工人协会）、第二国际、第三国际（共产国际），国际共产主义运动由小到大、由弱到强，从西方推进到东方、从欧洲扩展到全球，终于突破资本主义链条上一个又一个薄弱环节，取得了社会主义由一国到多国的胜利。二战后社会主义阵营的建立、民族解放运动的胜利进军、社会主义国家革命与建设的重大成就，为国际共产主义运动史书写了辉煌的篇章。20世纪末，由于东欧剧变、苏联解体，国际共产主义运动遭遇了严重挫折。但是，历史并没有因此而终结。由《共产党宣言》奠基的国际共产主义运动仍在曲折中前进。各资本主义国家中的共产党、工人党仍在不断探索无产阶级取得解放的道路；中国等社会主义国家仍继续高举社会主义伟大旗帜，为完善社会主义、最终实现共产主义而不懈奋斗。

国际共产主义运动一百六十多年跌宕起伏的发展历程，积累了卷帙浩繁的文献档案，留下了丰富的历史遗产。深入发掘和充分利用这些文献档案，对于我们准确地了解和把握国际共产主义运动的发展进程及各个时期的特点，科学地研究和总结国际共产主义运动丰富且宝贵的经验教训，具有极其重要的意义。特别是无产阶级国际组织，作为国际共产主义运动的重要载体，其文献档案对于国际共产主义运动史研究更是具有特殊的重要意义。

早在1984年春，中国国际共产主义运动史学会就发起编辑出版《国际共产主义运动史文献》。当时由中共中央编译局、中国社会科学院马列主义毛泽东思想研究所和近代史研究所、中共中央党校和中国人民大学等单位共同组建了编辑委员会。编委会商定：这套文献主要收编共产主义者同盟、第一国际、第二国际、第三国际、共产党和工人党情报局这五个国际组织已发表的全部文献档案，包括历次代表大会、代表会议和其他重要会议的记录、决议和有关文件；收编材料力求齐全；凡外国有选编完整的版本者，根据外国版本翻译；凡文件散见于外国不同出版物者，尽力搜集完整，组织力量统一编译；文件完全按照原件翻译，译文力求准确，不作修改删节，以便读者根据完整、准确的第一手材料了解这些国际组织的历史。在当时代管全国哲学社会科学基金的中国社会科学院科研局的资助下，经过编辑委员会、编译工作者和中国人民大学出版社的共同努力，这套文献于1986年开始陆续出版，截至1997年共出版了21卷。

到上世纪末，文献的编辑出版工作遇到了巨大困难。首先是编委会发生了重大变故，主编林基洲、副主编王颖和校纪英相继谢世；其次是出版经费难以为继。为继续出版这套文集，中国国际共产主义运动史学会多方努力，组成以会长顾锦屏为主编的新编委会，从全国哲学社会科学规划办公室争取到一笔资助，于1999—2001年又出版了两卷。此后，因缺乏经费，编辑出版工作完全陷于停顿。

2010年，在中共中央编译局和中国国际共产主义运动史学会的鼎力支持下，中央编译出版社以这套文献申报国家出版基金项目，获得立项资助。中共中央编译局对此项目高度重视，在国家出版基金资助的基础上，给予了相应的资金支持，组建了新编委会，成立了专门机构负责文献整理和编辑工作，并将这套文献纳入"中央编译局文库"出版规划。

经新编委会研究决定，这套文献定名为《国际共产主义运动历史文献》，在其前身《国际共产主义运动史文献》的基础上重新编辑出版。通过进一步广泛搜集资料和适当改变编辑方式，新《文献》的资料更详尽、收文更齐全。例如，在原《文献》的某些卷次中，对已出版的马克思主义经典著作中译本只列目录，不收正文，而新《文献》则全部依据最新的中译本收录，以方便读者查阅。此外，《国际共产主义运动历史文献》扩大了文献资料的搜集和选材范围，采用开放式结构，规模暂定60卷，约2500万字。

中共中央编译局和中国国际共产主义运动史学会对这套文献的编辑出版工作给予了强有力的支持，中央编译出版社为这套文献的立项和出版做了大量艰苦细致的工作，文献的前两任编委会和编译工作者在十分困难的条件下为这套文献奠定了良好的基础，中国人民大学出版社为这套文献的重新编辑出版提供了帮助，在此一并表示衷心感谢。

《国际共产主义运动历史文献》

编辑委员会

2011年12月20日

编辑说明

共产国际第五次代表大会，于1924年6月17日—7月8日在莫斯科举行。参加大会的有49个国家的60个政党和组织的510名代表。中国李大钊、王荷波、彭述之、刘清扬等出席会议。这次大会是在资本主义摆脱战后危机而出现相对稳定的局面、无产阶级革命转入低潮的情况下召开的。

会议主要讨论共产国际执委会的活动和策略的报告；关于苏联经济状况和俄共（布）党内的争论；法西斯主义；工会运动的策略等。季诺维也夫作关于共产国际执委会的活动和策略的报告。大会认为，目前正处于民主—和平主义时期，这一时期是资本主义的最后一个阶段；社会民主党已成为资产阶级的"第三"党，成为法西斯主义的一翼，社会民主党和法西斯主义是资产阶级的左右手。大会批驳了对统一战线策略的各种曲解，强调不能仅在上层采取统一战线策略，下层的统一战线是任何时候任何地方都必需的。认为"工农政府"的口号是用革命的语言和人民群众的语言来表达的"无产阶级专政"的口号。提出现阶段共产国际活动的一项最重要的任务是各党的布尔什维克化，即把俄国布尔什维主义中过去和现在一切具有国际意义、普遍意义的东西，应用到各个支部中去。大会谴责俄共党内托洛茨基反对派及波兰、法国和德国党内某些人支持反对派的行为。认为法西斯主义是大资产阶级用以对付无产阶级的一种战斗武器；社会民主党永远不能成为无产阶级反对法西斯主义斗争中可靠的同盟者。要求所有的共产党坚决抵制退出工会的倾向，并把争取民族和国际的工会统一的斗争摆到中心位置。大会通过了共产国际纲领、波兰问题、意大利共产党行动纲领、瑞典问题以及苏瓦林事件等问题的决议。选出了新的共产国际执行委员会，季诺维也夫仍当选为共产国际执委会主席。

共产国际第五次代表大会会议文献，是根据苏联国家出版社于1925年出版的《共产国际第五次代表大会会议速记记录》（Пятый Всемирный Конгресс Коммунистического Интернационала 17 июня – 7 июля 1924 г. Стенографический Отчет, Часть Ⅰ, Государственное Издательство Москва, 1925 г.）译出的。书中除译者加的译者注外，未注明的脚注为原书或者原作者加的注释，本卷主编加的注释标明为编者注。

本卷主编依据中央编译局编译马克思主义经典著作的标准对人名、地名、组织机构名、报刊名等专用名进行了统一，并对书中个别译文进行了重新校订。

目 录

共产国际第五次代表大会会议记录
　（1924年6月17—26日） ………………………………………… 1
第一次会议（1924年6月17日，星期二） …………………………… 3
　　大会开幕并选举主席团 ………………………………………… 3
　　季诺维也夫致开幕词 …………………………………………… 5
　　各组织和机关向大会致贺词 …………………………………… 16
　　格施克代表大会答谢各机关团体的祝贺 ……………………… 37
　　代表大会的其他各项议程 ……………………………………… 39
第二次会议（1924年6月18日，星期三） …………………………… 44
　　加里宁在红场发表纪念列宁的演讲 …………………………… 44
　　鲁特·费舍的发言 ……………………………………………… 54
　　罗易的发言 ……………………………………………………… 55
第三次会议（1924年6月19日，星期四） …………………………… 58
　　格施克就会议议程作说明 ……………………………………… 58
　　表决并通过代表大会的内部规程和各委员会组成名单 ……… 61
　　季诺维也夫作关于共产国际执委会的活动和策略的报告 …… 62
第四次会议（1924年6月20日，星期五） …………………………… 122

表决并通过一些委员会的组成名单……………………………… 122
　　　瓦尔加作关于世界经济形势的报告…………………………… 123
第五次会议（1924年6月20日，星期五）……………………… 147
　　　讨论并通过关于处理苏瓦林事件委员会的组成人员名单…… 147
　　　讨论季诺维也夫和瓦尔加的报告……………………………… 150
　　　给大会的贺信…………………………………………………… 173
第六次会议（1924年6月21日，星期六）……………………… 174
　　　讨论季诺维也夫和瓦尔加的报告（续）……………………… 174
第七次会议（1924年6月21日，星期六）……………………… 224
　　　讨论季诺维也夫的报告（续）………………………………… 224
第八次会议（1924年6月23日，星期一）……………………… 258
　　　讨论德国问题…………………………………………………… 258
第九次会议（1924年6月23日，星期一）……………………… 297
　　　讨论季诺维也夫的报告（续）………………………………… 297
第十次会议（1924年6月24日，星期二）……………………… 339
　　　讨论季诺维也夫的报告（续）………………………………… 339
第十一次会议（1924年6月24日，星期二）…………………… 380
　　　讨论季诺维也夫和瓦尔加的报告（续）……………………… 380
第十二次会议（1924年6月25日，星期三）…………………… 414
　　　讨论季诺维也夫和瓦尔加的报告（续）……………………… 414
第十三次会议（1924年6月25日，星期三）…………………… 453
　　　讨论季诺维也夫和瓦尔加的报告（续）……………………… 453
第十四次会议（1924年6月26日，星期四）…………………… 496
　　　讨论季诺维也夫和瓦尔加的报告（续）……………………… 496

共产国际第五次代表大会会议记录

(1924年6月17—26日)

第一次会议

（1924年6月17日，星期二）

大会开幕式在大剧院隆重举行，会议于晚上9点由共产国际总书记柯拉罗夫宣布开幕。

大会开幕并选举主席团

柯拉罗夫（保加利亚）：

各国革命的工农代表已经是第五次齐集苏维埃社会主义共和国联盟的红色首都，参加国际代表大会，讨论和解决资本主义世界革命运动所提上议事日程的各种问题。距离我们的上一次代表大会仅仅一年半时间。这是一段很短的时光，但是在这短短的时期内却发生了许多意义极其重大的事件，无论国际关系还是我们各个党的生活和发展中，都产生了巨大的变化。在此期间，共产国际——它的各个分部及其所领导的无产阶级——在许多战线上都进行了艰巨的斗争。在这场斗争中，既有局部的失败，也有重大的胜利。然而也付出了巨大的牺牲。大会开幕之际，我们应该讲的第一件事，就是我们所蒙受的重大损失。首先应当提到的是，我们失去了世界革命最伟大的领袖——**列宁**同志。（全体起立，乐队奏哀乐）

同志们！共产国际也失去了俄国社会民主党创始人之一，同时也是保加利亚原紧密派革命共产党奠基人**季米特尔·布拉戈耶夫**同志。（全

体起立，乐队奏送葬曲）

同志们！在尚未同样追思其他的一些逝世者之前，我们不能着手我们的工作，成千上万的普通工人、农民，在革命斗争中，在公开的战斗和监狱里牺牲了，或者被资产阶级刽子手判处了死刑。不过，我们不单是感到悲痛。我们也怀着喜悦的心情看到，在这段不长的时间内，共产国际及其各个分部都取得了许多重大的成就。我们各国的党日益壮大，我们全世界的党——共产国际——如今更加牢固地站稳了脚跟，怀着彻底胜利的信念瞻望未来。我们的代表大会在着手工作的时候，可以满怀信心地看待将来，期待事件的发展。我谨此宣布共产国际第五次世界代表大会开幕。（暴风雨般的掌声。乐队奏国际歌，全场齐声高唱。座中有人高呼："向共产国际第五次代表大会致敬。乌拉！"掌声）

托洛茨基入场。（掌声。欢呼声。座中有人高呼："红军万岁！乌拉！"掌声）

柯拉罗夫（保加利亚）：

现在，我们开始选举大会主席团。请米柳京同志发言。

米柳京（苏联）：

同志们，现以各代表团的名义，提出主席团的组成人员如下：季诺维也夫同志担任主席（掌声），克拉拉·蔡特金同志（掌声），斯大林、布哈林、托洛茨基等同志——代表俄罗斯共产党（掌声），台尔曼和格施克同志代表德国（掌声），特兰和塞尔贝同志——法国（掌声），博尔迪加同志——意大利（掌声），什麦拉尔和穆纳同志——捷克斯洛伐克（掌声），柯拉罗夫同志（掌声）——巴尔干，瓦列茨基同志——波兰（掌声），片山潜同志——日本（掌声，座中高呼："东方各国人民万岁！"掌声），罗易同志——印度（掌声），斯图尔特同志——英国

（掌声），邓恩同志——美国（掌声）。

现在是秘书处成员名单：皮亚特尼茨基、麦克马纳斯、多里奥、施蒂纳和诺伊拉特等同志。（掌声）

柯拉罗夫（保加利亚）：

对所推举的主席团和秘书处组成人员有没有什么反对意见？没有吗？（掌声）谁反对？主席团和秘书处一致当选。（掌声）

请**季诺维也夫**同志致开幕词。（掌声）

季诺维也夫致开幕词

同志们！共产国际第五次代表大会面临着有关共产国际纲领的问题。共产国际还需要付出不小的集体努力，制定出纲领的文本，既要能满足运动的各种要求，也要符合我们的理论。但是，同志们，我们有着两个最能充分体现共产国际整个纲领的名字。这就是——马克思和列宁。（掌声）共产国际从自己开始工作之初，便认定沿着卡尔·马克思为第一国际所指出的道路前进是自己的责任。共产国际是在马克思的旗帜下建立起来的。

共产国际已经有机会与弗拉基米尔·伊里奇·列宁一道，直接手挽手地在同一个队伍中进行斗争并建立自己的组织。对它而言，没有比国际运动的利益（因而也是共产国际的利益）更为崇高、更为伟大的事业了。

弗拉基米尔·伊里奇教导俄罗斯工人们说，没有比服务于工人阶级更为崇高的事业了，不仅服务于本国的工人阶级，而且服务于国际工人运动。早在当年，我们的党尚不合法，必须与右和左作斗争，捍卫自身生存的权利，它需要击退形形色色的修正主义。在胜利年代，弗拉基米尔·伊里奇经常提醒俄罗斯无产阶级,共产国际的利益高于一切,每一个俄罗斯普通工人都应当准备充当革命运动工作者的角色,不仅是本国的、而且是全世界的革命运动。

最杰出的社会民主党人——麦克斯·阿德勒在他悼念弗拉基米尔·伊里奇的文章中指出,改良主义者的社会主义(他本人就属于这个阵营)"死气沉沉"。对第二国际而言,我不知道比"死气沉沉"这个简短的字眼更为严厉的评判了,这是第二国际的成员麦克斯·阿德勒对它直接发出的公开指责。他写道:"死气沉沉的社会主义与燃烧着马克思、恩格斯'变革实践'炽烈感情和社会革命热情的社会主义之间相互矛盾,正是在这种矛盾之中,蕴含着社会主义今天分裂和衰弱的真正原因。现在列宁与上述软弱状况相反,充分体现了社会主义这种火热的感情。"

稍后他又写道:"谁要是看不出、不理解我前面所说的社会主义的**'死气沉沉'**,他就永远无法理解,对许多优秀的、无私的追随者而言,什么叫做'盲动主义',这特别能证明共产主义对**青年们的吸引力——它乃是对这种死气沉沉的强烈反抗**。正像理解这种对无产阶级社会主义的革命消沉情绪的反抗一样,首先应当理解列宁的国际主义活动。"

同志们!在我们痛悼弗拉基米尔·伊里奇的日子里,某些最卖力反对共产主义的人,也不由自主地承认我现在所表述的这类观点。是的,弗拉基米尔·伊里奇是国际社会主义满腔热情的鼓舞者,是工人运动中一切英雄业绩的鼓舞者。因此我认为,同志们,对于明天或后天即将开始工作的我们的代表大会来说,没有比意识到这一点更大的荣耀了:弗拉基米尔·伊里奇在精神方面鼓舞着我们每一个党,每个党都认为,自己能沿着已故的弗拉基米尔·伊里奇·列宁向世界无产阶级和国际革命所指出的道路前进,乃是莫大的光荣。(掌声)

当马克思逝世的时候,恩格斯在我们曾不止一次引用过的那封信件中写道:"无产阶级运动将会走自己的路,但已经不会有危急时刻法国人、俄罗斯人、美国人和德国人可以向其求助的中心了,他们向来都总是能得到我们明晰而正确的建议。能够提出这种建议的,只有天才和完完全全掌握自己的目标的那个人。"

弗拉基米尔·伊里奇通过他伟大的工作对一件事给予了关注,即在他辞世之后,全世界的革命者都能够向一个中心寻求忠告,获得符合弗拉基米尔·伊里奇精神的指示,并让这样的中心保留下来。这个中心就在这里,它就是最大的天才弗拉基米尔·伊里奇所创建的共产国际。第五次代表大会必将向全世界证明,我们天才的战友中最大的天才、国际社会主义领袖中最大的天才、全球革命的马克思主义最杰出的代表,并非白白地在我们中间工作过。(掌声)

这里已经指出,在过去一个时期我们遭受了相当大的牺牲和相当大的损失。这自然需要我们每个人在我们的国际代表大会开幕之际,怀念那些被形势推向火线前沿、因而也最先遭受敌方最猛烈打击的同志。我们向克拉科夫的起义者致敬,他们适逢我们的大会开会期间受到白卫军的审判。我们向身陷囹圄的波兰工人、被资产阶级匪帮俘虏的波兰农民,致以同样热烈的问候。我们此刻怀念千千万万保加利亚起义者,他们在监狱中备受折磨,遭到流放;我们也怀念在法西斯主义的社会民主党助纣为虐下沦为囚徒的德国工人;我们怀念近日被判4年苦役的印度革命者,该国政府与英王陛下以及工党领袖麦克唐纳先生的"工人"政府完全沆瀣一气。我们怀念我们的日本、中国、朝鲜同志们的英勇斗争。我们在这个日子里缅怀悲惨地牺牲在野蛮的日本帝国主义法西斯匪徒之手的大杉、川见、吉海、田仓和其他一大批同志。

我们不会忘记中国铁路罢工者的顽强斗争。

我们怀念埃及共产党中央委员会,由于举行大罢工它的成员几乎全被投入监狱,这次罢工导致埃及的一些工厂被夺取。

我们怀念国际共青团的英勇斗争。你们都知道，恩格尔同志不久之前在波兰刚刚被枪杀。你们知道，波兰的共青团员们最近数星期中被集体判处服苦役达477年。向波兰共青团和全世界的共青团致以热烈的兄弟般的敬礼！（掌声）我们怀念法国和德国的共青团员们在鲁尔所进行的英勇斗争。不管怎么说，我们的力量还相对较弱，还无法对鲁尔事件作出适当程度的反应，但事实终归是事实：**只有德国和法国共产党在共产国际的领导下，从夺取鲁尔一开始便履行了自己的职责**。的确，法国和德国的共青团员们忠实地履行了自己的职责，为此才在近日被处以将近150年的监禁。自然，我们的代表大会不能不闻不问，而不向法国和德国的共青团员们致以兄弟般友好热烈的同志式的敬礼！（掌声）

各国的资产阶级政府希望通过判处苦役便能消灭社会运动，而这种运动乃是共产主义青年的全世界性质的运动。

真是瞎了眼！想要吓住共青团——这无异于想要吓住初升的朝阳，不要让它升起。难道他们不明白，不是别的人，正是当今优秀的一代共产主义青年，无论如何都必定会实现对资产阶级制度的全面胜利。咳，别的人不说，可共青团必定会成为资产阶级社会的掘墓人。不，苦役判决不足以摧毁共青团这一新生力量，像波兰资产阶级那样枪杀无辜，也不可能扑灭全世界具有伟大历史意义的运动，共产国际将竭尽所能地支持这一运动。（掌声）

同志们！共产国际的第一个5周年即将到来之际，我们注意到，运动的发展还不像我们所预期的那样迅速。我们还记得，当时最杰出的思想家——弗拉基米尔·伊里奇认为，各国无产阶级革命胜利的问题乃是指日可待的问题。

我们在速度的估计方面出了错，本应当数以年计的地方我们有时候却数以月计。那些未能深入理解共产国际实质的人有时便垂头丧气起来，说眼看我们的组织已经存在5年了，然而却未能在全世界取得胜利。

是的，在共产国际存在的第一个五年期间，我们暂时还仅只摧毁了半打左右君主制的宝座，占领了覆盖全球六分之一陆地的苏联。在这五年里，我们目睹欧洲以及其他大陆许许多多国家共产党的诞生和成长。在此期间，社会民主党再次偷偷摸摸地投靠当局。他们再度亲近当局，于是，社会民主党所代表的工人贵族和小资产阶级如今在许多国家与资产阶级分享权力。正当工人们在共产国际的旗帜下积蓄力量，准备开展新的革命斗争之时，第二国际以其最高领导人为代表，却悄悄投靠当局，成为资产阶级事业的共同参与者。这些就是远远不足以涵盖前五年的粗略的总结。

是的，不错，尚未取得胜利，我们还需要夺取全球六分之五的土地，使全世界都成为苏维埃社会主义共和国联盟。是的，我们的共青团员正在遭到枪杀，我们的成千上万人身陷牢狱、服着苦役。我们在此期间目睹了在德国（我说的是英勇的汉堡起义）和波兰起义的尝试，还有保加利亚大规模的起义。但是，许多事情尚远未完成。虽说共产党人纽博尔德在选举中未能当选，不过若像我从某些共产党人身上有时所看到的那样变得灰心丧气，那就是最严重的机会主义、天真幼稚，未能领会弗拉基米尔·伊里奇对我们的教导。尽管纽博尔德获得的票数比以往多得多，我仍然看到一些共产党人把这当成共产国际的失败和谁也不知道的一种什么灾难。此外，我们应当明白，共产国际的成就并不是在选举的领域之内。即便在这方面我们也取得了很大的成绩，由于那并不是我们习惯的天地，所以对我们更显得重要。但是如果以为我们的成就真的要根据纽博尔德当选与否或者另外有谁是否进入议会来判断，那就太可笑了。

发展的速度缓慢，但时间对我们有利。目前我们几乎在每一个国家，力量都比一年之前要强大。我们的许多党都经受了考验。经受过这种考验的有：德国共产党，意大利共产党，以及巴尔干各国几乎所有的党，捷克共产党，在一定程度上也有美国共产党，都经历了地下工作的考验。这对我们当然是十分重要的考验，因为人家力图借助于地下状态将我们扼杀。然而我们各国的党都经受住了考验，事后比转入地下时更加坚强得多，强大得多。**现在我们到处都有比此前更加布尔什维克化得多的共产党。**这就是我们在着手第五次代表大会的工作之际，意识到彻底胜利还没有、而我们的道路上倒是历经考验的原因。我们的共产国际是弗拉基米尔·伊里奇创建的，得到国际工人阶级中所有忠诚于革命的人的支持，因而它的各个组织都经受住了交叉火力的攻击，变得更加强大得多。

我们是在战争10周年前夕召开的我们的代表大会。为此共产国际主席团作出一个重要的决定，请你们予以批准。我们打算在7月末和8月初的一周期间举行国际性的游行示威。我们希望举行这次游行示威时不单是反对资产阶级，而且反对白色社会民主党人，他们在战争中所犯的罪行不比资产阶级少。我希望第五次代表大会大体上批准统一战线的策略，不过很多时候我们最应该强调的是，社会民主党的领袖们是我们的死敌，而战争10周年之际正是这样的时刻。我们希望举行的这次游行示威并不是与社会民主党人一道进行，而是针对他们。（掌声）

现在第二国际喋喋不休地宣扬一个专家委员会的结论，仿佛自己是多么了不起的著名英雄，力图让全世界的工人们相信，这个结论是摆脱当前困境最好的出路，是一条爱好和平的道路，整个国际工人阶级都可以接受。

一个资格最老的笨汉、同时也是第二国际的领导人——克里斯平，在眼下正在召开的德国社会党代表大会上以这样一句话让自己名垂千古。他说，他在专家委员会的结论中确认了"资产阶级在马克思主义面前认输投降"。咳，难道这不是一个十足的蠢货吗？！这个自鸣得意的市侩，大概真是将卡尔·马克思与现今的德国统治者马克斯搞混淆了，因为只有在这种假设之下他才可能说出诸如此类的话来，即便那样，也都蠢得够数了。

一场新的世界性骗局正在酝酿之中。专家委员会就是套在德国工人阶级脖子上的绞索。诚然，它有时候像是丝绸做成的绳圈，于是第二国际的先生们感到高兴了：它是丝的呀，而且拉紧的动作时断时续，不时给德国工人一个喘息的机会。他们企图将专家委员会所起草的那个文件描绘成民主和平主义见解的最新成就。

共产国际最重要的任务之一就在于揭穿这个卑鄙的骗局，暴露出专家委员会结论的本来面目。

不久之前，阿姆斯特丹国际在维也纳开会，会上这些先生们提出了关于战争的这个问题。代表法国劳动联合会的茹奥先生提出了你们已经知道的那项决议。在许多国家中，他们都打算上演卑鄙的喜剧，装扮成反战斗士的角色。

难道他们没有预料到，我们会在最近期间向他们提醒其在帝国主义世界大战中对国际工人阶级所犯下的种种罪行？我们最重要的任务之一便是揭露这一系列罪行，值此即将到来的帝国主义战争 10 周年之际，在全世界工人阶级面前拆穿第二国际首领们这个美丽的花束，提醒全世界，他们在世界战争中的罪过一点儿也不比各帝国主义政府更轻。

莫非他们认为，我们不会向他们重提他们在战争前夕说过的那些话？是让茹奥先生不至于忘记饶勒斯下葬日他在其墓前致词结尾时所说的这样一句话："我们要直接从这座坟墓前出发上战场，我也要去。"

正是这个茹奥，在饶勒斯的下葬日以这样的声明侮辱其令名，现在又打算庆祝帝国主义战争宣战 10 周年。正是这个茹奥，身为阿姆斯特丹国际首领之一，现在提出了你们已经知道的那项建议。

难道这些先生们以为，我们不会向德国社会民主党人提起《前进报》上的那篇可耻的文章《日耳曼民族的节日》吗？

"无论命运的结局如何，我们在内心深处都希望它对德国人民的神圣事业而言将是战无不胜的；今天德意志帝国主义所展现的情景，就是民族的表征，它必将不可磨灭地铭刻在全体德意志人的记忆之中，必将像日耳曼精神强烈而自豪地高涨的这个日子一样，彪炳于史册……德国社会民主党人齐心合力投票赞成举债。无论整个国际社会民主党也好，德意志帝国党也好，都是富有阶级觉悟的无产阶级组织的宝贵明珠，是最顽强的战争反对者，最热烈的人民团结的拥护者……然而，由于德意志祖国处于危险之中，由于人民的民族独立受到威胁，社会民主党便挺身保卫祖国，'不知道祖国的同志们'即皇帝所蔑称的'红色匪帮'，则将工人的财产和鲜血贡献给国家。"

难道德国社会党的首领们认为，我们不会向他们提起战争初期他们所说的那些话？德国社会民主党领袖谢德曼，是德国社会民主党里最大的人物，难道他也认为我们不会向他提及他自己的日记中的下列一小页①：

"1点半左右首相莅临。我觉得，他与我握手的时间特别长，而且很用力。（笑声）当他对我说：'早上好，谢德曼先生'的时候，我叫起来觉得似乎他是想对我说：'嘿，现在我希望，我们旧有的那些争论都去它的吧'……我指出了我们党的特殊处境，那些其他的党应该予以考虑的。最终达成了如下协议。我们在议会的声明内容必须不迟于晚上9点通报给各党，以便它们在自己的声明中能够加以考虑。哈阿兹郑重地做出保证，说在任何情况下我们的声明都不应成为其他党派发表声明的借口。无论什么情况下我们的声明都不会成为对其他党派的攻击……然而还有一处暗礁需要绕过：向皇帝致祝酒词。别的议会党团的成员问我们：'在这种情况下你们怎么办？''我会请求不要给我们制造新的困

---

① 谢德曼。日记。1914年8月3日记事。标题：《帝国首相贝特曼—霍尔韦格面对议会党团委员会》。

难'。我小声地对议员施潘说，但声音大得足以让德尔布吕克肯定能听见：'万不得已时，我认为宜于向皇帝、人民和祖国致祝酒词'。"（笑声）

你们看见了吧，他很快就找到了妥协办法！（笑声）

难道这些先生们以为，当10周年前夕我们不会提到这一切，允许他们扮演纯洁的天使、国际工人阶级和平信使的角色？莫非他们以为，我们不会提醒他们，在阿姆斯特丹国际最近一次代表大会期间，正当一部分所谓的"左派"英国人与德国社会党人之间激烈交锋的时刻，前者高呼："罗莎·卢森堡在哪里？"这里阿姆斯特丹国际的一翼对另一翼所作的"同志式的"小小提示，说他们参与了谋杀革命无产阶级的国际领袖罗莎·卢森堡和卡尔·李卜克内西。

应当让整个党、全体国际无产阶级，而不是个别的一些人，在帝国主义世界大战周年纪念之际质问谢德曼、茹奥、王德威尔得等首领先生们，不单是罗莎·卢森堡和卡尔·李卜克内西何在，而且被这些先生们驱赶上战场的千百万德国、法国、俄国和其他各国的工人于今安在。

我们要提醒他们，在这次帝国主义战争中牺牲了1300万人，1000万人致残，2000万人负伤，而且根据最保守的估计，这场战争耗费了将近8000亿金马克。我们要提醒全世界的工人，首先是追随社会民主党的工人们，这场战争最大的罪魁祸首正是社会民主党的领导人。

有关战争的问题不可能从各种国际代表大会的议程中消失，特别是在把持第二国际的这伙卑鄙的撒谎者还对工人阶级具有影响力的时候。我已经不谈茹奥之流的人物了，可是连英国人本·蒂利特都说："应当反对战争，但是如果战争爆发，我当然要站在自己的祖国一方"。说这种话的人还算是积习难改的改良主义者阶层中比较优秀的人物，但在实际上他们却扮演着国际工人阶级最凶恶的叛徒的角色。

这就是在帝国主义战争爆发10周年前夕组织游行示威成为共产国

际最重要的大事之一的原因。因此我们要广泛宣传和大力工作,让追随社会民主党的无党派工人们记住那场战争对于工人阶级是何等可怕,让他们看清,如果他们不肯帮助共产国际,如果全世界的工人不支持一心为反对战争而斗争的我们的组织,那么,将来我们便不会拥有反对战争的任何成功的保障……

我们的代表大会需要讨论许多极其重要的事情。

各种事件像电影一般不断演变,最近数月尤其如此。许多问题都有待回答。

德国的事件及其评价对于评估共产国际的命运和我们的整个策略具有极为重大的意义。英国的"工人"政府和我们对它的态度;法国的左翼联盟和由于各种原因被推向世界政治第一线的法国共产党的任务;对保加利亚经验教训的评价;对数年之中法西斯主义猖獗的意大利政治的评价;曾经让许多党激动不安、现在已经结束并有待总结的我们的俄罗斯辩论;统一战线和工农政府的策略——这都是需要我们解决的一系列问题。

你们都知道,在大量挫折和错误的影响下,我们看到了对整个统一战线策略进行拒绝的尝试。**我们要反对这种现象。个别的错误,即便是大错误,并不成其为反对统一战线策略的理由。**当运用议会制的过程中有些人企图利用每一个错误来反对革命的议会制策略之时,革命议会制策略的情况不也是如此吗?

而如果我们把马克思主义当做学说呢?修正主义者们是怎样对待它的?难道我们不知道,某些假"革命"的工团主义者以马克思主义的名义赌咒发誓,拿给我们的却是最恶劣的赝品吗?难道我们不知道,个别的马克思主义者在评价马克思主义时的确犯下了个别的重大错误吗?

自然,并不能指望统一战线策略就是完整的学说。这只是一定时期应用马克思主义的一部分。我们将其视做共产国际的一大武器;然而,在其运用过程中也有错误，有时候在统一战线的幌子下给我们所推荐的却是与社会民主党人结盟的主意和与他们达成政治协议。这并不能让我们不承认统一战线策略的价值，因为我们在弗拉基米尔·伊里奇的领导下，在先前的历次代表大会上它所做的基本上都是正面评价。

我们还需要解决有关共产国际纲领的问题。我们面临着国际工会运动的许多极为重要的问题，我们也面临着许多与评价我们在德国、英国、波兰、斯堪的纳维亚、巴尔干等地的任务有关的异常重要的问题。

现在我们面临着对历时 3 年的**苏维埃共和国联盟的新经济政策结果**作出评价的任务。你们记得，**弗拉基米尔·伊里奇**曾经教导说，这个政策中有许多纯俄罗斯的东西，但它也有着许多具备普遍意义的、国际性的东西，可供其他国家的共产党以某种方式加以运用。现在我们不仅有新经济政策的理论，而且已有 3 年的经验，3 年艰苦卓绝的工作，我们面临一系列结果，需要代表大会加以研究并对其做出评价。议事日程中的任务就是如此庞大。我想，我们大家都会受到一个愿望的鼓舞：对这些问题进行讨论并在纲领的基础上加以解决，对我们而言，这个纲领就是马克思和列宁两个名字的化身。

俄国共产党失去了亲人。共产国际也失去了亲人。但是我们大家不分每个国家的历史，不分党的传统，不分各自的禀性，全都汇集到一起，现在也相聚一堂，而且这是我们真诚的愿望——我们所有的决定都要以弗拉基米尔·伊里奇所教导的精神来作出。如果说，我们的俄国共产党在弗拉基米尔·伊里奇长眠之后当即宣称，现在我们唯一的途径就是哪怕在某种程度上弥补这位无比天才的领袖的离去，那么，我认为其他各国的组织也都会说同样的话。它们将会着手解决我们所面临的各种重大问题。它们必定会沿着弗拉基米尔·伊里奇所开拓的道路、沿着解决这些问题的道路前进，既然我们掌握着卡尔·马克思遗留下的、弗拉基米尔·伊里奇又在十月革命中具体实现了的方法，我们便一定能够共同解决这些问题。

我坚信，我们的代表大会必将沿着共产国际的道路前进，直至革命胜利。无论那些对共产国际的前五年不满的人说过一些什么，并且还在说我们未能实现世界革命，我们仍然充分地意识到，我们的事业正在前进。是的，我们不得不穿越各种障碍，必须牢牢把握住舵，以免触礁。我们大家都已准备面对事件发展更加快速的进程，有时候也会失去平衡，但是同志们，正是为此，我们52个共产党的代表、各个工人党的代表、共产主义工人运动毫不逊色的斗士才聚集在这里，以便像革命战士、弗拉基米尔·伊里奇的学生理所应当的那样，齐心协力地再次客观地讨论我们所面对的问题，然后挽起袖子，以伟大导师所教导的精神着手工作。（长时间的掌声）

各组织和机关向大会致贺词

李可夫同志代表俄共中央委员会和莫斯科委员会、苏联中央执行委员会和人民委员会发言

我十分荣幸地代表俄国共产党中央委员会、代表苏联政府亦即其执行委员会和人民委员会，向共产国际第五次代表大会表示欢迎。

同志们！最近一次共产主义世界大会之后已经过去了一年半时间，这一年半中在各国共产党的历史上发生了许多极其重大的事件。过去的一年半期间，我们有胜利，也有失败。正如列宁同志致第四次代表大会的信件所正确指出的，共产国际最重要的基本任务是争取工人阶级的大多数。如果你们考察一番各国共产党以往一年半中的历程，你们便会发现，无论经历过胜利还是失败，我们的共产国际到头来都比取得这些胜

利之前和遭受这些失败之前坚强得多，强大得多。过去这一时期中付诸实施的基本任务，用一个军事术语来说，便是消灭敌人的有生力量，亦即清除第二国际和资产阶级政党对工人阶级的影响。这个任务在很大程度上业已解决。在过去的一年半期间，以往跟随第二国际和各国资产阶级政府的很大一部分工人阶级已经转向共产国际一方，在本届各国共产党第五次代表大会之前变得比过去人数多得多，在坚持原则方面坚定得多。

第五次代表大会是在资本主义和资产阶级政党向工人阶级发动进攻的时期召开的，此时工人阶级连先前所拥有东西也都遭到掠夺或试图加以掠夺。资本家们进行这次进攻的时候，比先前任何时候都更加公开和坚决得多地利用了第二国际。此次进攻适值这样一个时期，此时资产阶级国家的某些政府的首脑或政府成员中都有第二国际的代表，在没有这种情况的国家里，第二国际也都支持它们针对工人阶级及其革命政党的政策。列宁同志曾经说过：假象和骗局越少，对于工人阶级来说就越好。既然目前时期最主要的任务在于为影响工人阶级而斗争，为争夺工人阶级的大多数而斗争，因而第二国际和资产阶级之间公开的组织联盟、资产阶级露骨地利用第二国际——这就为我们的斗争创造了极为有利的环境。因为，最广大的工人群众越是清楚谁同工人在一起、谁同资产阶级在一起，共产国际的宣传鼓动工作就越加变得容易。过去这个时期在这方面提供了尤其前所未有的丰富材料，它们全都归结为：在整个战线上资产阶级利用第二国际的各党反对工人阶级时，不是采取遮遮掩掩的方式，不是采取秘密协议的方式，也不是采取季诺维也夫同志根据谢德曼的回忆录所宣称的方式，而是采取公开的、每个工人都一目了然的方式。由于过去一年半期间工作的结果，共产党和共产国际成为了群众性的组织，它们拥有某些国家的大多数工人或者即将争得这个大多数。

同志们，过去的一年半也是我们联盟历史上大事频发的年头。共产国际及其历次代表大会乃是共产主义运动的最高机关。我将有幸在专门的报告中向第五次代表大会报告党在苏维埃社会主义共和国联盟国土上所进行的工作和我们在过去这段时间所取得的成果。

我们国家转变为苏维埃社会主义共和国联盟这件事情本身，是在第四次和第五次代表大会之间发生的。以往的一年半我们是在我国所有的边境完全和平的条件下度过的。因此第五次代表大会有权要求我们做出积极的创造性的工作，我们也认为有责任向共产国际第五次代表大会作一详尽的汇报。

我们的工作是在两条战线上展开的：经济建设战线和各族人民的民族解放战线。因而苏维埃俄罗斯的整个宪法和全部制度都被改造成这样：要消除一个民族强迫另一个民族的那种民族压迫制度所有最微小的痕迹，而那样的事情在俄罗斯和沙皇制度的历史上层出不穷。

过去这段时间里我们遭受了巨大的无可弥补的损失——这就是列宁同志逝世。我们采取了一切措施，争取避免这个结果，然而我们的全部努力都无济于事。列宁同志去世后的整个时期，有必要叫做全体党员群众想方设法弥补这一无可挽回的损失的时期。我应当自豪地说，列宁同志创立和组织的这个党，列宁同志在数十年期间一直领导的这个党，在我看来它已经完成了自己的任务。列宁同志去世后的整个时期有必要叫做将党员团结在党内、将工人阶级团结在共产党周围的时期。

列宁同志逝世之后不久，我们党内便展开了各国共产党都很熟悉的所谓辩论。不久前举行了共产党的第八次代表大会，选派代表参加大会的是将近60万党员。这次大会全体一致通过决定（甚至一个弃权的人也没有）停止辩论，同意党的中央委员大多数人的无论国际方面还是国内方面的政策。据我的记忆所及，这是我们党历史上绝无仅有的事情。我们曾不止一次发生过辩论，结果都在此基础上形成党内的一些特定的派别，但是我不记得党通过这类辩论居然能像最近这次代表大会这样，由748名代表全体一致通过决议。

为了说明我们党的状况，我还应当再举一个例子——这就是列宁的号召。

每个共产党最为紧要的任务之一，便是与广大工人群众保持最紧密的鱼水交融的联系，像我们这里的人们所说，与第一线的工人们打成一片，我们的党作为执政党就更应该这样。我们的共产党在过去一段时间内略略降低了第一线工人入党的既定标准，让党更加工人化，与广大工人群众的联系更加紧密。我们只不过稍稍打开了加入我们党的大门，结果第一线的工人蜂拥而来，共产党担心在最近的将来无力对付这样大的一批新入党的成员，我们只好将接收新党员的人数限制在20余万。正如季诺维也夫同志在党代会上所说，这在如何对待最广大的工人群众方面是一次检验，而且这种检验对于我们极其宝贵。这种检验对于共产国际而言也是一种保证，确保我们共产党与工人阶级的广大群众血肉相连，彼此密不可分。苏维埃俄罗斯的敌人在国外资产阶级报刊上恶毒地散布谣言，胡说我们的力量不是以广大工人群众的好感为基础，而是建立在少数上层人物强迫命令的基础之上，这些谣言被广大工人群众对待共产党的态度的一千零一次检验完全彻底地推翻。

同志们，我们党最近一次代表大会的决议和对待列宁的号召的经验全都表明，以工人的党——苏维埃社会主义共和国联盟共产党——为代表的共产国际拥有自己的运动最忠诚的先锋队，它即便在遭遇诸如弗拉基米尔·列宁逝世这样的损失之后也能走出困境。

我们党最近一年的经历表明，共产国际可以在这种程度上（如果不说比以往任何时候的程度都更大的话）指望苏维埃社会主义共和国及其工人阶级。

十月革命是7年前由俄罗斯革命的工人阶级进行的，他们坚信它只是国际革命的第一个环节，时至今日我们也仍然坚信这一点。

尽管在共产国际第五次代表大会期间，苏维埃共和国联盟依然是共产党掌权的唯一的国家，但苏维埃共和国联盟政府和俄国共产党现在比以往任何时候都更为坚强。我们可以静待西欧的革命事件的充分发展。我认为，全世界范围内对资产阶级世界的憎恨的积累程度发展得相当迅速，共产国际的拥护者的增加速度也相当迅速，因而对共产主义运动胜利的必然性可以满怀坚定的信心。

组成本次代表大会的，是欧洲、亚洲和美洲各国的革命共产主义运动的优秀代表人物，其中也有来自这样一些国家的代表，在那里，即使试图组建共产党都会遭到流放、死刑和监禁的迫害。俄罗斯工人阶级在沙俄时期也是在遭到同样的（如果不说更大的话）迫害的条件下建立的自己的组织。尽管如此，尽管付出了无数牺牲，它仍然将沙皇贵族的莫斯科、将一度充当世界反动势力中心的莫斯科建成了共产主义革命的堡垒。

同志们，我毫不怀疑，俄国工人对莫斯科所做的事情，世界共产主义运动对整个资本主义世界同样能够办到。

各机关团体的代表向大会致贺词

洛佐夫斯基（苏联）：

同志们，我代表苏联工会红色国际向世界解放运动的鼓舞者和革命的组织者——共产国际致敬。目前世界工人运动所面临的大量问题全都可以归结为一个任务、一个问题，过去我们一直面对这个问题，而且直至最后胜利我们仍将面对——这就是在各国举行无产阶级革命的形式和方法的问题。我们要从这个问题的观点出发解决世界工人运动方面的具体问题。现在，在改良主义圈子里，甚至在非改良主义的圈子里，都习惯谈论有关共产国际的危机和某些党的危机的话题。然而那些肤浅地看待工人运动的人，那些并不明白真正富有战斗性的党是如何锻炼成长的人，他们永远也不会懂得这些所谓危机的意义。在这类危机之中，在这种内部的思想斗争中，真正布尔什维主义的世界政党得到锻炼、变得成熟，正是这些党将会领导世界无产阶级的起义。

请看一看那些与我们并存的国际吧。不久之前，阿姆斯特丹国际的人在维也纳开会，那里也有汉堡国际的代表。这些国际散发出腐烂的气息、坟墓的气息，因为社会民主党准备在旧有的基础上挽救自己的国际。我们知道这个社会民主党左派的价值，因此像从右的方向一样，从左的方向也哄骗不了我们。给你们举一个例子就够了。有一个记者询问英国工会领导人中一位最著名的代表人物，英国工会运动如何看待托马斯的殖民地政策。你们知道他如何回答的吗？他竟然这样回答：英国工会对殖民地政策毫无意见。同志们，尽管他肯定地说他们没有意见，这却是一个十分重要的意见。我们都知道，在没有任何意见的假面具之下，这可正是一个明确的意见。既然左派对托马斯的殖民地政策都没有意见，那么至于在那里开会的右派还用得着说吗。就拿阿姆斯特丹国际的决议来说吧。在所有的决议里，所有的发言里，一次也没有提到过阶级斗争。其中既有人类，也有整体的利益，而阶级斗争却消失了。这个国际散发出腐烂物的气味。共产国际以及受其鼓舞的革命的世界工会运动，才是唯一具有生命力的世界性机构。社会民主党的牧师鲁道夫·希法亭不久前说过：不要醉心于东方革命的浪漫主义，应当着眼于西方清醒的现实主义。我们曾经见过他们清醒的现实主义，现在也还能在德国和美国看见，我们看见围绕着这个左派集团，像馋猫围绕着胭脂一样，法国的社会民主党人正忙得团团转。这并不是我们的无产阶级的社会主义，这是用社会主义词句美化自身行为的资产阶级奴仆。我们可知道他们的价值。另一方面，我们也知道：那个战前即已开展的共产主义运动,在战争期间成长壮大,战后形成国际性组织——这就是共产主义运动。尽管困难重重,尽管屡遭阻碍,它终将获得胜利,因为人类没有别的出路,被剥削者没有别的出路,东方各国人民没有别的出路,唯有进行世界革命。全世界的革命万岁!(掌声)

扎哈罗夫(苏联):

同志们,请允许我以索科利尼基区跨社团组织会议的名义向你们致意。我们向共产国际代表大会表示热烈的欢迎,祝它在富有成效的工作中取得成功,但愿在其他国家中革命也能像我们俄罗斯一样获得胜利。共产国际万岁!(掌声)

波利亚科夫(苏联):

同志们,跨社团组织会议代表25000名一线工人和16000名职员,开会研究解决自身职业生活的问题和国家最主要的问题,它向共产国际第五次代表大会和以其为代表的革命的国际无产阶级致敬。俄罗斯劳动人民极为关注共产国际的活动,它是唯一的革命司令部,其中锻造着进行斗争的钢铁般的毅力和争取工人群众获胜的不可动摇的决心。

谢苗诺夫斯基(苏联):

同志们,请允许我代表苏联的全体少先队员向共产国际第五次代表大会致敬。(暴风雨般的掌声)

同志们,从5月23日起我们更名为少年列宁主义者,我们少年先锋队员有权自豪地冠以自己的名称——列宁的名字。(掌声)

同志们,我们少年先锋队员宣誓,我们要继承他的事业,伊里奇遗留和嘱托给我们的事业。同志们,我们将和共青团、和你们整整一代人一起奔向那个目标,沿着列宁所走过的道路前进。

同志们，我们请求你们更多地关注儿童，亦即在他们的组织生活中帮助他们。

同志们，我在结束我的致词时要说：共产国际第五次代表大会万岁，全世界的少年先锋队员万岁！（暴风雨般的鼓掌欢呼，乐队奏国际歌。高呼声："少年先锋队员万岁！"）

古萨罗夫（苏联）：

外国同志们，我们受红色普列斯尼亚三山纺织厂工人的委托，那是一些有着战斗经历的工人，他们曾经在1905年像雄师一样在街垒中与沙皇专制制度和资产阶级交战，他们准备了1917年胜利的起义，准备了推翻俄国资产阶级的力量并最终消灭了它。他们受这个经受过战斗洗礼的工厂的工人们的委托，向共产国际第五次代表大会致敬。同志们，他们嘱托我们不单是转达他们的敬意，而且要我们请求你们一定要回到各自国家的无产者中去，在自己国家的农民和无产者中毫不懈怠地工作（掌声），要你们不停地引导他们投入战斗，就像俄国共产党引导俄国工人、像以列宁同志为首的党引导他们那样。（掌声）

同志们，也许你们都已知道，但我还是想提醒你们，俄国农民是如何看待国际农民会议的。我有幸成为这次会议的代表，代表莫斯科省布龙尼齐县。当我有机会在州的代表大会上作关于这次国际农民代表会议的报告的时候，当我又轮到在乡苏维埃代表大会上在城里作报告的时候，我敢向你们保证，我作为一个在1905年遭过罪的老革命者，一点儿也不想让你们产生误解——就在我给农民们作报告的过程中，他们全都热烈希望斗争，投入战斗。不单是俄国的农民和工人急于投入战斗，但愿全世界都行动起来，让全世界的农民、各国人民、所有被压迫的工人和农民全都投入同资产阶级的战斗吧！

同志们，俄国工人和俄国农民懂得，只有全世界统一的共产党才是战斗的党，这并不是空口说白话的党，不是吵吵嚷嚷开会和废话连篇的党，而是径直卡住资产阶级喉咙的党！（暴风雨般的掌声，乌拉声）

同志们，只有我们在全世界都有了这样的党，社会主义或是共产主义才能实现，它们才不会是什么空谈。（掌声）

同志们，我们就指望你们了！（暴风雨般的掌声淹没了发言人最后这句话，乐队奏国际歌。高呼声："红色普列斯尼亚万岁！"）

日利季耶夫（苏联）：

同志们，请允许以"伊卡洛斯"第二航空厂工人的名义向共产国际第五次代表大会致敬，我们将弗拉基米尔·伊里奇的画像交给大会，嘱托大会严格执行伊里奇的遗训。（掌声）同志们，第三共产国际第五次代表大会万岁，全世界无产阶级共产主义革命万岁！

祖连科（苏联）：

同志们，今天我们极其幸运地有机会以第五印刷厂（"无产阶级诺言"厂）的名义向你们表示敬意。同志们，我们莫斯科工人和全俄罗斯的农民都为列宁同志奠定了基础的伟大事业而奋斗，争取工人和农民的整个生活获得解放。列宁同志教导我们如何与我国的资产阶级、也与全世界的资产阶级进行斗争。

同志们，当我们不得不在公开的战斗中与我国的资产阶级进行斗争时，其间为何一个工人或农民面对所遭到的可怕压迫都不曾发抖。现在我们看见全世界的普通工人来到这里，在我们古老的莫斯科开会。亲爱的同志们，我向你们表示欢迎，我们被派到这里来，是为加强与你们的联系，嘱托你们更好地带领本国的工人农民投入这场与压迫全世界无产者和农民的资产阶级的直接斗争。当然，在失去我们阶层最优秀的领袖的时候，我们深感悲痛，但是我们化悲痛为新的力量，现在我们一定要

将伊里奇的事业进行到底。(掌声) 全世界的同志们,我们要让他永垂不朽。共产国际第五次代表大会万岁!(掌声)

克韦京耶夫(苏联):

同志们,现在我宣读运输报刊印刷厂工人们的贺信。(宣读。掌声)

柯拉罗夫(保加利亚):

同志们,现在请列奇科同志代表莫扎伊斯克县的农民致贺词。(全体起立,热烈欢迎以列奇科同志为代表的农民)

列奇科(苏联):

同志们,我是代表莫扎伊斯克县的农民来表示祝贺的。同志们,你们是在失去了我们亲爱的领袖弗拉基米尔·伊里奇的时候召开的第五次代表大会。同志们,我们都知道,离开他我们将会百倍的困难,但是在实现伊里奇的遗训时,请记住,我们和你们在一起。任何时候我们都会向你们提供有求于我们的一切。我们知道,只有在列宁主义的旗帜下,我们才能获得自身的解放。(掌声)

罗先科(苏联):

同志们,请允许我代表杜克斯工厂的工人们向第三共产国际第五次代表大会致贺词。第三共产国际是我们伟大的导师弗拉基米尔·伊里奇及其最亲密的战友季诺维也夫和托洛茨基在列宁主义的基础上建立的,它就是掘墓人,命中注定要给资本主义和名叫社会叛徒的资本主义走狗的棺材钉上最后一根钉子。俄罗斯的无产阶级在自己的领袖逝世之后,向共产党的队伍里输送了数十万自己的优秀代表,这个党就是连接为世界革命胜利而斗争的战士们的纽带。我们厂的工人向各位西方代表提出请求，希望你们把你们的那些政治骗子统统驱逐掉。（掌声）列宁逝世了，但列宁主义活在千百万劳动人民之中。顿巴斯、乌拉尔、西伯利亚、莫斯科、列宁格勒——到处都能听到列宁的名字，我们沿着列宁主义的道路走向他所说的——在俄罗斯和全世界实现共产主义，而只有通过无产阶级专政我们才能到达共产主义。（掌声）西方的工人们，请牢记伟大导师卡尔·马克思的话，工人在革命中除了自己的锁链无所损失。（掌声）我们杜克斯工厂的工人欢迎你们这些劳动的英雄们从全世界来到我们这里，来到布尔什维主义和共产主义的主要堡垒，来到工人的红色莫斯科。你们不顾重重险阻，穿越数十条国境线来到这里，为的就是替全世界的无产阶级制定共同的纲领，在最短的期限内引领我们走向共产主义。共产国际第五次代表大会万岁！世界革命万岁！

马尔丁诺夫（苏联）：

同志们，我们克拉拉·蔡特金工厂的党外工人有幸向第三共产国际第五次代表大会致敬。我们知道，世界各国的同志相聚在这里不是为了空谈，而是为了寻找实际的出路，或者换句话说，是为了找到那把能够斩断那个难解之结的利剑，这个结是一百年来资产阶级扎成的，现在除了苏联之外，它还到处窒息着工人和贫困已极的农民。同志们，我们知道，各国共产党在第三国际的旗帜下找到那把斩断和割碎不解之结的利剑从而让整个资产阶级完蛋的日子已经不远了。共产国际第五次代表大会万岁！世界革命万岁！国际红军万岁！（掌声）

加舒里娜（苏联）：

同志们，克拉拉·蔡特金工厂的工人们给共产国际第五次代表大会献上一份薄礼。（转交一件军大衣、一双军靴）我们为红军缝制了数百万件这样的服装。

巴尔卡诺夫（苏联）：

同志们，我们代表以共产国际命名的莫斯科第六缝纫厂向全世界各党的第五次共产主义代表大会致敬。请允许代表我厂向第五次代表大会宣读致敬信。（念致敬信）

戈尔杰维赫（苏联）：

同志们，根据以共产国际命名的莫斯科第36缝纫厂男女工人同志们的委托，请允许转达今年6月14日工人们的一项决议。为了密切工人和共产国际的联系，我们选举共产国际主席季诺维也夫同志为我厂荣誉裁缝。冲突评议委员会决定对季诺维也夫同志按7级工录用。现在我向季诺维也夫同志颁发计件工资簿。

我厂的工人们委托我们代表团给季诺维也夫同志发放工作服和工具。

韦利琴科夫（苏联）：

同志们，"红色无产者"工厂的工人们向共产国际第五次代表大会致敬并嘱托我说明，我们工人生产者都会把生铁、熟铁之类各种生锈的东西砸碎，用来锻造出新的东西。我们把你们这些来自全世界的同志们看做铁匠，你们更富有经验，更熟悉道路，在没有伊里奇的情况下你们需要在全世界范围内带领所有的工人农民沿着这条道路前进。你们也需要带上我们，因为没有我们，你们也会一事无成。请收下这个样品——一把小锤，在需要扼住资产阶级的喉咙的时候，它会有用处。我们把这件工具交给共产国际第五次代表大会，我们想，有需要的时候你们就告诉我们一声，我们一定会完成任务的。我们现在把两三个小时之前下

班后召开的我厂全体会议的决议转达给你们。（宣读）

共产国际第五次代表大会、列宁同志的思想的向导万岁！对资本主义的斗争和胜利万岁！

尤尔科夫斯基（苏联）：

同志们，请允许我代表斯维尔德洛夫斯克大学的400名学生向共产国际第五次代表大会致敬，这些大学生经过3年的学习，现在即将毕业，奔赴地方上和基层，到工人群众中去工作。同志们，多亏了十月革命，我们在3年前才有机会跨进共产主义大学，脱离开机床，脱离开犁耙，认识我们以往所欠缺的东西。我们在这3年的过程中得以了解共产主义、马克思主义、列宁主义的各种原理。在这3年里，我们从群众中来，边学习边在群众中工作。现在毕业之际，我们在这里面对共产国际第五次代表大会作出保证，我们一定完全彻底地听从俄国共产党和第三共产国际的命令。同志们，你们会问：我们在工作中能不能做到无愧于第三共产国际成员的伟大称号？我们在群众中工作的时候能不能真正付出第五次代表大会所期望于我们的东西，具体地说就是执行第三共产国际目前和将来所遵循的路线？这条路线就是列宁主义，坚定不移的列宁主义，丝毫不会向任何方向倾斜，绝不动摇。同志们，我可以大胆地代表即将毕业的同志们表态：我们大多数人在上大学之前都在我国的无产阶级革命期间从事过地下工作、前线工作、苏维埃工作，也许始终无所作为。但是，同志们，塞翁失马，焉知非福：我们曾经发生过辩论，这场辩论对我们而言，至少对那400个完成了学业的人而言，就是一场战斗，只有通过它才能够认清什么是列宁主义，应当如何走向列宁主义。同志们，我们现在可以勇敢地面对共产国际第五次代表大会肯定地表示，通过我们，它将在工农群众中拥有一批工作人员，他们终身终世都不再偏离这条路线。

同志们，革命的共产主义万岁！

俄罗斯工人阶级万岁！全世界的革命工人万岁！共产主义的共产国际和为了制定具体明确的纲领和策略而召开的共产国际第五次代表大会万岁！同志们，也许我们之中，我们俄罗斯无产阶级队伍之中的许多人，将有机会在那里、在粉碎世界资产阶级的最后堡垒的战线上工作！
（乐队奏国际歌）

科莫娃（苏联）：

亲爱的同志们，我代表索科利尼基区的女工们向你们致敬。亲爱的同志们，外国的共产党员们，请告诉本国的工人们，我们红色莫斯科的妇女几乎都是半文盲，苏维埃政权之前几乎是全文盲，自从我们的苏维埃政权教会我们识字以来，我们密切地注意着报纸，注意你们的各种事件，大家像一个人一样，要是我们不明白什么，我们就问自己的领导人，这是一个什么词，因为我们很费劲，我们理解起来有困难。同志们，请告诉你们本国的工人们，让他们勇敢地加入争取8小时工作制的斗争，请告诉女工们，她们有着随时准备支援她们战斗的忠实的朋友。同志们，我们莫斯科的男女工人全都会帮助你们的。我们女工捐给你们的钱的确很少，但我们是援助儿童联盟的成员，我们愿意帮助你们的儿童，我们都参加了国际支援革命战士协会，我们要对被监禁的人提供帮助。

亲爱的共产党员同志们，当伊里奇逝世的时候，我们的共产主义的心，整个工人的党都发抖了，但并非是因为软弱发抖，而是因为失去了一位伟大的英雄而发抖。**资产阶级这时候龇牙咧嘴，张牙舞爪。但是我们说："住手，不准动我们的党！"**我们的党是工人的党，不是一个小党，而是全世界的整个无产阶级。

总之，亲爱的同志们，共产党万岁！第五次代表大会万岁！全世界

的女工人和女农民万岁！（掌声）

马特采利娃（苏联）：

同志们，我作为索科利尼基区的代表，我提议选举我们的共产国际主席季诺维也夫同志为道岔工。（暴风雨般的掌声）

同志们，那个时候就要到了，那一刻就要到了（听不清）——于是他一秒钟也不耽搁，马上把列车扳到世界革命的轨道上。（座中喝彩："好哇！"暴风雨般的掌声。季诺维也夫从座位上高呼："莫斯科的女工们万岁！"）

卡尔达什金（苏联）：

同志们，以索科利尼基区的名义，我们男女工人和少先队员、共青团员向第三共产主义共产国际第五次代表大会致以兄弟般的敬礼，并有请全体外国代表，我们向他们放话要做真正的共产主义者，从地球上把资产阶级还有其他的反革命分子全都一扫而光。我们作为工人，宣布……（嘈杂声）请记住我们的伊里奇的遗训，就像他在红场上所说：当时候一到，各国人民都起义的时候，你们要齐心协力地像友爱的一家人那样向前进。（掌声）

洛巴切夫（苏联）：

同志们，我代表索科利尼基区铁路枢纽站，代表委派我们的工人，向第三共产主义的共产国际致敬。我们奉派来告诉来自西方的同志们，要照直前进，不要偏向任何地方。我们希望并且相信，第三共产主义的共产国际例行代表大会在伦敦听到我们红色莫斯科工人祝贺的时候已经不远了。第五次代表大会万岁！它富有成效的工作万岁！全世界农民和工人坚强的联盟万岁！（掌声）

安德列耶夫（苏联）：

同志们，由我宣读索科利尼基修理厂的致敬信。（掌声）

……同志们，请允许代表国营橡胶工业"勇士"工厂、代表非党员男女工人们向你们、共产国际第五次代表大会致敬。6年前我国爆发革命的时候，走在革命前头的是共产党，而走在共产党前头的则是列宁同志，他高举着标语："土地、自由，八小时工作日，无产者和农民专政"。同志们，现在我们失去了他，但是他的学说留给了我们俄罗斯人，所以我们俄罗斯人想告诉你们各位来宾：同志们，你们也会达到目的，像我们消灭本国的资本家们那样，消灭你们的资本家。

同志们，我们橡胶厂的劳动者生产的是套鞋，我们没有礼物，但是我们给你们第五次代表大会带来了祝愿和信心，相信大会一定能够锻炼出铁的套鞋，送给东方和西方，把资产阶级通通都给塞到里面去，（掌声）就像在伊里奇的帮助下，我们俄国的资产阶级早就已经被塞进了套鞋里一样。（掌声）

科罗温（苏联）：

同志们，我们莫斯科汽车制造公司的工人们向共产主义的共产国际并通过它向整个工人阶级革命先锋队致敬。同志们，我们十分关心地注视着这个革命先锋队，密切注意它的行动，观察着共产主义的共产国际走在工人阶级前面的情景。同志们，我们请求代表大会组织工人群众，将他们凝聚成一个完整的核心，并且将这些群众投入反对资本家和剥削者的斗争。同志们，我们以莫斯科汽车制造公司的名义号召整个共产国际和各国共产党的工人效法俄国共产党的榜样，把自己的国家从被迫陷入的万恶的绝境中拯救出来。同志们，我们会帮助你们紧密团结，斗争到取得最后胜利。同志们，请你们不要苛求，我能讲成什么样就怎么样说，因为我还是头一回发言。（掌声）同志们，我是为纪念列宁逝世而被吸收的一名党员。(暴风雨般的掌声)我要代表我们厂的工人们高呼:打倒资本主义!打倒剥削者!列宁主义万岁!世界革命万岁!全世界的工人阶级万岁!(掌声)

苏兹丹采夫(苏联):

同志们,我代表博戈罗茨克县13000名工人向共产国际第五次代表大会致敬。工人们委托我转交一份薄礼:奥布霍夫工厂生产各种布匹,这里是一位普通工人用这些布料碎块制作的我们亲爱的领袖弗拉基米尔·伊里奇的肖像。(掌声)共产国际第五次代表大会万岁,工人阶级和全世界革命的胜利万岁!(掌声)

伊瓦什科(苏联):

同志们:谨以博戈罗茨克县工人的名义向共产国际第五次代表大会致敬。工人们要求我们转告,希望第五次代表大会继续我们的伟大领袖弗拉基米尔·伊里奇所预定的工作。他们立誓效法他的榜样。他为我们开辟广阔的道路,他授予我们红旗,我们要把它带到全世界的基层工人群众中去。俄罗斯工人在2月推翻了尼古拉二世之后,并没有半途而废,他们也推翻了资产阶级,在整个俄罗斯大地上清除了白卫军匪帮,匪徒们伙同孟什维克、社会革命党人一直往北方、南方和远东四处流窜。这里有从远东、日本来的同志,他们都知道白卫军勾结日本帝国主义杀害了成千上万的人,不过这帮家伙的末日也到了,再不能在这里威胁人了,他们躲到了国外,在那儿叫嚣,但是在俄罗斯他们已经什么也干不成了。俄国的工人们已经稳稳地站住了脚跟,他们决不会放下我们的导师和我们的领导同志,亲爱的伊里奇所授予我们的旗帜。我们俄国工人已经推翻了沙皇的宝座、资本主义的压迫,希望我们从国外来的——从西方、美国、远东和近东来的同志们,也推翻本国的彭加勒、寇松及其走狗谢德曼之流。

共产国际第五次代表大会万岁！

世界革命万岁！（掌声）

斯特罗伊捷列夫（苏联）：

同志们！工人们从博戈罗茨克市派了我们来，让我们向你们转达同志式的问候。同志们，正像我们用这些碎布料可以制作出敬爱的弗拉基米尔·伊里奇的肖像一样，在我们进行斗争的时候，在我们处于绝境的时候，也可以从一些小东西吸取精神营养。现在你们的政府要扼杀你们。我们会援救你们的；我们有镰刀和锤子，我们会用这把锤子砸烂他们的额头。（掌声）

波捷霍夫（苏联）：

同志们，由我代表"红色橡胶"工厂的工人们向大会宣读致敬信。

波格丹诺夫（苏联）：

同志们，世界共产主义的代表们，请允许以莫斯科"国家货币"工厂600名党员和6000名党外工人的名义向你们——世界共产主义运动的代表们致敬。我们坚信，共产国际第五次代表大会一定会在团结的旗帜下进行，世界反革命势力分裂党的妄想绝不会实现，因为各国的共产党都会像俄国共产党一样坚强。数月之前我们党所担心的近乎病态的现象，我们党内由于"耐普"的后果所存在的小资产阶级的倾向，在我们党的核心、在它的工人部分之内是找不到基础的。现在争论已经不复存在，我们党的第八次代表大会就表明了这点，会上中央委员会的路线、老列宁主义者的路线得到一致肯定。苏维埃共和国的工人也许对社会科学懂得不太多，但是从国内战争的经验中学到了许多东西，任何时候他们都不会背叛亲爱领袖弗拉基米尔·伊里奇·列宁的事业。共产国际第五次代表大会万岁，世界共产主义运动的代表们万岁，向你们——老列宁主义者们致敬！

波尔科夫尼科娃（苏联）：

今天我们被派到这里来向共产国际第五次代表大会致敬，女工们要我代表她们向你们——各国的代表们说几句话。同志们，俄国共产党已经掌管着国家大权，但是它在掌管国家的时候并没有把女工们排斥在外。它千方百计地吸引我们积极建设我们的生活。同志们，我们也在我们那些经验丰富的同志们的领导下做力所能及的事。同志们，你们离开这里的时候，请记住"国家货币"厂女工们的嘱托。请记住，在德国那边女工们并不很注意国家的事情。请你们把妇女吸引到中心大事上来，引导她们从厨房登上社会生活的活动舞台。

全世界的自由女工万岁！

共产主义的共产国际第五次代表大会万岁！

安东诺夫（苏联）：

同志们，我们以莫斯科—基辅—沃罗涅日铁路第一工段的名义向共产主义的第三共产国际第五次代表大会和从全世界各国远道来到这里的同志们致敬。我们向你们致以热烈的问候。同志们，我们伟大的领袖列宁同志在全球的各个角落点燃了共产主义的火花，现在我们看到，这个小小的火星已经燃烧成了熊熊大火。

我们代表第一工段的全体工人向你们致敬并且对你们宣誓，如果有必要，我们一定首先响应号召，奋起加入保卫世界无产阶级的队伍。我们把这个礼物送给第五次代表大会，我们在它上面雕刻了列宁在1917年所写的文章中的一句话："一切权力归苏维埃"。你们国家的资产阶级碰到这些钢铁的字母上准会头破血流。世界共产党万岁！

米罗诺夫（苏联）：

同志们，我们受"狄纳莫"工厂工人们的委托，向共产国际代表大会的成员们致敬。同志们，当我们到这里来的时候，工人对我们说："你们多么幸福，有机会向共产国际第五次代表大会致祝词。"我还要说一句："多么幸福，苏联工人阶级能够欢迎共产国际代表大会的成员们。"我们工人阶级借助于我们党，借助于列宁同志，为自己创造了这个机会。列宁去世了，但是列宁主义留了下来，我们将生活在这面旗帜之下。我们"狄纳莫"工厂的工人说，你们应该团结起来，像战士在战斗前那样紧握拳头，不要让指头分散开来，因为否则指头会折断。同样，如果代表大会的成员们四分五裂，那么我们就无法摧毁资产阶级，只会破坏我们的组织。所以我们说，代表大会的成员应该齐心协力，我们应该在全世界继续革命。代表大会成员们万岁！全世界的苏联万岁！

巴巴耶夫（苏联）：

同志们，我们科洛姆纳机器制造厂的工人，以我们工人的名义向共产国际第五次代表大会致敬。我们坚决相信，在不久的将来红旗就会插遍全世界。共产国际第五次代表大会万岁！第三共产主义的共产国际万岁！全世界的无产阶级革命万岁！

切尔马金（苏联）：

同志们，请允许我代表波多利斯克县的男女工人向共产国际第五次代表大会致敬。工人们派我们到这里来是要让我们在这里当着世界革命司令部的面，当着共产国际第五次代表大会的面宣布：我们一接到我们革命司令部的命令就准备一致奋起，组成紧密团结的队伍，勇敢地投入与我们不共戴天的敌人——全世界的资本家的战斗。（掌声）我们知道，共产国际成功地把全世界的劳动者联合起来，置于自己的强有力的保护之下的日子已经不远了。共产国际第五次代表大会万岁！全世界的社会革命万岁！

萨利尼科夫（苏联）：

同志们，请允许我代表谢尔普霍夫的工人和农民、代表我们的纺织工人向共产国际第五次代表大会致敬。第三共产国际万岁！

我们给你们送上一幅在亚麻布上织成的伊里奇同志的肖像。世界革命万岁！

阿斯塔夫列夫（苏联）：

同志们！我们代表谢尔普霍夫市15000名工人向你们致敬，向共产国际第五次代表大会致以热情的问候。祝愿世界无产阶级取得胜利，成为统治者！世界革命万岁！

斯坦克维奇（苏联）：

同志们，请允许我代表红色普列斯尼亚的女工、也代表位于这个区里的"红色国防"工厂的男女工人向你们致敬。同志们，我代表这个富有战斗性的区向你们致敬，它被叫做红色的是因为，它浸染了无产阶级的鲜血。从1905年开始到今天，普列斯尼亚一直英勇地捍卫着工人的事业。同志们，今天我们在这里的人比前年要多得多，但是我们中间已经没有了打造了国际无产阶级联盟的那位锻工，我们中间已经没有了驾驶这辆世界机车的那位伟大的坚强有力的火车司机——没有了列宁和我们在一起。同志们，列宁去世了，但是共产主义的第三共产国际却留在了他的岗位上，它一定会把这列火车开到世界无产阶级需要抵达的那个车站。

同志们！历经无数的牺牲和人间的种种痛苦，我们一定会赢得自己的解放，砸碎残酷地束缚整个工人阶级的锁链。让世界资本主义和资产阶级的走狗们灭亡！让黄色国际灭亡！第五次代表大会万岁！伟大的世界革命万岁！（掌声）

柯拉罗夫（保加利亚）：

同志们，主席团提议由勇敢的德国无产阶级的代表格施克同志代表第五次代表大会答谢所接到的祝贺。

格施克代表大会答谢各机关团体的祝贺

同志们！莫斯科的兄弟姐妹们！

今天，当你们满怀着炽烈的爱心和火样的热情在这里向我们第五次代表大会的代表致敬的时候，从你们的话语听得出，像一条红线贯穿你们的发言的是一个思想、一种回忆，这种回忆今天也压抑着每个来到俄罗斯、来到亲爱的莫斯科的每一个代表：你们都期望第五次世界代表大会的代表们能够证明，他们汇聚在这里并不是为了空谈，而是为了从亲爱的国土汲取新的力量，以便与自己国家的无产阶级肩并肩地工作和斗争。

列宁，我们最伟大的领袖，已经不在世了。但是，无论列宁的逝世让国际无产阶级所遭受的损失何等巨大，我们的悲痛是何等深切——我们共产党人都不应当垂头丧气。我们知道，列宁主义必将胜利！（暴风雨般的掌声）

眼前是少先队员、共青团员和莫斯科的青年近卫军，他们高举自己的旗帜，排着整齐的队列，有节奏地行进，于是强烈的喜悦之情在代表们和你们所有的人心中油然而生,同时从这些少先队员的口中向第五次代表大会的代表们一再发出呼吁:请记住全世界的青年,记住日益贫困、趋于死亡的无产阶级青年,请帮助帮助他们,你们理应以工人阶级的名义对他们进行帮助!

眼前行进着妇女们、姑娘们,向我们致敬。她们对代表大会的要求是什么呢?她们要求让那些对俄罗斯妇女已经成为现实的事情,对其他各国的无产阶级也能加以实现。

男同志们也在向这里行进,他们同样提出了自己的要求,于是我们代表大会的代表、第五次世界代表大会清楚地意识到自己的任务并且表示:我们之所以来到莫斯科,是因为都把它视做世界革命独一无二的堡垒。

我们来到俄罗斯,来到它愈来愈被全世界的资本主义大国和资本家仇视的无产阶级身边。我们来到俄罗斯,它的许多最伟大的英雄业已故去,同时我们在这里也想起那些在世界各国的无产阶级解放斗争中献身的千千万万牺牲者。耳听着莫斯科的无产阶级、莫斯科的工人、我们的兄弟姐妹们的问候声之时,我们便想起了那些在全世界牢狱的铁窗内备受折磨的人,他们以饱含希望的目光眺望着莫斯科方向,将它也视做自己的祖国。

第五次代表大会面临着一项明白无误的任务:它应当在全世界为列宁主义开辟道路。我们必须开展反对资本主义和资产阶级的勇猛顽强、毫不留情的斗争;以红色恐怖对抗白色恐怖,以无产阶级专政对抗资产阶级专政。你们在苏维埃俄罗斯已经实现的事情,我们应该在世界各地加以实现。牺牲在革命的火焰中,胜过在弥漫着恶臭的资本主义氛围中腐烂。我们必须清楚地意识到,为了进行斗争并取得最后胜利,我们应当将各种力量汇集成一个整体。我们应当走你们为我们所指出的道路,勇往直前,坚忍不拔,毫不动摇。你们可以期望我们每个人的是,我们信仰列宁主义和共产主义并不只是在口头上，而且准备为了它、为了我们亲爱的苏维埃俄罗斯献出生命。莫斯科的、俄罗斯的无产阶级万岁！社会主义革命万岁！（高呼声：世界无产阶级革命万岁！乌拉！掌声）

代表大会的其他各项议程

柯拉罗夫（保加利亚）：

同志们，主席团向你们提议给红军和红海军、红空军发贺信。（掌声，欢呼声）请安静地听"致我们光荣的红军的呼吁书和致敬信"①。

同志们，有反对这封呼吁书的意见吗？没有？主席团提议发出反对各国资产阶级的迫害和白色恐怖制度的抗议信，同时也发表给白色恐怖和资本主义反动势力的被囚者和牺牲者的致敬信。抗议信和致敬信的全文由特兰同志宣读。

特兰（法国）：

同志们！首先我代表法国共产党向共产国际第五次代表大会和莫斯科的无产阶级致敬，莫斯科的无产阶级在这里就是整个俄国无产阶级的代表。

目前法国共产党的队伍空前团结一致。去年初它经受了第一次革命考验，不顾来自资产阶级的屡次镇压，公开反对彭加勒非常顽固地继续施行帝国主义政策，占领鲁尔。

同志们，各国共产党和共产国际所做出的反对资产阶级和彭加勒政策的努力已获得了成果。目前我们可以看到，资产阶级不得不偃旗息

---

① 见《国际共产主义运动历史文献》中央编译出版社 2014 年版第 39 卷收录的《告红军、海军和空军书》。——编者注

鼓。我们看见它已被迫放弃凡尔赛条约，但是同时我们也看到一种新现象，资产阶级左翼狡猾地与伪善的社会民主党结成联盟，试图通过左派同盟将新的凡尔赛条约难以忍受的沉重负担推给世界，推给无产阶级，而新条约同样残酷，但比第一个条约更来得巧妙，更加虚伪。

不仅法国共产党、而且整个共产国际的任务就是，以最强有力的方式为反对这个新条约而斗争。

同志们！我要告诉你们，俄国共产党内所展开的辩论向法国共产党提出了一个重大的问题，仔细地认真地研究革命的问题。这次辩论之后，法国党更加紧密地团结成一个整体，不仅在内部的意义上是如此，而且也围绕着俄国共产党中央委员会，围绕着统一的俄国党，围绕着布尔什维主义—列宁主义团结了起来。

同志们！当前所有参加了我们党的工人都清楚地意识到，什么是行动中的马克思主义，什么是布尔什维主义，什么是列宁主义。

同志们！法国在以往的历史上曾发生过1789年的革命，它不但是所有的资产阶级革命的摇篮，而且让无产阶级和农民行动了起来；法国在过去还发生过1848年的工人革命，法国过去还有过公社；它十分清楚它将多少力量投入了共产国际和布尔什维主义。但是我们也知道，为了建设一个布尔什维主义的党并将以往历次革命的全部资料和经验改造为布尔什维主义的方式，便需要列宁的天才。我们知道法国、德国和整个欧洲的革命运动给予了列宁和布尔什维主义一些什么，同时也知道列宁给予了我们一些什么：他给我们提供了能够将无产阶级为世界革命所作的斗争直至胜利的方法。

同志们！在新凡尔赛条约的体现者在左派同盟掌权的时候，在英国工党执政、欧洲重新产生民主幻觉的时候，我们的、共产国际的职责就是比以往更加鲜明地强调和提醒：社会民主党充当了并将继续充当资产阶级镇压活动的直接工具或者为其铺平道路；这种镇压一点也不会减弱。这就是共产国际决定发出下列呼吁书的原因：《反对白色恐怖》①。

柯拉罗夫（保加利亚）：

现在对抗议信进行表决。谁反对？一致通过。（掌声）

主席团同时提出一项抗议各帝国主义政府奴役殖民地和半殖民地各国人民的决议。由英国党的代表斯图尔特同志宣读这项决议。

斯图尔特（英国）：

同志们！我要提出的是一项关于东方问题的决议，共产国际已经使这一问题变得现实、明显和迫切，多亏有共产国际，这个问题才不再仅仅充当人道主义空谈的话题。早在共产国际第一次代表大会上，列宁同志即已提出了关于被剥夺、被压迫的东方各国人民与西方无产阶级的相互关系的问题。在世界革命领域内，东方各国人民和西方无产者的利益不可能有分歧，因为一些人的解放以另一些人的行动为前提，取决于这些行动。

共产国际掌握各条战线上的斗争的领导权，这场斗争必须继续进行，直至全世界的无产阶级和农民群众从资本主义和帝国主义强盗们的桎梏下彻底获得解放。

现在我宣读决议②。

阮爱国（越南）：

---

① 见《国际共产主义运动历史文献》中央编译出版社2014年版第39卷收录的《反对白色恐怖》。——编者注
② 见《国际共产主义运动历史文献》中央编译出版社2014年版第39卷收录的《东方国家和殖民地的各兄弟民族！》。——编者注

我想知道，代表大会是否向殖民地发出号召书。

柯拉罗夫（保加利亚）：

代表大会的议程上列有殖民地问题，涉及东方各国，殖民地和半殖民地国家。所以，希望就这一点发表意见的同志都有机会发言。

阮爱国（越南）：

在将号召书提交表决之前，我建议添上一句话："致殖民地各国人民"。

（阮爱国同志的建议被采纳）

柯拉罗夫（保加利亚）：

谁反对这项决议？没有任何人反对。决议通过。

现在我们宣读关于举办反对帝国主义战争斗争周的决议，季诺维也夫同志在他的开幕词中已经谈到了此事。请彼得罗夫斯基同志宣读这项决议。

彼得罗夫斯基（苏联）：

扩大的这些委员会所通过的决议，现在提请你的批准：从7月27日至8月4日举行反对战争和社会党叛变行为国际周……（宣读决议全文①）

---

① 见《国际共产主义运动历史文献》中央编译出版社2014年版第39卷收录的《打倒战争！打倒社会爱国主义者》。——编者注

主席：

让我们进行决议。谁反对？（无人举手）。谁也不反对。

主席：

同志们，请允许宣读主席团的最后一项提议：向列宁的号召致敬的决议。（掌声）请彼得罗夫斯基同志宣读①。

主席：

现在进行表决。谁反对这封致敬信？一致通过。（高唱国际歌）

（会议休会）

---

① 见《国际共产主义运动历史文献》中央编译出版社 2014 年版第 39 卷收录的《向为响应列宁号召的同志们致以兄弟般的敬意》。——编者注

第二次会议

(1924年6月18日,星期三)

会议于下午5时30分开始。

柯拉罗夫(保加利亚):

现在我宣布会议开始。由于时间不多了——工人们已经集合在红场上,等待代表大会的代表们光临——主席团决定提请代表大会只进行议事日程上的第一项。

报告的题目为:《列宁主义与共产国际》,应该当着莫斯科工人们的面在列宁同志的陵墓旁边去作。代表大会的全体代表在主席团的带领下将前往那里,不过预先请各位代表团将你们所确定的各委员会成员的名单告知我们。

代表大会接下来的一次会议将于明天6点召开。议事日程为季诺维也夫同志作关于执行委员会的报告。

加里宁在红场发表纪念列宁的演讲

同志们,我想,早在本次代表大会开幕之前很久我们每一个人都已明白,大会上的第一句话肯定无疑将会谈论列宁同志。这是理所当然的事。俄国革命的领袖,布尔什维主义的领袖,同时也就是共产国际的领袖。在这一点上并无任何历史的偶然性。我们称之为"列宁主义"的那个主义包含着最彻底、最全面、最有效的国际主义。

列宁身上的俄罗斯精神表现在，他全心全意投身俄国革命的时候，一刻也不曾停止做一名国际主义者。他对每个国家的民族运动的关注越是强烈，他在国际主义范围内的作用就越发变得重要。从来不拘泥于民族的界限，同时又尽可能充分地在国际事件的进程中利用某个民族范围之内的运动，就是这种技巧和能力构成了列宁同志的一个与众不同的特点。正式这一点使得他同时成为俄国革命和国际革命的领袖。

从这方面研究列宁主义及其各个阶段有着特殊的意义。列宁自己即曾说过，他宁肯干革命而不是描述革命和研究其理论。然而正是他的所作所为以极为丰富的经验充实了我们，不仅充实了俄国的布尔什维克，而且充实了全世界的各国共产党，从这种经验之中我们还将许多年都能获取对一些最复杂的问题的答案。

我不想承担也无力承担全面阐述已经以列宁主义的名义进入了历史的东西的任务。将来还需要一大批最有才能的历史学家和政治家来完成这一任务。我仅限于讲述领袖表达得特别清晰的三个问题。这就是工农联盟——完全属于列宁同志并且在实践中已由他变为现实的一种思想。其次是民族问题上的列宁，最后则是列宁对待无产阶级专政问题的态度。

在对资本主义制度所进行的斗争中联合工人阶级和农民的问题，构成弗拉基米尔·伊里奇最早期的思想。几乎是在自己所发表的第一部著作、出版于1893年的《什么是人民之友》中，他已经将农民作为革命的决定性力量之一进行论述。1903年列宁同志专门写了一本小册子《告贫苦农民》，向农民说明社会民主党人意欲何为，这已经清楚地表明，他在未来的斗争中赋予农民以何种意义。在这本专门针对贫农的小册子里，似乎特别应该施展雄辩的表现手法，谈农民目前处境的艰辛，美好未来一系列鲜明的图景，社会革命党人这类大能人的目的何在。弗拉基米尔·伊里奇却平铺直叙、心平气和、一五一十地说："但是我们应该弄清楚，在全俄国一共有多少富裕农民，他们的力量有多大。这样，贫苦农民才不会盲目地去瞎碰，才能确切地知道他们的朋友和他们的敌人的情况"。①

简单明了，要言不烦，无疑每个庄稼人都能理解。还有："可是，如果向贫苦农民和中等农民说：改善经济和铁犁减价就能帮助他们大家摆脱贫困而自立，同时一点也不触动富人——那么，**这就是欺骗**。从所有这些改善、减价和合作社（买卖商品的联合组织）中，**得利最多的是富人**。富人愈来愈强大，他们对贫苦农民和中等农民的压迫愈来愈厉害。只要富人还是富人，只要他们还掌握着大部分土地、牲畜、农具和金钱，那么不但贫苦农民，就是中等农民也永远摆脱不了贫困。"②

从以上所引用的话可以看出，很早的时候列宁同志即已产生了工农联盟的思想。更有甚者，下面的话不仅讲的是联盟的想法，而且确定了利用这种联盟为工人和贫农谋利的途径（所谓贫农，列宁指的是只有一匹马、一头奶牛的农户）：

"第一个问题。既然俄国24000万俄亩宜耕种的土地中有1亿俄亩是私人土地占有者的地，既然16000个最大的土地占有者占有6500万俄亩地，劳动人民能摆脱贫穷困苦吗？

---

① 《列宁全集》中文第2版第7卷第129页。全集此处译文与本书原文第34页处略有出入："并非所有的农民都会帮助工人，也有财主，我们应当了解清楚他们在全俄罗斯有多少人，他们的力量如何，不可让贫苦农民随便到处冒碰运气，盲目行动，而是要他们确切了解什么样的人是他们的朋友，什么样的人是他们的敌人。"全集译文中没有出现过"并非所有的农民都会帮助工人，也有财主"这句话。——编者注

② 《列宁全集》中文第2版第7卷第137—138页。——编者注

第二个问题。既然150万户富裕农户（农户一共是1000万）占了农民的全部所种的地、农民的全部马匹和农民的全部牲畜的一半，并且占了农民的全部积蓄和存款的一大半，既然这个农民资产阶级靠压迫贫苦农民和中等农民、靠榨取雇农和日工的劳动变得愈来愈富，既然650万农户都是破产的贫苦农民，总是挨饿，靠当各种雇工挣口饭吃，劳动人民能摆脱贫穷困苦吗？

第三个问题。既然金钱成了支配力量，既然用钱什么都可以买到：可以买工厂、买地，甚至可以买人当雇佣工人，当雇佣奴隶，既然没有钱就无法生活、无法经营家业，既然小业主、贫苦农民必须为了挣钱而同大业主进行斗争，既然几千个地主、商人、厂主和银行家拥有几亿卢布，而且还支配着一切集中了几十亿卢布存款的银行，劳动人民能摆脱贫穷困苦吗？

无论用多少花言巧语来说明小经济或合作社如何有利，都无法回避这些问题。这些问题的答案只能有一个：能够解救劳动人民的真正的'合作社'，是贫苦农民同城市工人社会民主党人为反对整个资产阶级而结成的联盟。这样的联盟扩大和巩固得愈快，中等农民就会愈快地懂得资产阶级答应的东西完全是骗人的，中等农民也就会愈快地站到我们这边来。"①

列宁不容置辩地证明了农村穷人与无产阶级步调一致地前进的经济上的必要性之后，关于以奥博连斯基为代表的封建专制制度1902年对叶卡捷琳诺斯拉夫省和哈尔科夫省农民的镇压，他说："农民为正义事业进行了斗争。俄国的工人阶级将永远纪念被沙皇走狗枪杀和打死的殉难者。这些殉难者是争取劳动人民的自由和幸福的战士。农民被打败了，但是他们还要不断地起来斗争，不会因为初次失败而灰心丧气。觉悟工人要倾全力使尽量多的城乡劳动人民了解农民斗争的情形，使他们准备进行新的更有成效的斗争。觉悟工人要倾全力帮助农民**弄清楚：为什么第一次农民起义（1902年）被镇压下去了，应当怎样才能使农民**

---

① 《列宁全集》中文第2版第7卷第142—143页。——编者注

和工人得胜,而不是使沙皇的走狗得胜。"①

所以,20年之前列宁同志已经完全形成了工人和农民必须紧密地结成联盟的思想,只有两大力量联合起来,只有依靠他们的总量,才能够不仅战胜君主专制制度,而且战胜资本主义世界。他在自己一生中的整个革命时期都没有放弃这一思想。在第十一次党代表大会上做最后一次天才的演讲时,他仿佛预感到这已是对党的诀别致辞似的说道:"现在全部关键在于,先锋队要不怕进行自我教育、自我改造,要不怕公开承认自己素养不够、本领不大。全部关键在于,现在要同无比广大的群众,即同农民一道前进,用行动、实践和经验向农民证明,我们在学习并且一定能学会帮助他们,率领他们前进。在目前的国际形势下,在俄国目前的生产力状况下,这一任务是可以完成的,不过要十分缓慢,小心谨慎,实事求是,对自己的每一步骤都要进行千百次的实践检验。"②

我将民族问题归入农民问题一类。弗拉基米尔·伊里奇对这类问题也给予相当大的注意,这很自然,如果回想一番,整个俄罗斯就是一个民族众多、语言各异的国家,居住在其中的各族人民处于不同的发展阶段,民族之间自然而然便会产生疏远,因为在资产阶级社会里较为文明的民族几乎一直都是较为落后的民族的剥削者,即使不是直接剥削,无论如何也是间接剥削。

极其自然和可以理解的是,如果民族问题得不到圆满解决,革命的胜利、这种胜利成果的巩固都会遭遇难以克服的阻碍。1905年革命之后,当夺取政权的可能性提上政党的议事日程的时候,民族问题也开始获得更大的意义。从这时候开始,列宁同志便认真严肃地着手解决这一问题,并像通常一样就这个问题与那些以自由主义态度解决这一问题的

---

① 《列宁全集》中文第2版第7卷第171页。——编者注
② 《列宁全集》中文第2版第43卷第133页。——编者注

机会主义者进行异常激烈的斗争。在反对沙皇制度禁止异族人入读俄罗斯学校时，列宁论道：

"工人阶级的利益——以及一般政治自由的利益——则要求这个国家的各个民族一律享有最完全的平等权利，消除各民族之间的种种隔膜，使各民族的儿童在统一的学校里打成一片，等等。只有抛弃一切荒谬的和愚蠢的民族偏见，只有使各民族的工人结成一个联盟，工人阶级才能成为一种力量，给资本以反击并争得生活的真正改善。

请看看资本家吧，他们竭力想在'普通人民'中间煽起民族仇恨，而他们自己却巧妙地干着自己的勾当：在同一个股份公司里既有俄罗斯人、乌克兰人，也有波兰人、犹太人和德意志人。为了对付工人，各个民族具有不同宗教信仰的资本家已经联合起来了，可是他们却力图用民族仇恨来分裂工人，削弱工人！"①

列宁同志以雄鹰般的锐利目光洞察和肯定别的国家的革命运动，迅即对其作出反应和表示支持。这里有一个很好的例证。中国革命运动的发展就得到了他热情洋溢的支持。

"在亚洲，强大的民主运动到处都在发展、扩大和加强。那里的资产阶级还在同人民一起反对反动势力。数亿人正在觉醒起来，追求生活，追求光明，追求自由。这个世界性的运动使一切懂得只有通过民主才能达到集体主义的觉悟工人多么欢欣鼓舞！一切真诚的民主主义者对年轻的亚洲是多么同情！

而'先进的'欧洲呢？它掠夺中国，帮助中国那些反对民主和自由的人！"②

任何有助于工人阶级组织起来、促使它取得胜利的事情无论发生在

---

① 《列宁全集》中文第 2 版第 23 卷第 396 页。——编者注
② 《列宁全集》中文第 2 版第 23 卷第 166 页。——编者注

哪里，都会受到列宁同志的拥护。反之，一切削弱工人阶级的斗争的事件，一切将这种斗争从国际的阶级的轨道引入地方的局部的轨道，使其从民主性质变为自由主义性质的事件，都会遭到列宁同志极为强烈的反对。列宁同志对民族文化自治花费相当大量的时间，无情地揭露以自治的旗号掩盖其隔离不同民族劳动人民的勾当。列宁在回应机会主义者们时写道：

"马克思主义同民族主义是不能调和的，即使它是最'公正的'、'纯洁的'、精致的和文明的民族主义。马克思主义提出以国际主义代替一切民族主义，这就是各民族通过高度统一而达到融合，我们亲眼看到，在修筑每一俄里铁路，建立每一个国际托拉斯，建立每一个工人协会（首先是经济活动方面的，其次是思想方面、意向方面的国际性协会）的同时，这种融合正在加强

民族原则在资产阶级社会中有其历史的必然性，因此，马克思主义者重视这个社会，完全承认民族运动的历史合理性。然而，不要把这种承认变成替民族主义辩护，因此应该极严格地仅限于承认这些运动中的进步东西，因此不能因为这种承认而让资产阶级思想模糊了无产阶级意识。"①

列宁同志完美地掌握了辩证法，总是令人惊叹地善于将打击向对方拦挡回去。在《需要强制性国语吗？》一文中回答自由党人时，列宁说：

"自由派对我们说，俄罗斯语言是伟大而有力的。难道你们不愿意让每个住在俄国任何边疆地区的人都懂这种伟大而有力的语言吗？俄罗斯语言必将丰富异族人的文化，使他们享有伟大的文化宝藏，这一点你们就没有看到吗？如此等等。

我们回答他们说：自由派先生们，这一切都说得对。屠格涅夫、托尔斯泰、

---

① 《列宁全集》中文第2版第24卷第136—137页。——编者注

杜勃罗留波夫、车尔尼雪夫斯基的语言是伟大而有力的,这一点我们比你们更清楚。所有居住在俄国的被压迫阶级,不分民族,都应当尽可能地建立更密切的联系,达到兄弟般的统一,我们对这一点的希望比你们更迫切。我们当然赞成每个俄国居民都有机会学习伟大的俄罗斯语言。

我们不赞成的只有一点,那就是**强制**的成分。我们不赞成用棍棒把人赶进天堂,因为无论你们说了多少关于'文化'的漂亮话,**强制性**国语总还是少不了强制和灌输。我们认为,伟大而有力的俄罗斯语言不需要**用棍棒强迫**任何人学习。"①

这说得多么好啊:"我们不希望的只有一点——强迫成分"。任何地方你也找不到这样的坚定信念,不仅坚信自己立场的正确,而且坚信劳动群众、劳动民主制度必定会赞成我们所宣传的东西、我们觉得宝贵的东西。总之,这是列宁的又一个特点——相信群众,这也是布尔什维主义所特有的信念。还有:

"我们满怀民族自豪感,正因为这样,我们**特别**痛恨**自己**奴隶般的过去(过去地主贵族为了扼杀匈牙利、波兰、波斯和中国的自由,经常驱使农夫去打仗)和自己奴隶般的现在,因为现在这些地主在资本家协助下又驱使我们去打仗,去扼杀波兰和乌克兰,镇压波斯和中国的民主运动,加强那玷污我们大俄罗斯民族声誉的罗曼诺夫、鲍勃凌斯基和普利什凯维奇们这帮恶棍的势力。谁都不会因为生下来是奴隶而有罪;但是,如果一个奴隶不但不去追求自己的自由,反而为自己的奴隶地位进行辩护和粉饰(例如,把扼杀波兰和乌克兰等叫做大俄罗斯人的'保卫祖国'),那他就是理应受到憎恨、鄙视和唾弃的下贱奴才了。"②

对于我们这些在地方上、机床旁,在诸如彼得堡、莫斯科、哈尔科

---

① 《列宁全集》中文第2版第24卷第310—311页。——编者注
② 《列宁全集》中文第2版第26卷第110页。——编者注

夫这样的中心大城市从事实际工作的人而言，民族问题显得并不很迫切。与沙皇制度斗争的尖锐，它对革命者的残酷镇压，都使大家处于同等地位。我们便觉得，我们在真正的革命国际主义方面并没有落后于列宁同志，然而这并不曾妨碍后来他说："我们同存在了一个短时期的红色芬兰政府签订过一个条约，在领土上向他们作了某些让步，为了这件事，我听到不少纯粹沙文主义的反对意见，说'那儿有很好的渔场，可是你们把它们送人了'。对这一类的反对意见我曾经说过：刮一刮某个共产党员，你就会发现他是大俄罗斯沙文主义者。"①

正是如此——要识别每个人的国际主义，只能在实践中，在事实上，在需要采取某个与各方利益密切相关的决定的时候。只是到现在居住在我们联盟内的众多民族已经觉醒的时候，我们才开始懂得执行真正国际主义的路线亦即有助于国际革命的适当路线的极端重要性。列宁同志以其对民族问题的关注给予革命以无可估量的帮助，革命的命运在很大程度上取决于民族问题的妥善解决。列宁同志关于无产阶级专政的学说，乃是运用和深化马克思主义的创造性活动的结果。通常，列宁同志在着手解决无产阶级专政的问题时，首先就意在清除那些强加于革命的马克思主义从而歪曲了它的东西。列宁同志以此满足了俄国革命的迫切需要。请回忆一下吧，俄国革命就是违背第二国际所领导的所有政党的认识和愿望，反其道而行之。

同志们，生活中的戏剧性时刻并不像戏台上那样容易察觉，于是艺术家便漏掉了一个极具戏剧性的时期。请回忆回忆，公认的领袖们带领着无产阶级即便没有立即取得胜利，无论如何也进行了许多场规模巨大的战斗。无论这些战斗的结果如何，无论它们需要无产阶级付出什么样的牺牲——所有这一切都得到了补偿和回报。欧洲的工人群众在这些战

---

① 《列宁全集》中文第2版第36卷第166页。——编者注

斗中获得了战斗锻炼，用列宁的话来说，他们表现了为共产主义奋斗的忘我的献身精神、争取胜利的决心。

结果这一切都已丧失，因为领袖们令人厌恶的胆怯，他们忍受不了战场的惨烈景象，不敢参与厮杀便落荒而逃。不仅如此。逃离战场的领袖们还投入敌人的阵营，成了叛徒。还会有什么更令人深恶痛绝、还有什么敌人能够对革命的无产阶级背后实施更沉重的打击呢！我们俄罗斯工人在投入最后的后备力量保卫无产阶级的战斗队伍时，尤其尖锐地感受到这一打击。只有经受过多年战斗锻炼的俄国共产党没有发抖，在自己的英明领袖的领导下不屈不挠、坚定不移地走向了胜利。

叛徒们早已偷偷摸摸小心翼翼地避开群众，一步步以市侩意识偷换革命的马克思主义。

当国际无产阶级的队伍之一俄罗斯这支队伍取得胜利的时候，庸人们便大喊："救命啊！"，展开十分恶劣的挑唆行动，不仅诋毁胜利，而且诋毁获胜的俄国革命所建立的那个制度。

我们把这个制度叫做无产阶级专政的过渡时期，认为它对于镇压资产阶级的反抗是无可避免和必不可少的。

关于无产阶级专政时期的历史必然性，讲得最有说服力的是列宁同志的下列一番话：

> "马克思学说中的主要之点是阶级斗争。人们时常这样说，这样写。但这是不正确的。……因为阶级斗争学说不是由马克思而是由资产阶级在马克思以前创立的，一般说来是资产阶级可以接受的。谁要是仅仅承认阶级斗争，那他还不是马克思主义者，他还可以不超出资产阶级思想和资产阶级政治的范围。……只有承认阶级斗争、同时也承认无产阶级专政的人，才是马克思主义者。"[1]

---

[1] 《列宁全集》中文第2版第31卷第31—32页。——编者注

在俄国共产党内，为了巩固对资产阶级国家体制的胜利，对无产阶级专政的必要性和必然性都毫无疑问。我们的党外工人甚至农民都已成长到足以理解这一思想，他们在无产阶级专政的概念中加入苏维埃政权的形式。他们懂得，只有苏维埃国家才能保障各劳动阶级所需的自由权利，而这些权利无论哪个最民主的共和国也不可能向他们提供。

共产国际的根本任务就是为了无产阶级专政而进行武装斗争必不可少和无可避免的认识基础上将无产阶级联合起来，唯有无产阶级专政才能保证向劳动人民提供一种制度、一种民主，在这种制度下他们才能够走向共产主义制度。

列宁同志和俄国共产党过去和现在都向自由提出一个根本性的任务——争得共产主义制度。其余的所有问题都是实际的问题，选择手段的问题，借助于这种手段我们便能逐步达到朝思暮想的目的。

与农民联盟的问题，民族问题，无产阶级专政的问题和共产党长期性的全部日常工作，在所有这些方面我们都应当从一个思想出发，即：这是我们进行斗争的武器，我们要根据在实现最终目的时它能够带来什么样的益处的情况加以运用。你们，列宁同志的继承者们，所肩负的重要责任不单是要保持、而且要加强和发展列宁主义的特点——无产阶级在其争取自身解放的斗争中所锻造出来的这一武器的特点。

鲁特·费舍的发言

男女工人同志们！

世界代表大会的第一句话就应该对列宁同志表示理所应当的怀念。列宁是俄国党的创建者，列宁是苏维埃俄罗斯的创建者，也是第三国际的创建者；他的事业、他的形象不仅铭刻在俄国无产阶级和农民千百万群众的记忆之中，列宁也是所有国家的世界革命的象征，特别是德国无产阶级革命的象征。德国工人阶级、德国共产党已经与全靠无产阶级失败才取得政权的德国资产阶级进行了多年斗争，在每次世界代表大会上都越来越伤心和痛苦地感受到一个事实，那就是我们尚未能像俄国无产阶级那样驱逐资产阶级、夺得政权，德国共产党深知，它只有在列宁主义的旗帜下才能取得胜利。

工友们！列宁的形象和思想深深地铭刻在德国工人的心中。目前德国工人与民族主义的示威游行不同的是，正在力图为列宁建立纪念碑。在上西里西亚德国工业地区中心有个以民族主义者兴登堡命名的城市，现在共产主义的无产阶级已决定将其更名为列宁堡。（掌声）

工友们！当这件事被德国资产阶级得知之后，他们大喊大叫了起来。他们拒不同意这次更名。对他们而言，没有比在列宁的旗帜下进行斗争并节节胜利的共产党更危险的敌人了。第五次世界代表大会是在列宁的旗帜下召开的。大会深知，列宁没有了的时候共产国际更需要紧握列宁的旗帜。尽管有重重困难，尽管有种种危险，尽管有诸多阻碍，共产国际都将高举列宁的旗帜，从俄罗斯一路走遍全世界。第三国际必定会在列宁的旗帜下打败全世界的资产阶级，让红旗不仅飘扬在莫斯科上空，而且也飘扬在柏林上空。世界革命一定胜利！（暴风雨般的掌声）

罗易的发言

柯拉罗夫（保加利亚）：

现在请印度共产党代表、最著名的印度革命者之一——罗易同志对大家讲话。大家都知道，仅仅在不久以前，已经是在英国"工人"政府的体制之下了，印度当局发布了逮捕他的命令。印度正在进行针对许多共产党人的审判程序，罗易同志就是这宗诉讼案的被告之一。不过罗易同志并未身陷资产阶级的监狱，而是在这里，在我们中间，作为被奴役的印度人民的代表参加共产国际第五次代表大会。（柯拉罗夫同志的最后一句话被掌声和喧腾的欢呼声所淹没）

罗易（印度）：

同志们！全世界革命无产阶级的代表汇聚在这里，在世界革命的中心，都希望向你们致敬，都怀着同一个心思。这是第一次没有我们心爱的领袖列宁参加而召开的共产国际世界代表大会。但是同志们，我们更加坚定地认识到，虽然列宁不再和我们在一起了，我们现在仍然是一支在列宁主义旗帜下斗争的大军，我们坚信，这支革命无产阶级的大军一定会在列宁学说这面飘扬的旗帜下走向胜利。

同志们！现在并不是说明共产国际为全世界无产阶级做了多少事情的时间和地点。但是，同志们，我只想指出列宁主义的一个方面，确切地说，就是在列宁同志的领导下，共产国际已成为真正的国际。从前在第二国际的社会爱国主义者的领导下，马克思主义遭到收买。注定要由列宁把马克思主义从修正主义者们的手中拯救出来；注定要由列宁把国际变为真正的国际；注定要由列宁告诉世界无产阶级的革命先锋队：就马克思主义而言，无产阶级所包含的不仅是欧洲和美洲帝国主义和资本主义先进国家的工人阶级，而且还有由帝国主义者控制的殖民地和半殖民地国家的千百万劳动群众。这是列宁的一个极其伟大的思想，值此共产国际代表大会召开的日子，我希望你们能关注这一思想。我们正面临着堆积如山的困难，需要我们在取得最后胜利之前加以克服，我们应当用列宁的这一遗训全副武装起来，不断前进。

同志们！在列宁的旗帜下，我们，全世界无产阶级的革命先锋队，必定会取得胜利。

同志们，让我们高呼：我们的领袖永垂不朽！列宁主义万岁！

（会议于下午6时15分休会）

第三次会议

(1924年6月19日,星期四)

主席:格施克

格施克就会议议程作说明

格施克(主席):

我宣布,共产国际第五次代表大会第三次会议开幕。议事日程是:

1. 批准代表大会议事日程。

2. 代表大会的内部规程。

3. 组成代表资格审查委员会。

4. 组成其他一些委员会,特别是工作委员会;确认各国委员会的工作将于明天举行。

5. 季诺维也夫同志作报告。

有一项提案。荷兰代表团提议将怀恩科普同志选入主席团。主席团采纳这一建议。有反对意见吗?没有反对的。这样,怀恩科普同志便当选为主席团委员。

现在让我们讨论代表大会的议事日程。对日程第一项的审议已于昨天的会议上结束。

第二项是关于共产国际执委会的活动和策略的总结,报告人为季诺维也夫同志。

第三项是经济状况，报告人为瓦尔加同志。

第四项是纲领问题，报告人为布哈林同志、塔尔海默同志，必要时再由纲领委员会指定第三位同志。

第五项——工会运动的策略，报告人为洛佐夫斯基和黑克尔特两位同志。

第六项——民族问题：a. 共产党在民族问题上的立场（俄罗斯，波兰，捷克斯洛伐克，巴尔干），报告人：曼努伊尔期基、瓦列茨基和博什科维奇同志；b. 东方和各殖民地的革命运动，报告人：罗易、片山潜和程同志；c. 黑人问题，报告人：美国的邓恩同志，法国的马朗同志。

第七项——组织问题：a. 各党的组织建设，工厂支部的建立等；b. 共产国际章程；c. 各共产党在妇女中的工作；d. 地下工作；e. 军队中的工作。报告人由组织委员会指定。

第八项——宣传工作，报告人由宣传委员会指定。

第九项——关于法西斯主义的报告，报告人：意大利的博尔迪加，德国的弗赖穆特。

第十项——知识分子问题，报告人：蔡特金同志，法国的塞尔贝，来自殖民地的报告人尚未指定。

第十一项——关于苏联经济状况的报告，报告人为李可夫同志。

第十二项——农民国际，报告人为柯拉罗夫同志。

第十三项——青年运动。这个问题将先在代表大会全体会议上讨论，然后再在委员会内讨论；报告人为奥托·翁格尔同志。

第十四项——国际红色援助，报告人由组织委员会指定。

第十五项——某些分部的形势问题：a. 俄罗斯；问题将先在代表大会全体会议上审议，然后在委员会内研究；b. 德国；报告人为鲁特·费舍同志。关于这个问题的讨论方式，待正式的德国代表团到达之后再作决定；c. 意大利；d. 保加利亚；e. 英国；f. 美国；g. 日本。

第十六项——工会运动问题。

共产国际合作部国际会议的决议，将由编辑委员会进行研究。待其经编辑委员会确定之后，再在代表大会全体会议上作关于合作的报告。报告人由合作部国际会议指定。代表大会的议事日程就是如此，各位代表已经从《公报》第 1 期中得知了。

由于对第五次代表大会的议事日程并无反对意见，本议程即予通过。

现在转入今天议事日程的第二项：批准内部规程。这些规则确立下列程序：

第一，代表大会的全体会议将于早上 10 点到 3 点之间、晚上 5 点到 9 点之间举行。

第二，为报告人提供的时间为：作报告——1 小时，致闭幕词——半小时。

第三，为汇报提供的时间与此相同。

第四，就内部规程问题作发言限时两分钟。同时只能进行一次发言。

第五，每位代表就一个问题可以发言两次。第一次 15 分钟，第二次 5 分钟。

第六，要求发言和提交提案，应以书面方式向秘书处提出。

第七，经拥有表决权的 3 个代表团提出要求，可进行记名投票表决。

现在请德国代表团成员贝尔同志发言。

表决并通过代表大会的内部规程和
各委员会组成名单

贝尔（德国）：

德国代表团建议，只要有了3个代表团至少总共10名代表提出要求，就可以进行记名投票表决。

格施克（主席）：

有谁反对德国代表团的这项提议吗？由于没有反对意见，我现在就将这一提议交付表决。赞成德国代表团提议的同志，请举手。谁反对？提议通过。

现在我们来表决内部规程。有反对意见吗？没有。这样，内部规程获得通过。

再看关于委员会的问题。（依次宣读关于各个委员会组成人员的建议。委员会名单①）

格施克（主席）：

在请季诺维也夫同志作关于执委会的活动和策略的报告之前，我想向大会建议补充一项议事日程，增加梁赞诺夫同志关于新发现的尚未发表过的马克思和恩格斯手稿的报告。（同意）

现在请季诺维也夫同志作关于共产国际执委会的活动和策略的报告。（暴风雨般的鼓掌欢呼，高唱国际歌）

---

① 见《国际共产主义运动历史文献》中央编译出版社2014年版第39卷收录的相关内容。——编者注

季诺维也夫作关于共产国际执委会的活动和策略的报告

同志们，本次代表大会上我们需要为将来指明道路。但是首先我想对以往的道路进行一番考察：第一，因为我们在共产国际代表大会上是首次在没有列宁同志的领导和影响下进行工作；第二，因为我们所遇到的在许多方面都是崭新的国际环境；第三，因为我们在某种程度上算是一次具有周年纪念意义的代表大会。

不久之前我们刚刚庆祝了共产国际5周年。我们以往召开过4次世界代表大会，构成了革命运动历史上的4个阶段。因此，请允许我首先对共产国际的发展作一番历史概述。我想从两个观点分析共产国际的历史。

第一点：共产国际存在之初我们的力量有多大，在其后的数年期间这种力量又增长了多少。

第二点：前四次世界代表大会上共产国际内部的派别斗争和各种流派概述。

先说我们过去和现在的力量大小的问题。我觉得，现在已经变得十分清楚，共产国际在建立的最初数年之中，在许多国家其实只不过是宣传共产主义的团体，不过我们自己并未特别清楚地意识到这点而已。起初我们以为我们很强大，但是当时在许多国家我们还不是共产党，只不过是一些宣传共产主义的大团体。这种错觉从何而来？可以这样解释：当时正值帝国主义战争之后，群众自发性的不满极为强烈，我们便将此当成了有组织的共产主义实力。然而我们错了。我仅仅援引兄弟的德国党历史上的一个例子。

第一次代表大会后的斯巴达克派一月起义期间，我们曾认为我们的德国党很强大。群众的不满情绪十分强烈。对资产阶级（部分地也针对社会民主党）的仇视态度是自发产生的，而我们共产党人却自以为我们是领导这场千百万人的运动的先锋队。不过如果我们现在回顾一番事件的进程，就会很清楚，斯巴达克派起义（我们根本不必为之感到羞愧）乃是工人阶级斗争的最光辉的片断之一。

但是在实际上，当时我们党究竟算是什么呢？它当时还很小，只是一个宣传共产主义的大团体，仅仅才在掌握群众的道路上迈出了最初几步。在其他一些国家我们也看到同样的情形。因此，为了获得评估当前时期的准确尺度，就不能忽视这一情况。尽管存在着种种不足之处，尽管我们协会还有许多弱点，但是我们如今在许多国家中已经不是宣传团体，而是已经成长为共产党，在某种程度上甚至已成为一批规模很大的共产党。

现在谈谈共产国际内部的派别斗争的问题。为了正确理解我们在第五次代表大会上也很难避免的这种不同流派的斗争，就必须弄清楚某些事情。至于纲领性方面的问题，我完全同意德国共产党对其参加第五次代表大会的代表团的指示中的说法。我估计这个文件已是众所周知。它对于我们大家而言，在很大程度上都是可以接受的，一定会让我们更易于通过所必须采取的各种决定。

德国共产党认为在我们5年的活动中有6个重要的文件，它们可以说是共产国际牢固的基础。

这就是：列宁同志在第一次代表大会上提出的关于专政和民主的论点；接下来是第二次代表大会采纳的他针对土地和民族问题的论点；21条；关于党在革命中的作用的决议和第二次代表大会关于建立工人代表苏维埃的条件的决议（《在何种条件下可以建立苏维埃及其历史作用如何》）。

所有这些论点都被共产国际毫无争执地接受。但是围绕着纯粹策略性质的决定所进行的辩论就多得多。

布尔什维主义是在反对机会主义、反对右倾分子、反对社会民主党人、反对中派分子的斗争中诞生的，这已尽人皆知，无须证明。共产党人很大一部分都正是来自第二国际内部。现在已经可以一眼便看出共产国际内存在着两个组成部分。

共产国际的一部分产生自第二国际，是当年的社会民主党人；第二部分则是在战争期间和战后成长起来的新一代工人。两部分人各具优势和弱点。大家都知道，共产国际的策略、布尔什维主义和列宁主义的策略，主要是在同时反对社会民主党人右派和中派的斗争中发展而成，因此理所当然在共产国际内部，列宁主义过去和现在都应当进行斗争，首先是反对社会民主党人遗留下的残余势力，反对共产国际里天然存在的残余势力。

但鲜为人知的是，布尔什维主义也应当认真开展反对另一类倾向即通常称为"极左派"的斗争。自然，实际上它们绝不是左，因为没有什么比列宁主义、革命的马克思主义更左的了，但已经习惯这样称呼这些倾向了。早在革命之前的年代里，布尔什维主义即已与这些"左的倾向"进行了坚决的斗争。在共产国际内，它的创始人和导师也不得不与这些所谓的"极左"倾向在国际范围进行斗争，正如当前我们也同样面临着这种斗争。

第一次代表大会是在这样的时刻召开的，当时俄国革命胜利的声浪尚未消逝，德国斯巴达克派起义失败的程度和意义还不够清楚。据我的记忆所及，我们只有一次引发分歧的表决，那恰恰也是一次令人很感兴趣的表决，确切地说，就是针对是否应当在这次代表大会上建立共产国际这一问题的表决。德国共产党的代表反对立即建立共产国际。

第二次代表大会上迅即形成了各派的明确的路线，我们便展开了首先是反对右倾的斗争。你们都还清楚地记得21条，它们应当成为反对中派的支柱。不过，早在当时列宁同志和支持他的观点的其他同志，即已需要与左的一些倾向进行斗争了，例如在议会制的问题上就是这样。一部分同志发表了反对利用议会制的意见，顺便说说，博尔迪加同志也是反对的。

随后在第二次代表大会上又为**工会问题**发生斗争。一些美国同志（已故的约翰·里德）以及德国同志坚持退出社会民主党的工会。但是列宁同志与这种思潮进行了坚决的斗争。

第二次代表大会上还就党的作用问题进行了反对共产主义工人党和"极左派"（工团主义者）的斗争。有些"极左分子"发言声称，我们根本不需要党，至少在革命胜利之前不需要。

总之，早在第二次代表大会上已经发生了由列宁同志领导的反对中派的斗争，同时对所谓"极左派"也进行了同样强有力的斗争。在关于英国共产党人是否应当加入"工党"的事情上也存在着分歧。

你们都记得，许多同志都反对这样做，而且不仅仅是英国同志。例如，此刻正在我们当中的荷兰同志怀恩科普当时就曾像雄狮一般反对英国共产党人加入"工党"。他认为这是机会主义。但是时代变了，人们也随之改变。现在怀恩科普同志受到指责的已经不是左，而全然是别的倾向。这些指责公正到什么程度，我们日后会看到的。同志们，所有这一切都表明，共产国际内部各种流派的斗争从一开始就具有相当激烈的性质。

第三个阶段是第三次世界代表大会。你们还记得反对德国三月起义后出现的所谓进攻理论的那场斗争吧。这种理论也被说成反对革命派的斗争。然而实际上这根本不是什么反左的斗争，只是反对左倾而已。这场斗争也是在列宁的领导下进行的，并且已成为共产国际纪年史上最重要的事件之一。与此同时，第三次代表大会上一场同样尖锐的斗争是反对莱维（他在第三次代表大会上被开除），反对当时意大利运动中的机会主义倾向，同时也反对至今仍然坚持所谓"极左"立场的特拉奇尼、博尔迪加等一些同志。可以说，列宁同志在第三次代表大会上就预先驳倒了博尔迪加同志现今的政治观点。

最后，第四次代表大会。我们大家对它都还记忆犹新，我就不必详谈它的工作了。当时通过了"工人政府"的口号，认可了统一战线的策略，与此同时，意大利人的左的论点（我们还需要对其进行详细分析）受到尖锐的批判，遭到摒弃。因此，同志们，我们可以看出，共产国际从一开始便站在列宁的立场上与中派和机会主义以及"极左"倾向进行斗争，也不可能不斗争。

有一些同志，他们本来是不错的革命家，却常常在下列问题上指责我们：执行委员会时而同右派、时而同左派进行斗争，这是缺乏原则性；应当一劳永逸地确定一条适用于各个时期的路线，而不是今天仅"右"，明天又仅"左"，当然，需要指出的是，通过与真正的右倾机会主义的错误和疏失进行斗争，才能最有效地同这类所谓的"极左"倾向作斗争。（掌声）

然而，同志们，相反的事情倒往往是正确的。所以不能让他们对我们说，我们缺乏原则性是因为我们与"极左派"进行斗争。必须懂得，这恰恰就是马克思主义。

如果有人宣称：我是马克思主义者，我接受马克思主义，只是有一点要除外，就是马克思著文反对蒲鲁东主义，可是蒲鲁东主义同样希望显得很"左"，希望成为比马克思主义定位更左的一种流派——如果这样，你们会说些什么呢？然而，马克思主义如若取消了反对蒲鲁东主义的斗争，已经就不成其为马克思主义了。

同志们，这对于列宁主义而言，同样是正确的。我认识一些非常好的同志，他们总是说：是呀，列宁同志所写的作品都极为出色，但是《共产主义运动中的"左派"幼稚病》一书就不完全正确，书中列宁可能有些右倾；据他们说，共产国际中根本就没有什么"幼稚病"。如果我们都是幼稚的儿童，那准是百病不侵的"神童"。

同志们，我们应当清楚地想象到这类思想所隐含着的言外之意。去掉列宁在《共产主义运动中的"左派"幼稚病》里所阐述的思想，列宁主义就已经不是列宁主义了。必须十分清楚地意识到这一点。那些要抛开《幼稚病》中所阐述的思想才拥护列宁主义的同志，使我想起了法国大革命期间的那位法国农民，据说他曾经高呼："国王万岁，但是不要收盐税"。（笑声）不，同志们，我们需要全面的、完整的列宁主义——连"税"（亦即连同对"左倾"的尖锐批判）也要。

同志们，我们所走的是列宁同志走过的老路，它无论如何也不是什么"缺乏原则性"。不应当从小市民的观点看待事物；如果你今天反右，明天又反所谓的"极左"，因而你就是无原则。

请大家想象一番：你们正驾驶着一艘军舰，你们需要将它驶向一个确定的目标。你们面前是一片水雷障碍地带。你们并没有这些障碍物的平面图，水雷布设得时左时右。你们必须让军舰从它们中间穿行。而现在你们却把承担这一任务的船长叫做"没有原则的人"，因为他时而向左时而向右不停地转舵。我提醒这点是因为，一些很好的"左派"同志，譬如博尔迪加同志等人，十分真诚地提出诸如此类的指责，声称共产国际已经变得缺乏原则性了，因为它时而与"右"时而与"左"作斗争。需要说明的是，我们的第二国际的对手们也在作同样的断言。

我在这里简要地讲述了共产国际的整个历史，为的是让大家都明白，列宁主义不仅在它还是纯俄罗斯现象的时候，而且在它在共产国际中成为国际现象的时候，始终都将其最主要的打击理所当然地针对着我们自己队伍中的"右派"、中派和社会民主主义残余。不过，为了这种反对右派的斗争能够达到目的，它也像马克思与蒲鲁东主义作斗争那样，一直在同所谓"极左"思潮进行斗争，我们认为，这种思潮实际上是一种小资产阶级思潮。因此无论别人说些什么，无论别人凭空臆造着叫嚷什么我们"缺乏原则性",我们今后仍将沿着同样的道路前进。这正是在目前我们所处的环境下对马克思主义因而也是列宁主义的策略的实际运用。

这里我要引用列宁同志那篇大名鼎鼎的出色文章《论黄金在目前和在社会主义完全胜利后的作用》,依我之见,这是列宁同志最重要的革命雄文之一。

在该文中我们可以读到:"对于一个真正的革命者来说,最大的危险,甚至也许是唯一的危险,就是夸大革命作用,忘记了恰当地和有效地运用革命方法的限度和条件。真正的革命者如果开始把'革命'写成大写,把'革命'几乎奉为神明,丧失理智,不能极其冷静极其清醒地考虑、权衡和验证在什么时候、什么情况下、什么活动领域要善于采取革命的行动,而在什么时候、什么情况下、什么活动领域要善于改用改良主义的行动,那他们就最容易为此而碰得头破血流。要是真正的革命者失去清醒的头脑,异想天开地以为'伟大的、胜利的、世界性的'革命在任何情况下、在任何活动领域都一定能够而且应该用革命方式来完成一切任务。"①

我想把这些话推荐给博尔迪加同志,可惜他尚未来到这里。无论如何,我也想让他的志同道合者罗西同志每天将这些话读上两遍,至少,他在莫斯科期间应该如此。这会对他大有裨益。(掌声)

你们都看见了,列宁同志甚至写到了容许"改良主义"的行动。想必他是故意使用这个词,为的是格外鲜明地突出自己的想法。实际上,这里所说的当然不是改良主义的行为方式,不是在说与马克思主义相对立的改良主义的什么理论。"改良主义的"一词用在这里,正是为了强调反对"极左派"的基本思想。

---

① 《列宁全集》中文第 2 版第 42 卷第 246 页。——编者注

目前在第四次世界代表大会之后，展开了一场反对法国的弗罗萨尔的斗争。你们都知道，此人如今已经是一个十足的首领。现在我们可以代表法国共产党和共产国际向弗罗萨尔表示感谢。他所起的作用有如橡皮膏，吸掉了法国共产党里所有的坏东西、带病态的东西，从而增进了党的机体的健康。

随后我们又不得不进行反对所谓挪威工党的斗争。这是一个鲜明地表现出一半是改良主义一半是右翼工团主义的党。十分清楚，该党和工会运动的领导人利安是一个下流的社会叛徒。我想，现在就连霍格伦同志都会同意这一点。

在意大利，曾进行一场反对右翼社会党的斗争。

在瑞典，执行委员会曾不得不纠正瑞典中央委员会大多数人的右倾错误。现在仍然不能说，这在多大程度上获得了成功。

然后是保加利亚事件，表现出的同样是右倾。

我必须强调的是，这些具有世界规模的右倾乃是性质最为多样的现象：它们与各该国运动的传统和文化有着联系。这在保加利亚是与在瑞典不同的情况，在英国又是另一回事，较之在挪威和苏联，在法国却全然两样，诸如此类。所有这些倾向尽管五花八门，仍然可以将其性质归结为右倾。你们都知道共产国际执委会对保加利亚问题所通过的决议。保加利亚党最优秀的领导人们自己后来也同意共产国际执委会是对的。保加利亚党已经纠正了许多事情。

然后是德国党。该党内也发生了与右派的斗争。譬如，某些人在捷克的报刊上硬说是执行委员会砍掉了德国党旧有的整个上层领导。我必须彻底公开地声明，执行委员会不能将这一功劳仅仅记在自己名下。更准确地说，倒是相反：我们根据一些看法，这在下面还会谈到，对旧有的那个上层领导支持得太久了。总之，德国党的斗争所针对的还是反对来自右的错误。

然后是俄国党内的辩论，对此，代表大会还会详加讨论，因为它具有很大的国际意义。俄国党将辩论期间所暴露出的倾向定性为小资产阶级倾向。然而它们在许多方面都具有与其他一些国家中的情况不同的性质。它们具有国际意义。我面前是一期谢德曼的《前进报》，一篇关于我们党的代表大会的文章中写着如下一段话："那个半年前还让人大量谈论它并对它普遍给予极大期望的反对派，如今在哪里？"

谁对它寄予巨大期望呢？原来，是德国反革命的社会民主党！你们都知道，这些期望并未实现，而且我们希望永远也不要实现。（掌声）事情已发展到，同样是那家《前进报》在同一期中用整整一篇文章专门谈论拉狄克同志，其中声称，拉狄克与共产国际其他领导人的不同之处在于，他看待事情具有清醒而明晰的观点。（你们听听，听听！）我不敢断言拉狄克同志在这个问题上完全应当得到社会民主党的《前进报》的赞许。但在某种程度上他终归当之无愧。

如果拉狄克同志至今对整个形势仍然看不清楚，那么现在我觉得，他作为一位经验丰富的政治家，一定会对这篇文章进行思索。他会问自己，怎么会发生这种事情，《前进报》竟然将他称为头脑清醒的始终不渝的政治家。

很遗憾，共产国际执委会同样不得不与法国运动中新的右倾思潮进行斗争。我已经说过了，**弗罗萨尔所发挥的作用像橡皮膏，将党的机体里所有的不健康的东西吸附、汲取一空**。表达得严谨一点，应当说："几近"一空。

这类右的倾向中有一些非常危险。不久前我们听到勒贝在德国议会中的发言，他说："英国的工人政府和法国的左派联盟在世界历史上翻开了新的一页，它们将给人类带来和平"，等等。

换句话说，我们这里涉及的是一种民主主义和和平主义幻想的表现，这类幻想目前在德国的社会民主党员群众中亦已显露出来。所以勒贝这样说并不足为奇。但是，如果法国的罗斯默同志以自己的党的名义撰写有关建立英国工人政府的类似文章，那么，很遗憾，这同样是和平主义和民主主义幻想的表现，他也就成了这类幻想的宣扬者。

就这样，在法国党内形成了一个右派集团。所幸它人数不多。我认为，它的寿命也不会长。我觉得，它也就只能存活到马萨尔内阁那么久，你们都知道，马萨尔内阁为时十分短暂，而且极不稳固。执行委员会将作出自己应有的努力，不让以苏瓦林和罗斯默同志为代表的右派集团得到发展；苏瓦林在这里讲得越多，就把他自己驳倒得越彻底，而对罗斯默同志，我们则抱有更多的期望。整个说来，法国党与这一思潮所进行的斗争是尖锐的，完全正确的。

其次，我们反对美国运动中的某些右的倾向也是应该的，这些倾向是因为那个所谓的第三党即拉福莱特的党才暴露出来，譬如，我们曾反对我们的同志与这个小资产阶级的组织结成联盟参加选举的倾向。当时这是一个棘手的问题。我们曾经有过一些动摇，因为我们对美国了解太少；该国的运动尚不够成熟，连独立的工人政党的基本思想都还是显得新鲜。美国的普通工人还在投资产阶级政党的赞成票，他们仍然怀着成为独立自主的小业主的希望。当时很难作出决断。不过，执行委员会终于还是决定反对这个策略，而且正如事件所表明的那样，我们是完全正确的。

英国党内也存在着右的倾向。有一封我在第五次代表大会两三个月之前所写的信；其中我们提请该党注意，它在实施统一战线策略的过程中犯了一些很大的错误。在这方面，我们赞同德国同志们对其代表团所作的指示中表达的意见。

你们都看到了，执行委员会一直在同形形色色的右倾思潮作斗争。同时我们也不得不投入与"极左派"的斗争。

至于兄弟般的德国共产党，我们曾一度感到悲观。你们都知道执行委员会的那两封信和我的一篇文章。我们担心在工会问题上德国同志会听从"新策略"。这可能造成巨大损害。我们做对了，与这些"极左"的倾向进行了斗争并且相当成功。有一段时间，不仅左派，而且中派集团，甚至某些右派，都声称退出工会无可避免。至于右派，我对此没有把握断言，但关于中派集团我却可以斩钉截铁地肯定确有其事。这个集团的两位举足轻重的同志来到莫斯科，恳求我们缄口勿提反对"极左"之事，因为据他们说，德国的工人们坚持退出工会。按照他们的说法，这几乎是一种自发的现象。

加入德国党和执行委员会当时在这个问题上不够坚定，很可能会造成危险的后果。现在德国的工会正重新得到巩固。这已经尽人皆知。该党还处于不合法和半合法状态，如果它允许共产党员退出工会，党很可能毁于一旦，变成一个小集团，而不是成为人多势众的政党。所以我们也必须同"极左派"进行斗争。就算这个思潮在人数上微不足道，但涓涓细流也可能变成洪流。如果我们希望继续坚持原则性的坚定立场，如果列宁主义对于我们并不只是空洞的词句，我们就应当牢记我所引用的列宁的那些思想。我们决不让"极左"思潮以及已成为国际现象的理论上的修正主义发展壮大。如果说在意大利，格拉齐亚德伊同志出版了收录他当年作为修正主义者和社会民主党人时所写、反对马克思主义的旧文章的书，那么类似的理论上的修正主义在我们的环境下便不可能一直不受惩罚。如果说匈牙利的卢卡奇同志在哲学和社会学领域可以做同样的事情，那么我们对这样的事情同样不能容忍。

我有一封卢卡奇所属的那个派别的领导人之一鲁道什同志的一封信。他声称他准备反对卢卡奇的修正主义，而当该派禁止他这样做的时候，他便退出了该派，因为他不能容许让马克思主义黯然失色。同志们，我坚信，你们每个人都会说："鲁道什，好样的。"

德国党内也存在着这样的思潮（科尔施教授！）。格拉齐亚德伊同志也是教授。(喊声:"卢卡奇也是教授!")要是再出现几个教授并开始散布自己的反马克思主义理论,事情就会很糟糕。在我们的共产国际中,我们可不能容忍这种理论上的修正主义。

最新的一期《国际》(德国共产党的机关刊物)中,有一个名叫波里斯的人的文章,他自认为是"极左派"。(鲁特·费舍:"不是教授!")作为例外,他的确不是教授,但也不是共产党人,至少不是马克思主义者。我把他交给布哈林同志去对付,布哈林同志在纲领性的发言中会对他进行批判的。同志们,德国的工人不可能容许在他们的理论刊物上刊登非马克思主义者的纲领性文章。例如:正是这个波里斯,硬说殖民地的超额利润实际上并不存在。不过,这本是第二国际的"老生常谈"。社会民主党的整套帝国主义对外政策,都在用事实说明,存在着帝国主义国家从殖民地榨取的超额利润。那份刊物的主编科尔施同志声称在"保卫"列宁同志,避免某些偏离列宁主义的现象。我觉得,需要向科尔施同志提出友好的忠告:还是先着手研习马克思主义和列宁主义吧。

我听说,德国党中央委员会通过一项决议,其中宣布不认同波里斯的文章。它这样做很好,但还不够。我觉得我不是过分苛求德国党,我想表达一个愿望:要让《国际》杂志掌握在马克思主义者的手中,而不是落在那些还需要学习马克思主义的人手里。

如果格拉齐亚德伊同志是一个坚定不渝的修正主义者,那么我就只能对此感到遗憾,因为他在许多方面都是一位十分优秀的同志,可是不能同时既是修正主义者又是共产党人。共产国际不会容许我们的同志在这类问题上按照自己的决断采取行动。我们大家有时候过分全神贯注于政治,顾不上阅读各种小册子、书籍和文章。有些同志干脆就说:"我们没有时间阅读所有这一切。"然而这不符合列宁主义的观点,也不符合马克思主义的观点。现在可是有着整整一代青年和工人,他们都希望受到共产主义的教育，都在读这些文章。我们应当对这个问题有着十分清醒的认识。我们不能容许这种情况继续下去。

同志们，我再说一遍，今年之内我们的斗争百分之九十都应当用来反对"右"倾。我认为，这次代表大会也会同样如此。从一开始我们就应当承认：对我们各兄弟党的文件研究越多，便越是坚信不能对"右的危险"估计不足，它比我们任何时候所想象的都更为严重；这并不是因为我们任何时候所想象的都更为严重；这并不是因为我们的同志是一些坏人，而是因为世界历史的当前这个时期就是如此。

我们现在所经历的正是两波革命浪潮之间的衰落时期。在这个时期中不可避免地会产生来自右的危险，这也十分自然。我们自己的阵营中的社会民主主义残余，仍然比我们所估计的更为严重。我们应当根除这类右的倾向，我们也一定能够做到这点，但是，我们的斗争只有在这样的情况下才能取得胜利：如果我们不对口头上的激进主义和"理论上的"修正主义作任何让步，如果我们在有意识的"极左"倾向稍一产生影响的时候就立即对其加以抑制。

在第五次世界代表大会开幕之际我们所看到的形势又是如何呢？

许多人都发现，事件的发展还不够快。我们都对尚未取得胜利感到不满：我们全都认为事情的进展太慢。我们一直期待着德国革命，它却并没有到来，困难很大。

有时候感到，我们的进展太慢了，简直到了微不足道的程度。就主观上而言这是对的。当然，从我们主观感觉的观点看来，这很慢，因为我们还得一直等到英国麦克唐纳当政时期、法国的左派联盟、德国目前的事态——宣告结束。

当然，如果我们的进展能够更快一些，那对我们堪称一大幸事。但是从客观的角度而言我觉得事件的进程发展得并不那么慢。

据说，停在磨坊里快速旋转的大磨盘上的苍蝇觉得，磨盘似乎是不动的。我们觉得也是如此，虽说世界历史的车轮实际上转的相当的快。

最近五年的总结有如下述：

1. 半打君主制国家垮台，其中包括俄罗斯帝国，而这一点颇为重要。（喊声："完全正确！"）俄国沙皇制度的覆灭对世界革命具有相当大的意义。

2. 我们已经夺得了全球面积的 1/6，虽说还有 5/6，但总归占领了 1/6，并且巩固了阵地。

3. 亚洲和其他一些遥远的国家的革命运动，由于战争的原因也获得了巨大的推动力。

4. 在先进国家中，资本主义被削弱，局部已经陷入混乱。

5. 以社会民主党为代表的工人贵族、小资产阶级，已成为一些资产阶级政府必不可少的组成部分。这是一种进步。当然，那是反革命分子和叛徒，但客观地说，这也前进了一步，因为这是资产阶级瓦解的征兆。

6. 共产党都成长起来了。我们已经不是单纯的宣传团体——我们正在变成世界性的共产主义的党派。这个总结当然有些贫乏，我们曾经期望得更多，但它终归并不是我们通常所想象的那么差劲。

最近一年期间，我们在保加利亚、德国和波兰都有运动爆发。毫无疑问，它们并非事出偶然；这是我们正处于革命的两个波浪之间的征兆。

总的说来，最近一年间无论在世界政治领域还是国际工人运动领域，所发生的事件都层出不穷：英国成立工人政府，德国、法国、意大利举行选举，丹麦建立工人政府，美国的小资产阶级思潮迅猛发展，挪威发生长达半年之久的罢工斗争，第二半国际垮台，国际运输工人代表会议召开，英国掀起罢工浪潮，中国爆发铁路大罢工，印度 15 万纺织工人罢工，等等。总之，这些事件都很重大。我们尚未取得全面胜利，但是事情正在不断进展。

我现在再谈谈**世界经济形势**。对此，我们还将由瓦尔加同志作专题报告。在我看来，我觉得瓦尔加同志的评价是正确的。谁也没有证明他的论点中有错误。评价究竟如何呢？在第三和第四次代表大会上，我们都已经针对这一点发表过意见。我们必须大大改变。资本主义继续处于衰落时期。我们在美国看见了新的经济危机的开端和世界性的农业危机。在一些欧洲国家，我们有微不足道的局部增长，大部分都是一个国家依靠其他一些国家实现的。社会民主党人认为，形势正在变得正常起来。希法亭会取得胜利。他说，我们正在重新接近稳定的局面。他在《社会》杂志上断言，一旦中欧恢复稳定，这种情况就会发生。所欠缺的只有一件"小事"，就是这种稳定性根本不可能建立起来。稳定仅只在苏维埃共和国联盟，亦即恰之是在他文章中所说的局势还不正常的那个国家里才有。

如果说，直接遭受灾难的德国、奥地利、波兰的货币急速贬值，随后又升值，但无可避免地必定重新下跌属于"正常"——如果这也算正常的话，那就祝您健康吧！我们衷心希望你们往后的时光都这样"正常"。如果说法国法郎所遭遇的情况可算正常，那么我们希望它今后也这样"正常"下去。如果说全世界笼罩着农业危机，40%的美国农场主注定了陷入贫困能算做正常，如果说有着将近700万失业者的状况可谓正常①——如果这一切都堪称正常的话，那么，这样的"正常"只能证明资产阶级世界所遭受的危机的规模之大。

我们清楚地知道，阶级斗争日趋尖锐，无产阶级的工资水平下降得越来越低，在德国，比1923年低20%—40%，每周工作时间远远超过

---

① 此处说明正文的统计图表见于《国际共产主义运动历史文献》中央编译出版社2014年版第39卷收录的相关内容。——编者注

48小时；甚至在美国，实际工资也常常只及战前的75%；在没有失业、外来移民众多的法国，物价上涨的速度仍然超过工资的增长；在德国、奥地利、匈牙利等一大批国家，实际工资仅为战前的50%—75%。可见，工人阶级的状况愈来愈恶化，不仅是相对而言，而且是绝对恶化。

所以这一切都让我们确认如下情况：事件的充分发展不如我们所预料的那样迅速，但是资本主义的危机、衰落、终结正在继续。

这一点，在政治领域比在经济领域更为明显，因为政治常常是能更快显示，更加灵敏的晴雨计。根本谈不上世界经济的稳定状态。在这方面，资产阶级看待问题较之他们的奴才社会民主党人更为悲观，因为资产阶级对于资本主义经济现实要贴近得多。我们绝对没有任何根据来改变在第三次和第四次代表大会决议中所表达的共产国际对这一问题的观点。

代表大会前夕，在许多方面都形成了新的国际局势，出现了新的阶段。我们在第四次代表大会的决议中预言了这个阶段，即所谓民主和平主义阶段。第四次代表大会决议中说：

"当前的国际政治形势的特点是法西斯主义、戒严和反对工人阶级的白色恐怖的猖獗。但是这并不排斥有这样一种可能性：不久的将来在若干很重要的国家里，公开的资产阶级的反动会被'民主和平主义的'时期所代替。"①

这是1922年所说的话。可见，一年半之前民主和平主义的"时代"即已由共产国际确定无疑地加以预言。

总之，我们还在普遍戒严时期就预告过和平主义阶段。我觉得，现在我们应当做相反的事情：在民主和平主义"时代"到来之前，我们

---

① 《国际共产主义运动历史文献》中央编译出版社2012年版第35卷第558页。——编者注

必须预见到即将到来的新的戒严状态和资产阶级反革命疯狂的时代。民主和平主义"时代"未必还能持续多久。我们也预见到了这点。在同一项决议中我们曾说：

"在英国（在最近的选举中工党实力的加强）和法国（所谓'左翼集团'的无可避免的兴旺时期），这种'民主和平主义的'过渡时期是很有可能出现的，并且它还会使和平主义的希望在资产阶级和社会民主党人的德国复燃起来。从目前资产阶级实行的公开的反动统治时期一直到革命无产阶级彻底战胜资产阶级，需要经过不同的阶段，同时也出现各种各样的短暂的插曲。"①

因此，共产国际预见了这些极为重要的事实。现在它们都已来临。我们的确面临着崭新的局面：在欧洲最重要的国家中，一个民主和平主义的时期无可避免。在英国——有"工人政府"，在法国——社会民主党人事实上而并非法律上已是政府的组成部分，在丹麦——有工人政府，在奥地利——社会民主党人取得重大胜利，在比利时——王德威尔得在选举后大概会开始执政，在日本——出现了左派新政府，在捷克斯洛伐克和波兰——由于法国左派联盟获胜，可能会发生类似的反射现象，或者哪怕呈现出部分的新的细微差别，因为捷克斯洛伐克和波兰的资产阶级只不过是资产阶级法国的附属。在美国，我们支持专家们的所谓"和平主义"的结论和所谓**第三党**运动的开端。

我们继续得到不同国家在法律上对苏维埃共和国联盟的承认。所有这一切加在一起，便构成了民主和平主义"时代"。它不可避免地会激发新的幻想，不仅在社会民主主义的和无党派的工人中间，而且，同志们，也会在我们那些最缺少锻炼的共产党员的阶层之中出现这种情况，

---

① 《国际共产主义运动历史文献》中央编译出版社 2012 年版第 35 卷第 558 页。——编者注

从而加强所有半自觉的右派分子的倾向。我们应当清楚地看到所有这一切。

资产阶级已经开始用"内科"代替"外科"。你们都知道专家们的结论。我已经说过：我认为，这就是德国无产阶级脖子上的一条绞索。但看着像丝绸做成的绞索。它外表上柔软得多，人家会逐步拉紧，留几次喘息的机会。这就是社会民主党人所谓的和平主义、民主的胜利！我们当然会为反对专家们的这个结论而斗争。不应当过分接受幻想的影响；当然，真正要将专家们的结论加以实现只是十足的空想。越是企图掩饰各国的帝国主义资产阶级之间的分歧，织补工匠们的整套工作便垮台得越快。就像一只破袜子：越是用霉烂的线去缝补，它就重新破得越快。他们越是努力对破破烂烂的碎布头进行缝缀，就越爱说：现在我们大家都联合起来了，我们有统一的纲领——这就会越快地真相大白：专家们的结论只不过是一纸空文。

当然，我们将竭尽全力地反对这一结论，揭穿社会民主党人的叛徒角色。

今后在这个民主和平主义"时代"的过程中还会发生一些什么事情呢？我觉得，比如法国"左派联盟"的政府将会发挥很大的促进作用，使得局势的明朗化相当迅速。赫里欧政府因其众所周知的宣言已经相当清楚地暴露了自己的本质。法国的社会主义都投票赞成占领鲁尔，他们也应该会投票赞成赫里欧的预算。我认为，为时不久赫里欧政府大约就会像其前任彭加勒之流那样迅速向法国工人开枪射击。所以我并不认为幻想在法国会保持多久。

现在已经很清楚，英国的"工人"政府并非一种转瞬即逝的现象。很可能相反。我认为，所谓的"工党"大约在数年期间都会以某种策略加入政府联合组阁。它已经变得太强大，而资产阶级的势力对于不充当政府的角色又过于犹豫不决。可以肯定地说，国际社会民主党在目前已成为资产阶级的"第三党"。在美国,人们纷纷谈论美国"民主政治"的"第三党"。然而欧洲的社会民主党就我所了解的情况客观地说,实质上它不是别的,**正是世界资产阶级的第三党**。

因此我认为,英国工党大概还会出现在其他的政府组合之中。它参加政府不是昙花一现的现象,但是它掌权越久,它在英国工人阶级中激发的幻想就越少。

新的民众状况对我们来说并不意外。许多社会民主党的和无党派的工人都会产生幻想。看来,勒贝表达了许多社会民主党工人的意见。不但如此,很可能英国的工人政府与赫里欧一起,在一定的时间内还会向德国社会民主党提供救命性的援助。当然,在这样的环境下民主主义幻想无可避免。所以代表大会应当给自己提出一个任务,讲清如何与它们进行斗争,如何更加接近社会民主主义的和党内的工人,向他们的头脑中灌输欧洲的现实中正在发生什么事情,让他们看清和平主义是催眠剂,会让工人们变得软弱无力,特别是在最主要的两个国家里——在英国和法国。

专家们的结论包含着一系列经过伪装的残酷无情的要求。德国工人阶级尚未发表自己的意见,国际无产阶级也还不会发表自己的意见。如果连它都会没有力量在最近期间否定这些要求,那么我们的义务就仍然是向工人们证明这一切应当如何终结,向他们证明我们共产党人要更加尖锐地强调自己迄今为止所持的观点。有鉴于此,我们的宣传鼓动的性质,应当大大改变,因为我们现在正处在新的状况之中。姑且以裁军问题为例。

难道现在不是已经到时候了吗,我们共产党人应当向社会民主党人重新提出当年恩格斯在著名的小册子《欧洲能裁军吗?》中所提出的那个问题了。

到了告诉他们的时候了:在英国,执政的是你们的"工人"政府——第二国际的政府，在苏联执政的是苏维埃政府，我们的政府接近第三国际的各项原则；不再有沙皇的哥萨克，俄国的沙皇制度已不复存在，苏维埃政府任何时候都同意实行裁军。你们在英国有工人政府，在法国有左派联盟，其中的社会主义者事实上参加了政府。你们在美国经历着"民主时代"；在奥地利、在比利时你们的力量都很强大。你们说，你们不希望战争。事情为什么成了这样呢？你们不乐意支持裁军计划吗？我们十分清楚地了解，他们不单是避讳这个问题，甚而还支持英国、法国等各国进行武装。我举出这点作为例子。例子还能列举许多。国际形势的总的特点就是如此。

我仍然在想，尽管处在和平主义的正常"时代"，在资产阶级欧洲最重要的那些国家的议事日程上仍然有一个政权的问题。下面我就阐明我想要为此发表的意见。

同志们，我们听到有些人声称：欧洲的情况很正常，资本主义日益稳定，一切都非常顺利。然而政府危机却一个接着一个。最近数星期内就有半打政府下台。诚然，这些政府并非革命的新风暴所扫荡。但这终归是动荡不安的征兆。整个政治形势都说明了这点。在欧洲最重要的各个国家的议事日程上都有一个**政权问题**。资产阶级已经不可能像往日一样进行统治。如今，赤裸裸地、公然地、纯粹地（更确切地说是肮脏地）、露骨地表现出阶级性的资产阶级政权已经成为不可能的事。在整整一系列国家中，资产阶级被迫采取狡猾手段——因此才有了英国的"工人"政府，法国的与社会主义者结成的"左派联盟"。资产阶级已不可能像此前那样进行统治。从前在英国是实行两党制度。现在我们在这个最主要的资本主义国家所看见的是什么情形呢？

社会民主党成了资产阶级的"第三党"。就连强大的英国资产阶级也不能借助于旧有的手法进行统治，它抓住"工人"政府不放。欧洲的资产阶级则时而抓住法西斯主义，时而抓住社会民主党。法西斯分子是资产阶级的右手，社会民主党人是它的左手。形势新就新在这里。资产阶级的日程上十分紧迫地出现了政权问题，而这正是平衡已不稳定到严重程度的最好象征。

我们看到，第二国际已经是第二次掌权了。第一次是在战争期间；资产阶级的动机很好理解。可是如今"正常"时代业已到来，资产阶级干吗此刻还需要他们呢？问题恰恰就在于，目前的"正常"时代并不那么正常。这也应该能理解。完全可能出现一个时刻，到时候在欧洲所有主要的国家社会民主党的部长都会层出不穷。资产阶级无法以别的方式管理国家的时代终将到来。它只得利用社会民主党作为第三个资产阶级政党。社会民主党欣然同意扮演这样的角色。

目前这个时期最重要的特征就是如此。第二国际为英国委派部长，在法国事实上也是这样做的。在比利时以及诸如丹麦等整整一系列其他国家，资产阶级也都会借助于社会民主党人。对此应当如何理解呢？社会民主党硬说，仿佛它是敌视资产阶级的。打个比方，如果我们的苏维埃政府邀请邓尼金将军当部长，人们会说些什么呢？肯定会说：这证明苏维埃政府无法再按照老办法管理国家，它已摇摇欲坠，政权问题对它而言已成燃眉之急。问题就在于，对资产阶级而言，社会民主党根本不具备邓尼金之于我们那样的意义，尽管社会民主党人硬说他们是敌视资产阶级的，但是资产阶级一直吸收社会民主党人部长一事证明，资产阶级的地位并不那么稳固，它不得不暂时通过所谓的"工人"政府以行使自己的权力。何况这并不单是在爱沙尼亚或丹麦之类的小国，而且是在英国。这是资产阶级地位动摇的最好证明，也证明在客观上其实是一种革命的形势。其中便包含着理解我们所采取的立场的策略方面的关键。

例如，我们可以回忆一下德国共产党内关于臭名远扬的"法西斯对十月共和国的胜利"的争论。这个问题现在无论从德国的还是从国际的观点看来都已彻底解决。如今很明显，社会民主党已成为资产阶级的"第三"党，成为政府中的党、参政党。这种现象几乎在所有的重要国家中都可以看到。显然，仿佛社会民主党被法西斯主义战胜了的那种"理论"是错误的。所以，拉狄克和布兰德勒的理论是错误的。

这方面，策略的关键掌握在共产党人手中。仿佛法西斯主义战胜了社会民主党的理论是不准确的关键，它必定不可避免地导致机会主义的结论。

如果社会民主党人与法西斯主义作斗争却被其战胜，那么由此便会得出结论：共产党人应当与社会民主党人接近，而不是加强反对他们的斗争。然而，由于社会民主党实际上并未与法西斯主义作斗争并被其战胜，那么共产党人就应当坚持与拉狄克所希望的迥然不同的策略。这里最本质的一点是社会民主党已成为法西斯主义的一翼。这是一个重要的政治事实。法国社会党不是资产阶级的左翼，又是什么呢？比如说在选举中，这已有凭有据地几乎在公证人那里得到证明：是资产阶级各政党与社会党人一道提出的共同名单。彼此之间的差别仅仅在于，资产阶级政党的候选人姓名排列在右边，而社会党人的姓名排列在左边，发表在同一份公告上。看来，再也不需要更好的证据了。法国社会党就是法国资产阶级的左翼。它还在玩捉迷藏，尚未公开地进入政府，这一点就变得越清楚。第二国际已成为资产阶级的左翼，成为资产阶级政府中的党派之一。这一事实不仅显示出社会民主党的社会叛变决心，而且也暴露了资产阶级地位的不稳，它不得不乞灵于这一类手法。

现在我转而谈策略问题。首先就此谈几点总的意见。至今我认为，争取工人群众的大多数以作为战胜资产阶级和社会民主党的条件的问题，在第三次代表大会上即已完全解决。现在发现，这个问题还需要加以说明。兄弟的捷克党的一些领导人的发言就表明了这一点。也许，我未能足够专注地留心捷克的各种事件，某些事情对我来说仍然不够清楚,但是即便我所掌握的材料也足以得出某些结论。我只好列举古拉同志的一篇文章,他引用了我的文章中的一句话,我写的是:争取到工人阶级最重要的起决定作用的阶层中的大多数是革命获得胜利的先决条件。古拉同志敲响警钟,并试图将我的话与列宁当年所写的文章进行质证。我的话似乎与列宁的教导针锋相对。下面是古拉同志的原话。

"不过,根本无须证明'争取工人阶级最重要的阶层的大多数'是一种不确切、不明晰的说法,对其含义的解释在某种情况下最终也就产生了矛盾,因为争取工人阶级'最重要的阶层中'的大多数可以解释为争取无产阶级的少数人,尤其是,如果并不清楚这个定义中什么是起决定作用的,工人阶级的哪些阶层更为重要,哪些阶层一般重要,那么从季诺维也夫文章的引文中可以得出结论,我们对争取这些阶层的事无须操心。"

古拉是第三国际在捷克斯洛伐克最真诚的拥护者之一;我本人认识他,他是一位优秀的共产党人,但是,这一事实越是成为不好的征兆,就越能充分证明,在捷克党的"丹麦王国里并非一切平安",有人挖空心思无论如何都要得出机会主义的结论。

我不准备引用相反的话来让你们腻烦了,虽说我已经挑选好了。我只想说,第三次代表大会在列宁的领导下曾通过一项决议,其中说我们要尽量做到通过"社会关键阶层"争取工人阶级。我并不想说在自己的简略的表述中已经完美地表述清楚了争取最重要阶层大多数的论点。但是想法大体上是正确的,与第三次代表大会相一致:我完全采用的是第三次代表大会的表述方式。需要的只是要让大家记住:争取大多数是**为了什么?是为了革命斗争**,为了推翻资本主义。

我们应当如何理解古拉同志的文章呢?其中流露出众所周知的机会主义"理论",仿佛只有在将几乎99%的统计学上的大多数争取过来并组织到党内之后才可以考虑革命的问题。

这纯粹是一种机会主义的思想，如果我们竟然真的接受这种理论，准会将我们引入歧途。我觉得，代表大会的基本任务之一应是审查有关争取大多数的问题。在这方面我们无须讲任何新的东西，我们应当做的只是反对针对第三次代表大会表述的修正主义。有一些同志根本就很少为争取大多数的事劳神费力，对这个最重要的问题漠不关心。我们正在为反对"极左派"而斗争。但他们是微不足道的少数人。**这是一些感情用事的革命者**。他们并不那么危险。真正的危险在于，某些严肃认真的同志在他们同意谈论采取无论什么样的革命行动之前，也都要求要有几乎99%的统计学上的大多数。由古拉同志来写这样的文章，那就更糟。其中所隐含的倾向性比古拉同志公开谈论的更多。

至于争取大多数，那么我认为，我们应当重申第三次代表大会的表述。我们应当认识清楚，有关争取大多数的问题在实践中出现在我们面前的时刻很快便会到来，因为在许多国家中我们都将开始接触到争取大多数的问题。就这个问题我们制作了相应的一些图表，就挂在这个大厅里。①

我不想用数字惹你们腻烦：它们说明，我们强大得像第二国际当年威望处于巅峰状态那样的时刻就快到来了。在数量上我们马上即将达到而且部分地已经达到那种实力。在一些国家中，这已经正在成为现实。因此我们面临着第二国际曾经遭遇的种种危险。这正是因为，我们即将成为人数众多的党。当然，这并不都是当年那样的危险，因为与我们同时进行活动的还有社会民主党，最差的那些人都投靠它去了。社会民主党叛卖行为越坏，我们就会越强大。我们可以在这次代表大会上毫不含糊地提出有关大多数的问题。我们应当继续为争取工人阶级中具有决定

---

① 见《国际共产主义运动历史文献》中央编译出版社2014年版第39卷收录的相关内容。——编者注

意义的阶层的大多数而斗争。这是列宁的最为重要的口号之一。当然，这无论如何也并不意味着我们会容许自己被排斥到社会民主党的地位。那就变成了考茨基的方法：先将工人阶级100%地组织起来，将其联合成为党和工会，然后举行投票表决，在所有这一切之后再按照各种操作规程"做成"革命。当然，靠这种方法我们永远无法取得革命斗争的胜利，永远也不会成为真正革命的党。

我们大家都熟悉列宁同志论述俄国立宪会议选举结果的光辉著作。我们通过了这次选举，并且已经掌权。我们党总算获得了3900万票中的950万票，而社会革命党人和孟什维克则获得2500万票。列宁同志坦率地谈论这一情况：我们并没有在数量上占多数，但我们在决定性的地点和决定性的时刻占多数，而这是最重要的。如果古拉同志认为自己是列宁的学生，他就应该以此教学捷克的工人们：在决定性的地点、决定性的时刻占有决定性的多数。当前捷克党内所面临的最大危险真是行动过早对我们造成了威胁吗？你们清楚地知道，在捷克斯洛伐克并没有这种危险。那么这篇文章所为何来？在德国党和整个共产国际之内不久前所发生的那场斗争之后，该文章的客观作用又会如何呢？在当前的情况下，这篇文章实质上是对右派的支持。这一点必须公开讲明。我希望古拉同志不要坚持自己的错误。我们每一个人都可能犯错误，但是，犯了错误之后我们应当加以纠正。如果古拉同志的想法不同，如果他希望与支持他的那些同志一起建立一整套理论，那么这种情况下共产国际与捷克党的这一翼的一场严重的斗争将会无可避免：从这样的理论出发，必将产生类似于德国党内右派的策略的实际行动，在这种情况下，捷克党的局面将更加困难。

目前许多同志都怀疑德国党的力量。《前进报》特别满意地引用拉狄克的话，据称德国共产党人在选举中的胜利似乎并不怎么大。但是既然我们在德国国会参政代表的比例是62个共产党人比100个社会民主党人，那么这对任何人而言都足以证明，我们已接近于争取到了德国工人阶级的大多数；因为德国社会民主党在国会中可以超过我们许多分，投他们赞成票的并不单单是工人。所有这一切都证明，我们已近乎赢得了德国工人的半数和大多数。我仔细查看了选举工厂委员会的结果。那可比国会选举对于我们有利得多。但这并不意味着我们可以满足于既得的成绩。如果我们犯错误的话，我们也可能失去所赢得的群众。我们应当继续前进，应当在斗争中让大多数工人联合起来，我们一定会做到这一点的。

总之，在德国事情已经取得更有力的进展。也许，在其他党内的某些地方也是如此。但对共产国际的90%而言，事情还将是这样：各党应当少考虑"高层政治"，而应当关注于推行下列一般性措施。第一，它们首先应当能够建立共产党，并将其建立在各工厂支部的基础之上。**如果我们在企业中不拥有共产党员支部，我们也就不成其为共产党。**

第二，我们应当在工会中遵循正确的策略，在其中组织共产党议员团，并从内部争取它们。

第三，我们在民族问题上应当执行正确的政策。

第四，在农民问题上执行正确的政策。

不善于在农民中开展工作的人不是列宁主义者。我已经指出过世界性的农业危机。单是这一点便足以作为加紧开展农民工作的充分依据。农民中的广泛阶层正陷入绝望状态。至今连各国共产党都未能利用所暴露出的农业特征有效地博得农民的好感。甚至我们的巴尔干各党和波兰党直至最近期间都不曾表现出在农民中开展工作的足够认真的意向。德国党和其他一些共产党也属于这种情况。你们都知道喀尔巴阡罗斯的选举结果。许多捷克同志——托皮奇、哈季等人，尤其是喀尔巴阡罗斯当地的同志们，在这次选举运动中英勇地进行工作，遭遇了很大的危险。不过我头脑中形成了一种印象，就是捷克党总的说来并未对捷克斯洛伐克的农民问题作出应有的正面评价。这就证明了善于在农民中开展工作是何等重要。

不应当存在这样的情况：我们党内的同志（例如罗马尼亚的同志）竟然不知道他们国家有多少农民，国内土地方面的相互关系如何，等等。

保加利亚党1923年6月的主要错误究竟何在呢？恰恰就在于它与农民没有革命联系，对农民的作用缺乏明确的观点。现在它业已纠正了自己的错误，事情已经获得迅速的进展。

我们的大部分共产党都不应当从事"高层政治"，而应当力求在群众中开展共产主义工作，在企业中建立共产党支部，在民族和农民问题上寻找到正确的政治路线。我们懂得这点，就能解决我们的99%的问题。

我还想就局部要求说几句话。我们布尔什维克与孟什维克产生分歧并不是因为我们反对局部的要求，而是因为我们能够将这些局部要求与革命的根本问题相联系。对于孟什维克而言，局部要求乃是以改良主义的进化论取代革命的一个步骤，而对于我们来说，那都是准备革命的链条上的一个个环节。

如果说德国同志们开展争取八小时工作制、争取大赦政治犯的运动的话，那么这是我们要想成为群众性的党所应当推出的局部要求。要求八小时工作制和大赦政治犯是不是最终目标呢？不是的，这仅仅是一些局部的要求；德国党原先提出的没收某些种类的大资产阶级财产的原则性要求，与其他各种局部要求并无区别。不过需要每时每刻善于捕捉到涉及群众要害的那些"局部的"要求，并且要能够将其与准备革命联系起来。我想，共产国际的真正的左派、名副其实的列宁派，在任何情况下都不应当反对符合原则的局部要求的策略，但它应当在这种策略的基础上奉行真正革命的而不是进化论的政策。

为了结束这一部分,我再就工会问题说上几句。我认为,这个问题将是我们代表大会上最重要的问题之一。我们看到一些新的极其重要的现象,首先是在英国的工会运动中。英国的工人运动十分特殊。不久前我读过马克斯·贝尔的一份工作报告。他不是共产党人。从前他是社会民主党员,现在已离开他们的队伍。这是一位英国工人运动的出色的行家和勤恳之人。他的结论具有很大的意义。关于英国的工人运动他都说了些什么呢?

"我了解英国历史上的三个革命事件。第一个是宪章运动,第二个是工党的成立并开始与旧有的特雷德工联主义作斗争。第三个开创一个时代的事件则是英国工人运动开始摆脱改良主义。他说,这个过程因俄国革命之故肇始于1917年,逐步发展,现在已接近于数量转变为质量的末期。"

同志们,显然他是对的。他还说,已出现英国工会最优秀的部分与工党分道扬镳的开端。而工党至今为止都是建立在工会的基础之上的。

同志们,我认为总体上这是正确的。你们仔细看看那里所发生的事情吧。突然之间,比如像库克这样接近革命观点的同志赢得了影响很大的矿工工会。当然,这样一种象征和征兆,不应当将其加以夸大,但是,同志们,也不能对此估计不足。

英国人在工会阿姆斯特丹国际维也纳会议上的行为是一个有代表性的事件。当然,这些人并非一贯如此。但他们受到群众的压力。他们奋起质问查辛巴赫:罗莎·卢森堡何在?卡尔·李卜克内西何在?应该如何理解此事呢?至今英国工会都是阿姆斯特国际的主要支柱。它们对于阿姆斯特丹国际而言,有如俄国和德国党之于共产国际。比如说,要是俄国和德国的共产党在这次代表大会上发表反对共产党人的社会民主党言论,那会发生什么事情呢?每个人都会说:这是共产国际的危机,真正的危机,而不像拉狄克每天都带在他的西装背心口袋里的那些讲话,尽管有他那些言论，我们依旧日新月异地壮大。我们倒是在阿姆斯特丹分子那里发现了这类真正的危机。如果英国人问："卢森堡和李卜克内西何在？"这意味着什么呢？他们是在以此表达我们所说的同样的话，亦即社会民主党人是谋杀罗莎·卢森堡和卡尔·李卜克内西的同谋或罪犯。当然，他们并非一贯如此。他们没有纲领。他们的行动部分地是出于宣言性的考虑，希望强调两国政府在伦敦谈判的时刻他们在寻求与俄罗斯工会的接近，但这终究是一个重大的征兆。

共产国际在各领域的主要任务如今都转向英国。如果我们能够在英国建成人数众多的共产党，那么，借此便可以取得欧洲范围内胜利的一半。这方面的条件业已成熟。因此我们不应当对目前在英国发生的事情估计过低。我们对英国的了解太少，几乎与对美国的了解一样少。

同志们，我认为现在我们应当充分考虑一个问题采取一些什么措施，才能在国际范围内达到工会运动真正的团结。社会民主党人先生们之中最饱经世故的是德国人、比利时人、法国人，他们并不想要这种团结。在第四次代表大会上我们即已声明，社会民主党人不遗余力地企图分裂工会，我们应当力争在国际范围内达到工会的团结。

现在我再谈谈统一战线的策略问题。这是我们队伍中最富争论性的问题。我完全同意德国共产党对其代表团所作的指示：当前不应当进行有关统一战线问题的讨论，不能视其为："自在之物"。我对此完全同意。统一战线的策略依然正确。这个问题应当留给一些国家根据总体条件具体地全权处理。不过，我不能不对这一话题发表几点一般性的意见。

如果看一看事情发展的先后次序，对我们而言统一战线策略究竟是什么呢？我觉得，要是回顾回顾我们所经历的道路，我们就会明白这一点。实质上，统一战线策略起初（即1921—1922年）是对我们下列认识的表述：第一，我们在工人阶级中尚未拥有多数；第二，社会民主党还非常强大；第三，我们处于防御地位，而敌人则在进攻（顺带说说，比如，英国去年的罢工在很大程度上也是防御性的罢工，在其他一些国家也可以看到同样的情形）；第四，决定性的战斗尚未直接列入议事日程。因此我们提出一个口号：依靠群众。其次是——依靠统一战线策略。同志们，我已经指出过了，共产国际一度经历过实质上它只是一个宣传团体的时期，只是不自知而已。经过最初的一次次战斗之后才弄清了真实的力量对比关系，意识到我们处于少数地位，社会民主党还很强大，我们暂时还只能处于防守地位。所有这些看法都成为统一战线策略的基础。

同志们，历史对这个口号狠狠地捉弄了一番，不过，这种情况对各种口号一向屡见不鲜。我们将统一战线的策略理解为革命发展速度放缓的时代的一种革命策略。然而在我们的队伍中却有一些同志，把这个口号变成了演化的策略，反对革命策略的机会主义的策略。这是逐步显露出来的。起初看上去似乎事情涉及的是微不足道的细小差别，几乎就是修辞的问题。**我们将统一战线策略理解为准备革命的策略。而我们当中的一些同志却将它解释为用和平演化的方法代替革命的策略。**我们将这一策略理解为一种战略手段，而别的一些同志却偏要把它解释为与社会民主党结盟的政策，"所有的工人政党"的联合问题。

有一个共产党不久前通过了一项"不宜公布"的决议，其中宣称：这一切都非常好，就算这是一种战略性手段，但也不应当如此频繁、如此公开地大肆谈论，因为那样对手们便会利用我们的声明。让我们逐字逐句读读这项决议：

"其中（即在统一战线中）应注意的是，非必要时不要向我们的阶级敌人暴露我们的革命战略的目的。"

同志们，我认为这是天真的孩子气或者改良主义。更像是后者，因为以这种方式提出问题的人根本不是孩子。

我们党最大的不幸在于，每当提出一个针对敌人、针对他们的最狡猾的敌人社会民主党的革命战略的时候，他们便会马上试图将这个战略"深化"，"按照马克思主义的观点"加以解释，并从这一战略中引申出一大套非共产主义的理论。

布尔什维克党在革命的过程中制定了许多战略性手段。列宁的天才在很大程度上就在于这种革命战略的艺术。我们每采用一种手段的时候都知道目的何在，这对我们党而言是一大幸事。因之我们也就能随机应变。"我们知道自己懂得一些什么"——我们的心态就是如此；我们知道自己一心要奋斗到底。我们知道自己力争取得胜利，力争从政治上消灭孟什维克和社会民主党人。我们各种手段的政治目的就是这样。我们共产国际许多年轻的以及不仅仅是年轻的分部的不幸在于：第一，它们有时候笼统地认为战略手段是不能容忍的；第二，要是它们运用这一战略手段，则会立即赋予其以极大的"严肃性"，将其变为整整一套方法、整整一套"深刻的"体系。我们的90%的挫折都能够用这点加以解释。我们被敌人重重包围：最狡猾的敌人就是社会民主党。

我们发觉，有些党、有些同志不善于和不愿意理解，**统一战线策略对共产国际**而言只不过是宣传鼓动和动员群众的**一种手段**。

我应当承认，我也有一部分过错。我在这个问题上太迁就了。

请允许我对此更详细地加以说明。1922年6月11日在执委会的扩大会议上，我作了关于统一战线的报告，其中说："统一战线绝不意味着政治上的让步；这里所谈的并不是要降低我们各党的独立性；问题仅仅在于要让独立自主的共产党恰当地表述我们的各种口号。工人政府乃是苏维埃共和国的化名。"德国右派的代表们当即对我发起进攻，我得说，当时我并未一下子便明白攻击我的目的何在。比如，恩斯特·迈耶尔同志在第四次代表大会上也就这个问题发言反对我。拉狄克同志试图发挥居间调停的作用，在第四次代表大会上他对这个问题只是略微脱离我的表达。我的错误在于，我当时未能明白这里的问题并不在于修辞，而是涉及对一个正确的口号的机会主义的阐释。一开始我只是认为，我的尖锐的表述可能真的对面向社会民主党工人的宣传鼓动工作造成了困难。总之，我未能当即明白为什么我的话会遭到反驳。

现在请允许我谈谈工农政府的问题。"工农政府"这个口号也有人试图解释为所有的工人政党加上某些农民政党。这个口号的来历是怎样的呢？现在某些人有时候装出一副模样，似乎这是针对整个时期的特有的口号，意味着"所有的"工人和农民的政党都在资产阶级民主的范围内结成联盟，如此等等。这是胡说。

真是岂有此理，实际上这个口号与俄国革命的历史密切相关！它对革命的意义何在呢？它就是无产阶级专政的"化名"，仅此而已。经过1917年7月的那些日子之后，我们发现事情正不断获得进展，工人和士兵拥护我们，我们还可能争取到一部分农民——我们便面临着一个问题：我们应当如何更好、更简单明了、更富有吸引力的表述斗争的目的。"无产阶级专政"的口号对广大群众而言不那么好理解。要以什么样的方式才能让没有文化的农民和俄国士兵明白"无产阶级专政"这几个拉丁字眼呢？于是，当时我们便将这几个词语译成俄语，说："你们农民、工人、士兵都看见了统治我们的是一伙匪帮；我们有力量，我们有武器，你们希望不希望建立工人和农民的政府？"我们把拉丁词语替他们译成好懂的普通的革命斗争语言。农民、工人、士兵无须知道"无产阶级专政"是什么意思，但他们都明白"工农政府"的含义。

我们有些同志现在把"工农政府"这个口号理解为"所有的"工人党派连同某些农民党派的政府，从而将其变成了完全相反的东西。

这正是必须最坚决地予以反对的倾向。

众所周知，有一个问题引起大量的争论：统一战线是"自下而上"还是"自上而下"，等等。我认为可以进行如下的表述：

自下而上的统一战线——这种策略其实永远都有必要，也许只有爆发了公开的内战这种十分罕见的时刻才算例外，那时候不得不手持武器不时与那些具有反革命倾向的工人作斗争（不过我们从俄国革命的历史可知，即便在这类极端的时刻我们也都成功地实行自下而上的统一战线。在克伦斯基进攻彼得堡的时候，我们动员一部分社会革命党的工人反对他们自己的政府，与他们肩并肩地进行斗争）。自下而上的统一战线适用于所有的时候或者几近于所有的时候，因为除去偶尔的情况之外，它都能对所有真正革命的工人起到动员作用。

统一战线在自下而上的同时还可以自上而下。这已经是次要的方式了。这种方式同样应该不可在任何时候都运用，但运用的相当频繁，主要是在那些我们处于少数地位的国家里。我认为，即便在"极左派"中，任何人也都不会反驳在诸如英国、奥地利和比利时之类的我们暂时还在相当大的程度上处于少数地位的国家，我们应当在实际统一战线策略时既要自下而上，也要自上而下。自然，在这样做的时候，务必确保它不致遭到机会主义式的歪曲，运用时应将其作为宣传、动员群众的方式，而不是与社会民主党结成政治联盟的方法。

第三种形式则是单单自上而下的统一战线。我认为应当说，这是前所未有的事。

很遗憾，实践中我们运用得最多的正是最后这种方法：给社会民主党人写一封公开信，就制定"共同纲领"展开漫长的令人厌烦的谈判——这当然是一条阻力最小的路线。

在这个问题上我们可以作出如下规定：自下而上的统一战线几乎随时都能运用；自下而上兼自上而下的统一战线——在能够充分保证这种策略有助于对群众进行革命动员的情况下运用得相当频繁；单单自上而下的统一战线则任何时候不能容许。（拉狄克从座位上叫喊："正确。"）

连拉狄克都高呼"正确"。实际上我们所看到的是什么情形呢？召开了第三次代表大会,会上通过了关于工人政府的决议。这里我必须再次承认(革命者应当随时公开承认自己的错误),在草拟这一决议的过程中犯了许多错误,作了太多的让步,这些让步看似编辑技术上的让步,实则变成了对右派的政治上的让步。我指的是诸如下列这种情况,现摘录我所写的第四次代表大会关于工人政府的决议:

"社会民主党人跟资产阶级实行公开的或隐蔽的联合,而共产党人则针锋相对地主张所有工人的统一战线,主张一切工人政党在经济和政治领域联合起来,同资产阶级政权作斗争并最终将其推翻。在全体工人对资产阶级进行的联合斗争中,整个国家机器应该转入工人政府手中,从而加强工人阶级的统治地位。"①

我对委员会的工作记忆犹新。我决不想说所有正确之点都出自我的手笔,而不正确之处则出自他人。我的错误在于,是我作出了编辑技术上的让步,后来它们都被说成了政治上的让步。从政治宣传、战略手法的角度看来,这种情况不能承认是错误的。它完全可以容许。

1917年列宁在《论妥协》一文中论述过,有可能在由孟什维克和社会革命党人建立一个对苏维埃负责的政府的问题上与他们达成协议:

"现在俄国革命发生了一个十分急剧、十分奇特的转变,使我们能够以政党的资格建议实行自愿的妥协,当然,这不是向资产阶级,不是向我们直接的主要的阶级敌人建议,而是向我们最接近的政敌,向'居领导地位的'小资产阶级民主派政党即社会革命党和孟什维克建议。

只是作为一种例外,只是由于情况特殊(显然,这种情况只能持续极短的时间),我们才能向这些政党建议妥协,而且我认为这是我们应该做到的。

从我们方面来说,妥协就是回到7月前的要求:全部政权归苏维埃,成立一

---

① 《国际共产主义运动历史文献》中央编译出版社2012年版第35卷第563页。——编者注

个对苏维埃负责的由社会革命党人和孟什维克组成的政府。

现在，只是在现在，也许**只有在几天**或一两个星期**时间内**，这样的政府可以完全和平地成立并得到巩固。它可以保证（这种可能性极大）俄国整个革命和平地向前推进，保证全世界争取和平和争取社会主义胜利的运动有极大的可能性大踏步前进。

我认为，只是为了革命的这种和平发展（这种可能性在历史上是**非常**罕见，**非常**可贵的，是极其罕见的），只是为了这种可能性，主张世界革命、主张采取革命方法的布尔什维克，才可以而且应当谋求这种妥协。"①

另一处又写道：

"真正革命的政党的职责不是宣布不可能绝对不妥协，而是要**通过各种妥协**（如果妥协不可避免）始终忠于自己的原则、自己的阶级、自己的革命任务，忠于准备革命和教育人民群众走向革命胜利的事业。"②

什麦拉尔同志，这是一种战略手段。讲的是"诚实的消灭"。在这类宣传中，说话的各种语言表达方式都是允许的。我当时也有机会发表过类似的一些文章。列宁是否打算与孟什维克和好、进入"所有的"工人政党的政府或者进入所有的工人和农民政党的政府呢？根本不会！这只是一种战略手段。一旦它们开始将这种局面"深化"，让其变为一种制度、一种理论，开始认真考虑可以加入与"所有的工人政党"的和平民主的联盟（这些党只不过自己号称是这样的党而已，实际上就是资产阶级"第三"党），那时候这种关系只会导致机会主义。自然，其他一些貌似的"工人"党的力量还十分强大。假如这些号称"工人"的党是真正的工人政党（不单就其成员而言，而是就其政治性质而

---

① 《列宁全集》中文第 2 版第 32 卷第 131—132 页。——编者注
② 《列宁全集》中文第 2 版第 32 卷第 130 页。——编者注

言），假如它们确实加入到我们之中来（哪怕是暂时的），那么我们现在就已经会成为欧洲不可战胜的力量了。

然而，这只不过是一些口头上的工人党，因此"所有的"工人党——无论那些货真价实的工人党还是那些仅仅给自己这样命名的党，客观上都是资产阶级政党，它们的联盟毫无意义，只是一种罪行、反革命的乌托邦、机会主义。

然而在实际上，统一战线的策略对我们的许多同志而言并不仅仅是宣传和动员群众的一种手法，一个深知自己的目的所在的党的手法。起初我并未很好地理解这一点，未能预见到有些人会把这种战略手段变成机会主义的圣经，虽然我应当说，在关于统一战线最初的论点中我也详细地提到了对其作机会主义阐释的危险。而有些人恰恰就这样做了。

在萨克森，这种机会主义的错误已达到登峰造极的地步。我们很快便了解到，在萨克森上演了一场与"左派"社会民主党人联盟的陈腐到极点的议会制滑稽剧。俄罗斯所有的布尔什维克都怀着这样的感觉看待这点，我认为，所有的德国革命工人和真正的布尔什维克也是如此。正是在这种时刻需要划清界限。

不能援引我们对革命潜力的重新评价来为萨克森所发生的事情辩解。这是十分廉价的理由。指望革命一定会成功，任何时候都不可以。我要说：如果1923年10月所形成的革命形势再次出现，我们会再次坚持不懈地大声宣布革命已经迫在眉睫。我们一点也用不着后悔。10月间最大的一些共产党的代表曾聚会于此。任何人也未置一词以表示反对执委会对问题的这种提法。所有的人都同意，应当寄希望于革命。但是主要的责任由执委会和德国、俄国两个兄弟党承担。我再说一遍，如果这样的形势再次出现，我们自然会更仔细地核查数据，更确切地估计我们的力量，但我们仍然会再次将一切都寄希望于革命。

重新估计形势，这还不是最糟糕的事情。更糟糕的是像萨克森所暴露的事例那样，在我们党的队伍中出现了许多社会民主主义的残余。拉狄克质问：你们都像他那样读过德国的各种报纸吗？我们是否了解萨克森"实验"的全部详情？而我们全体工人、莫斯科和列宁格勒的布尔什维克则回答他说：是的，我们不懂德语，我们不能读德国的报纸，但是我们干过三次革命：一次是在1905年，另外两次是在1917年，都是在列宁的领导下干的。我们有着健全的理智，足以理解萨克森所上演的陈腐的议会制滑稽剧。萨克森实验揭开了事情的真相，让我们看到了统一战线和共产国际右翼的工人政府的实际状况。第三次代表大会就工人政府问题所通过的决议总的说来是正确的。其中许多地方还非常出色。一系列的预言均已应验。本来应当像看待经过广泛考虑的争取群众的战略计划那样看待所暴露出的各种情况，但是建立在这一基础上的整套民主主义理论：宣称我们面临着整整一个时代，在民主的范围内由共产党和"所有的"工人党甚至农民党组成的工人政府会一直掌权——这已经是机会主义的开端了。

　　事件的进一步发展又是何种情形呢？第四次代表大会之后，共产国际的右翼转入进攻。举行了莱比锡党代表大会；会上所通过的决议说，在德国运用统一战线策略的过程中必须从工人社会民主党员广大群众的幻想和偏见出发。也许，这只不过是一种不恰当的说法？可是那又如何理解对工人政府的以下描述呢："它既不是无产阶级专政，也不是由议会制向其和平转化。这是工人阶级的一种尝试，试图依靠无产阶级机构和无产阶级群众运动，作为一个开端，在工人民主的范围内，首先是以工人民主为手段，推行工人的政策。"

　　莱比锡党代表大会以后，又举行了捷克斯洛伐克共产党的巴黎代表大会。翻开巴黎代表大会的决议，你们会在其中读到：

　　"工人政府并不会是别的什么，正是向无产阶级专政的和平过渡。这是工人阶级的一次尝试，试图依靠无产阶级机构和无产阶级群众运动，在资产阶级民主的范围内并且首先通过资产阶级民主执行工人的政策。"

你们都看见了：这是逐字照抄别人。我不知道这是自发地产生的抑或存在着这方面的"计划"？当然应是后者。

逐字逐句地抛出了那个"黄金"论点，实际上就是机会主义的论点。我要再说一遍，不知道这种情况是自发地产生的还是遵循了一定的计划。（拉狄克：克莱因的计划！）你们大家都知道，拉狄克同志在某个方面是该"计划"的拥护者。（布兰德勒高声说："拉狄克在此事上毫无过错。"）布兰德勒同志，您搞错了；像最近一个时期整个机会主义错误方面的情况一样，拉狄克在这件事情上的过错比您更大。布哈林和我都反对莱比锡决议的这一论点，但我应当承认，由于迁就，我们未能看出这里的问题涉及整个机会主义体系，没有将此事正式公开，我们的行动不够坚决，没有发动执委会的全部力量。

拉狄克同志当时说过："你们想要从布兰德勒那里得到什么呢？他不会作准确细致的表述，布兰德勒是建筑工人，在他用语言表达什么事情的时候，他只会准确地扔砖头。"这是拉狄克在我们的代表大会上说的。好吧，布兰德勒是建筑工人，但是什麦拉尔可不是建筑工人，他在进行论证时并没有扔砖头。（笑声）不过我应当说，在决议的结尾部分什麦拉尔（布拉格）表达得比布兰德勒巧妙得多，然而他也重复的是主要的机会主义论点。

这样一来，同志们，谁坚持这个论点，他就与共产主义、列宁主义相冲突，他就是在想象工人政府或者工农政府的某种和平过渡时期；就这样，似乎可以不要革命，在民主的范围内便一切都会大功告成。

莱比锡和布拉格之后，特别是萨克森之后，可不是闹着玩的了！现在已经很清楚，问题并不在于遣词造句，而是关乎两种政治制度。长期以来我们一直认为，德国的左派把许多东西夸大了（在某些情况下他们确实严重地夸大了），在现有的情况下他们倒是对的。唯有他们曾在莫斯科预言过萨克森试验的结果。这使我们不得不深思并对左派另眼相看。

萨克森试验造成了新的局面。这带头引发了取消共产国际革命策略的危险。既然如此，就应当做出选择，清楚地说明问题何在。

什么是统一战线的策略，什么是工人政府，什么是工农政府呢？没有任何理由像拉狄克同志有时候爱干的那样吓唬我们，他宣称，似乎我们正在着手修改第四次代表大会的决议，甚至几乎是共产国际先前所有的决议。何必讲这些骇人听闻的话呢？我们只不过打算修订一些过于夸张、不够慎重、不切实际的表述，那正是拉狄克塞进第四次代表大会的决议中去的。我们所希望做到的是，不要让它们现在被肆意歪曲地加以利用。我们希望作出这样的表述：让每一个人，无论他是建筑工人还是教授，都清楚地懂得应当对它如何理解。我们主张将统一战线的策略用于争取工人阶级的大多数；统一战线的策略始终完全有效。我们一如既往地赞成"工农政府"的口号。德国党在其决议中十分正确地宣称：对于诸如意大利这样的国家而言，工农政府的口号极为适合；我觉得，这个口号对于法国和其他许许多多的国家也都适合。我认为，如果我们像俄国共产党那样理解这个口号，真正的左派中的任何人都不会对它表示反对。

这个口号是怎么来的呢？有时候事情被歪曲成这样：仿佛它是拉狄克"想出来"的，凭空臆造出来的。这不符合真相。这个口号诞生自俄国革命。而拉狄克对它所做的事情只不过是对其加以歪曲。我们希望像我国革命利用它那样利用这个口号。我们已描述过工人政府运用这一口号的特点。（拉狄克叫喊："我们在俄国与左翼社会革命党人结成了联盟。"）我们在欧洲也并未誓言不将某些行将脱离社会民主党并暂时支持我们的社会民主党成员吸收进苏维埃政府。对左翼社会革命党人也是如此。这是一批脱离了社会革命党并拥有一部分农民的人。我们也拉他们一把。不久他们又重弹社会革命党的老调，我们便摆脱了他们。这是一种正确的战略。而10月之后与社会革命党和孟什维克党和解的计划则是一个错误。那是正值十月革命之际的事情，当时一些同志认为与社会革命党人和孟什维克达成和解是可能的。我本人一度属于持有这一观点的那批人。然而这是一个重大的错误。我们很快便醒悟过来并加以改正。仅仅数日之后，列宁便著文说，争论已成过去，我们将继续一同斗争。这样，你们还想把这个错误的政策推广到其他共产党吗？无论如何也不可以。

俄国革命过程中所犯的错误可以得到某种谅解的是，它们不致在别的革命中重犯。统一战线策略的情况也是如此。问题并不在于对统一战线策略进行重新考虑，对其加以修正。并没有这种必要。问题也不在于发明一种"新的"策略；我要毫不犹豫地说，尽管运用中出过错，就整体而言统一战线策略对我们还是可以做到利大于弊。全部问题都在于，不能让共产国际对它作出机会主义的解释。

随便就哪一个国家而言，比如英国。英国在运用统一战线这方面就犯了一些很大的错误。

鲁特·费舍同志在《国际》杂志上将自己在英国的观察结果公之于众。我完全同意她针对弗格森在选举运动期间的讲演所说的那些话，当时弗格森并未公开以共产党人的身份发言。既然掩饰自己的共产党人面貌，我们何必要竞选运动那一套？英国前议员纽博尔德同志曾整个晚上十分严肃认真地以一个问题纠缠我和布哈林同志：可否容许他哪怕是在特殊的场合反对工党党团？我们回答他说：可以，正是为此目的您才进的议会嘛。所以尽管英国共产党犯过各种错误，统一战线策略在英国仍然具有积极的意义。在地方工会中，工人共产党员在许多情况下所采取的行动都是完全正确的，同时也取得了成就。捷克党同样正确地在局部范围内、在工厂等地方贯彻了这一策略。德国在这方面也有许多好的做法。错误主要存在于参政方面、工会上层、自治市政府机关等领域。那些地方机会主义泛滥。至于局部的工厂范围内的工作,尽管领导人们对统一战线策略的理解和解释不够准确,就自下而上贯彻这一策略这方面而言,仍然做出了许多成绩。

同志们,目前的形势究竟如何呢?我已经概括地说明了国际形势。从中可以得出结论,有必要于贯彻执行统一战线策略的过程中在某些国家的某些问题上做出改变。首先应当确定,正如俄国革命中的情形那样,它只是我们宣传和动员群众的一种手段。对社会民主党人、改良主义者而言,"工人政府"可以构成一整个时代。比如,意大利改良主义者达拉贡纳1924年6月在维也纳的阿姆斯特丹派代表大会上即曾说过:"避免新的战争的最好办法就是建立数量尽可能多的工人政府。"

可见,对表露无遗的改良主义者达拉贡纳来说,这种工人政府就是包治百病的灵丹妙药,它甚至能够提供避免战争的可能性以及诸如此类的东西。对于我们而言则根本不是那么一回事。早在第四次代表大会的决议中,与拉狄克相反,我们即曾讲过许多正确的意见……(拉狄克:"提出不恰当的论点的是您,季诺维也夫同志!")讲一些模棱两可的话的是您,决议在整体上是我的意见。不过我决不想推卸自己对所举出的问题应负的责任,自然,我本来应当在第四次代表大会上就对其加以反对,而不是在第五次代表大会上才反对。但在第四次代表大会上也没其他任何人表现出更大的远见。这略微减轻了我的过错。

重要的是,第四次代表大会的决议中有着如下内容:

"任何资产者的政府同时都是资产阶级的政府,但是,并非任何工人政府都是真正的无产阶级政府,即革命的无产者行使政权的工具。共产国际应当考虑到下列可能:

甲、虚有其表的工人政府

1. **自由党**工人政府。这种政府在澳大利亚存在过；这种政府不久的将来也可能在英国出现。

2. **社会民主党**的工人政府（德国）。

乙、真正的工人政府

3. 工人与贫农政府。在巴尔干半岛、捷克斯洛伐克等地存在着这种可能。

4. 共产党人参加的工人政府。

5. 真正革命的无产阶级工人政府，只有共产党才能够名副其实地体现这种政府。"①

是的，往往也有自由主义的工人政府，比如现在正掌权的工党政府。对达拉贡纳来说，任何一个工人政府，无论它是什么样的，都是好的。我担心，对问题持有类似看法的还有拉狄克、布兰德勒以及某些捷克斯洛伐克同志，虽说他们也懂得这并不是无产阶级专政。

如今我们已经有了经验。如今我们应当直截了当地说："工人政府"和"工农政府"这个口号对我们之所以重要，主要是将它作为一种宣传鼓动和组织群众开展革命斗争的手段。而利用自由主义的工人政府（例如麦克唐纳政府）所造就的局势，我们当然也是应该的。"工人政府"这个口号对我们来说，是争取群众以有利于无产阶级专政的最具吸引力、通俗易懂而又最广为人知的一种表述。工人、农民、士兵要首先造就自己的革命事业，然后才弄明白这就是无产阶级专政。我们应当像我们在俄国革命中所做的那样，采用一些民众最容易懂的一般性定义。这并非无关紧要的问题，这也不是战略性的问题，如何回答它将表明我们是不是真正能够将工人、农民、士兵吸引到自己一方来的党，是

---

① 《国际共产主义运动历史文献》中央编译出版社 2012 年版第 35 卷第 564 页。——编者注

不是了解他们痛痒的党，同时表明我们并不是一个宗派，而是布尔什维克那样的群众性的党。我知道，某些"左倾"的同志一向对统一战线策略怀着极大的反感。为了安慰他们我只能说：对我们而言，统一战线和工人政府的策略不过是用来动员和组织工人群众的手段。你们不喜欢这个手段。那好吧，我向你们"妥协"：一旦你们把本国劳动者的绝大多数争取到了自己一方，我们马上就不再让你们运用统一战线的策略。（笑声）当无产阶级最为重要的那些阶层的大多数人都站到我们一方的时候，到那时你们就可以对这个策略无须看重了。但是在最主要的一些国家，形势仍然是大多数还不在我们一边。我们应当善于接近群众，了解他们的现状，将他们争取到自己一边来，领上布尔什维主义的轨道，那时候才可以改变自己的策略。

这个事情绝对不是要对所有的党都搞一刀切。需要根据情况十分具体地对每个国家提出问题。有一句俄罗斯俗语就劝人不要用一勺焦油搞坏一桶蜜。

我读到过，说捷克斯洛伐克的古拉和其他一些同志的一件事感到难过：似乎我们说各国都要运用自下而上的统一战线，而不根据各该国所发生的情况运用该策略。

诺伊拉特同志在他那篇针对古拉同志的文章中说得完全正确，他说执委会从来不曾提出过古拉指责它的那些意见。执委会从来没有建议这样做。我们只是说过：德国的形势已经很成熟，正可谓——自下而上团结一致！同时我们还说过，像波兰那样，情况就是另一种样子，奥地利和其他一些国家也有所不同。共产国际的全部技巧就在于根据各种不同的条件具体运用策略，而条件往往大相径庭，多种多样。我们从来不曾断言对所有的党都必须搞一刀切。什麦拉尔同志，请将这一点转告古拉同志。

最后再说一遍：工农政府只是一种鼓动、宣传和动员群众的手段。

正如我在1922年已经说过的那样，这是无产阶级专政的别名。当时对此提出反驳的只有恩斯特·迈耶尔，某种程度上还有拉狄克，连他也都很含糊，吞吞吐吐。在我们俄国党内谁也不曾对此提出争议，对我们而言这是一目了然的事情。我们的错误仅仅在于我们未能当即明白，拉狄克等人同我们争论的并不是文字上的措词问题，而是他们把统一战线策略说成了改良主义的策略。

你们大概还记得，在共产国际执委会扩大会议上首先提出"工农政府"这个口号的是我。是什么促使我这样做呢？是一种感觉：在某些国家里我们已开始接近于（而且相当快）提出夺取政权的问题。我绝不想炫耀当时我已经意识到了德国的形势的成熟程度。不，没有这种事情。但是我们的意识中隐隐觉得，在某些国家中有关夺取政权的问题已开始变得很迫切。这就是为什么很早以前我们就已经竭力告诉各党：请注意农民！自然，那些连想也没有想过夺取政权的前景的党并不需要这样，它们依然是半车间性质的纯粹"工人"的党。不过在党逐渐变成正经的共产党，应该具有夺取政权的前景的时候，就不得不考虑农民将会如何行动，农村会如何对待工人政党的成长。这就是"工农政府"这一口号成为一个指标的原因，它标志着在某些国家我们在并不那么遥远的将来就会提出夺取政权的问题。这个口号体现出了：无产阶级在革命中应当处于领导地位，而领导无产阶级的则是党。它对于我们而言在某种程度上就是从宣传到大规模鼓动、到革命事业的过渡阶段。

需要对宣传和鼓动加以区分。对这种区别描述得最恰当的是已故的普列汉诺夫，他当时是一位马克思主义者：宣传是向不大的一群人传播著名的一整套思想；鼓动是向广大民众传播一种主要的思想。我认为，这个定义可以让我们感到满意。它是正确的。于是"工农政府"这个口号的出现可以解释为，我们的某些党已经应当从一般的宣传共产主义，转向在人民群众中进行大规模鼓动并准备进行夺权斗争。在推出有关夺权斗争的问题时，我们应当寻求到一个具有突击性的口号，既能广为人知、富有吸引力，又能在正确地对其进行革命的解释过程中充当对所有那些阶层发挥吸引力的磁石，这些阶层我们应当部分地使其中立，部分地将其收揽到我们一方。

这样，我们就将"工农政府"这一口号用来表示无产阶级在革命中的领导作用和主导地位，表示执政的愿望和建立自己的政府的追求，这个政府可以管理国家，在对待农民方面很好地随机应变。结果便有人试图借助于机会主义的解释在一定程度上顺利扼杀这一活生生的列宁主义思想、这个列宁主义创造精神和大规模鼓动方式的鲜活源泉。

我建议我们的同志、特别是德国党的同志们认真考虑所有这些问题，经过萨克森的种种试验和错误之后，德国党的同志们出于疲劳反应，只要话题涉及统一战线便会用棉花塞住自己的耳朵。

例如在捷克斯洛伐克，左派同志布里安（年轻的布里安）便著文说，统一战线的策略乃是"修正主义的主要来源"。这是不正确的。修正主义者总是会给自己找到某种"来源"。（笑声，高呼声："说得对。"）他们在参政一事和别的任何事情上都能找到这种来源。我们如果疑神疑鬼，硬说统一战线的策略是修正主义的来源，我们就无法战胜社会民主党。必须采取这一策略，清除泼向它的机会主义污泥浊水。

总会有一些人把这个口号视做"修正主义的来源"。我们应当从统一战线中吸取一切好的、列宁主义的东西，通过最广为人知的工人政府这个口号，我们必定能获得不单是工人阶级的信任，而且获得所有被压迫者的信任。我们共产国际队伍中真正的左派应抓紧这项工作——只有这样我们才能消除真正右派的错误，说服那些可能说服的右派，反对那些无法说服的右派。第五次代表大会不应当认为自己的任务在于声称统一战线不正确，而应当采取一系列步骤制定出反对歪曲这一策略的预防性措施，接种某种疫苗，像预防天花一样预防机会主义。

德国的脓包破了。那里的事情也告终结。我们目睹了萨克森右的倾向合乎逻辑的结束。我认为，如果说捷克斯洛伐克的事情还没有发展到脓包破裂的程度，还没有演变成为政治上的巨大灾难的话，布拉格党代表大会的立场、古拉同志的文章都提示了这点。在我们所见到的捷克党中央那条冷漠而含糊的路线之下，我担心，如果局势变成德国那样，我们便会再次遭遇萨克森式的失败。

现在我转向结尾部分：关于最重要的一些党的具体任务。这方面我应当同意德共的一项指令中的看法，其中说首要的问题应是给一个个党发出具体的指示。这将是第五次代表大会最重要的一项任务。

如今共产国际政治上最重要的分部既不是德国的也不是俄国的分部，而是**英国**分部。这里我们看到一个奇怪的状况：我们这个只有3000—4000名党员的党，在国内却具有相当大的影响力。问题在于英国有着另外一种传统。麦克唐纳的党并不比我们党强大多少。它的《新领袖》周刊印行15000份，而我们的刊物则是55000份。英国没有群众性参与的大党的传统。

马克斯·贝尔说得对，老手凯尔·哈第当年就将自己的整个党建设在对领导人进行个别的训练的基础之上。**在英国建立人多势众的共产党——这就是我们整个时期的主要任务**。目前已经具备了条件。我在自己的《共产国际的头五年》那篇文章中已经详细地谈过了这一点。

英国广大的工人群众仍然依靠的是麦克唐纳，时不时怀着热情的感情谈论他。

我觉得，这与我国克伦斯基临时政府最初几个月的情形一样。谁也不敢说一句反对克伦斯基的话。要批评他就得采取拐弯抹角的方式：克伦斯基嘛是条好汉，几乎就是伟人，不过，也许，他毕竟还是会犯某些错误。

英国的情况也与此近似。眼下工人们仍然依恋麦克唐纳，仍然充满幻想，加之他在议会中尚未拥有大多数，所以态度还相当好。因而他可以对工人们说：我本来想要做的事情还多得多，但并没有拥有大多数；在即将到来的选举中我们有了多数地位，我们就会让大家看见我们是什么样的人，我们会像雄狮般亮相；我们会干出惊天动地的事业。

所以形势并不那么简单。麦克唐纳政府还处于声誉日隆的过程中。但是，如果我们只想消极地等着它走下坡路，那我们也就不需要共产党了。社会革命党人没有我们或迟或早也会在政治上死掉。这是毫无意义的。我们正是为了加快这一进程而生。因此我们英国的党现在就应当坚决地为反对麦克唐纳而斗争，使群众一旦认清其卑劣行径时能够明白，我们共产党人早就对形势有着正确的估计。

1921年列宁理应反对怀恩科普和其他一些当时的"左派"，以便共产党员加入工党。1924年形势已有不同。我们在英国面对的是"工人"政府，我们面对的是麦克唐纳。如今我们的这一群共产党人应当走自己的历史道路。他们应当：1. 成为群众性的党；2. 创办一张日报。与英国同志谈及此事时，他们认为力所不及，并担心它将如何对待他们。我们应当：3. 更广泛地深入工会的生活，以便在其中造就一个左翼；4. 更多地关注青年，直至最近一个时期英国都不曾有过青少年运动，它现在才刚刚开始；5. 像布尔什维克应当做的那样，勇敢地着手殖民地问题；6. 哪里有右倾，都与之进行斗争，开展另一种竞选运动，不要沿着罗斯默所提出的道路前进，而是要善于在自己的宣传鼓动中勇往直前。这些都是对英国党极为重要的问题。

在共产国际中就重要性而言现在居于第二位的党是法国党，这也是由于我已经讲过的那个新的国际形势（"民主和平主义时代"）的结果。

我认为，法国党已取得很大的进步。它现在比从前强大得多。它拥有一个健全的左派核心，受到我们的全力支持。先前的中心和左派应当一道成为一个共同的结成整体的共产国际这个词最好意义上的左派，没有派别，以共产国际的精神进行工作。法国党应当赢得全国最大的各个工人中心。它目前仅仅在巴黎占有优势。这是一大支点。先前布兰德勒的中央委员会的情况是这样：它号称拥有"一切"，却并不是柏林，也不是汉堡。后来才清楚，它也并没有拥有其余的所有地方。

法国党现在拥有巴黎，但在国内它的联系和组织都很薄弱。

在瑞典，霍格伦同志也拥有"一切"，但斯德哥尔摩除外。我不打算由此得出结论。让霍格伦同志自己根据某些事例自己去作结论吧。

法国党现在的主要任务是：进入各工人中心和分布于巴黎以外的各工业企业。

我们的活动现在会被认为是"左派集团"所产生的幻想。现在我们应当稍稍按照新的方式运用统一战线策略。法国社会民主党一度想大耍滑头，它不公开加入政府，但它却投票赞成预算，赞成占领鲁尔，等等。它就是政府的一部分。我们也要"耍滑"，我们会告诉工人社会主义者们：要知道，这并不是你们的政府，你们的人也不在政府里开会，你们干吗不好意思，这就是一个资产阶级政府，为什么我们不去共同反对它，争取大赦，争取撤离鲁尔，争取更高的工资，争取承认苏联，争取8小时工作日，等等。我们必须实行聪明的统一战线策略。在社会民主党正式成为资产阶级的"第三"党之际，**自上而下**地统一战线的兴盛当然不会有。在社会民主党**上层人物**与资产阶级进行政治上的政府层面的配合，这种情况最适宜于我们争取社会民主党的"下层"工人与我们共同斗争，先是经济上的然后是政治上的斗争。

如果我们能做到这一点，那么我们便将拥有极为理想的局面。社会民主党的上层人物应邀与资产阶级实行政府层面的配合，这时候我们就应当通过经济斗争自下而上与社会民主党的和非党的工人加强联系，并邀请他们与我们相互配合。那时候社会民主党便会在这两种配合之间被研磨得粉身碎骨。群众的不满必然会增长，失业会持续，经济状况会恶化，专家委员会的备忘录也无济于事。

这对于将工人阶级最优秀的阶层争取到我方来是一种理想的局面，我认为在法国尤其如此。

法国党最重要的任务就是赢得全国，赢得巴黎以外的各工业中心，扩大和巩固党的机关。我们在巴黎有 8000 名党员，同时有 50000 个《人道报》订户和选举中的 30 万票。这意味着什么呢？意味着党组织大大地落后。我们应当让法国工人习惯于另一种组织实践。塞纳联合会不久便会拥有 25000 名会员。法国党最重要的任务是根除弗罗萨尔主义的最后残余。先前的"中心"应当勇敢而真诚地与左派一道前进。在社会民主党上层人物应邀与资产阶级在政府中相互配合之际，法国党应当借助于首先是巴黎工人的光辉品质争取外省的工人。工厂支部运动尚处于初级阶段。有关"高端"政治谈论得很多。但在法国暂时还只有 120 个工厂支部。这些成绩还不值得特别认真对待。党支部和工厂委员会乃是我们对法国共产党的**首要要求**。"工农政府"这一口号在法国比在任何国家都更为适合。要更加深入农村，深入农民的底层。需要出色的共产主义报刊。需要坚强的党的组织机关。需要最密切的国际联系。任务就是如此。

现在谈谈**德国**党。我们的议事日程上专门有一项：德国问题。我个人现在持这样一种意见，我们可以心安理得地取消议事日程的这一专项，因为这个问题在主要的方面已经得到澄清。最近一年来关于德国党讲得和写得最多。我现在无论如何也看不出有什么特别的德国问题。德国的形势很困难。总的政治前景基本上依然如故。局势孕育着革命。新的阶级搏斗再次兴起，一场巨大的斗争正在进行。总的说来，德国共产党现在正沿着共产国际的路线前进。危机很深，危险巨大。存在着党分裂的危险。

波兰同志们问，为什么我们这么"快"，便拒绝承认旧有的布兰德勒中央委员会。同志们，必须明白，如果再稍加迟延，分裂便会无可避免。危机曾如此尖锐，甚至我们可以说，相对而言，它还算结束得很顺利。（鲁特·费舍："完全正确。"）

现在谈谈与"极左派"的争论。当我们还不知道事情的发展趋向之时，我们本来就应当加以干预，甚而大致重新估计各种危险。当时我们尚不知道他们在数量上有多么强大，但我们知道他们——孟什维克们已改头换面。目前他们已部分地被肃清。新的中央委员会"从左面"给予这些取消派以回击，我希望它能战胜他们。

在工会问题上还存在着很大的困难。对修正法兰克福决议和再次退出工会的最小尝试，中央委员会都应当给予无情的还击。

议会内的局面也非同寻常。我们现在法国和德国两国议会中所面对的状况类似于列宁所说的"钟摆式状况"。在这些议会中可能有两个多数派，并可能有我们的议会党团会成为天平上的砝码的时候。这将对我们在法国和德国造成战术上的困难。德国党也在农民工作方面错过了并仍在错过许多事情。这必须加以弥补，这必须加以纠正。还可以列举别的许多局部的任务，但我不想这样做了。德国党表现出自己是一个基本健康的党。机体已很好地战胜了各种重病。如果德共的机体不是如此健康和无产阶级化，我们就会有更加大得多的困难。

如若"极左派"仍然试图浮出水面，我们将再次同他们斗争。如若旧有的"左"的倾向在工会问题上显露出来，我们也将同他们斗争。我们与德共中央有着友好的而非"泛泛之交"的关系。一旦出现错误，没有什么理由会阻碍我们与错误进行斗争。你们都看见了，在左派犯错误的时候，我们就这样做了。我们今后也会这样做。德国党和其他任何一个党一样，有权批评执委会。它绰绰有余地运用了这一权利。我们并不需要"唯唯诺诺之人"。不过德国党同样不需要一个该说而不肯明言的执委会。执委会也可以批评和纠正需要批评、纠正的东西。当我们介入关于工会"新策略"的谈话时,我认为,构成德共大多数的左派分子自己也会,说我们做得很好。如果某些人曾经以为执委会会干脆将德国党交给"极左派",那么他们现在准会明白这是他们想错了。执委会并没有那样做,也永远不会那样做。我们在德共内也要为列宁主义而斗争。既然新的中央委员会配合这样做,我们只能感到高兴。

  再说捷克斯洛伐克党。我已经顺便提到过了它,现在没有多少可补充的了。我有这么一种印象:捷克党缺乏一个一直正规的全力以赴的革命化领导班子。党的工作总觉得有着临时性质。选举或者诸如此类的事情来了,就活跃了起来,随后工作重又死气沉沉。感觉不到经常性的充满革命精神的领导作用。因而我认为,捷克党有许多地方需要改善。中央委员会里应当注入新鲜的**无产阶级力量**。还存在的那些修正主义分子应当加以清除。如果说我十足希望古拉同志会很快改正错误的话,那么对于贝内克这样的同志则几乎不抱这种希望。捷克党内有一些在某种程度难以改正的中派分子。我们毫无理由怀疑什麦拉尔同志的善良愿望。但是我们应当要求根除所援引过的布拉格决议中所反映出来的错误,这一决议在德国和整个共产国际均已受到批驳。我们还必须让它在捷克党内也得到根除。**对民族和农民问题给予比直至目前为止更多的关注——**这无疑特别与捷克党有关。

  现在我们来看看其他一些国家。我从波兰开始。你们都知道,波兰分部相当长一个时期内都被列入共产国际最优秀的布尔什维克分部。对于波兰的工人阶级、波兰的革命传统和肩负着地下党全部工作重担的十分出色的无产者共产党人而言,这在现在也是非常确切的。我应当公开承认:党的领导机关的情况就差一些。在决定共产国际整个策略的最重要的一些问题上,在德国和俄国问题上,波兰党的上层人物都施展了太多的圆滑手腕。而这已引发了令人忧心的思考。波兰党中央的同志们比其他人更清楚地了解某些情况。他们现在都持中央委员会的观点。他们就是这样宣称的。

　　这种声明只有一点不足之处：它稍微有点儿迟。有一个俄罗斯俗语说："饭后上芥末。"是呀，同志们，饭后上芥末有时候也有用，但是我们仍然宁肯在吃饭的时候用芥末。

　　至于贯彻执行统一战线的策略，波兰同志们在他们党内的代表会议上自己也承认，他们犯了一些很大的右倾错误和失策。克鲁利科夫斯基同志在议会中的工作不止一次受到报刊的批评。应当说，据我对他的言行的观察，我认为他的行为是英勇的、（拉狄克在座中说："完全正确！"）正确的和革命的。不应当为了一点小小的疏失对同志抓住不放，不应当忘记在白卫军议会中工作的艰苦环境。总的说来，克鲁利科夫斯基同志是在以卡尔·李卜克内西的精神利用议会制。同志们，因而其余的都是小事。

　　关于波兰党的领导机关，我可不能这么说。克拉科夫起义期间我们的党在哪里呢？它并不场。我倒不是说，党永远都会拥有大多数。但是，同志们，正当爆发部队起义的时候，如果共产党在这个关头却引人注目地完全缺席，那么，这就得引人深思了。是的，波兰的工作困难确实很大，非同寻常。我们清楚地了解，在这样的环境里从事地下工作意味着什么。我们了解直接在波兰活动的中央委员们充满英雄气概的工作。但是中央委员会的政治首领们却一味玩弄圆滑手腕。中央委员会内良莠不齐。我完全相信：一旦波兰的工人共产党员得知问题出在哪里，对党的领导什么地方存在偏差，中央委员会和共产国际之间特别是与波共之间的真正分歧何在——到那时候波兰的工人共产党员们必定会站在我们一边，站在共产国际和俄国共产党一边，而不是站在耍手腕者一边。是的，圆滑手腕用于反对资产阶级敌人、反对社会民主党人——这是一件好事情，但是只能用来对付我们的敌人。我们有时候也会这样做。没有什么理由反对这样的圆滑手腕。但是在我们的战斗联合组织里，在我们的共产国际内部，我们却不需要圆滑手腕。

我认为，为了挽回作为一个最优秀的布尔什维克党在波兰的分部的荣誉，有必要对波兰中央委员会上层领导人的错误进行一定的纠正。

现在谈谈意大利。这里我们有两个实际问题。第一，对所谓"第三国际派"的态度；第二，对社会党中央的态度。我觉得，我们应当通过一项立即与"第三国际派"、与第三国际的拥护者联合的决议。这样做的时机已到。联合之后"第三国际派"是否应当进入共产党中央委员会——这个问题我认为是次要的。当然，他们理应进入中央委员会。在对待他们的关系方面不应拘泥于第 21 条的规定。这些同志争取加入我们党已经两年，但我们自己却对他们说：留在原来的党里从内部争取它吧。对于意大利社会党来说，必须让共产国际执委会扩大会议先前的决议继续有效，亦即将其作为同情党予以接受是可能的。不久之前的选举期间也已证明，支持《前进报》、支持社会党的还有相当多的工人阶层。

你们还记得吧，在第四次代表大会上意大利"极左派"曾说过，支持意大利社会党的并不是工人，只是一些职员、小资产阶级，等等。然而选举却不容置疑地证明，支持意大利社会党的还有数十万优秀的无产者。拉扎里、克莱里奇等人并不是共产党员。他们是激情革命者。不久前我收到老拉扎里的一封信，他在信中写道："这是个良心问题：一方面是党，另一方面是共产国际"；他不能违反纪律，但保持着对第三国际的忠诚，等等。不过我知道，支持**意大利共产党**的成千上万工人中，有许多人也支持我们。政客韦拉现在即便对于意大利共产党而言也好像几乎是个毫无用处的人。这就说明，我们应当让大门敞开并让先前的决议继续有效。现在已经很清楚，意大利的极"左"派共产党人声称似乎工人并不支持社会党的说法不正确。成千上万的工人都支持它，他们相信社会党部分地属于第三国际，它不肯加入只不过是一个应当澄清的误会。

而对意共的中派分子，自然应当继续进行斗争。

至于我们的意大利共产党，则选举已表明它依然十分强大、优秀，有着一个健全的无产阶级核心。我们全力支持这个党。它是我们的希望，它是共产国际在意大利的唯一代表。不过我们所批评过的不足之处仍然存在。最近一个时期业已显示出共产国际意见的正确性。你们都知道一个事实：我们在该国现在有着三个派别。我不知道哪一派拥有实际上的多数。我们还须静待分晓，不过我知道极左派在政治上是不正确的。博尔迪加在自己的论述中要求"全面肯定"1922年的"罗马提纲"、意共的全部政策和对待"人民敢死队"的策略，亦即我们早就和列宁同志一起已经多少次批判过的那些论点。

博尔迪加的朋友罗西写道："相反，**一个策略寄希望于人家对自身方法的指示**或激励的状况是不符合共产主义的思想的。"

我倒要问，既然不必针对事实，不必针对具体情况，那么我们应该让自己的策略转而针对什么？同志们，意大利的"左派"中有一些死守教条的人，他们认为我们可以相聚一堂，在一些"原则"的基础上制定出某种适用于各个时期的法术般的策略。当然，我们不能贬低自己的策略，我们不应当在情况稍有变化时就将其改变。这是显而易见的。但是考虑实际情况也确实对我们共产党人没有妨碍。我们在各种情况下都仍然是共产党人。这也是显而易见的。我们应当让共产主义的策略适应形势，这再明白不过了，对此我们无须多说。只有那些与群众缺少接触的同志，非马克思主义者，才会要求反其道而行之。

意大利问题是个很微妙的问题。博尔迪加和他的一些亲密的朋友都是忠于共产国际的优秀革命家，但列宁批评过他们的那些不足之处至今依然存在。目前的形势并不是共产国际应当退让；应当退让的是博尔迪加及其最亲密的同志。他们只有摆脱自己的教条主义，才能变得对意大利革命更为有利。

我想就此再说一句。博尔迪加不久前声称：如果共产国际不加改正，不采取他的观点，那么好吧，他就只能遵守"形式上的纪律"，并将尝试在共产国际内部建立一个左的派别。

我认为，共产国际在任何情况下都不会对此加以容忍。我们很看重博尔迪加，但共产国际更为宝贵。不是共产国际应当适应博尔迪加，而是博尔迪加应当适应共产国际。在我们共产国际里根本谈不到徒具"形式"的纪律。我们是世界性的共产党，我们不想倒退，我们应当前进，前进的越快，就越能迅速地变为世界性的共产党。

请允许我不再着重分析其他各党，时间已经很迟了。以上所述也可以变通地应用于其余各党。我只是着重论述那些目前具有最重大意义的党。

还有几点意见是关于共产国际的辅助机构和组织问题的。青年国际是我们的骄傲和我们的希望。真正的一代共产主义者和真正的领导人正在其中成长起来。在这一点上我们已经部分地超过了社会民主党：在苏维埃共和国联盟，共青团已发展成拥有70万团员的组织，而不是先前的40万。在德国，也从先前的2.8万人发展为7万人。在鲁尔地区，我们青年的斗争可圈可点。青年共产国际乃是共产国际的左膀右臂。这方面我们还面临着极为重要的工作。

再谈几点有关其他辅助机构的意见。据我看，国际支援革命战士协会的工作做得非常好。国际工人援助会也是如此。你们都知道，德国社会民主党宣布与它进行坚决斗争并通过关于社会民主党退出国际工人援助会的决议。应当表扬红色体育运动国际所取得的成就。不过妇女运动还须加强，这方面我们的工作还做得很少。

至于组织问题，我觉得，已经到了**在生产第一线党支部基础上提出和解决我们各个党的组织问题的时候了**。有些人对我们说：在这种情况下我们会失去一定数量的党员。不过，我们应当告诉工人们，党必须建立在生产的基础上，无论如何，以住址为特征的组织是社会民主党的遗产。社民党像建立用于选举目的的选举机构那样建设组织。在我们共产党也按这个特征组建的地方，我们党在这方面就与社会民主党颇为相近。我们还是应当按生产特点改组党，以便再也不必在第六次代表大会上谈论这个问题。

最后说几句共产国际今后的领导的事。这里不得不再次引用几句博尔迪加同志的话，他勇敢地（不能不承认他确是如此）直接提出了一个问题。下面是他所说的逐字逐句的原话：

"共产国际会成为全世界的共产党的保证何在？执委会里有俄国共产党的一些优秀的同志去参加这一事实是不够的，因为事情涉及历史状况。我们至今仍在采取一些大胆行动，是因为它们都是由列宁这样的天才领导的，而现在就不得不作为对无产阶级的共产主义运动的危险举动加以否定。"

同志们，我们用不着讲客气。我们应当开诚布公地说，在这个问题上博尔迪加同志在一定程度上是对的。我们不能埋怨他指出了这点：不再有列宁的地方，一般说来也就不那么充满无限的信任了。我们自己对自己也没有绝对程度的信任了，不像从前，那时候我们都知道我们的决定最终会得到列宁同志的最后审查，有如批准条约一样，因为我们大家都知道他的见解极为成熟、极为客观、极富远见、极为符合马克思主义，其他任何人也比不上。我们失去了最智慧的头脑、最卓越的人、最天才的领导者，这是我们的不幸。这必将在各方面都造成严重的后果，所以我们变得更加小心谨慎了。

不过从这一点还会得出什么结论呢？我们的列宁再也没有了。另一个列宁世界上同样没有。而又必须对世界无产阶级的斗争进行领导。结论只能是：国际性的领导应当更加集体化，各党应当向执行委员会、向共产国际的领导机关输送马克思和列宁的最优秀的学生、最优秀的头脑、最优秀的组织者。还能想出什么办法呢！列宁再也没有了。我们应当从各兄弟党内挑选最优秀的力量顶替他，组成共产国际集体的领导班子。但是在我们建成这个领导机构之后，在我们已经有了由全世界最优秀的共产党人组成的执行委员会之后，其中占据主导地位的不应该是"形式上的"纪律，而应当是真正的无产阶级和共产主义的纪律。我们并不埋怨博尔迪加，我们并没有愚蠢到以为列宁去世后还会一切依旧。同志们，我们亲自请求来自各兄弟党的各位的支持。再也没有列宁了，我们要尝试着哪怕在一定程度上以共同的力量接替他。为了工人阶级的解放我们需要共产国际，我们需要建立集体的领导机构，钢铁般坚强的机构，让它能真正发挥领导作用，体现所有各党的智慧。

最近一个时期我们有一些违反纪律的事例。其中一些一直未能受到处罚。可以举出两个违反纪律的例子：从右的方向，是来自支持特兰梅尔的霍格伦；从左的方向，则是来自博尔迪加，他拒绝议会的委任书，尽管党和执行委员会对此一再坚持。

我们曾试图不事声张地了结这些事情，因为我们高度评价这几位同志。霍格伦在战争期间表现出自己是一位优秀的革命家。博尔迪加同样有着重大功绩。但是我坦率地说，如果代表大会不创造出避免类似违纪现象重演的保证条件，我们便无法担当起全部责任。现在我们的纪律应当比列宁生前的时候更加坚强。

我们不应当往后看，而是朝前看，并建立一个世界性的政党、国际性的执行委员会、国际性的领导机关。任何人也无权只是"在形式上"遵守纪律。那样我们就会变成第二半国际，那样我们就不是马克思和列宁遗训的捍卫者，那样我们就比克里斯平好不了多少。我们应当为一个没有派别、没有小集团的统一的共产党而奋斗。

至于我们俄国共产党，我很清楚有些人不喜欢它，苏瓦林不喜欢它，有时候拉狄克也不喜欢它。（拉狄克："我非常喜欢它。"）——你们看见了吧，连拉狄克都喜欢它。那么我可以告诉你们：俄共现在是一个具有高度纪律性的党，并且将它能把自己最好的一切贡献给共产国际视为最大的荣耀。我们对大家只有一个请求：你们也应当做出同样的事情。不复有列宁了，但列宁主义留存了下来。为了让它在全世界取得胜利，我们需要坚强的领导，我们应当告诉所有的同志："我们需要有比先前更为严格的纪律。"

欧洲新的政局、全世界长期的经济危机向我们提出了许多极其重大的任务。只有在真正的纪律成为我们最基本的义务的条件下，我们才可能完成这些任务。

当然，当你置身于多数地位之时，当你能够做你认为有益于运动的一切事情的时候，做一个遵守纪律的士兵是容易的。不过当你处于少数地位之时，也应当严守纪律。曾经有一段时间，即便我们身处第二国际内部的时候也都服从纪律，不是出于恐惧，而是为了良心，但是后来在第二国际里建立一个左的派别已成为我们的义务，（怀恩科普："说得对！"）需要竭尽全力与机会主义进行斗争，然后进而分裂第二国际。这样做是正确的，然而这种情况不可能在第三国际——列宁主义的国际内、在全世界的共产党内发生，这个党应该是统一的、完整的、浑然一体的。我们不能对大家说我们俄国共产党内一切都好，但我们会逐步纠正各种缺点。不过如果我们听到像我有所耳闻的我们的反对派某些领导人所说的话：等着吧，到10月份苏联预算中出现4亿赤字的时候，我们就会看出谁对谁错了——共产国际就应当杜绝这类言论。（响亮的掌声）

共产国际应当告诉大家，说它和我们一样清楚地知道，被敌人们重重包围的世界上第一个无产阶级政府有过并且还会有何种困难。（掌声）

如果我们不单是在口头上遵循列宁的学说,如果我们希望缔造一个真正的列宁主义的共产国际,如果关于让各个党布尔什维克化的决议并不是空话,那么,我们便需要有铁的纪律,那么,我们便应当根除社会民主党、联邦主义、"自活"之类残留的一切痕迹。

我们不应当害怕说出这一点:**是的,我们不是从天上掉下来的,我们诞生自第二国际内部。资产阶级和小资产阶级的社会民主党的思想还处处抑制着我们。这是我们阶级的不幸**,否则我们早已战胜了资产阶级和社会民主党,但**我们应当像列宁主义的革命家**理应做的那样,**与这种危险大力进行勇敢、坚决、顽强的斗争。**在从右的方向出现反对派时,用不着惊慌失措。澄清错误,进行斗争,你们一定会胜利的!**请建立一个真正列宁主义的共产国际吧!**

第二国际在人数上依然是强大的,但是从历史的角度去看,它注定要灭亡。以前我们描述前景时太过简单化。第二国际的时代正在结束,第三国际的时代已经开始。历史地看,这是正确的,但在社会生活中关系并不这么简单。第二个国际时代的终结和第三国际时代的肇始在时间上相吻合,若干年内二者还将并存。第二国际将逐步退出舞台。它正在走下坡路,我们则节节上升,我们必将胜利。为此便需要铁的纪律和一个真正的世界性的共产党,共产国际就应当成为这样的党。我们并不是白白地宣誓以列宁学说的精神行动和斗争。作为真正的世界性的共产党,我们应当与右倾机会主义进行斗争并澄清左派的错误。我们需要一个坚强有力的共产主义的领导机关,因为等待着我们的是伟大的战斗。我们当中谁曾经在第四次代表大会上想到过1923年10月我们需要十分严肃地讨论德国革命的问题呢?但事变紧接着就来临了。事件成熟得比我们所预料的更快,而我们却觉得它们进展的速度太慢。显然,第五次与第六次代表大会之间我们在全世界的许多地方还将面临着决定性的战斗。我们应当做好一切准备,以便不是在口头上而是在实际上变成一个真正世界性的不可战胜的共产党。(长时间热烈的掌声,并转变为鼓掌欢呼。代表们纷纷从座位上起立,高唱《国际歌》)

（会议休会）

第四次会议

(1924年6月20日,星期五)

会议于早上10点20分开幕。

主席:格施克

表决并通过一些委员会的组成名单

格施克(主席):

同志们,我宣布共产国际第五次代表大会第四次会议现在开幕。昨天我们制定了议事日程并已获得批准。

第一项:批准昨天尚未批准的一些委员会。

特拉奇尼(意大利):

我建议稍等一下,等更多的同志到会后再说;不能这样决定技术性问题。

格施克(主席):

如果我们让大家推迟1—2小时才开始,我们的整个计划都会受影响。以往的代表大会上我们在这方面有过不愉快的经验。我们希望像昨天季诺维也夫同志所说的那样,要努力向前进。(叫好声)

特拉奇尼（意大利）：

我坚持自己的建议，请将其付诸表决。既然出席的同志们这样少，就不能认真地采取任何决定。

格施克（主席）：

并不是决定，而是委员会的问题。有没有想对特拉奇尼同志的提议发表反对意见的人？没有。现在交付表决。谁赞成特拉奇尼同志的提议？——3个人。谁反对？绝大多数。

施蒂纳（瑞士）：

我们还应当批准各个委员会。

格施克（主席）：

有想对各委员会组成人员发表反对意见的吗……①这样，我们就结束了这项议程，转而继续昨天的议事日程，作关于世界经济形势的报告。现在请瓦尔加同志发言。

瓦尔加作关于世界经济形势的报告

同志们，自从共产国际第三次代表大会详细讨论世界经济形势以来，已经过去了3年。在当今时代，3年是相当长的一段时间。因此有必要重新研究第三次世界代表大会所发表的纲要中那些论点实际上是否得到了证实。第三次代表大会的纲要的基本思想是：资本主义社会当前

---

① 见《国际共产主义运动历史文献》中央编译出版社2014年第39卷相关附录内容。——编者注

正经历一个危机时期，不过，其间资本主义社会通常特有的周期性阶段仍在继续，具体地说就是景气和危机交替。同志们，你们大概都还记得，在第三次代表大会上这个观点曾引起相当强烈的反对，而且主要是来自当时非常左的德国代表团方面。塔尔海默、弗勒利希同志，还有匈牙利代表团的波加尼，都十分尖锐地反对我们的论断：正在经历的危机时期之内，在可预见的将来可能出现行情景气的阶段。斗争进行得相当激烈，它甚至导致对纲要作了一些修改：取消最初打算肯定的预言，行情良好的阶段在可预料的将来会到来的说法；将纲要的意思改为：预料在这种行情良好的阶段确乎到来的情况下会改变策略。不再肯定地预言良好的行情即将到来，纲要认为那只不过是一种可能性。

同志们，过去的3年证明共产国际最初的观点是正确的。资本主义的危机仍在继续。另一方面，最近3年期间至少在世界经济某些部分行情良好的阶段已经到来。

现在出现一个问题：应该如何理解"资本主义危机时期"这一词语？要给它下一个正确的定义可不那么容易，因为现代资本主义的最典型特征之一便是整体的不稳定，状况经常变化，资本主义经济中存在着相互矛盾的各种趋势和潮流。

我可以做出如下的定义：我们将资本主义的这样的时期称为危机时期，其时资本主义社会的各种矛盾极度尖锐化，世界资本主义经济的统一性遭到破坏，出现了在资本主义正常阶段通常是不断增长的生产的停滞甚或下降；从而使得资产阶级不但无法提高无产阶级的生活水平，甚至保持原有的水平都已不可能。这一切便为无产阶级成功地夺取政权创造了客观条件。我要强调这几个词：客观的可能性。这种机会是否能用于克敌制胜的斗争，首先取决于共产党的战斗能力、战斗精神和实力。

资产阶级阵营，特别是社会民主党阵营，散布了许多说法，硬说世界资本主义经济的危机似乎已经消除，或者至少正处于消除阶段。的确，最近3年在资本主义经济中可以看到某些好转的征兆。与此有关的首先是美国繁荣的行情、英国经济状况的好转和欧洲各国货币的稳定。但要说危机仿佛已经消除抑或哪怕是正在消除之中，我仍然认为是一种不符合实际的观点。

只要客观地对各种事实加以评价，我们便会得出结论：危机仍然在以原有的规模继续，可能在1924年，即今年便会呈现特别关键的形式。

同志们，为了证明这一情况，我先来分析作为整个经济的基础的生产。这里得讲讲下面的情况；1923年，也就是整个战后时期最好的一年，世界生产仍然未能达到1913年的生产水平。将1922年和1923年与1920年和1921年相比较是完全不对的。为什么不对呢？因为在整个危机期间1920年和1921年是一直遭受危机，而1922年特别是1923年却是同一时期中行情景气的阶段。所以上述比较是不正确的。所比较的不是同样的两个阶段。如果我们想要进行比较，那就应当将1920—1921年最近的这个转折阶段与即将到来的1924—1925年的转折阶段相比较。只有这样才能让我们看出全面好转是否真正到来了。

同志们，我尽量少引用一些数据。但要完全避免数据却办不到。因此我请求你们对数据稍稍宽容一些，如果不愿意落得个没有根据，缺少数据是不行的。同志们，首先我要涉及农业。农业的状况是，耕作面积在很大程度上远落后于1913年。根据德国典型的资产阶级教授捷林的资料，1922年小麦的播种面积比战前少17%，燕麦少13%，大麦少24%，黑麦少8%。另一方面，同志们，我们发现资本家完全自觉地倾向于减少一系列重要的原料产品的生产，例如棉花和橡胶，目的是提高价格；这些商品的产量远远低于战前。同志们，现在来看重工业。你们都知道，对资本主义具有决定性意义的是煤炭、铁和钢的采掘和冶炼。如果将去年的数据与战前相比较，就会发现煤炭的开采仅勉强达到战前的水平，而铁和钢的产量还落后于战前水平。例如，所有最重要的国家合计，铁的产量比战前减少10%，而钢产量则勉强达到战前水平。同志们，如果你们能想起正常时期钢铁的产量10年间能增长1.5倍甚至2倍的话，那么你们就会明白我们现在所遭受的危机是多么深重。同志们，我认为尤其重要的是，重工业的生产能力一直未能充分加以利用。我举几个数字为证：英国有457座高炉，本年初其中发挥功能的仅为194座，亦即将近40%；美国大约有420座高炉，其中在本年初发挥功能的为270座，到5月份已经只有230座，现在则大概不足200座，亦即仅及半数；德国在这方面的情况简直不值一提，因为该国的重工业最近整整一年期间都显现出全面萧条。

同志们，接下来我应当请你们注意下面的现象。整体引述有关世界生产的数据是不正确的，因为现代资本主义经济相当明显地区分为两部分：一方面，在美国和英属各殖民地，资本主义还在走上坡路；而另一方面，在资本主义经济的旧有中心——欧洲，资本主义正在遭受特殊性质的危机，对此我稍后再详谈。

同志们，在全世界的生产总量中，美国占据越来越大的份额，欧洲所占的份额则越来越小。例如，1913年美国的铁产量占总产量的40%，而现今已经占到62%。钢产量原来占42%，而现在则占60%，石油产量由占65%变为现今的72%。德国最著名的大企业主之一蒂森本年初在法国《辩论日报》上著文说：

"美国生产4000万吨钢。如果它有朝一日心血来潮，将这一产量的5%抛向欧洲市场，它必定会在那里引发最强烈的震动。"

可见，美国产量的5%已经足以造成欧洲重工业最可怕的危机。同志们，除此之外我们还看见，欧洲各国的钢铁生产已经锐减：比如在英国，不是生产1020万吨，而是回落到670万吨，在德国则由1920万吨变成区区500万吨。同志们，由此可见，即便在战后最好的年份最重要的生产部门总体上也才达到战前的水平。欧洲的水平则低得多。

危机最重要的征兆之一是失业。同志们,如果我们统计一下最重要的一些资本主义国家失业者的总数,便会得出一个惊人的结论:在资本主义经济似乎已经得到改善的整个时期,失业状况依然几乎毫无改变。如果你们看看失业图表,如果你们想象一下这些线条都是归结为一条,那么你们就会看到,失业状况始终几乎毫无改变。要是一个国家的失业现象减少,要是一根线条下降,那么取代它的则是另一根线条上升。比如,你们可以瞧瞧美国和德国的失业曲线。这样,综合各种数据我们就会得出一个结果:根据官方的数据,最重要的一些国家——美国、英国、德国、意大利、捷克斯洛伐克和波兰,亦即仅仅在一些最大的国家,失业者的总数经常在 400 万—500 万之间波动。自然,实际上失业人数还要多得多。这只是官方资料的数字。目前在美国失业的人肯定超过 200 万,甚至可能高达 300 万。于是我们便发现下列情况:如果说先前在资本主义正常时期失业是一种暂时现象的话,那么现在失业已正在成为经常的现象。英国有整批整批的工人已经连续 3 年以上没有工作;不久之前结束的景气期也未能吸纳这些失业者。

现在我来谈谈在德国代表团特别引发争论的一个问题。这就是关于积累的问题。我不准备讲事情的理论方面了。这一点**布哈林同志可能会在他关于纲领问题**的报告中谈到。我要说的只是以下几件具体的事情。首先有人会问:目前可不可以谈论积累?那些从有没有积累的角度看待各种政治现象的同志不难对形势作出具体分析,并说明当前是否确实在进行积累。这里我必须将财富的积累与资本的积累区分开来,这绝不是同一回事。财富我们通常理解为以天然的形态积累起来的各种产品;而归资本家所有并用来从事剥削的财富,我们则称之为资本。在正常条件下,财富的积累和资本的积累路线并行不悖。但也可能不是这样。

在探索当前是否发生积累现象时,我们会遇到很大的阻碍。首先可以从货币流通的观点出发解答这一问题,追踪存款流入储蓄所、发行所等处的情形。在现代条件下,这种方法对我们毫无裨益,第一,因为货币贬值会使得这些数字全都难以置信;第二,因为在股份公司当前错综复杂的情况下,几乎无法将新的投资、新的积累与资本主义企业彼此之间股票和资本转移的各种方法区分开来。

某些外在的特征可能为解决这一问题提供有价值的启示。建筑活动和钢铁产量,亦即积累的实物形态,就是这样的外在特征。建筑活动大多是一种积累形式,因为建造房屋过程中的现有劳动时间都体现为只有在数十年期间才能耗尽的形式。钢铁工业的大部分产品的情况也与此类似。于是我们便掌握了积累的一个宝贵的外在特征。利用这一特征,我们可以发现美国的财富积累是毋庸置疑的,但对绝大多数欧洲国家却不能这样断言。我们都知道,所有的欧洲国家都正在经受尖锐的住房危机,资本主义至今无力让建筑活动恢复活力。而这就意味着,资本主义无法进行实际的财富和资本积累。

同志们,这个问题经常被赋予政治意义,我认为并不值得;共产党的整个战略经常取决于这一问题的某种解决方法;同时那些自认为是罗莎·卢森堡积累理论信徒的同志们彼此之间意见根本不一致。这里我想提请注意奥利弗同志在《工人生活》报上的一系列文章,他在其中谈到纲领问题,宣传:《共产国际》杂志说世界资本主义经济仿佛正遭受危机的观点,绝对是不正确的观点。他说,战争期间和战后都产生了资本的大量积累,这种积累现象一直持续至目前;所以知道了吧,根本谈不到危机。另一方面,也有一些德国同志,他们认为目前不可能有任何积累,因此我们应当修改我们所有的远景规划。同志们,我认为这两种观点在政治上都是危险的。奥利弗的观点与取消派非常相似。他硬说,当积累还在持续的时候,就谈不到什么资本主义危机。由此得出结论(尽管他对此避而不谈):在可以预见的将来不可能顺利地进行夺取政权的战斗。我却要肯定地说:资本的积累完全可能在危机期间进行,但是并不能由此得出结论说不可能开展胜利的斗争。这种积累可以靠中间阶层,靠无产阶级产生。这可能是一种类似于我们在德国看到的那种积累,它可以归结于,在总的财富减少的情况下,其较大的份额转移到了最大的一些资本家手中;这样的资本积累并不是新产生的价值增长的结果,而是一个个居民阶层被剥削的结果,是资本家通过侵占先前已产生的价值所获得的积累。这为无产阶级的重大斗争创造了十分有利的局面,因为它极其严重地影响了城乡居民中的各个中间阶层。

许多德国同志所持的另一个论点的危险性也并不更小,他们肯定地说目前积累根本没有发生,由此注定了资本主义一定会灭亡。这是不正确的。资本主义只有通过奋不顾身的伟大斗争才可能被推翻,即便在它无力积累的情况也是如此。资本主义作为压迫无产阶级的暴力组织,哪怕在不能进行积累的情况下仍然会继续发挥功能;无产阶级应当以积极的斗争来终结这种状况。不排除可能会有千百万工人死亡,无形的内战让居民流血,个别的一些国家恢复到资本主义之前的经济发展阶段。整个资本主义社会可能通通腐烂、消失,但是在任何情况下都不能说,资本主义的无力积累这一事实会自然而然地导致其灭亡。罗莎·卢森堡本人并没有发表过这样的意见,然而德国许多极左派的同志却坚持这一意见,虽然他们并未公开地说出口来。我认为必须指出这种观点的错误。

现在我转而描述近年来的经济状况。其中有三大现象是新出现的:

1. **完整的世界资本主义经济不复存在;**
2. **在世界资本主义经济总危机内部的西欧工业国的特殊危机;**
3. **农业危机。**

就第一点而言,关于不复存在统一的世界资本主义经济一事,我想指出下列几种重要现象:

a. 俄国这个巨大的无产阶级国家已被排除出世界资本主义经济之外,该国的无产阶级政权十分巩固,连最凶恶的外敌也不再抱有推翻它的希望。

b. 世界资本主义经济中已没有统一的行情。在大多数同志都已领到的我所写的那本小册子中，我引用了一副图表，它清楚地表明，一些国家的行市上扬，总是伴随着另一些国家的行市萧条，然而在正常时期，整个资本主义经济的行情变化在整体上却是相同的。尤其重要的是，一些国家的行情好转大多数情况下是由于其他一些国家的行情恶化而实现的。

如果我们更贴近地对事情仔细加以考察，就会发现在所有的国家中行情最繁荣的是美国。这种繁荣行情是最初一些征兆，早在第三次代表大会期间已经就显示出来了。它们逐步上升，1923年4月间达到顶点。此后便开始缓缓下降，在1924年第一季度最后一次闪现之后，行情更是特别急剧地下跌，我在后面还会谈到这一点。尤其重要的是，美国这种繁荣的行情是一种安全孤立的现象，对欧洲毫无影响；欧洲经济一点儿也未被卷入。整个景气状况是建立在**国内市场**的范围以内的。颇具特色的是，1923年5—7月行情最为繁荣之际，美国的外贸状况为入超，即进口超过出口，这对美国而言是10年一遇的罕见的例外。同志们，这一切都表明，世界资本主义经济已经不能构成一个整体了。

这个时期内，法国经历了一个特殊的行情。不过比起美国来，它基于完全另样的一些原因。在美国，我们见到的是真正的景气，水平与先前相比确实在提升，产量不断在增加。法国的情况却不同。法国的行情是以缓慢增大的通货膨胀为基础，以逐步剥夺各中间阶层为基础，这是一方面；另一方面，则必须弥补战争所造成的破坏。一旦法国的恢复过程结束，法国经济生活的这种部分的景气也就到了尽头。我已经提到过了，一个国家经济的改善是依靠别的一些国家的恶化而实现的。我在讨论专家们的计划的时候还会谈到这一点，其中清楚地显示出这种趋势，表达了为了英国和法国的利益而有意识地抑制德国经济的追求。

货币的动态表明了世界资本主义经济崩溃、瓦解的极为明显的特征。目前有些人正侈谈奥地利、德国和波兰的稳定，但同时却闭口不提在这种暂时性的稳定的同时，一大批其他的国家却正在发生货币贬值；具体地说，就是在法国、西班牙、斯堪的纳维亚各国、瑞士，最近还有日本等国。特别典型的是，目前欧洲没有任何一个国家的货币能够与美元保持平价。所以总的动态的特点不是改善，而是恶化。世界所有各种货币1922年平均等于美元平价的62%，1923年则平均为60.5%，1924年1月则为57%。在这个过程中，最近期间协约国和先前的中立国的货币贬值尤为严重。例如，1922年各协约国的货币平均等于金价的65%，1923年等于61%，1924年初等于55%，而眼下大约还要少。这样，实质上世界范围内的货币危机一点儿也没有改变，仍然以2—3年前的规模继续存在，而且情况与其说有改善，不如说更为恶化了。

另外一个重要因素就是资本的国际性流转处于完完全全的停滞状态。可以看到下述的独特现象：在美国和英国，资本的回报率为每年2%—4%，在中欧（德国、波兰、匈牙利），资本的回报率为40%—60%，甚至可达100%，尽量如此，美国资本却并未转而流入欧洲，因为欧洲所能提供的保障普遍被认为很低。

前面我已经列举了产量提高和下降的国家之间的差别，这种差别在战争结束时一度相当巨大。这一点往往遭到反驳，的确，最近5—6年中也出现了某种平衡。但是，同志们，中欧的资本不足、获得贷款困难的事实却证明，上述观点是正确的。在美国和英国银行利率约为3.5%—4%的时候，在德国和其他许多国家，它却是9%—10%，甚至更高，这绝非偶然。资本利息高的恰恰是我此前将之归入产量下降范围的那些地区，这些地方产量的减少目前所呈现的形式是资本和信贷不足。

与此密切相关的还有全世界的黄金储备流向美国的这种社会现象。

美国像一台泵,把世界其他地方的黄金统统吸归它自己。该国积攒的黄金储备如此之多,人们简直不知道将其存放到哪里。美国所流通的纸币有超过80%的黄金做保证,如果今后情况仍然朝着这个方向发展,那么未来数年间还会出现纸币有100%的黄金做保证的时刻,使纸币的发行成为不复有利可图的业务。未来会形成这样一种局面,届时美国不知道如何处置黄金,而与此同时欧洲货币由于国家的黄金储备不足,则会每个月都发生剧变。

世界资本主义经济危机这一色彩斑斓的图景上的第二个重要现象,乃是欧洲老工业国(法国、英国、比利时、德国、瑞士)所遭受的特殊危机,他们从前是"世界工厂",其经济都建立在从国外农业国大量进口粮食和原料,用工业制成品为之进行支付。最近十来年间这种可能性越来越小了,首先是因为大洋彼岸的一些国家已经工业化,同时也是由于农业危机。海外国家的工业化是一个在"正常的"资本主义条件下持续发展的过程,虽说比战争期间和战后时期要缓慢得多。目前我们可以看到,全世界的所有国家都在千方百计地力争发展本国的工业。连英属各殖民地也都通过关税税率避免进口英国的制成品。这一进程我们无论在加拿大、澳大利亚甚至印度都可以看到,印度不久前就对纺织品和铁制品实行征税。同志们,由于这一进程,欧洲工业国的生存基础日益遭到损害。大大降低了农业国的购买力的农业危机使之更形加剧。这一切的后果就是,目前各工业国的出口较战前时期大大减少。出现经常性失业的正是那些以出口为目的的工业部门。

这一进程在英国表现得尤其明显,它最为依赖工业品的出口,因为它本身的农业基础无足轻重。这里需要提出下列情况:英国当前的外贸份额比战前更大——据马克·肯楠统计,比起1912年的14%,现在已占到17%。不过,尽管如今英国在整个世界贸易中的相对份额已大大增长,它的出口仍然较战前要少12%。

同志们，这种状况并非仅只英国所特有，不幸不在于英国已变得缺乏竞争能力，而在于：因为以前提供原料的各农业国进行工业化，**全世界的对外贸易在整体上业已减少**，西欧在资本主义经济中的优势作用至今所依赖的国际分工受到严重破坏。

同志们，现在我读读**农业危机**。

农业危机的基础是所谓的"剪刀差"，亦即与战前时间相比，工业品的定价比农产品的定价高得多。"剪刀差"先是在俄国出现，随后在美国也可以看到。长期以来俄罗斯人以为这一现象是俄国的特点。但是后来才发现，农业危机以及伴随着它的剪刀差乃是世界经济的一种普遍现象。同志们，我在自己的那本小册子中加入了一个图表，说明粮食价格与整体价格水平相比较所产生的变动。这个图表显示，几乎在世界各国都可以看到价格的巨大差异。这种现象的原因，我认为是这样的：

首先，在这方面发挥作用的是战时和战后工业领域内托拉斯和康采恩的大大发展。可以说，目前在所有的主要工业国，几乎所有的工业品都是按照垄断价格出售，而且定价并不与生产费用相符，而是由卡特尔、托拉斯和康采恩随心所欲地决定，然而农业方面的价格依旧是由自由市场确定，因为不可能将千百万个农业生产者联合成为一个康采恩。

同志们，剪刀差本身还并不意味着农业危机。它演变为农业危机是在那些战争期间粮食和食品储备的价格上涨已经影响到地租数额的地方；这发生在那些战争期间和战争刚刚结束之际农场主、农民以很高的价格租赁或购买土地的地区。在这些国家，农业生产者目前无力支付如此之高的地租，亦即支付不起他们购进土地时所欠债务的利息或者高昂的租费。这导致相应阶层的绝对贫困，导致大批人逃离农业。

美国尖锐的农业危机迫使离开自家农场的农场主超过百万之众。同志们，在这种情况下需要注意的是，许多农场主还留在自己的农场仅仅是因为，他们的债权人银行作如下考虑："如果我们拍卖这些农民的产业，我们照样什么也得不到。还不如让他们留在自己的农场，哪怕支付不起利息也罢。也许行情会改变，结果倒能从他们身上榨取到一些油水"。所以，农场主留在自己的农场不过是由于贷款给他们的银行的开恩。但是即便这种情形也并非随时都会发生。美国有一些州的农村储蓄所和银行成百上千地遭遇破产，就因为既无法从农民那里获得利息，也无法收回所贷出资本金的部分偿付款。

在各欧洲国家，农业危机也呈现出尖锐的形式。很长一段时间它都被通货膨胀所掩盖，从而农民们有能力以贬值了的钞票支付利息，实际上免了税，并能廉价地购买工业品。然而自从诸如德国这样的国家情况稳定之时起，农业危机便以极大的尖锐性显露了出来。农民一旦开始不得不以足值的货币纳税并以正常的条件清账之时，事情当即就清楚了，他们无力靠自己的经营管理挣出高昂的租金。正如昨天季诺维也夫同志所指出的那样，这种现象对于我们而言具有突出的政治意义。不过我也应当指出，在许多国家这只不过是一种转瞬即逝的现象。例如，我可以确定无疑地预料，德国今年就会对农产品征收很高的税，在相当大的程度上消除农业危机。这个问题的重要之处在于，农业危机让小的和中等的农民中那些不稳定阶层亲近无产阶级，他们本来在富农和无产者之间摇摆不定；这为我们提供了政治上接近这些阶层的机会。我还应当指出的是，最近期间在这方面并未见改善。相反，我掌握一些有关德国批发商业价格变动的资料。从中我们可以看出，比如，最近半年间猪的价格下跌了一半。我们发现油脂价格的情况也一样，从178马克跌到了113马克。这种价格下跌的情况还在不断地发生。

农业危机的重要原因之一是工业本身的危机：完全可以理解，要是资本主义世界不存在千百万失业者，要是工人的工资减少得不是那么严重，那么农产品的销路也就不会受到严重损害。大家都知道那些数据，它们表明德国的面包消费从战前的240公斤跌至150公斤，肉类消费从

48公斤跌至25公斤。不言而喻，这对农业产生了重大影响。

当前资本主义经济所特有的这种种情况都导致一个结论：**阶级矛盾已急剧尖锐化**。这不仅是我的看法；令我相当惊奇的是，希法亭在社会民主党代表大会上所作的报告中也讲了同样的话。我现在根据《前进报》逐字加以引用："阶级矛盾还从来不曾像现在这样尖锐，这样明显。"

阶级矛盾的这种尖锐化表现在哪里呢？首先在于最近一个时期生产的集中、资本的聚集、托拉斯和康采恩的形成获得了迅猛的发展。所有资本主义国家掌控经济的权利都归于最大那些资本家的一个小集团。在德国、法国、英国和美国，对资本主义生产握有全权的人屈指可数。由于这种集中，对各中等阶层的剥夺也达到很大的规模，特别是在那些遭遇通货膨胀的国家。国防公债、所有的储蓄存款、人寿和养老保险的投资，都被一扫而光；最终都落入了大资本家的口袋。另一方面，农业危机给农民也造成了同样的影响，而近年来资产阶级针对无产阶级的有效进攻则改变了收入的分配，更有利于一小撮大资本家；所有这一切的结果便固定形成了一个无所不能的大资本家集团，贫困化了的城乡居民的广大群众和无产阶级庞大阶层的生活水平则急剧下降。

与这种变化同步进行的还有大资本家们利益的交织，而且不止是在某一个国家，而是在整个国际范围之内。我们可以看到，德国和东欧通过法国和德国的资本家越来越受到英国和美国资本的摆布。我们发现，一方面是在摩根、施奈德和斯汀尼斯的康采恩之间，另一方面是在洛克菲勒和德国、奥地利等国的各个资本主义集团之间，都有着紧密的联系。国际资本的共同利益交织成一张严密的网，最终都以美国为转移。

现在我谈谈近期的前景。

在这方面我们可以看到以下情况：我们正处于美国最尖锐的危机之一的起始阶段。这场危机本来就可以预料得到。我早在1923年末即已在期待着它了。一系列迹象都使人想到，这次危机的出现被美国资产阶级人为地推延了；也许，这就是不久之前的1924年第一季度景气的原因。现在的情况如何呢？我们从美国所得到的所有消息都证明，生产已经开始异常急剧地下降，这种情形也许是美国整个历史上从未有过的。我可以援引数不清的数据来证明这一异常重要的事件。但是我仅限于摘录美国资本家们纯属资本主义的一份通报——5月27日的《工业通讯》：

5月23日，钢铁托拉斯总裁加里声称：

"硬说我们诸事顺遂是不正确的；比较符合实际的应是，我们开工生产的规模仅及我们的生产能力的3/5。"

同志们，这家钢铁托拉斯在3月末开工的还近乎其产能的100%，而5月末其产量便跌倒了60%。在资本主义历次危机的历史上都未必能见到这种情况。

我再从同一家报纸上引用一个事例。目前在美国的铁路库房中积存着5500辆新机车和33万节新车厢，等待着有朝一日能投入运行。然而由于交通运输萎缩，对这些新的交通运输工具没有了需求，铁路便停止进一步订货。汽车生产是美国行情的基本支柱之一。目前积压着100万辆汽车卖不出去，尽管正在向每个工人赊销一辆汽车，条件是先付很小一笔车款——20—30美元。虽然如此，汽车销售仍然出现一片冷清。行情的另一支柱建筑工业5月份缩减20%，在纽约甚至减产70%。纺织工业的老手们宣称，这次萧条的力度是最近20年以来无与伦比的。纺织工业一举解雇了数十万工人。这样，我们业已足见美国行情的基础——国内市场的容量受到的震动是何等强烈。

美国的危机对于欧洲的行情具有什么样的意义呢？当然，绝不是什么好事。美国工业必定会试图将国内市场上没有销路的商品投向欧洲或南美洲和亚洲的市场。对外贸易的发展已经证明了这一点。像我已经讲过的那样,正在经受特殊经济危机的欧洲工业必将额外遭到一场激烈的竞争。尚在一年之前,英国的铁、荷兰的砖、法国的钢、德国的纺织品等曾轻而易举地在美国找到销路,如今美国工业的剩余产品却要向世界市场抛售,并且与欧洲工业残酷地进行竞争。如果说1923年美国的行情未能让欧洲工业恢复活力的话,那么现在美国的行情已经变化之后,美国的危机以及随而加强了的美国工业品的出口,无疑是对欧洲行情的沉重打击。

令人感兴趣的是,资产阶级什么都不能学会究竟到了何种程度。如果浏览一番本年初的美国报纸,随处你都会读到同样的内容:行情好极了,而且这种状况会永久持续下去。美国钢铁托拉斯这个世界最大的企业的领导人,两个月之前在自己的总结报告中宣称:订单减少,**原因不明**。在行情良好的情况下经常产生的美国资产阶级的乐观精神的影响力极为强大,它甚至对我们的一些同志也发生了作用。今年初他们声称:不,危机还无法预料。波加尼同志曾说过,危机已经临近,但大多数人都对此表示反对,并且还援引我的话。这里的错误在于,他们说迟了一个季度。我谈论1923年最后一个季度的话,不能挪用来针对1924年。

在正常时期这还算不上很糟,但现在世界资本主义经济极不稳定,简直可以说,每个月都应当请医生会诊,对所发生的事情作出诊断。

观察一番欧洲各国的行情我们便会发现,英国的失业已经减少。然而认真阅读来自英国的报道后却可以看出,根本谈不到行情的真正改善。在工业的某些部门情况虽略有好转,但在另一些部门却在恶化。例如,4月份就有8座高炉再次熄火。最近纺织工业虽稍稍复苏,可是各工厂数年来一直开工不足;在兰开夏郡,工厂开工不足业已长达4年。

着眼**德国**时,我们应当指出行情的一种特别独特的变化。德国在1923年末遭受严重的危机:超过一半的德国工人闲得无事可做或者干不满工作时间。1924年春出现好转,持续到将近5月份。现在可以看到德国行情再一次恶化的确定无疑的征兆。个中原因一方面是由于资金、信贷和资本严重不足，另一方面是由于德国工业经受不起竞争，最后则是由于德国无产阶级的生活水平下降，农业危机压得农民喘不过气来，从而使德国工业丧失了广阔的国内市场。工人的艰难处境，农业危机，沉重的税负等，所有这一切加在一起，便在德国产生了新的危机。这场危机不会像去年年末那样尖锐，但是在我看来，现在德国要不断振兴却完全没有希望。

与此同时，我们可以看到波兰目前的危机特别尖锐。大部分波兰工业、上西里西亚的重工业和罗兹的纺织工业已几乎完全瘫痪。**所有这一切都令人想到，今年我们正遭遇席卷整个资本主义世界的普遍危机。**

同志们，这个观点既受到资产阶级经济学家、也受到社会民主党人的强烈反驳。有一种看法相当流行，似乎战争赔偿委员会所规定的赔款问题的调整足以导致欧洲经济状况的全面改善。这促使我们更仔细地研究经济政策的各种问题，其核心在欧洲就是有关战争赔偿的问题。

同志们，**战争赔偿最初的概念是这样**：德国应当为它在协约国所造成的各种破坏用外汇进行赔付。结果这个最初的概念未能付诸实现。它导致了德国货币的彻底崩溃，德国经济的破产，使德国濒临无产阶级革命或民族主义反革命的边缘。业已清楚，赔款问题无法以上述方式解决。然而这个问题并不是一个单纯的经济问题；它在同样的程度上也是一个**政治实力**的问题。实质上事情涉及下列各方面。由于赔偿条款，德国已无法作为一个独立的国家存在。它不复是一个帝国主义政治的主体，已变成围绕着它爆发了一场各帝国主义大国争斗的客体。有着两种各不相同计划。一种符合法国的政策，其实质为肢解德国，夺去它的莱茵河左岸和鲁尔区，将鲁尔区并入法国版图，通过这种种手段建立一个欧洲的重工业中心，最终确立法国在欧洲大陆的霸权。不应忘记的是，在数百年期间，实际上的政治局面就是如此。只是在1871年德国才从法国的统治下解放出来，成为等值的欧洲帝国主义因素。上述计划对英国而言太过危险，它的实现业已导致法国目前众所周知的军事方面对英国所具有的优势，同时也会获得它对英国的经济优势。法国就会掌握大陆的全部重工业，并且不单是西欧的重工业，还包括波兰和捷克的重工业，这两个国家的工业与法国资本有着紧密的联系。法国会将德国的化工厂据为己有，而这又会更加增大它对英国的军事优势。

法国的计划对英国构成绝对的危险。但英国在军事上不够强大，不足以阻止其实施。因此我们看到，英国不遗余力地争取怂恿法国和德国相互作对。英国资产阶级容许占领鲁尔，同时或明或暗地向德国资产阶级政府许诺，支持和拖延其消极反抗。英国所做的这一切，目的在于同时削弱法国和德国并获得提出自己的条件的机会。同志们，这一政策实质上导致了英国的胜利；尽管法国在鲁尔区直接成为了胜利者，尽管德国的消极反抗主要由于德国资产阶级的叛变而过早失败，法国却一直无法巩固它在鲁尔用军事力量所取得的经济地位。法国的经济基础太弱，无力维持统治欧洲所需要的那套庞大的政治机构。的确，我们看到1924年法国法郎出现暴跌，可能就是英国促成的。法国被迫向美国和英国寻求援助并接受专家们的方案，这证明法国的政策已彻底破产（至少暂时如此）。我曾经说过，英国力求削弱的不仅是法国，而且还有德国。同志们，我们不应当忘记，在有一点上法国资产阶级与英国资产阶级是一致的：他们都害怕德国重振雄风，结果德国资产阶级、德国资本主义会再次成为英国和法国可怕的竞争对手。对产生这种担心起了主要作用的是德国的通货膨胀。让我们回忆一下劳合·乔治和彭加勒的讲话吧。他们几乎逐字逐句地重复说，德国借助于通货膨胀摆脱了自己的债务。德国已完全没有外债了。由于马克贬值，一些德国工厂主已从债务中解脱。如果德国恢复正常条件，德国工业的竞争力对于我们是极为可怕的。因此我们应当对德国、对德国工业施加重负，让它的生产费用不低于英国和法国工业的生产费用。诸如此类的论据在劳合·乔治和彭加勒的讲话中曾多次重复。如果我们深入领会专家方案的政治和经济含义，那么我们就会说它体现了这样一种想法：**德国工业的竞争条件应当与法国和英国工业的条件相当**。全部含义可归结如下：应当在德国创造不致发生无产阶级革命的条件；另一方面，也必须提防，不能让复仇的民族主义政策抬头。应当让德国生存，但生存的方式必须是对德国的监督权完全留在我们手里。这种想法在方案的许多地方表达得一清二楚，该方案也许是近年来整个政治史上最为重要的文件。例如，德文版第28页上说：

"完全不可接受和绝对不如人意的是，让协约国的任何一个纳税公民作为生产者肩负比他的德国竞争对手更沉重的负担，其中包括支付更高的工资。"

在另一个地方，更是完全露骨地说：

"由于马克贬值，德国工业已完全自动地清偿了自身的债务，因此我们应当对德国工业课以50亿重税，以提高其生产费用。对铁路我们也要课以130亿的税，目的在于把运费提高，使德国工业无法对英国和法国工业形成有利的竞争。"

意思很清楚：英国和法国的资产阶级放弃无论怎样施压也实现不了的赔款要求，但是作为补偿，要把对德国国民经济的全面监控权抓到自己手里。对协约国的资产阶级而言，在这样的交易的过程中，德国就会变成一个从属国，变成协约国资产阶级的新型的殖民地。正如我已经讲过的那样，在政治方面问题归结于法国帝国主义政策的失败和英美观点的胜利。这就意味着**从摩根到保尔·莱维在世界范围内联合起来，镇压德国的工人革命运动**。他们所有的人都有一个隐秘的意思：我们以和平的方式给予德国无产阶级生存的机会，从而阻止发生无产阶级革命。

同志们，现在出现一个问题：这个愿望能够实现吗？德国和整个欧洲的经济有没有可能在此基础上得到振兴？同志们，我不这样认为，专家们自己对此也不完全相信。他们说：**顺利实现这整个计划的前提是在全世界恢复正常关系**。原话是：

"我们认为，在全世界恢复健全的经济关系乃是改善德国状况必不可少的先决条件。"

然而，同志们，恰恰不会有这个必不可少的先决条件，结果德国也就不可能在世界市场上出售大量的商品，而出口这些商品对它而言乃是获得支付赔款的能力所必不可少的。所以，协约国不可能从德国索取到赔款。你们都知道，专家方案将在德国国内支付赔款与将商品输出国外的可能严格地加以区分。如果或多或少还有可能在国内靠德国货币筹到所需的钱，那就完全排除这种实物方式，靠这种方式除了用于补抵必要的进口的商品之外，还可以在世界市场上每年销售25亿金马克的商品，并且不致因此让本来已经受到极大震动的英国和法国经济陷入极其尖锐的危机。所以方案中预告估计到了德国中断赔款支付的可能性：届时所筹集到的款项无法从德国汇出或者无法觅得可以在世界市场上打开销路的商品。以货币形式和德国企业股票形式仅能筹集到不超过50亿金马克。这笔款项到位之后可能会出现中断。

所以，英国和法国的资产阶级的预料，他们得不到所确定的数额；但他们力求做到一点：阻碍德国经济（即便在债务清偿之后）振兴到战前水平并对英国和法国的工业构成毁灭性的竞争。因而我不能认为希法亭和其他一些社会民主党人的乐观态度有充分的根据，他们断言资本主义的危机可以用调整赔款问题加以消除。十分独特的是，与资产阶级经济学家相反，这种乐观主义恰恰是社会民主党人发现的。同志们，这该作何解释呢？这用政治动机很容易加以解释。**社会民主党是一个反革命的党。它以怂恿无产阶级放弃革命的斗争方式为己任。**因此社会民主党不得不宣称，资本主义正在走向康复，存在着不必摧毁资本主义、而用和平手段改善工人阶级地位的可能性。社会民主党人不可能有另一种说法。要是他们承认资本主义危机在可预见的将来不可能消除，那就不可避免地会引发工人们大规模地转向共产主义。他们通过在资本主义框架内让政权和平过渡到无产阶级手中（像社会民主党人所断言的英国所发生的情形那样）的美好未来这种诱人图景蒙骗工人，在广大工人阶层中散布幻想，说再过若干时候无须使用革命手段便能实现这种可能性。很想指出的是，与希法亭及其同伙这种乐观主义的定位截然相反，那些大名鼎鼎的英国经济学家绝对不会表现出类似的乐观态度。不久之前，著名的英国《国民》周刊上发表了一系列极为有趣的文章，撰稿的都是一些诸如劳合·乔治、科利和贝弗里奇教授、《经济学家》主编莱顿之类的聪明人。阅读这些文章会给人造成一种全然走投无路的印象。其中的任何一篇都没有作出任何正面的结论，都没有就消除当前所遭受的危机方面指出任何具体的前景。极其有趣的是，由于英国资产阶级这种绝望的处境，马尔萨斯主义在英国重又大行其道。这意味着什么呢？这表示英国资产阶级对养活不断增长的英国人口的能力作出了思想上的否定。一方面，他们要求有组织地向英国的各殖民地移民，另一方面则限制人口的增长，这已经十分清楚地暴露了英国经济政策的彻底破产。

我们特别感兴趣地注意到，与此相反，美国——亦即那个目前正处于其资本主义发展全盛时期的资本主义国家，却禁止外来移民入境。你们都知道，已经通过了两项法律，一项比一项严厉，限制外国人移居美国。此事应当这样理解：美国资产阶级一直有些怀疑，不知美国国内的工业的高度发展能否无止境地持续。就政治上而言，这意味着被龚帕斯安排进工会的工人贵族与法西斯组织——美国同盟、三K党和美国大资产阶级之间结成联盟，目的是阻止来自欧洲的革命的或受到革命感染之人的洪流。这样，英国资产阶级所赞不绝口的作为解决英国危机的手段的移民政策，与美国资产阶级所执行的禁止外来移民入境的政策完全相反，诚然，美国的政策力求阻止迁入的并非英国人，更准确地说，是来自中东欧的移民。

我已经提到过了，资本主义的利益在国际范围内愈来愈紧密地交织在一起。资本家不仅在每个国家的内部团结进了各垄断组织；他们与各国的国际联系也变得愈来愈紧密，各国的资产阶级愈来愈亲密起来了。社会民主党人从这一事实中得出两个有趣的结论。其中一个独具和平主义意味：他们说，当今世界资产阶级的利益交织得十分紧密，以致发生新的战争已不可能。你们大概还记得，类似的观点在战前即已流行一时：因为诺曼·安杰尔的一个著名理论当时便断言，战争对资产阶级不利。新理论并没有更为充分的根据。资本主义在世界范围内的紧密联系当然是无可争辩的事实，但我们不应当对其估计过高。描述资本主义国际联系的图表似乎呈现出一幅颇为令人欣慰的景象，然而要说资本主义利益的一致性已经压过了其对立性，我觉得还谈不到。如果有谁仍然对此表示怀疑，就让他回忆一下这个事实：当前军备的增长正在以战前的速度进行。在世界各国的军队中，现已比战前增加了将近100万条枪。关于限制海军军备的华盛顿协定只不过意味着很好地吸取了最近这次战争的教训：与其要体积巨大的战舰，不如建造更为轻便的巡洋舰、潜艇、飞行器之类。这类军备并未受到任何限制。我们要是想一想庞大的空中舰队，想一想数量已经与先前的巡洋舰持平的潜艇，想一想用于军事需要的化工厂和实验室的工作，想一想力求发明以之足以击落飞机的光线——那么，我们可以清楚地看到，备战正在以不亚于10年前的紧张速度进行。而我们从经验可知，如果对战争做好了一切准备，如果具体的经济矛盾、资本主义的内部矛盾对之加以推动，战争便会自然而然地爆发。

概括起来，我应当作出如下结论：资本主义经济的危机不可能消除。它仍将持续。在最近的将来，1924—1925年，可以预料美国会发生尖锐的危机，因而欧洲的经济形势也会恶化。**这就意味着，存在着无产阶级进行顺利斗争的客观条件；这就意味着，无产阶级与资产阶级之间无可避免地会进行重大的搏斗。**这些搏斗会具有什么样的政治性质，将取决于各国共产党。我要强调的是：我不想断言正在经历的危机在最近的将来就会导致资本主义的崩溃和无产阶级的胜利。在共产主义者中间常常会看到一种追求，总想觅得一种足以客观地证明资本主义灭亡无可避免的理论；这样的理论不可能有。如果某些极左的同志说瓦尔加是一个老机会主义者，我会感到十分遗憾。但是我要肯定地说，并不存在足以证明资本主义自动灭亡无可避免这样的正确理论。所以我要大胆地引用列宁同志的讲话以驳斥可能被说成机会主义的指责，他的那次讲话正是在这里，在1920年的第二次代表大会上发表的，当时适值历史状况与当今全然不同，俄罗斯军队正在大举进攻波兰，共产国际尚未提出"接近群众"的口号，而是在制订21条，以限制机会主义领袖们在群众的压力下涌进共产国际。那时候无产阶级的怒火正熊熊燃烧，资本主义在无产阶级面前步步后退，似乎工人阶级对资本主义占据优势。然而，列宁同志却宣称：

"同志们！现在我们该谈谈作为我们革命行动的基础的革命危机问题。这里首先必须指出两种常见的错误。一种是资产阶级经济学家用英国人文雅的口吻，把这种危机描绘成单纯的'人心惶惶'；另一种是革命者有时力图证明危机是绝对没有出路的。

这是错误的。绝对没有出路的情况是没有的。现在资产阶级活像一个既不讲廉耻又丧失了理智的强盗，接连不断地干着蠢事，使局势尖锐化，加速着自己的灭亡。这都是事实。但是决不能由此'证明'，资产阶级绝对不可能用微小的让步来麻醉一小部分被剥削者，绝对不可能把某一部分被压迫被剥削群众的某种运动或起义镇压下去。企图预先'证明''绝对'没有出路，就是无用的学究气，或者是玩弄概念和字眼。在这个问题和类似问题上，只有实践才是真正的'证明'。全世界的资产阶级制度正在经历巨大的革命危机。现在各国的革命政党都应该用实践来'证明'，他们有足够的觉悟和组织性，他们与被剥削群众有密切的联系，有足够的决心和本领利用这个危机来进行成功的、胜利的革命。

我们召开这次共产国际代表大会的主要目的，就是为这种'证明'做准备工作。"①

我觉得，没有必要比列宁同志更左，因此我只能再说一遍：无产阶级成功进行革命战斗的可能性继续存在。资本主义危机无法消除。存在着取得重大胜利的可能性，也许，通过精心组织的革命行动也可能在一系列国家取得彻底的胜利。不过，如果共产党不能将群众团结在自己周围，不能使自己的队伍达到牢不可破的团结一致，不能争取到在绝大多数国家都是革命斗争成功的决定因素的广大农民群众的同情，那么，这些客观的可能性也会被错过。不排除一种可能性：如果资本主义不可能仍然长时间处于濒死状态，那么也许它甚至还能依靠无产阶级暂时摆脱危机。

我再说一遍，就经济上而言，仍然存在着胜利地进行革命战斗的客观可能性。共产党应当提出一项目标：将这种可能性转变为现实，并且经过艰苦顽强的战斗最终取得胜利。（掌声）

格施克（主席）：

主席团提出如下建议：现在按单个的代表团听取瓦尔加同志的报告的翻译，中止会议，让各代表团能够分别开会，摸清每个代表团对季诺维也夫和瓦尔加两位同志的报告的态度；对这两个报告的讨论从今天晚

---

① 《列宁全集》中文第 2 版第 39 卷第 216 页。——编者注

上5点整开始。

没有反对意见吗?那么,提议通过。

代表资格审查委员会成员4点30分必须准时到这里开会。

(会议于傍晚5点前休会)

第五次会议

(1924年6月20日，星期五)

会议于5点25分开始。
主席：格施克

讨论并通过关于处理苏瓦林事件委员会的组成人员名单

格施克（主席）：

同志们，我宣布会议开幕。在着手议事日程之前，我们需要批准由扩大全会预先确定的处理苏瓦林同志事件的委员会的组成人员。委员会主席预定为斯图尔特同志，秘书为里恩齐同志。代表俄罗斯入选委员会的是伏龙芝同志，他的副手为莫洛托夫；代表德国的是弗赖穆特同志，副手为迈因茨同志；代表意大利的是博尔迪加同志，副手为里恩齐同志；代表波兰的是瓦列茨基同志；代表捷克斯洛伐克的是克雷比赫同志；代表挪威的是谢夫洛同志；代表比利时的是雅克莫特同志；巴尔干和英国在委员会中没有代表；代表美国的是奥尔金同志；代表西班牙的是阿隆索同志。有没有反对委员会这些组成人员或者提出补充建议的？

苏桑·吉罗（法国）：

法国代表团提请在以上所列举的成员中补充一名法国代表团代表，

具体地谈就是马朗同志。

格施克（主席）：

由于法国同志们在苏瓦林事件中是利益颇为相关的一方，在这种情况下应当按照俄罗斯委员会的组成方式办理，该委员会中没有列入任何一位俄罗斯同志，所以主席团建议这个委员会中也不要列入任何一位法国同志，以便其他代表团在提供给法国代表团主席团支配的文件的基础上确定各自对这个问题的态度。不言而喻，整个法国代表团都可以参加会议，至于决定，则只能由其他代表团提出。

许勒尔（青年国际）：

我们建议像最初计划的那样，让一名青年国际的代表进入委员会。我们预定的是武约维奇同志。

格施克（主席）：

我想再一次指出，迄今为止通常利益相关方都被剥夺充当评判人的权利。无论哪一方都被允许参加会议，但在该委员会中给任何一方都不提供席位，也不能发言。

在其余方面针对这个委员会的反对意见没有；委员会被视为获得批准。

苏桑·吉罗（法国）：

主席团将俄国党的事件与苏瓦林事件同等对待。法国代表团认为，二者根本就不相同：问题所涉及的并不是苏瓦林与法国党之间的分歧，而是违反共产国际内部的纪律。因此，法国代表团应当在这个委员会中拥有自己的代表，参与其工作。

特拉奇尼（意大利）：

在刚才宣布的委员会成员名单中提到，担任意大利代表团代表的是博尔迪加同志，他的副手则为里恩齐。意大利代表团已经告知主席团，它在这个委员会中的代表是我。请作出相应的更正。

弗赖穆特（德国）：

我要提醒大家，扩大的全会上十分清楚地指出，苏瓦林事件不仅涉及法国党或法国代表团，而且涉及整个共产国际，因此，法国同志们的请求应当予以满足。这是共产国际的事件，法国代表团就有权在其他代表中也派出自己的代表参加委员会。这个提议应当交付表决。

格施克（主席）：

弗赖穆特同志提议将问题交付表决。现在我们就表决。谁赞成赋予法国代表团在苏瓦林事件委员会中的表决权？请举手。谢谢大家。现在，谁反对？提议以多数票获得通过。赋予法国代表团在苏瓦林事件委员会中的表决权。请法国代表团提出自己的代表。（法国代表团提名马朗同志）代表美国代表团参加委员会的是邓恩同志，代表英国代表团的是杜格拉斯同志。

法国代表团建议代表大会采纳它所草拟的为东方各国人民遭受压迫致全世界无产者的呼吁书。

下面是这个呼吁书的全文①。

---

① 见《国际共产主义运动历史文献》中央编译出版社 2014 年第 39 卷收录的《东方国家和殖民地的各兄弟民族！》——编者注

讨论季诺维也夫和瓦尔加的报告

格施克（主席）：

致全世界无产者的呼吁书被第五次代表大会采纳。

现在转入对所听取的两个报告的讨论——关于共产党国际执行委员会的活动的报告和瓦尔加同志关于世界经济形势的报告。第一个登记的是特兰同志（法国）。我要提醒注意昨天所通过的发言时限，根据该规定，为辩论期向发言的人提供的时间是每人15分钟。现在请特兰同志发言。

特兰（法国）：

法国代表团首先要表示完全拥护季诺维也夫同志报告的内容，特别是拥护关于法国所作的论述。在法国，发生大规模的工人战斗的前景已经不远了。再过几个月，法国就不得不开始偿付债券，正是靠这些债款很不稳定的法郎才求得了暂时的稳定。再过数月，还须偿还150亿国债，那是1922—1923年发行的用于国防事业的债券。其次，我们还可以看到，法国国内市场上的消费品价格大大低于世界市场上的价格。因此我们必然很快就会发现法国物价上涨，直达世界市场的价格水平。这样一来，法国经济形势的演变不可避免地会一方面导致通货膨胀，另一方面导致物价飞涨，在这两个彼此促进的因素相互作用的过程中，便会产生工资购买力的下降、小资产阶级的无产阶级化，与此同时，由于最近这次选举的结果政府处于不稳定状况，这就会造就以共产党为首的工人一方和法西斯分子的另一方之间大规模斗争的条件，而且后者必将竭力以其最粗暴和露骨的方式在法国建立资产阶级专政。

在这种情况下，法国党应当加快自身发展的速度，所以我们一致认取新的群众时进展必然缓慢。在这种形势下，我们认为向世界代表大会重新提出国际工会运动团结的问题是有益的（这一问题我在这里只是稍微涉及，它随后还将在代表大会的工会委员会以及大会的全体会议上进行讨论）。但是我们认为，在整体上共产国际都面临着掌握类似于我们在法国已经实施的那种策略的问题。

你们都知道，在法国我们正经历工会分裂的过程，我们的策略归结为不懈地争取恢复工会的团结，为此建议召开所有工会的全体代表大会，同时意味着，这种团结不能剥夺任何人在工会内部发表意见的自由和在工会运动内部建立各种流派的权利。而由于我们共产党人坚信我们所走的是一条阶级斗争历史发展的正确道路，所以我们懂得，工会内发表意见的自由只会有助于我们共产党人在近期内将工会运动中一切强大的力量吸引到阶级斗争的道路上来。在与改良主义者的斗争中，我们必定会听到他们提出下面一些论据：我们准备致力于本国范围内的工会团结，但是首先缺少国际范围内的团结。自然，这是反对我们的强有力的论据，所以我认为，恢复国际范围内的工会团结（保持同一个核心）——换句话说，召开所有工会的世界代表大会，以便建立包括一系列业已形成的流派在内的统一的工会国际，就能推翻改良主义者的种种借口，彻底粉碎他们在与我们进行斗争时所采用的手法，其目的是想把继续分裂的责任推到我们身上。已经十分清楚，当前改良主义者们最为关注的是，既在本国也在国际范围内限制我们的活动领域，保持工会的分裂状态。同样清楚的是，在当前的情况下我们要关心利用我们对工人群众的全部影响力，以恢复工会的团结。

我不想让改良主义对手们获得指责我们的手段的理由。我们可以公开声明，出于工人阶级的利益我们常常随机应变，正是因为我们的手段符合工人阶级和革命的利益，才促使改良主义者们抗拒恢复工会的统一。

现在我讲讲工农政府中的统一战线的问题。

我们十分赞成季诺维也夫同志所作的简练准确的表述，他说："自下而上的团结是常规，自上而下和自下而上同时进行的团结是在情况需要时采用，仅仅自上而下的团结则永远不行。"

我们同样认为，季诺维也夫同志的表述——"工人政府"是全体无产阶级和农民最容易理解的无产阶级专政的同义语，这是完全正确的。十分清楚，我们在向工人群众提出工人政府的口号时应当非常具体地说明，建立工人政府的目的在于将政权转交到以无产阶级为首的劳动人民的手中，目的在于开展反对资产阶级的积极斗争，直至进行武装斗争。我们还认为，不应当对这一表述给予过分狭隘的解释。无产阶级专政不是天上掉下来的。有时候无产阶级专政已经成为事实，它已经建立了起来，也有时候它才刚刚开始建立。我们认为，如果说苏维埃政府是已经建立起来的无产阶级专政的同义语，那么，工人政府有时就充当了无产阶级专政在建立过程中的同义语。因此我们认为，去年在我们的莫斯科会议上制定的策略（不是德国共产党、而是共产国际所制定的）是正确的。当时的形势如何呢？形势是这样的：革命似乎已经酝酿成熟，共产国际整体上认为这个问题已经解决；季诺维也夫同志在此提请你们注意的一系列论点已在国际范围内被接受。在已具备这样的条件的情况下，在萨克森建立工人政府就策略而言是完全正确和完全可以接受的。错误仅仅在于，萨克森政府并没有成为无产阶级专政的同义语，实际上却变作了一场议会交易，变作了与社会民主党左派领导人们的幕后交易。他们在需要号召广大工人群众保卫工人的萨克森并对这些群众进行武装之际，竭力保持政府与社会民主党人的联盟。共产党人不是在社会民主党领导人刚一开始退却时便与他们进行有力的斗争，逮捕他们，必要时加以枪毙，而是埋头于将共产党卷进机会主义活动的谈判。在这种情况下我们认为，季诺维也夫同志的表述是完全正确的，可以直截了当地确定，在任何情况下工人政府都应当是无产阶级专政通俗易懂的同义语；如果我们仍然与共产国际去年所确定的斗争策略保持一致，在决定性会战的时刻通过建立工人政府将萨克森变为革命的立足点，那么，我们就应当在运用统一战线和工人政府的策略时谴责机会主义的错误。所以法国党将竭尽全力反对将统一战线策略"萨克森化"的任何尝试。

我们也想指出当时一度存在、如今已经消失了的一种危险，那就是在国际内部形成右翼，这种危险其时在我们德国分部内表现得越来越清楚。我们曾经在许多国家都看到，反对派围绕着德国右派所犯的错误——形成。我们目睹俄国反对派反对中央与左派之间所结成的联盟，正是这一联盟一度挽救了德国党，使之免于分裂。我们的波兰同志也采取了与此近似的立场。我们在自己内部则看到，后来在我们党里形成反对派的那些人物在会议上阻碍我们的中央委员会分析德国所出现的形势；而阻碍对德国所出现的形势进行分析则意味着阻碍法国党谴责德共右翼的错误。

法国右倾的国际潮流在英国问题上也显露了出来，而且这种现象在我们那里带有十分典型的性质。我们都见识了我们的报纸《人道报》是如何描述的：

"工人政府由一些老工人组成，无论它的政策如何，我们都将竭尽全力地支持它"。此刻在世界代表大会强调这类声明明显的机会主义性质是多余的。

最后，我们也目睹了在法国如何借用工人民主的口号，它被人民仅仅作纯然形式上的理解，用来指组织中每个成员的权利，却忽略了革命的最高利益。我们还见证了，聚集在这个口号周围的除去一时误入歧途的十分优秀的革命者之外，还有其他各色人等，各种机会主义的残余，他们让我们濒临斗争事业中如此必不可少的党的纪律遭到破坏的威胁。

我们不能支持博尔迪加同志的错误认识。我们知道博尔迪加同志的价值，知道正是他带领意大利党投入反对法西斯主义的斗争，是他让各种英雄传统植根于意大利党内，该党将永远维护这些传统；但是无论我们多么希望博尔迪加的政治立场与共产国际的政治立场相一致，共产国际也不能服从于与某个同志保持良好的政治关系的需要。我们希望共产国际做出一切努力，将博尔迪加同志吸引到共产国际所制定的政治纲领方面来，而且我们衷心地希望无须在博尔迪加同志与共产国际之间进行抉择。

我们完全同意季诺维也夫同志所作的报告，同意他在其中一部分强调存在着来自右的主要危险。我们的有些同志声称，我们正在改变立场，拒绝执行第三次代表大会与左派幼稚病进行斗争的策略。这些同志希望让法国党和共产国际重新执行第三次代表大会的策略。

在第三次代表大会上，主要的危险是来自左的威胁。这是毫无疑义的。我们的一些党当时尚未以自身的影响力掌控群众，德国党所运用的无节制进攻的策略对共产国际、对它的所有各党构成毁灭性的威胁。于是必须由第三次代表大会谴责左倾错误，它也就这样做了。但是现在我们的各个党已经成长起来了，它们懂得必须远离盲动主义，它们懂得必须吸引所有的群众参与反对资产阶级的决定性斗争，坚持第三次代表大会的策略是极不明智的。将同样的一些手段运用于德国暴动和群众性革命是不可思议的，前者发生在1921年3月，由于左派所犯错误的结果遭到彻底失败，后者也因机会主义的错误于去年遭遇挫折。

由于政权在英国转归工党、在法国转归左派联盟而产生的民主幻想，迫使共产国际不得不在反对资产阶级的同时，比以往更加有力地进行斗争，对外反对社会民主党，在我们自己的队伍中反对各种右倾危险。

第二国际越是败坏自己的名声，便越是增加第二半国际思想诞生的机会，直至出现我们自己的队伍。

就这样，我们坚决反对俄国共产党非布尔什维克化，争取让我们的各兄弟党布尔什维克化，争取建成一个世界性的布尔什维克化的党，受到列宁精神鼓舞的共产国际就应当成为这样的党。

勒瓦尔（德国）：

同志们，在德国党内，也许在整个共产国际之内，自10月以来我们经历了整整一个时代，我们认为，这个时代尚未结束，它仍在延续。10月期间的形势是这样的：德国党和整个共产国际都倾向于直截了当地提出夺取政权的问题。这是关键性的问题之一，它足以说明10月份肇始的时代的性质。但同时发现，旧有的党的中央委员会不能胜任这一任务，正如昨天季诺维也夫同志所指出的那样，尽管客观局势对此很有利，党却未能利用好这一时机。

同志们，我们是作为德国广大无产阶级群众的代表来见你们的，代表着德国所有的战区。在德国，没有任何一个无产者、任何一个有觉悟的阶级战士不明白，那个时候党应当采取战斗行动，而不是加以回避。如果今天我们也像当时那样不肯直面这个问题，那么，除了各种客观困难之外，就应该是犯了许多重大错误的结果，那些错误绝非偶然，而是与整个过去，与第二国际很大一部分人的一贯表现密不可分。我完全不反对把这部分人看做第二国际的多数，但他们却是其中很坏的一部分人。所以应当将这一点向德国的无产者们说明，而且不单是向他们，还应当向波兰、法国以及其他一些国家的无产者说明。所谓德国问题乃是一个具有国际性质的问题，只有在这种国际范围内才能对其全面加以阐明。然而事情全然与此相反，也许正是因为如此，不仅某些领导人，而且我们所有的战区的党员群众，自上而下才首次懂得党的独立作用的必要性，懂得了共产党在任何情况下都不应当成为这种或者那种策略的俘虏，而是永远应当运用对现有阶段正确的策略，目的在于准备和组织无产阶级革命。现在对待统一战线策略问题的情形也是如此，而绝不应当两样。我们说：这一策略很好，这是各种策略中最好的，但运用它的是不好的机会主义的上层人物，所以在党有着好的策略的情况下搞得一团糟只不过是因为，对这一策略运用得不好，不够革命，不像布尔什维克那样。所有这一切的结果便是意识到党的独立作用不可或缺，而且意识到这点的不单是领导机关，而且是全体党员群众。他们所付出的代价是高昂的，但以历史的尺度而言，为了最终在西欧拥有一个布尔什维克的党，也许付出高昂的代价是值得的。

好吧，同志们，与此同时我们也可以谈谈德国的现状吧？我们已经举出了党意识到它的作用的事实；与此同时它也明白了在开展斗争时它首先应当依靠哪些地区。从前的情况如何呢？在组织方面党与其说像布尔什维克党，倒不如说更像社会民主党，它近似于一个选民协会，而不是一支干革命的坚强的布尔什维主义大军。

当前每一个普通党员都懂得，事情应当发生转变，党应当在整体上依靠最大的工业地区作为战区。目前我们正在全德国组建一支钢铁般的大军，遍及四面八方，从东到西，从南到北，从鲁尔区到上西里西亚，从汉堡整个沿海到德国革命的中央据点柏林。从前可不是这样。党之所以未能更有成效地进行斗争也是因为，它的基础本来就不正确。这绝非偶然。为了组织革命，就需要为其建立自己的彼得格勒和莫斯科。德共现在就正在这样做。因此我们可说，我们正在加固我们的阵地。未来的前景如何呢？有些人认为，好景已经离我们不太远了。我们不会断言"政权唾手可得"，但要说我们将加强我们的各个战区，如今我们决不会后退，而是要进行斗争。既然是这样，我们便一定会走向胜利。

同志们，与此同时我们应当把这场10月的斗争与国际局势联系起来。与10月那些日子里普遍的说法相反，季诺维也夫同志提到，当时国际形势对德国革命很有利。的确，我们能在波兰的上西里西亚举行总罢工和在克拉科夫发动武装起义绝非偶然。在这个缺乏革命传统的宗教小城，无产者们拿起了武器。但就在这里仍然可以看到一种与德国所发生的事情类似的情形。群众在进行斗争，可是并没有来自共产党的坚强的领导。我们认为这是一大错误。只要回忆一下1月那些日子里波兰党中央还在支持当时仍固执右倾错误的德国右翼，我们便会明白，波兰在斗争期间缺乏坚强的领导并非偶然。

我们一再强调所有这一切，只不过是为了防护自己于未来并保证尽快建立（哪怕仅仅在中欧）一批紧密团结的革命的共产主义和布尔什维主义的党。当然，英国将会是世界无产阶级革命最大的桥头堡之一。然而在关注在英国建立共产主义的党并力争在更大范围内发展此类布尔什维主义的党之时，我们在任何情况下都不应当忽视这一轮新的和平主义浪潮，要记住德国革命并未成为过去，而是还在前头，有关它的问题依然很尖锐。我们应当对进一步准备革命和对我们邻国的兄弟党给予更多的关注，这些党肩负着在本国开展斗争以保卫这场革命的使命。首先，波兰党就是这样；其次，捷克斯洛伐克党也是如此。需要强调的是，波兰党在这方面犯了一些很大的错误。对其中的一个错误，看来季诺维也夫同志不如为之深感不安的我们看得严重。我们在波兰议会有一个不大的党团。诚然，它的处境十分困难，但是仍然可以说：我们的克鲁利科夫斯基同志虽然常常在波兰议会发表出色的革命演说，同时却也犯了一个错误，就是投票赞成在波兰军队中服役期限为6个月。更有甚者。波兰党只是两个月过后才宣布不承认他的行为，当时本应立即这样做的。应当对这件事加以干预，应当表明态度。对我们正在上西里西亚进行斗争的人来说，这类问题具有重大的意义，我们要强调这一点。

最后一个问题是反对专家们的建议的斗争。在这里我们应当对我们的法国同志的行为表示满意，他们从一开始便明白这一问题极为尖锐。应当直截了当地表明，反对专家建议的斗争也应该成为你们的斗争，就像是我们的斗争一个样。不但如此,这场斗争也是整个国际无产阶级的斗争。我们业已展开斗争。在鲁尔州,我们已经举行了为期5周的矿业工人总罢工。在上西里西亚,罢工持续了7个星期。成千上万的妇女拥护我们,她们直接与警察、与法西斯分子进行斗争。我们尚未获得8小时工作日,而这对于我们是一个根本性的问题。赢得这一制度,便意味着阻止了专家们的计划,并将其化为乌有,那时候便可以更进一步。同时我们要说,现在我们反对法西斯主义的斗争方法已不同于去年。现在我们也许不会建立宣传性质的庞大组织,以便在最后时刻后退,而是一步一步向前推进。要是我们在一个地方被打败,我们还可以在另一个地方得到弥补。近日在上西里西亚,有25名法西斯畜生被杀死。不但如此,我们还以列宁的名义建立了波兰和德国无产者的兄弟联盟,在他们之间架起了桥梁。这座桥梁还将进一步横贯整个波兰,我们一定会在列宁的标志下取得胜利。

墨菲(英国):

同志们!我对季诺维也夫同志的报告的印象是:主要的话题仍然是统一战线的策略问题。看来,我们的某些兄弟党,至少是其中的相当一部分,对这一策略的成效心存疑虑,希望将其取消,或者至少加以修改。这样,这一问题便具有特殊的重要性,需要代表大会以最明确的方式对其发表意见。至于我,则我可以说(相信在这一点上整个英国党都会支持我),我们放弃这一策略是犯了一个大错误。我们在运用统一战线时所犯的错误,导致让我们失望和气愤的结果,但这不足以得出结论说这一策略本身是错误的。所以我认为,可能是这样:我们所犯的错误主要应该用一个事实加以解释,那就是共产国际大部分的党才刚刚开始成为真正的共产党,而我并不知道转变为这样的党时,还有什么比这一策略让我们试验的途径更为可靠的办法。

季诺维也夫同志指出，当前共产国际所面临的最重要任务乃是在英国建立一个群众性的党。这是完全正确的。我想补充一句，要在英国建立一个群众性的党，不运用统一战线的策略事实上是不可能的。我知道，我们与工党的相互关系和我们对待工人政府的态度，招致了对我们的某些批评。报告中既提到了凯尔温罗夫的选举，也提到了纽博尔德同志的声明，人家对我们说，我们的凯尔温罗夫运动不是共产主义运动。那有什么，我们坦白地承认有错误，这个运动也发现了弱点，但是根据这些错误来评价整个运动却并不正确。稍稍听一听我们的敌人说些什么，我们便会知道，即便对于这次选举，他们也指责我们说，我们所开展的运动太富有共产主义意味，从而招致了工党的失败。他们提醒整个工人运动防备我们，号召无产阶级今后无论如何也不能允许推举这种"火红的"不负责任的分子充当工党候选人。

因此，在关注整个形势的时候，我们应当从另一个视点看待统一战线的问题。我们必须承认，党还年轻，还处在成长的过程之中，在考虑统一战线策略要求我们考虑的各种条件时自然会犯错误。

不过我希望你们要明辨我们对工人政府和对工党的态度。我们的各兄弟党中有一些同志，他们将这两件事混为一谈。他们以为，工人政府也就是工党本身，所以在十分不满地看待工人政府的活动的时候，希望我们干脆脱离工党，不要与它再发生任何关系。让我们坦白地加以解释。我们姑且认为，在工人政府面世的最初日子里我们党的立场暴露出一些不足之处。这很对。我们当时对竞选运动尚未失去热情。工人政府也还没有着手工作。当时我们向工人阶级提出我们认为必不可少的各种警告，应当随着工人阶级情绪高涨的浪潮缓缓地逐步前进，并且告诉工人们，要他们坚持运动期间所提出的各种要求，坚持让工人政府将其加以实现。时间是一个重要的因素，随着数星期的时间过去，我们获得了表明自己的立场的机会，不断地批评工人政府，逐星期、逐天地加紧自己的批评，因为政府不仅不履行它应尽的职责，而且越来越远离工人阶级的运动，投入资产阶级的阵营。事件发展的这一进程，为党孕育了极大的机会。我认为，我们可以考虑和利用这些机会。我们的曼彻斯特会议上所采取的政策，对待工人政府的态度是清楚而确定的。有人以为，如果我们对待工人政府的态度应当表现为强烈的批评，那就等于承认整个工人运动中的统一战线策略错了——谁要是这样认为，他就大大地错了。

请允许我再举出工人政府与工党之间的一个区别。如果它们一模一样，那么我们就会看到这样一个令人吃惊的事实：何以老牌的工联主义运动与工党一道共同反对向工党隐瞒各种消息的工人政府？何以在关于海洋问题的辩论期间会发生这种事？此外，为什么由于这一事件在工党与政府之间会出现一个"联系委员会"？而且，为什么在工人政府打算根据扩权的法律对罢工工人采取措施的时候，我们会看到整个工人运动都反对工人政府？如果工人政府和工党是一回事，那么它们之间占主导地位的应该是更多的协调一致。可是工党并不是工人政府，尽管政府是从党产生，尽管资产阶级利用工党的目的在于建立这个工人政府。工人政府认为自己不应对工党负责，而是对全国人民负责。工党本身是组织起来了的英国工人阶级，因此那些建议我们退出工党的人，从而也就是在建议我们退出工会，而这简直就是意味着我们应当完全脱离工人阶级本身。我相信，这样的建议代表大会连研究都不会去研究。

我们有些批评家劝说我们也提出共产党的候选人，在选举中与工党的候选人对抗。那些提出这种建议的人简单地认为，英国的工党在结构上与德国的社会民主党完全相同。其实并非如此。它们的政治面貌也许相似，但是工党本身的结构迫使它归入与第二国际其余的社会民主党全然不同的另一类别。因此，共产党置身其外便无法继续自己通向无产阶级地方组织、工党地方组织等的道路，在这些组织中的工作则是与工党的中派领导进行斗争的手段，这些领导人控制着工会，共产党将无法在群众中进行竞选运动和开展工作。我们必须将工党的普通党员、工会的普通会员争取到我们一方来，为我们的纲领和策略进行宣传，同他们一道参与他们的日常斗争。

我倒想知道，如果不采取统一战线的这一策略，还有什么别的办法可以发展英国的共产主义运动？我知道，许多同志把我们看做一个无足轻重的党，但是，根据与欧洲其他的党的党员人数来衡量我们党的实力是不正确的，因为在这种情况下评价我们的作用不可避免地会大错特错。就以独立工党为例吧。尽管它在英国工人运动中具有表面上的优势，尽管它在议会中有一万多名议员，它的党员却总共不超过5万人。显然，根据英国工党的党员数量评价它的重要性是错误的。我们应当考虑党派的影响力，而在这方面我应当说，自从工人政府掌权以来，我们这个小党便开始获得越来越大的重要性，正在成为一个群众性的党。

就以不久之前的铁路员工的罢工为例吧。铁路工场和地下铁道的工人们宣布罢工。这是怎么发生的呢？发生此事只不过是因为，共产党和感受到工会领导人压力的工厂工人们一起，为建立工厂委员会和满足他们的一些要求而斗争。当工人们感觉到自己的力量的时候，他们便违背工会领导人的愿望，站了出来并扔下了工作。我再举一个例子——库克当选采矿工人书记的事。为什么这位左翼领导人能排挤掉英国工联主义最反动的头子呢？只不过是因为，党在几个月时间内建立了一些通常被叫做少数派委员会的组织。我们在许多个月的过程中一直说服成千上万的工人必须建立这些委员会。委员会认可了共产党的候选人，支持他并成功地让他当选。

我还可以举出许多事例，说明运用统一战线的问题对英国共产党而言乃是一个至关重要的问题，尤其是在目前这个发展阶段，统一战线更具有特别重要的意义，绝不可加以拒绝。

雅克莫特（比利时）：

季诺维也夫同志在执行委员会的报告中指出，各共产党的组织总的说来都取得了进展。不过也应当说，这种进步在不同的国家是不一样的，而且在某些国家明显程度不同地表现出全面停滞。比利时的情况就是如此。

如果看看比利时共产党的党员数量，那么可以说，从1921年以来并没有变化，我们党内仍然是500人，要是考虑到我国工业无产阶级的重要性的话，这样的数字看上去简直是小到可笑的程度。不过我认为，不应该单单考虑这一特征。我觉得党员的数量对于判断共产党有所作为还是无所作为并不是充分的证据，从这个观点出发可以说，比利时资产阶级比执行委员会的报告本身赋予了我们党的存在和活动更大的重要性，报告只是在谈到以王德威尔得为首的工人政府可能掌权的时候才提及比利时。

我很想在执行委员会的报告中找到针对比利时党的批评，因为那会表明比利时党对执行委员会来说是存在着的，然而现在却可以认为，执行委员会全然忽视了比利时党，因为它甚至认为无须指出这个党原地不动，其党员人数全无进展，因而成了只是在纸上存在的一个分部。我要说，比利时的资产阶级赋予比利时共产党的存在和活动的重要性倒要大些，因为资产阶级像反对我们的法国同志一样反对我们，他们将我们反对占领鲁尔区的运动指责为政治阴谋，不过这种指责像在法国一样，已经彻底归于失败。

然后毫无疑问，比利时资产阶级对待存在于比利时的一个无足轻重的党的态度，表明我们党在工人群众中的影响力日益增长。这样一来，资产阶级的这次攻击之后，我们倒能够取得巨大的进步，着手出版一张日报，我们将原来的《红旗》周刊变成了报纸。

我认为，执行委员会有责任更深入地关注我们比利时分部的活动。

在这里，英国共产党对待麦克唐纳政府的态度引起争论（而且有充分的根据）。我认为，既然类似的情况于不久的将来也会在比利时出现，那就不应当等到比利时资产阶级内部的危机结束、工人政府不会掌权的时候，才来讨论共产党应当采取的态度。

今年鉴于数月之后即将在我国展开的竞选运动，应当建立并且保持执行委员会与比利时党之间的紧密联系，与其他的西欧各党也是如此。关于这一点我要指出，在德国党为组织反对专家委员方案出台的斗争而召开的会议上，发出了要求比利时分部参与的呼声。我认为，考虑到不单是法国和德国关心这个问题这是完全正确的，所以在这种情况下，我要反对特兰同志的建议（那不符合法国代表团刚刚通过的决定），这个建议首先可归结为联合法国和德国代表团，借口是这两个国家所关注的主要是专家报告。对此我无法理解。西欧所有的国家——英国、德国、法国、比利时、波兰、捷克斯洛伐克和意大利都直接关心就这一问题达成一致。（叫喊声："完全正确！"）我担心特兰同志的建议只会开创一个很不愉快的先例。（叫喊声："这是失误！"）如果这是一次失误，倒还要好一些。那就应当让委员会记录在案：在这种情况下问题不单涉及德国和法国党的联合，而且涉及应邀参加比利时代表会议的各代表的联合问题。我认为，在本代表大会各次会议过程中我们所要进行的商讨，将会成为那次代表会议上所做的各项工作的继续。

我认为，只要与西欧各个党保持密切关系，让比利时党参与比利时周边国家法国和德国两个大党的工作，我们便能够增强比利时党的作用，从而让这个国家的无产阶级的重要性变得不可或缺并得到证明。我说变得不可或缺并得到证明是因为，我们同样不应当讳言，我们作为一个小党，一直顽强地保持着宗派精神，只有在一种条件下才可能打破这种状况，那就是比利时党要在比先前更大的范围内参与我们的执行委员会所领导下的国际性工作。

我认为自己有责任加以陈述的一些看法就是这样。我并不是夸大比利时共产党的重要性和特殊作用，我只是想指出，我们这个小党仅有数百名党员，但他们正在为反对比利时资产阶级和王德威尔得、武泰和德·布鲁凯尔之流所领导的社会民主党而斗争，我们这个小党最近一个时期在任何一方面都没有表现出自己配不上共产国际；资产阶级对它所施加的种种打击便足以证明这一点。所以我认为，我们无论过去还是将来都可以证明自己对于共同事业的忠诚。

彼得罗夫斯基（苏联）：

同志们，鉴于我们的运动不仅在英国，而且在爱尔兰和居民操英语的所有国家都在发展，我用英语表述自己的看法。我相信，我们在共产国际内越是多讲英语，我们便能越快地教会英国工人讲共产国际的语言。现在我谈谈实质性的问题。

我完全同意季诺维也夫同志对英国问题所作的总的分析。不过我觉得仍然有一些需要认真予以讨论的地方。我认为，麦克唐纳政府现在并不像它刚刚当政之时那样在工人中广受欢迎。我们所掌握的各种凭证都表明，工人阶层中的不满情绪正在增长，如果说麦克唐纳赢得了某些声誉的话，那并不是在无产阶级之中，而是在小资产阶级分子之中。得到独立工党以及工党授意的报刊不无自豪地宣称，"广大公众"意即小资产阶级和中产阶级人士已经不像开始那样畏惧工人政府了。至于工人，我们可以声称并举出足够的事实加以证明，在他们之中已显现出对工人政府日益增长的失望情绪。只需看一看所谓左翼运动的发展状况就足够了。一方面要注意工会运动和统治阶级的旧有领导人之中的惊慌不安，另一方面也要明白工人运动中已经有了某些新的、针对麦克唐纳政府和按照革命运动步伐前进的东西。

现在简单谈一谈党的人数。首先应当说，根据我从英国代表团所获得的资料，英国共产党的队伍中总共有3500名党员。如果我们考虑到英国的整个情况，我们应当得出结论：这个数量与其他各党相比实在不多，其中包括掌握着英国工党领导权的独立工党。这些党的党员人数同样也很少。这两种看法（关于麦克唐纳政府的声望和我们党的党员数量）表明，共产党的工作条件比我们所认为的更为有利。但是，虽说我们的英国同志处于有利的环境，却同时也不得不克服很大的困难。

让我们更详细地分析一下这些困难。季诺维也夫同志赞成鲁特·费舍同志由于选举弗格森而对运动所作的十分尖锐的批评。让我们来分析一下这个问题。我姑且认为弗格森能够制订出比他所提出的要好得多的纲领。可是问题并不在这里。纲领只不过是整个运动很小的一部分。纲领通过之后，运动才名副其实地开始。我要提醒季诺维也夫同志以及代表大会，运动恰巧发生在曼彻斯特代表会议开会期间，这次会议宣传麦克唐纳政府是个冒名顶替的政府。这次会议宣称，英国政府是国王陛下的政府，是对德国革命的扼杀者谢德曼和诺斯克亦步亦趋的政府。这次会议提醒英国政府，它必须像澳大利亚的所谓工人政府所做的那样，考虑来自整个工人运动方面的指责。我还想向你们指出，参与这一运动的都是英国党最优秀的演说家，此外还有来自法国党的加香同志。不过我们应当记住，弗格森不仅是共产党的候选人，而且是工党的候选人，参与这次运动的还有工人阶级的其他一些阶层，其中包括工人运动的几个黄色帮派。

为了给你们提供一个关于独立工党思维方式的清晰概念，我引用被视为独立工党喉舌的《前进报》的一些说法。在该报6月7日一期中我们可以读到：

"比如说在伍德兰兹路上经营膳宿公寓的那类老处女的确切形象吧。上一次这类人投了保守党人的赞成票，认为社会主义的政府掌权无异于世界末日。而最近几个月她们已经开始觉得，工人政府根本不是那么可怕，如果社会主义意味着茶叶和糖降价，那么她们就得认真考虑，下一次是不是应该投工党的赞成票。随后凯尔温罗夫的补选开始，一位老处女对弗格森先生发生兴趣，便决定读一读所提供给她的那些书报。"

她首先收到的是一份共产主义报纸，这种报在所有的竞选集会上都有出售。她寻找有关凯尔温罗夫的报道，瞥见了下面这个占据两栏的黑体大字标题：

前进，红色战士，向他们进攻！

"她被吓得发抖。但她仍然鼓起勇气往下看。在第一段中她读到共产国际执行委员会从莫斯科发出的信件，可爱的老鲍勃——罗伯特·斯图尔特从红色莫斯科发出的信件，那里可不看陈腐的心慈手软。

罗伯特·斯图尔特能对弗格森说些什么呢？'**狠狠地打，不断地打——向资产阶级发起猛攻，你一定会取得最后胜利。**'

我们这位可爱的夫人将自己为数不多的一些半克朗硬币藏到壁炉里，便去向前去投票，坚信对她而言获救的唯一希望就是要保证让埃利奥特大尉最终获胜——这令人惊讶吗？"

埃利奥特大尉是保守党候选人。

这短短的一段引文表明了什么人是共产党在选举运动中的伙伴。请暂且假定，纲领、主张、传单——所有这一切都是红色的，全都是共产主义的，在这次运动中仍然有其他一些参选者，他们十分关注的是赢得唯恐失去自己那些半克朗硬币的可爱夫人的选票。形势就是如此，其中便包含着我所要表述的问题。我以这样的方式对其进行表述：我们是否准备劝告我们在英国的共产党人同志与工党全面决裂呢？问题就在这里。我们应当对这一问题作出回答。我们不能仅限于对统一战线作一些泛泛之谈。我们所涉及的是具体的情况、具体的问题，我们必须寻求到它的答案。至于我,那么我倾向于认为,目前与工党决裂的政策是错误的。墨菲同志是对的,他说不能将工党与第二国际的欧洲任何一个其他的政党相提并论。工党是整个工会运动的一部分。与它决裂就是与工会运动决裂。我们愿意这样吗?我们应当与它决裂吗?我说:不。我这样说是由于以下的原因。如果我们这样做,黄色工会的达官显贵们一定会很高兴;如果我们能把共产党人从工联主义者和工党中赶出去,他们一定会很高兴。但是现在他们不可能办到这一点。而一旦我们提出决裂的口号,那就等于我们放弃了一个活动领域,当前正值历史召唤共产党成为群众性的大党之际,这个领域对于党具有极其重大的意义。

其次,同志们,议会活动并不是我们所关心的唯一活动。如果我们能全面控制这个运动,那么我们的党必定会成为这一运动中的重要因素。与工党、与工联的所有联系都应当保持和加强,因而我认为,我们必须向工人们、革命的工人们作出明确的回答,具体地说就是:英国共产党人应当与工党决裂,而应当进行顽强的工作,将英国工人运动的领导权夺取到自己手中。这就是问题之所在。英国共产党人的任务正在于此。同志们,我希望我的话能得到明确无误的理解。我并不是说,统一战线策略在英国的运用、针对工党和工人政府的策略始终都是正确的。不,我刚刚收到来自英国的一些最新的报纸,其中我读到,我们的朋友们正在赞扬惠特利的住房建设计划,而这个计划并不是别的,只不过是一场大骗局。还有其他一些错误。但是,如果我们不谈过去,而是谈将来,那么我要说,英国党已经通过曼彻斯特代表会议做好充分准备,以便开展反对工人运动背信弃义的小资产阶级领导人们的叛卖行为的斗争。我们党在英国应该进行斗争,它将会进行斗争并取得胜利。

再讲几句有关日报的话。同志们,我对各国报刊的情况多少有些了解,我应该说,我不知道在世界上任何一个国家之中(这也包括美国),其所谓出版自由被统治阶级垄断的程度能达到英国那样高。在英国创办一家日报是一项艰难的任务。但我仍然同意季诺维也夫同志的建议，如果代表大会所选出的英国委员会能觅得创办一家日报的办法和资金，那将是一件好事。我觉得，英国的工人运动急需这样一份机关报。因为实际上在这个工会运动声势浩大的国家、在这个第一国际的国家只有一家工人日报，而这家工人报纸并不是劳动的宣示者，而是国王的走狗们的"宣示者"。这种状况再也不能容忍下去了。必须创办一份报纸。

同志们，我们应当记住，英国运动的所有问题都十分复杂。本次代表大会不仅应当批评英国同志，而且要帮助英国共产党克服各种困难，完成其伟大的任务，这一任务不仅从英国的观点看来很重要，而且从欧洲和全世界工人运动的观点看来也很重要

罗易（印度）：

同志们！季诺维也夫同志在他的报告中赋予英国问题很大的重要性，非常及时——也许还多少有点儿迟，因为共产国际早就应当关注在英国建设一个真正群众性的共产党的事了。个中的原因非常简单。尽管英国由于战争引起的金融和经济衰退而遭受折磨，它依然是世界金融和政治生活中极为重要的因素。虽然中欧，尤其是德国，仍然是世界革命的中心，但不能否认，全世界资产阶级专政的支柱、它的集中地还是英国。因此，如果我们不对我们的敌人的这个支柱倍加注意，那么我们在战线其他区域的各路大军的组织工作就不会一直顺利。众所周知，英国在试图稳定全世界的资本主义制度的活动中发挥着领导作用，既然注意到了这一事实，我们便不能否认在英国建立一个真正的共产党的必要性。不过仅仅说说这种必要性是不够的。说起来容易，但说了绝不意味着做到了，而在英国建设群众性的共产党的任务是一项非常困难、非常复杂的任务。墨菲和彼得罗夫斯基两位同志指出了我们的同志在英国组

建共产党的事业中必定会遭遇的一系列困难。然而我得说,他们两位并未能清晰地区分各种事实。我怀疑,共产国际是否清楚了解我们在英国所遇到的全部困难。

当我们谈论在英国组建共产党的时候,我们不应当忘记,英国或者组成不列颠王国的诸岛只不过是一个庞大的政治、经济和金融整体的顶端。如果我们试图砍掉一棵树的树梢,却不对滋养树梢的广为伸展的树根给予应有的注意,那么我们就会犯错误,就会大失所望。如果我们谈论组建一个无产阶级的革命政党,那么我们首先就应当注意——这可是英国无产阶级的历史性发展。我们必须考虑到影响英国工人运动发展的各种独特因素。

我们大家都知道,英国的工人运动以及在英国具备的社会主义思想和社会主义理论,是伴随着英帝国主义的迅猛发展而同时发展的。因此,作为一个阶级的英国无产阶级和社会主义理论的英国式诠释更具有特殊的性质,有意无意地浸透了帝国主义精神。我们在英国的党首先遇到并必须加以克服的困难,就是英国无产阶级的帝国主义精神(即便更像是错觉)和对英国工人运动理论的歪曲。

应当说,我们的英国党已经意识到了这种必要性,但这一任务是它所力不能及的。它未能想出对待这个问题的合适办法,而共产国际却至今无法以应有的方式对它进行领导。原因就在于,既然我们希望实际着手解决英国共产党的发展问题,既然我们在认真地谈论此事,那么共产国际就会面临一个在这方面领导英国分部的任务。

我们在这里听到,而且这在以前亦已多次谈到过,英国工人阶级对工党、对工人政府怀着信任。我们在这里首次从彼得罗夫斯基同志口中听到,相当大一部分英国无产阶级已失去对工人政府的信任。这对我来说还是新闻,而且我认为,这对在座的许多同志而言同样是新鲜事。(你们听听!你们听听!)英国无产阶级不仅没有丧失对工党和工人政府的信任，相反，他们至少大部分人仍然对资产阶级民主和议会怀着无限的信任。这并不是因为英国的无产阶级比任何其他国家的无产阶级要坏。英国无产阶级具备无产阶级所有的革命特征。作为共产党人，我们应当说，他们是革命最大的潜在因素。随着时间的推移，他们一定会显示出自己的革命意义，他们必将推翻资本主义制度，不过我们也应当是现实主义者。我们不应当无视事实，而事实却是，英国无产阶级不仅仍然信任工党领导人，而且在很大程度上也信任资产阶级制度——信任民主。为什么会这样呢？这是因为，由于历史实际情况，由于英国的工人运动是与英国的资本主义同步发展的，英国无产阶级曾经获得并仍在继续获得帝国主义掠夺成果相当大的份额。

因为英国资本主义的根须并不局限于英伦诸岛的范围之内，而是远远深入到广泛分布的各自治领和殖民地，英国资本家便使自己能够做出让步，贿赂工人贵族，通过这样的方式不仅维护了自己的统治，而且分化了英国工人运动的心理和理论。

因此，同志们，我们应当与这种分化因素进行斗争；而我们怎样才能与之进行斗争呢？如果说，英国共产党的任务是反对英国帝国主义，推翻它，组织受到这个帝国主义统治的被压迫的劳动群众，那么，它的任务不应当局限于英伦诸岛的范围之内。英国共产党应当成为整个帝国范围内的共产党，既然它应当为反对帝国而斗争，那么，（如果可以这样表达的话）就应当成为帝国共产党。

请不要由此得出结论，说我拥护共产主义的帝国主义。在帝国的共产主义与共产主义的帝国主义之间是有区别的。我这种说法的意思是，如果我们的英国同志谈论统一战线，那么他们应当知道，统一战线所包含的内容不应当仅仅与英国工会的领导人有关（很遗憾，我从墨菲同志的发言中所得到的印象正是如此——墨菲认为，英国工人运动独具特色的结构向英国共产党提出一个任务：不仅要与在工会中组织起来了的群众保持密切的接触,而且要与工会的领导人们保持密切接触。这无疑是对统一战线所作的一种危险的解释)。将群众争取到共产党一边来正是统一战线策略所包含的任务,但由于上述的分化性影响,这在英国是不可能的。错误在于,在运用统一战线策略的时候忘记了殖民地。既然英帝国主义的基础在各殖民地国家,力求推翻这个帝国主义的英国无产阶级先锋队的活动也应该延伸到这些国家。在英国,统一战线的口号所获得的意义比在其他任何国家都更为广泛。在英国,我们不仅应当与群众建立统一战线,我们应当与千百万无产者建立统一战线(并不是决议、同情话语的统一战线,而是组织中的统一战线),英国资本家在剥削这些无产者的同时,还有可能对英国无产阶级的队伍进行分化,运用这种方式在我们英国分部的道路上设置种种难以克服的障碍。

在结束之前,我还要顺便提到一点。存在着制约英国无产阶级革命精神的其他各种因素。例如,假若我们期望或者开始想象在英国建设共产党并开展无产阶级革命的可能性无关乎大英帝国的其他组成部分的话,那么我们就会犯大错误。但不止于此。如果我们以这种观点来对待问题,这样的革命的成功将很渺茫。在这种情况下,在英国组建真正的共产党的可能性本身会变得大成问题。共产党应当走向无产阶级并号召他们起来革命——推翻资本主义制度。然而单凭感情无法干革命。尽管无产阶级准备奋起并完成革命,那样他们仍然会考虑未来。这时候便会出现一个最重要的问题。英国所生产的粮食有限,够它食用不超过数周。现在我们假定英国发生了革命,无产阶级成功地推翻了资产阶级并夺得了国家政权。在这种情况下,英国有可能遭到封锁,数周之后无产阶级就会被饿死。这一因素下意识地制约了英国工人阶级的革命精神。如果共产党人向英国工人们提出这种浪漫的建议,那么他们决不会跟着走,不会将自己的脑袋往石墙上撞。另一方面,如果我们带着纲领去见他们,开口向他们说明帝国的危害,说明推翻那个至今给他们带来可观的好处的帝国的必要性,那么,在这种情况下他们同样不会跟我们走。

因此,同志们,单靠我们的活动在英国建立共产党的组织的任务是不可能完成的。无可否认,这种活动应当成为我们的主要活动。但是在英国的工作应当以在帝国其他组成部分的工作加以补充,这些地方埋藏着滋养其中心的根须。不仅是成功地进行革命,甚至是眼下已成当务之急的组建群众性的共产党,至今在英国都没有可能,当前共产国际英国分部无法承担将整个帝国的工人阶级联合成为一支反对英帝国主义的统一大军的任务。

给大会的贺信

格施克(主席):

现在由瓦勒纽斯同志发布消息。

瓦勒纽斯(芬兰):

向第五次世界代表大会发来贺信有:

1. 保加利亚政治移民小组。
2. 特维尔的托洛茨基国际骑兵学校。
3. "红色印刷工人"印刷厂男女工人。(赞许声)

格施克(主席):

请各代表团立即将本团秘书的姓名通知代表大会秘书处。

鉴于有些代表团还未能详细地讨论季诺维也夫同志的报告,主席团建议代表大会推迟下一次会议。

(会议于晚上8点30分休会)

第六次会议

(1924 年 6 月 21 日,星期六)

会议于早上 9 时 30 分开幕。

主席:特兰

讨论季诺维也夫和瓦尔加的报告(续)

特兰(主席):

现在由罗西同志发言。

罗西(意大利):

记得我曾经在意大利读过 3 号那天季诺维也夫同志所提到的列宁的那篇文章,现在我打算将它再重读一遍。不过我相信,列宁的话在任何情况下都不能运用于意大利共产党左翼的行为,因为左翼的所作所为就是随时与左派的极端主义的漂亮空话坚决进行斗争,而且为了摆脱旧意大利革命运动危险的一方,这是必要的。我们恰好发现,某些集团试图将我们与列宁在其名为《共产主义运动中的"左派"幼稚病》那本有趣的著作中反对的那一些思潮混为一谈。任何一个了解我们对最重要的策略问题的观点的人都能证明,这本书中不可能找到反对我们的立场的任何理由。

我不打算在这里全面探讨意大利问题。但我要着重分析某些问题,这些问题造成了我们与共产国际之间观点上的分歧。我们的全部所作所为（从共产党诞生之日起）都贯串着彻底断绝我们与机会主义中派领导人之间的联系的努力，我们极为关注不要让可怕的机会主义和中派的传染病侵入我们党的队伍并从而侵入共产国际的队伍。显然，我们一向努力而且现在仍在努力推行对待这一问题的类似态度，在我们党内和共产国际内都是如此，而且我们要强调指出，国际政治经验已证明我们的立场是正确的。

有一种千篇一律的意见，仿佛意大利党的左翼沾染了宗派主义和对抽象概念、抽象表述的偏爱，仿佛有一批同志深为癖好批判和以文学的态度对待马克思主义。我们要肯定地说，我们的工作中绝无诸如此类的东西，如果说我们有什么可以指责之处的话，除非是我们力求更准确地勾勒出策略的基本线条。然而这恰恰是与我们所受到的指责截然相反的事情。

不久之前有人散布谣言，仿佛博尔迪加出版《普罗米修斯》杂志，目的是要把对共产国际的策略持反对意见的所有的人聚集在自己周围。他们甚至断言，仿佛该刊所发表的博尔迪加的文章中充满了不知是唯心主义呢还是尼采哲学。所有这一切至少是可笑的，只能证明有些同志很不了解我们的思想，从未读过该杂志。

我要补充一句，主持《普罗米修斯》杂志的根本不是博尔迪加，该刊的出版处于意大利共产党的严格监控之下。

我们希望将有关总体策略问题的讨论与关于共产国际执行委员会报告的讨论分开进行。

我们认为，关于普遍策略问题的讨论将会为一些党代表提供自由发表意见和对这些问题持批评态度的机会，这些代表在其余的方面准备批准关于执行委员会在第四次代表大会之后期间的工作的报告。在第四次代表大会上，我们特别就意大利问题进行了辩论；在第五次代表大会上我们也直接面临着这个问题,而且像季诺维也夫同志对我们所说的那样,它还将以几乎同样的形式出现在第六次代表大会上。

然而像其他所有的问题一样,围绕着意大利问题在共产国际的各党内产生了争论,它是一个派生性的问题,是关于共产国际总的策略及其在个别情况下的运用的问题方面的分歧所产生的,因此它有时并不妨碍将这个总的问题和与其紧密联系的那些个别的问题合并到一起。

我们不接受1922年2月执行委员会扩大全会根据这点对我们的罗马提纲所作的解释,因为这种解释(我们似乎应该将此归功于拉狄克同志)欠缺准确性,见到罗马提纲原件的每一个人都会坚信这一点。其中的原话是这样说的:

"不能要求党在总对抗前夕的某一个时刻就已经将无产阶级的大多数团结到了自己的领导之下(甚而统统归入了自己的队伍)。不能超前提出这种要求,忽视党的发展现实的辩证进程,而且,抽象地将加入统一的遵守纪律的党组织或者追随它的无产者的数量,与尚未组织起来的、分散的或者加入了却彼此缺乏有机联系的各种小组织的无产者的数量进行对比,这是毫无意义的。"

能否断言这一观点与共产主义毫无共同之处呢?群众性的党这一概念的定义绝不是一个纯理论性质的问题,它与共产国际及其各分部的工作有着直接的关系。的确,正如你们所知道的,我们并不缺少对"群众性的党"这一概念的机会主义的解释。我们想在自己的提纲中对这一概念赋予确切的定义,避免任何模棱两可的地方。与共产国际和我们党的某些人针对我们所提出的指责相反,我们的实践活动并不包含有任何可供责备我们搞宗派主义和盲动主义的口实。我们向来与盲动主义习气作斗争,而且对这种习气如今在共产国际的某些右倾思潮中找到了庇护所并不感到惊奇。

我们认为,我们是最早开始实行自下而上的统一战线的党之一。我们在 1922 年 8 月之后的全部活动都集中到实现自下而上的统一战线这一口号。我们密切关注在其他国家推行统一战线的少量尝试，我们并不知道共产国际会谴责对自上而下的统一战线策略的解释和运用的情况。目前看来这种方法遭到大家指责，因为经验揭示了模糊不清的策略的危险和缺陷。我们坚持认为，必须对这一策略的运用方法事先做出明确的规定，因为在相反的情况下便无法指责这样的党：它因为恐惧和侥幸，在自己的国家实施统一战线策略时便按照它觉得最合适的方式行事。

这里我们想要强调的是，意大利共产党不可能对统一战线政策抱敌对态度；它的队伍中在这个问题上的分歧与共产国际内部的情况无异，在共产国际里，一方面我们可以看到机会主义的、见风使舵的以及取消主义的一些人，另一方面，有些人则力求将党和群众抬高到革命的高水平，保持共产党的独立性。共产党应当在保留机动自由的同时，向群众指出一条简单明了、易于理解的行动路线。

季诺维也夫同志宣称，共产国际执行委员会在确定这一口号的过程中有时犯了错误，并且将这方面的一部分责任推给了拉狄克同志，而该同志似乎也乐于承担过错。然而对这个口号至今也没有作出清楚明确的解释。季诺维也夫同志回到最初的定义，说工人政府就是无产阶级专政的同义语。如果工人政府是对无产阶级专政口号的通俗翻译，那么我们就会像 1922 年 6 月的扩大全会上也曾同意那样对它表示同意，因为词语吓不倒我们。不过同时应当补充说明的是，工人政府这个口号的具体实现只有经过无产阶级以运用暴力的方式正面直接夺取政权之后才有可能。应当确定这个口号的实际含义，以避免出现以往发生的那类严重的错误和偏差。如果不给我们提供一个确切的定义，我们就宁肯彻底放弃这一口号，因为对这种情况下的优缺点进行权衡后我们发现，它的缺点更多。

意大利左派在意大利共产党与极端主义者的党之间相互关系问题上

所采取的立场，自然是以他们对共产党的发展过程具有明确的理解为基础的。在这个过程中，不仅有组织的方向，而且有政治的方向。但是，如果说共产党的建立常常是阶级斗争过程中力量对比实际进展的结果的话（在这种斗争中，社会民主党人和中派分子一直或明或暗地支持资产阶级），那么就应当承认这种进展所具有的决定性意义——我是说后来共产党人与社会民主党结成统一的有组织的整体、试图在共产国际的直接监督下在共产党内部组建派别，这些都是不能容许的和有害的，当然，实际斗争的某些情况除外，这时候共产党人可能处于和改良主义的社会党工人派别面对面的境地并确信自己在斗争本身中的影响力。这些派别就其状况而言都是共产国际右翼的派别，它们的存在只会妨碍作为工人阶级整体组织的共产党的发展，有助于共产党内部那些并不懂得团结的真正含义的派别得到巩固，而我们所理解的团结**只能是在共产党统一领导下的工人群众的团结。**

季诺维也夫同志摘引了我的文章中的一段话，据说是可以证明我们拒不改正理论错误的顽固态度。现在我完全照录那番原话：

"罗马提纲中包含着一个论断：共产主义的策略为党提供了摆脱现存局面的手段。

恰恰相反，那种在现存局面中寻求选择策略方法的说明和指示的策略是非共产主义的。"

这并不意味着我们拒绝利用现有的局势，或者更糟，准备不考虑局势而贸然行动。整个实质就在于，要借助于事先确定的策略方法利用现存局势，并在这种方法中增加适合于现有局势的内容，亦即从局势中获得具体可行、符合实际的指示、口号，等等。看待问题的这种观点使我们不得不坚持让共产国际谴责某些情况下带有简单化了的马基雅弗利主义痕迹的实践折中主义；这种折中主义表现在对"工人政府"这一口号的各种机会主义的解释之中，这时候为了尽快将工人群众争取到自己一方并消灭中派各党，便认为可以根据情况时而将它们"吸收"到自己的队伍中来，时而与它们进行斗争，时而奉承它们的领导人，时而痛斥他们，单独采用这些手段中的任何一种，要么数种同时使用。

为了教训我们，有些人常常引用列宁论述革命策略灵活性和论述妥协之类的话。然而被某些人称之为**列宁的机会主义**的灵活策略，却正是伟大领袖机敏而勇敢的策略，他坚定地为自己瞄准目标并具备天才的直觉。我们却受到来自许许多多小列宁的威胁，他们浮出共产国际的水面，拿起列宁使用过的妥协的武器——列宁善于使用这个武器，但是到了他们这些人手里，它只会为无产阶级革命挖掘坟墓。同志们，在自己的政治策略中，我们已经习惯看见或者想象到同时来自右和左的危险。但是我们否认目前在共产国际内存在左的危险，或者按照不太恰当的说法，叫左倾取消主义潮流。第四次代表大会之后所犯的所有错误，都应该记到右派的账上。左右出击的策略手法是最容易的，但并不总是符合逻辑的；我们充当其代表的左派与盲动分子的急不可耐和昏昏沉沉地死守教条格格不入，但左派却懂得为了我们的积极有效的革命组织共产国际需要做些什么。

当前这个时期的特点，正像瓦尔加同志向我们所描述的那样，是经济形势表面上的稳定；这个时期与激进的和社会民主主义的政府纷纷建立的政治时期相吻合，是武装阶级斗争中的停顿期，新的革命浪潮的萌芽在其中逐渐消失的停顿期。不过根据客观事物的规律，资产阶级和社会民主党一定会利用它，将工人从革命党中分离出来。

这对于我们是一个相当艰难的时期，比武装斗争时期更为艰难。这时候就出现了取消派的思潮，发生了某些共产党领导人与敌对的机会主义者和中派分子在战斗前线称兄道弟的事情。

必须让党的策略永远将党与其他无产阶级的或假冒无产阶级的党区分开来，让它在内部保持严格的纪律和组织上的团结，从而实现对党员和领导人的监督。同时党应该经过真正马克思主义、共产主义的锻炼，不仅是在战士的智力培训方面，而且是在对他们进行精神传播方面这样做。

不过为了这种监督和集中不致具有无益的过分严格的性质，必须由共产国际十分明确地而不是粗略地规定出策略路线，谴责一切右倾思潮，不能出于随机行事而人为地制造并不存在的左倾的危险。共产国际内部左倾危险的可能性应予排除，因为共产国际就是世界无产阶级的左派运动。当总策略的路线不再模糊和不确定，而是对我们每个人来说都很明确和清楚的时候，这个集中统一的共产主义组织，换而言之即世界性的共产党，就无须去解决如此之多的个人和地方性质的问题。

我们一直密切关注德国党富有教训的那场危机，现在我们毅然宣称，尽管在某些实质性问题上我们与如今受到党内绝大多数人信任的德国左派之间存在着分歧，我们仍然在许多方面赞同德国同志对不久之前存在的状况所作的批判性评价；在许多地方这种评价都与我们不谋而合，所以我们衷心地希望德国左派队伍中的同志们能够将英勇的德国无产阶级置于列宁主义的坚强领导之下，我们作为共产主义者，对他们热烈地表示声援。

同志们，我们高度评价已经取得的经验。这种经验证明我们的批评是正确的。有时这种批评曾被认为很抽象，然而现在未必能否认实践已经对其加以证实。

在事先确切、明晰、合乎逻辑地制定出自己行动的基本路线的世界共产党内，就不致出现季诺维也夫同志提出并马上得到特兰同志附和的非此即彼的选择：博尔迪加抑或共产国际。

在这样的党内，类似的两难选择绝不会发生。

什麦拉尔（捷克斯洛伐克）：

捷克党代表团委托我作如下声明：

我们认为，代表大会有必要以批评的态度讨论每一个分部的状况和活动。大会的看法将会促使该党意识到自身的不足，加紧以共产主义的标准加强自身的工作。

我们党的确是一个并未定型的布尔什维主义的党；除了俄国党之外，那样的党在共产国际里根本没有。季诺维也夫同志报告谈及我们的那个部分的基调就是指出这一事实，引发了我对此的注意。我们以最严肃的方式对待这些忠告和指示，对共产国际领导机关的经验给予应有的评价。我们坚信，在世界代表大会的影响下，我们党的全体党员一定会加倍努力，以提高党的活动能力。

不过，我们不能不顺便提及，我们并不是在各方面都同意季诺维也夫同志的报告。在党的代表大会之后，我们党发动了一系列抗议行动，有计划地增强了积极性。自然，任何一个采取行动的人都有犯错误的危险，因此对我们所作所为进行分析，同时指出在这种或者那种情况下应当如何行动，这理应成为批评的基础。当然，我们党为类似的批评提供了口实。但是季诺维也夫同志所列举的那些情况（古拉同志的文章，对瓦涅克同志根据不足的批评，对党中央在喀尔巴阡罗斯选举期间的活动及其在农民问题上的政策的评价）一部分阐释得不正确或者言过其实。季诺维也夫同志自己也提到，他并不可能充分关注捷克共产党的活动。他所引述的事件中，有些事情上他所得到的信息是不准确的。他对中央委员会在喀尔巴阡罗斯选举中的立场的评价并不符合事实，他所作的进一步的解释也与事实不符。德国事件一个具体阶段的进程对古拉同志造成了影响，不知事情是否关系到取消第三和第四次代表大会关于争取无产阶级大多数这一问题上的观点，但他绝对没有由此得出季诺维也夫同志所提到的那些结论。

为了表明我们党是积极的，它的中央委员会也表现出了主动精神，只需举出下列事例就足够了。

在最近的一次党代表大会上，党中央主动提出了民族问题的倡议并制订了提纲，提纲后来刊登在共产国际的《国外通讯》上，并未引起任何方面的反对。我们的议会党团利用它所得到的每一次机会，抗议对少数民族的压迫和对斯洛伐克居民的欺压。最近我们采取措施收集有关压迫少数民族的资料，问题并不在于中央委员会消极对待，而在于我们的许多地方组织缺乏对民族问题的强烈兴趣。就自身而言，我们已竭尽所能地唤起这种兴趣。在代表大会上还会根据相应的议事日程项目谈及这一问题。

党中央在工厂委员会运动问题上也表现出主动精神，其中在最近的一次捷克代表会议上就通过了一系列相应的决议。我们所做的努力的首个成果就是召开了布拉格地区工厂委员会代表大会。

在工厂工会支部的基础上建立的党组织，是党中央所表现的主动精神的又一成果。

党中央还在农民问题上表现出了主动精神；关于这一点，我们还将根据议事日程的另一个项目加以讲述。数月之前，在中央委员内建立了一个农民问题专门秘书处；主持该秘书处的，指派的是一位精力充沛、熟悉业务的同志，他一直坚持不懈地将党组织的注意力倾注在农民问题上。诚然，建立这样的秘书处我们做得有点晚了，但是我们希望对国内的运动哪怕预先打下初步的基础。由于我们的努力，运动明显地发展了，所以我不顾夸大其词的危险，认为自己可以肯定地说，我们已经组织起来的农民的比例，比俄国党和保加利亚党之外的其他任何国家的党都要高。更重要的是，很大程度上是由于我们所开展的活动的结果，在遭到小农们的反对之后，农业党和教权主义党队伍中的分化明显加剧，已经导致后一个党内的分裂。

尽管经济危机和失业现象不亚于其他各国,在捷克斯洛伐克,自捷克斯洛伐克共产党诞生之日起,就既未遭遇严重的对外冲突,也未经历国内的灾难,哪怕是类似于俄国占领和德国货币崩溃那样的事情也没有。诚然,在任何国家里,时值共产党诞生之际的无产阶级内部,都不曾像在捷克斯洛伐克那样,如此普遍地存在着幻想。失业和工资下降的时期,由于货币的稳定,又增加了对于经济巩固的新的幻想和希望。捷克斯洛伐克共产党在捷克斯洛伐克的1350万人口中拥有13万党员,无疑是一个十分强大的工人政党,而在国家的一部分地方它已经拥有无产阶级的大多数以及一部分农民,这种情况无疑足以推翻对党中央消极被动的指责。除了农业党和教权主义党以外,分化现象也可以在两个最大的社会民主党的队伍中看到,这种分化只能是我们党所开展的活动和揭露性质的运动的结果。即便在捷克社会民主党还保持着自己的影响力的工业地区,它也不得不与反对派打交道。我们共产党反对叛卖行为,在联合政府和某些执政党的队伍中引发了严重的危机。它给整个政府系统以打击,动摇了包括农民和小资产阶级在内的广泛各阶层对政府的整个政策的信任,以往这些人对我们的宣传是格格不入的。在德国的革命危机期间,中央委员会在自己的全部活动中,在报刊上和各种讲话里都坚持德国革命即将到来的方针。我们在士兵中的宣传也值得注意,不过我们当然不敢将其与我们的法国和德国同志在占领军中的令人惊叹的工作相提并论。我们可以确认的是,在最近的慕尼黑选举中,拥有选举权的士兵投了共产党人赞成票的达35%—40%,以致政府至今不敢公布选举的统计资料,同样,在最近数星期的慕尼黑选举中,两个区驻扎的卫戍部队在选举日奉命悉数出动,因为事先已经知道士兵们要投共产党人的赞成票。正在监狱中服刑的士兵同志便是亲眼目睹我们的党并没有消极观望的见证人。

对于季诺维也夫同志就1923年初我们最近的一次党代表大会所通

过的有关工人政府问题提纲提出的批评意见,我要说的是,通过这份提纲使我们全都无一例外地认为,它完全符合第四次代表大会的决议,顺便说说,该决议中提到:

"社会民主党人跟资产阶级实行公开的或隐蔽的联合,而共产党人则针锋相对地主张实现所有工人的统一战线,主张一切工人政党在经济和政治领域联合起来,同资产阶级政权作斗争并最终将其推翻"。①

当时我们任何人都不曾料到,我们的提纲中论述资产阶级民主范围的地方,会与第四次世界代表大会决议中的下述地方相矛盾:

"但是,即使那种在议会活动中产生的工人政府,也就是纯粹源自议会的政府,也可能提供使革命的工人运动有所活跃的机会"。②

在党代表大会上反对该提纲的只有这样一些同志:他们不同意统一战线和工人政府这整个策略,同时也反对共产国际的决议。其余的人都一致同意该提纲,包括执行委员会的代表。我们并不是想以此说明我们现在还坚持当时共产国际和我们党所通过的决议和提纲,但是我们反对指责我们缺乏原则性,因为当时我们完全是站在共产国际决议的立场上。

与任何一个策略措施一样,统一战线和工人政府的口号在其运用的过程中,总会遭到由于不同时期和不同国家的不同情况所产生的改变。在第五次代表大会上可以而且应当确定,当前的形势与1923年初的形

---

① 参见《国际共产主义运动历史文献》中央编译出版社2012年版第35卷第563页。——编者注
② 参见《国际共产主义运动历史文献》中央编译出版社2012年版第35卷第563页。——编者注

势有何不同，目前需要在何种程度上向统一战线和工人政府的策略增加新的内容。

对我们来说，统一战线和工人政府的口号就是进行宣传和战术迂回的巨大辅助手段。我们远未看出工人政府中有经久不变的东西或者会取消夺取政权的革命斗争的东西；我们认为，建立工人政府这件事本身就会了结这场斗争。我们至今在实行统一战线的策略时，所有自上而下实行的尝试都遭到失败，而自下而上进行时则获得了成功。最近的这些成功在很大程度上可以用社会爱国主义的领导人们对自上而下的统一战线的抵制来解释。在这个阶段，我们认为必须加强建立自下而上的统一战线的努力。至于实行自上而下的统一战线的尝试，我们则应该少搞，借助于改良主义者的上层组织的事，只有在群众团结一致展开广泛的抗议行动时才能够做。

特兰（主席）：

代表大会昨天决定为拉狄克同志提供一小时发言时间。

拉狄克（苏联）：

尊敬的各位同志，正如你们已经知道的那样，俄国共产党的代表大会一致表示反对最近数月我在一系列具有国际意义的问题上所坚持的观点。（呼喊声：“好！”鲁特·费舍：“正确！”）

这个事实足以让我在共产国际发展的现阶段和本次代表大会上不再坚持我的观点。

在我看来，季诺维也夫同志的讲话意味着取消第四次代表大会有关统一战线策略的决议。（高呼声：“啊呀呀”）……对科尔施同志而言这并没有什么可怕的，对其他人来说这也许就可怕了，这样一来，可能让共产国际的前途处于危险境地……迫使我在代表大会上向俄共代表团提出,允许我陈述我特殊的观点。我得到了这种允许,所以现在我面临一个任务:对季诺维也夫同志的结论和某些左派同志在代表大会上或报刊上讲述的结论进行批评性的分析,同时大略描述我的依我之见在我们今后的工作中应当坚持的基本路线。

同志们,这里提出4个问题:1. 我们的统一战线策略是如何产生的,它是怎么一回事;2. 关于我们在贯彻统一战策的过程中(主要是在德国)所积累的经验问题;3. 当前的形势如何,我们应当做些什么;4. 共产国际内的形势如何,在我们的各个党内应当执行什么样的策略路线?

我从第一个问题讲起——关于统一战线策略的产生。季诺维也夫同志在这里试图阐明这一问题的历史,同时提出了两个论点。第一,共产国际1917—1920年在西方(俄罗斯除外)是由不多一些宣传性质的党派和团体组成的,只是在1921年我们才变作了一支各国群众性党派的队伍。这种说法并不符合实际,每一位同志都很清楚。1919年在德国,我们的小小的共产党领导了比1920年之后更大规模的群众性革命战斗;无论如何我们夺得了并用战斗捍卫了巴伐利亚政权。在匈牙利,我们小小的共产党为政权而斗争,夺得了它(它并不是从天上掉下来的),并在4个月半的时间里手持武器捍卫了这个政权。

同志们!季诺维也夫同志所提出的第二个论点(它与第一个论点有着内在的联系)指出,统一战线策略和工农政府的口号只不过是根据这个事实而来:俄国农民和俄国士兵不懂拉丁语,他们不知道无产阶级专政为何物,所以这个口号是先翻译成俄语,然后翻译成德语、英语等语言,工人政府的口号也是像翻译无产阶级专政的口号那样产生的。

亲爱的同志们!1918—1920年中欧的工人懂得拉丁语,其他一些人也开始懂得了。无论如何,德国工人是熟悉这种语言的。就靠这个拉丁语,1920年我们将广大工人群众从社会民主党内吸引出来,又在哈雷代表大会上分化了独立社会民主党，我们这才成长为群众性的政党。我们在1921年将拉丁词语"无产阶级专政"翻译成德语、法语等语言之后，结果我们现在倒要第二次坐在代表大会上努力理解这个译文的意思。（高呼声："机会主义的译文。"）我们一再听到恢复为拉丁语的建议。我认为，不言而喻，季诺维也夫同志十分熟悉共产国际的历史，提出两个不正确的论点的目的在于**掩盖一个事实**。这个事实有如下述。**1919年和1920年时期我们经历了第二次世界革命浪潮**（第一次是俄国革命）。这第二次世界革命浪潮掀起后，进行了激烈的夺权斗争，当时资本主义危机在广大群众看来比任何时候都更为明显，夺取政权的问题对于他们而言同样列入了议事日程。1920年之后，我们经历了在波兰和意大利的失败，伴随着削弱了资产阶级进攻的经济危机的发生，开始了我们在第三次代表大会上描述的所谓新阶级。**我们当时说，第二次革命浪潮业已过去，第三次浪潮会由于资本主义内部和工人阶级内部的历史进程的结果而发生。**现在我们必须拦截往后退的群众，必须重新将他们集合起来，把凭感觉的社会主义者和共产主义者造就为刚强的战士。为达此目的，我们首先采用了统一战线策略，其次力求找到与这一策略相适应的口号。我在第四次代表大会上所作的关于资产阶级进攻的报告证明，这并不是现在为了当前的需要而创立的具有历史意义的理论，当时我已经提出的正是这个观点。

　　同志们，请回忆一下，**这个统一战线策略在德国是如何凭经验随意产生的**。季诺维也夫同志完全正确，他说，如果认为是哪一个同志无中生有杜撰出了这个统一战线策略，那是可笑的。它是在1920年底形成的环境的压力下产生的，资产阶级的进攻将工人阶级击退；数个月期间摆在议事日程上的已经不是夺取政权，而是抵抗资产阶级的进攻，他们威胁说要消灭一切革命成果。由于现在的问题并不是夺取政权，由于所有的工人都感觉到在捍卫八小时工作日与物价昂贵作斗争等问题上利益一致,那么吸引工人阶级离开社会民主党(如果我们要争取组织夺取政权的斗争,这可是我们在将来必经解决的先期的任务)的最好方法就是,用这种防御性的斗争将**领导权夺取到自己手中,并且告诉工人们:让我们不顾党派分歧,齐心协力地共同斗争吧。**

哈雷代表大会上独立社会民主党分裂之后,任何一个德国共产党人都感觉到,拥护无产阶级专政的工人们已经被我们吸收到了党内,而足以争取到广大群众的并不是通过宣传专政口号的途径——我们应当在日常的斗争过程中与他们密切关系,和他们提出共同的口号。这个策略就是这样产生的。同志们,既然它并不是某一个同志的策略艺术的产物,而是在判断形势的土壤上有机地生长出来的,那么也就不会意味着这一形势的实质当即、随处都会被我们的同志们所理解。这可是历史事实,由于现今的种种分歧,回忆一下这个事实很有意思,那就是:**执行委员会的许多领导同志当时都把 1921 年 1 月 8 日的公开信视做一种机会主义的倾向。**(摄影师开始工作)……同志们,请不要把我的机会主义失误照得这么亮嘛!……一部分举足轻重的执行委员会委员曾准备拒绝承认我在德国所作的策略转变,这是事实,**只是列宁加以干预,才使得许多类似情况中的这一次拒绝承认未能办到。**将统一战线策略和"公开信"作为楷模提出来,正是**根据列宁的要求**才载入了第三次代表大会的决议,这也是事实。谁也不会对这个事实提出辩驳,但是,同志们,德国党未能立即采取坚定的方针,它在 1921 年 3 月让自己处于孤立地位,统一战线策略只是在数月之后才在扩大的执行委员会在提纲中获得正式承认,这一切的原因之一就是那一次犹豫不决。那些未能在内部得到克服的障碍,在关于过渡时期的要求、关于夺取贵重实物以及关于税收计划等方面的意见分歧中暴露了出来。这些障碍在涉及工农政府的问题上也有所反映。

同志们,第四次代表大会上工农政府问题的情况究竟如何呢?

时光飞逝，我们行将忘记我们的各种决议，许多人关心的就是要让我们将其统统忘记。季诺维也夫同志在这里描绘了一幅图景，对它还是不要看为好。按照他的说法，他充分感觉到工农政府这个口号就容许各工人政党联合起来的意义而言是有机会主义的色彩，可能会发挥机会主义的作用。然而他又受了我的诱惑性的影响，所以结果就是，在第四次代表大会的委员会会议上受到浮士德引诱的格蕾琴转眼之间便犯下了罪。同志们，这个不中用的浮士德让一粒老鼠屎坏了季诺维也夫同志的一锅汤。不过，我应当打破这一传说，无论这个角色多么让我引以为荣，就算是浮士德或者美菲斯托菲尔的角色也罢。就像忠实的恋人一样，我一直保持着情书。同志们，我面前就是季诺维也夫同志撰写的决议的最初草案，它反映了季诺维也夫同志纯真的善良品德。很遗憾在这个草案中，不仅包含了我所谈论的季诺维也夫同志唯一的一件犯罪事实，而且还有第二件。季诺维也夫同志在自己的草案中写道："**共产党人在捍卫统一战线策略时，在某些情况下，不应当拒绝与非共产主义的一些政党和集团建立旨在反对资产阶级的政府。**"这是第一个论点。第二个论点更好，说的是："**共产党人从不拒绝与其他的工人政党达成协议，在这些党的领导人是社会民主党人、基督教社会主义者之类的人的情况下也是如此。**"（布兰德勒："非常明智。"）

非常明智，我时至今日也认为这非常明智，还可以补充说，这里提到基督教社会主义并不是出于对基督教社会主义者的热爱，正如你们所知道的，季诺维也夫同志早在俄国党代表大会上即曾宣称：我不是基督教社会主义者，而是出于对德国天主教中心的某些领导人作出的某种选择，这些领导人常说，基督教工会也许会参加政府。

同志们，当然决议是在季诺维也夫同志的草案的基础上周密地制定出来的，在基本政治路线、草案的基调方面都毫无变更。我认为需要无条件地**逐字引用决议的这个地方**，这是一处很出色的地方，我们大家都读过，但并不是人人都牢记不忘。根据我的统计计算，这个决议中的过错由季诺维也夫同志的2处增加到7处。但是正像常有的情形那样所有这些过错都是第一个过错的结果。没有第一个，也就没有其余的各个。

这项决议究竟讲了一些什么呢？

极为重要的是，要让这一切变得一目了然，因为那样才能让下面两点也变得清楚起来：第一，莱比锡和布拉格①的决议不外乎是该决议的翻版；第二，现在打算**撤销第四次代表大会的一些决定**。该决议中说了些什么呢？

"工人政府（或工农政府）这个口号，作为一般的宣传口号来说，几乎在任何地方都可以应用。但是，在资产阶级的社会状况特别不稳的国家里，在工人政党与资产阶级之间的力量对比已经把政府问题作为一个在实践上必须加以解决的问题提上日程的国家里，工人政府**作为当前的政治口号**就具有最大的意义。在**这些**国家里，工人政府这个口号是统一战线整个策略的必然结论。

第二国际的各个党企图通过宣传和实现社会民主党人和资产者的联合政府，来'拯救'这些国家的局势。不久以前，第二国际的一些党（例如在德国）试图拒绝公开参加这种联合政府，同时又以隐蔽的方式促其实现，这种做法不过是安抚愤怒抗议的群众的一种手腕，不过是对工人群众进行巧妙的欺骗。社会民主党人跟资产阶级实行公开的或隐蔽的联合，而共产党人则针锋相对地主张实现所有工人的统一战线，主张一切工人政党在经济和政治领域联合起来，同资产阶级政权作斗争并最终将其推翻。在全体工人对资产阶级进行的联合斗争中，整个国家机器应该转入工人政府手中，从而加强工人阶级的统治地位。

工人政府最基本的任务应当是武装无产阶级，解除资产阶级反革命组织的武装，监督生产，把赋税的主要负担加在富人肩上，以及粉碎反革命资产阶级

---

① 德国共产党的莱比锡代表大会和捷克斯洛伐克共产党的布拉格代表大会都通过了工人政府的口号，其措词被德国左派和季诺维也夫同志宣称为机会主义的说法。

的反抗。

只有当工人政府是从群众自身的斗争中诞生，并由处于最底层的受压迫群众所建立的有战斗力的工人组织为后盾，才可能有这样一种工人政府。但是，即使那种在议会活动中产生的工人政府，也就是纯粹源自议会的政府，也**可能提供**使革命的工人运动有所活跃的机会。当然，要建立真正的工人政府，并使这个执行革命政策的工人政府存在下去，就必须同资产阶级进行残酷斗争，也可能是国内战争。只要无产阶级想建立这种工人政府，从一开始起就要遇到资产阶级的最强烈的反抗。所以说，工人政府这个口号对团结无产阶级和发动革命斗争是适合的。

在某种情况下，共产党人应该表示准备同非共产主义的工人党和工人组织一起成立工人政府。但是，只有在能保证使这个工人政府真正进行上述意义上的反对资产阶级的斗争时，他们才能够这样做。同时，共产党人参加这种政府的当然前提是：

1. 只有在共产国际同意之后才能参加工人政府；
2. 参加这种政府的共产党人处于本党的最严格的监督之下；
3. 参加这种工人政府的共产党人必须同革命的群众组织保持最密切的联系；
4. 共产党绝对保持自己本来的面貌和进行宣传鼓动的充分独立性。

工人政府这个口号虽然具有种种巨大的优点，可是，它正如同统一战线的整个策略一样，也包含有自己的危险性。为了避免这些危险，共产党必须看到：任何资产者的政府同时都是资产阶级的政府，但是，并非任何工人政府都是真正的无产阶级的政府，即革命的无产者行使政权的工具。共产国际应当考虑到下述可能：

甲、虚有其表的工人政府

1. **自由党**工人政府。这种政府在澳大利亚存在过；这种政府不久的将来也可能在英国出现。
2. **社会民主党**的工人政府（德国）。

乙、真正的工人政府

3. 工人与贫农政府。在巴尔干半岛、捷克斯洛伐克等地存在着这种可能。

4. 共产党人参加的工人政府。

5. 真正革命的无产阶级工人政府，只有共产党才能够名副其实地体现这种政府。

共产党人还准备同那些尚未认识到无产阶级专政必要性的工人携手并进。因此，共产党人也准备在一定条件下和有一定保证时支持徒有其表的工人政府，当然只有在这种政府代表工人利益的时候。但是，共产党人同样要向工人公开讲清楚：没有反对资产阶级的革命斗争，工人政府既无法建立，也无法存在下去。只有决心至少为实现工人最重要的日常要求而同资产阶级进行严肃斗争的政府，才可以被视为真正的工人政府。共产党人只能参加这种工人政府。

前两种类型的徒有其表的工人政府（自由党的和社会民主党的）都不是革命的政府，但是，它们有可能加速资产阶级权力的瓦解过程。另外两种类型的工人政府（工农政府，社会民主党和共产党的联合政府）也还不是无产阶级专政，甚至也不是达到这种专政的历史上不可避免的过渡阶段，但是，如果它们在什么地方出现，都是争取这种专政的重要起点。只有由共产党人组成的真正的工人政府（第五种类型），才是完善的无产阶级专政。"①

同志们，这是标准的革命！这并不是混进了老鼠屎的汤。这项决议包含着对统一战线的种种危险的警告，同时清楚地理解到，我们也许为了争取专政不得不**通过迂回的道路并经历某些过渡阶段**。我的朋友布哈林（我们在争论时经常以朋友相称）在去年的俄国党代表大会上所作的报告中，将不理解达到专政必须通过某些阶段定为左倾。（弗赖穆特："恰好相反。"）……你们都听到了，弗赖穆特打算通过专政走向萨克森工人政府。（弗赖穆特："这是你的论断！"。克莱内："是您通过无产阶级专政走向萨克森工人政府。"）……克莱内同志，我还会同您单独地谈。

---

① 参见《国际共产主义运动历史文献》中央编译出版社2013年版第35卷第562—565页。——编者注

我当时怀疑，我们通过共同的努力所达到并且选择其纳入关于工人政府的决议中的那种对问题的理解究竟有多坚定，它会不会在某些左派同志的压力下产生紊乱；因为季诺维也夫同志十分客气地听完了我的报告，我便故意将相应的表述变得很尖锐，为的是给他提供一个机会，如果他认为它们不可接受的话，可以提出反对。这样，我们就会完全弄清一切。下面是我当时的表述：

"现在我来谈谈在我们反对资本进攻的斗争中起很大作用的一个问题，这一问题在季诺维也夫同志关于我们在讨论反对资本的进攻时不能不讨论的工人政府问题的策略论述中曾起过很大的作用。季诺维也夫同志在其论述中从思想上区分了工人政府的可能形式，我赞成这种区分的尝试，我只是提出波兰、南斯拉夫、保加利亚和罗马尼亚等国的一种工农政府的类型来作些补充。在这方面，对我们来说重要的是，不去从思想上加以区分，而是提出一个问题：**工人群众——不仅共产党人——在谈论工人政府时他们想的是什么？**我只想指出这一思想已得到反响的国家：英国、德国和捷克斯洛伐克。在英国，他们想的是工党。那里的共产主义尚未形成群众力量。在资本衰落的国度里这一思想是同统一战线生动地联系在一起的，因此，如同工人自己说的那样，统一战线意味着共产党人和社会民主党人在工厂罢工时不是互相拆台，而是并肩前进，这样工人政府的思想对工人群众就具有相同的意义了，**他们想的是所有工人政党的政府**。对这些群众来讲，这在实践上和政治上意味着什么呢？我们应当回答这一问题。我们对这一问题的态度如何？如果研究一下实际上有多大可能建立这种工人联合政府，人们就能找到一千个有趣的答案。我们可以说，工人政府虽然不是必然的道路，但却是可能的道路。我们可以用季诺维也夫同志的话似是而非地说，工人政府并不是必然的，而也许是最不可能的道路。在政治上，这一问题将取决于**社会民主党是否直至其灭亡都将同资产阶级合作**的事实。如果情况如此，那么工人政府只能是共产主义的无产阶级的专政。我们决定不了社会民主党的政策。如果我们在我们反对资本进攻的斗争中走到群众面前，我们需要决定的是我们是否能对他们说，**我们愿为工人联合政府而斗争，并为此创**

造条件。

　　这个问题,如果我们从所谓的理论上去斟酌,它就会成为使群众感到迷惘的一个问题。我认为,如果斗争涉及到统一战线,我们就应当明确无误地说,**如果社会民主党的工人群众迫使其领袖们同资产阶级决裂,我们就准备参加工人政府,假如这个政府将成为阶级斗争的一个机关的话**。我的意见是:假如这个政府愿意同我们一起斗争的话。当然,如果形势达到烤熟了的鸽子自天而降的程度:帝国之内毫无变化,斯汀尼斯拥有煤炭,保皇党人掌握军队,谢德曼只掌管威廉大街①,我们也被邀请到这条大街上来;如果我们的迈耶尔同志穿上燕尾服(笑声),挽起了颇不顺从的鲁特·费舍同志的胳臂(笑声)将她带到首相府,如果存在这些历史前景,那么对这一思想就应该提出下面的异议:首先,一位少尉会带十个人来将迈耶尔、谢德曼和鲁特·费舍同志搞掉,然后,工人政府即宣告完结。可是,在反对资本进攻的斗争中重要的并不是议会中的联合,而是**可以动员群众的讲台和进行斗争的纲领**。问题是:社会民主党是否会被资产阶级从联合政府抛出来,躲在一个安静的角落里抗议;让他们在联合政府中腐烂,还是由我们帮助群众强迫他们开始战斗?人们可能会问:何必去为他们将如何行事而大伤脑筋?如果这只涉及社会民主党的领袖们,那我们当然宁愿让他们腐烂下去。然而如果这涉及动员社会民主党的工人群众,我们就必须拿出一个积极的纲领来。这同无产阶级专政有多大矛盾,同内战有多大矛盾?这种矛盾好像前厅与房间的关系。('说得很正确!')如果房门锁上了,可以破墙而入,甚至可以从烟囱钻进来。我第一次听说无产阶级主要在屋顶上筑街垒。如果资产阶级在某一个国家甚至将政府交给了社会民主党和共产党——匈牙利的例子表明,在历史上不排除这种可能——,那么接着出现的将是最激烈的斗争时期,也可能出现11月9日德国资产阶级所面临的那样的形势,那时他们干脆销声匿迹了。他们可能处于这样一种形势,即将政权交给我们,希望我们不会有能力保住政权。不管我们是通过内战参加政府,还是由于资产阶级的无能

---

　　① 威廉大街在柏林。德国首相设在这条街上,因此威廉大街就成了德国外交政策的象征。——译者注

而取得政权，工人政府的结果都是内战。如不进行内战，工人阶级就不能保住政权。这并不意味着我们共产党人会说：没有内战我们就不能生活，如同汤姆·索亚自以为是地认为，必须穿过地下通道去解救黑人，虽然门都开着；也不意味着我们说：没有内战我就不掌权，没有内战我就不高兴（笑声），而是由于季诺维也夫同志所列举的简单的原因：资产阶级有时可能表现出无能，但是不经过激烈的斗争他们不会最后放弃政权。如果社会民主党没有能力进行战斗，我们就将不理睬他们而继续前进。工人政府建立之处，将只是为建立无产阶级专政而斗争的一个出发点，因为即使一个在民主基础上产生的工人政府也不会为资产阶级所容。情况将表明，人们不得不这样做。社会民主党的工人必须成为共产党人，他们为了捍卫自己的政权必须进行内战。因此我认为，在实践中，在事物的发展中，没有大的沉沦的危险威胁我们，对我们造成威胁的是真正的阶级斗争，而不是像在不伦瑞克和图林根这种偏僻、不经过内战人们就能坐到政府里的小地方的议会制政府问题。我不想以此表示，人们应当对这些问题持无所谓的态度。工人政府的口号是一个必要的方向性的口号，这一口号使统战线有了统一的政治目标。工人为了争取建立工人政府和为了监督生产而团结战斗的时刻，将意味着我们反攻的开始，因为如果我们不仅仅捍卫瞬息即逝的东西，**而是为了夺取新的阵地而斗争，反攻就开始了**。①"

所以，我并不是在委员会里，不是在私下的争论和交谈中，而是作为执行委员会正式的报告人在第四次代表大会的公开会议上提出几种可能性，革命的利益会要求我们对这些可能性加以重视：1. 建议信仰共产主义的工人群众即使与**社会民主党也要进行联合**；2. 公开声明我们准备在一定的条件下，**在实际上实现这种可能性，而不仅仅将其用作宣传手段**，无论是季诺维也夫同志还是执行委员会都不曾否定我的意见。布哈林也未置一词。现在我们却听说这使共产国际的许多成

---

① 参见《国际共产主义运动历史文献》中央编译出版社2013年版第34卷第366—369页。——编者注

员产生了错觉。什麦拉尔同志如今对我们说,既然季诺维也夫同志都没有看出我在第四次代表大会上的讲话中的机会主义,可怜的捷克斯洛伐克人又怎么能够发现呢?同志们,不单是处于相当郁闷状态的什麦拉尔同志会提出这样的问题。季诺维也夫同志的默不做声还让其他许多同志产生错觉。有一个同志,他虽然有着一个毫不显眼的名字克莱内,他在德国和法国以及相邻的其他一些国家里却傲气十足。

我面前是克莱内同志1923年2月1日的一篇文章(刊登于德文版《国际》杂志)。在这篇指向德国左派并在德共党代表大会前夕面世的论战性的文章中,这位目前如此之左、如此反对机会主义的同志说过以下的话——那还是在布兰德勒提纲问世之前。(克莱内叫喊:"你们同这篇文章作斗争,表明它并不那么差劲。")

"近来我们频频表示一种意愿,准备为了无产阶级的利益而**步调一致地与改良主义**的政党作斗争,即便这种斗争所采取的措施微不足道也罢——**这种意愿并不是在耍花招,也不是一种策略性的手法,而是事实**。正如我们所提出的建立工人政府的可能性也同样不是一种花招或军事计谋。它在一些存在着资产阶级分化现象的国家尚未成为事实,因为社会民主党人不想要这种机遇,害怕出现这种可能性。但是它不仅仅是可以实现的:**很难想象在无产阶级进行防御战争的过程中不会到处出现工人政府,这场战争一直会进行到一个统一的包括广大革命群众的共产党,而共产党将实现阶级的专政**。自然,工人政府只有在反对资产阶级和联合政策的过程中才能产生,而这种政策则是改良主义的领导者们在资产阶级的地位由于国际国内的麻烦而变得特别不稳的时刻,在群众的压力下迫不得已所做出的让步。

正是因为工人政府还**不是无产阶级专政**,而只不过是**工人政党**的政府,它所依靠的是统一战线的议会外战斗机构,所以在这种工人政府的政策中的摇摆不定是无可避免的。"

接下来还有：

"如果工人政府**能够**在资产阶级民主的范围内产生，那么它要想保障自己的生存就只能跨越这些界限。"

后来有人说，社会民主党可以千百次地改变自己的立场。果然如此，"什么比小资产者的政策更容易动摇？"——有人问克莱内同志。但是克莱内同志回答说：这毫无意义，就算我们会被打败，可是我们会通过这样的途径赢得群众。这是克莱内同志在莱比锡代表大会前夕所写的话。而我们的主席特兰同志在《真理报》上评论**法国选举的结果**的文章则以这样的话结束："工人政府乃是**通向专政的道路的一个阶段。**"他为《共产国际》杂志的代表大会一期写了一篇文章，在该文中他再一次说，工人政府**并不是专政，而只是专政道路上的一个阶段。**可是昨天他在这里发言时却说：完全同意季诺维也夫同志的话，他对工人政府的表述好极了，工人政府就是**成长过程中**的无产阶级专政。你们都记得，马克思感到多么伤心，说蒲鲁东一直研究黑格尔，因为黑格尔在不少地方把蒲鲁东弄糊涂了。我们发现，黑格尔对特兰同志在领会"成长"这一概念方面却产生了良好的影响，他帮助特兰同志摆脱了灾难。（德国代表团方向发出呼喊声："是矫正的好办法。"）

但是问题不在于一再重复同样的话。季诺维也夫同志是对的，他说："如果说我们在第四次代表大会上自觉或不自觉地迈出了结果证明是机会主义的一步，这一步应当成为我们的教训。"

尊敬的同志们，现在我来读读报告的第二部分，即我们所积累的经验，我要说的是我们是如何改正错误的，因为许多人都认为他们已经改正了。

保加利亚事件之后，保加利亚共产党向支持灿科夫白色政府的**保加利亚社会民主党**提出，要**与它结成联盟。**

随后我们又决定，让德国共产党参加**萨克森政府**。萨克森失败之后，我们的**法国同志们**提出，**要我们同意与法国社民主党在选举中采取共同行动**，说在法国只是在有着共同的名单时才可能参选。（高呼声："你们听听，你们听听！"）同志们，我们将对事件进行审查。首先对这两个步骤进行审查，它们并未导致灾难；联盟未能实现，因为对方不愿意这样做。他们说：工人政府就是无产阶级专政，是它的化名。至今我一直推测，如果人们想要掩饰一些什么，他们才采用化名。但是，如果刚才还说：我的名字是兔子，可我却是拉狄克，这时候就没有任何意义了。当季诺维也夫同志在沙俄政府时期采用化名的时候，那他也就得想到要声明：其实这是我的化名，我的真名叫什么什么。

第二个主题——揭露社会民主党。我们都知道，社会民主党人从来都不能斗争，将来也不会斗争。但我们可以建议他们与我们共同进行斗争，以便揭露他们。在法国方面这就意味着，特兰同志知道社会民主党人不肯与我们结成联盟，所以他便故意装大方——向他们提出这个建议。他们拒绝了——假面具便被摘下了，群众也开始看清他们是不愿意和共产党人共同斗争。所以季诺维也夫同志才说：社会民主党人拒绝和我们结盟，便遭到了揭露，但是我们要告诉你们，这个建议正是为了揭穿他们才提出来的。尊敬的同志们，正如鲁特·费舍同志所说，有些同志相信我们是真诚地希望实行统一战线策略，对此可以加以嘲笑。尊敬的费舍同志，美德在私生活中并不是必须具备的。（掌声）请您不要以为我是在冒充品德高尚的人。**但是对于广大的工人群众而言，这并不是个道德问题，而是政策问题**。我们的统一战线策略的含义就是，我们**准备真诚地、公开地与愿意斗争的各工人政党走过一部分途程，那部分他们有能力与我们一道走过的途程**。（叫喊声："但是社会民主党人永远不会愿意斗争。"）季诺维也夫同志说，这一策略应该有个界限，社会民主党人是能够改变的，要是他们不想改变，不能同我们一路走到底，我们就会让我们的同志产生错觉。但是，同志们，这种事根本用不着隐瞒。我在以往的歧途中也曾就统一战线问题发表过反对王德威尔得和麦克唐纳讲话，而季诺维也夫同志十分客气，在三个国际开会期间给我写信："您的演讲好极了。"仅此一点已足以证明，我在这次会议上毫无隐瞒，而是说出了第二国际的真相。然而问题在于，这是如何发生的？王德威尔得认为建立统一战线的必不可少的条件——至少是相互信任。我回答他说：

"第二国际主席王德威尔得认为必须从自己一方进行某种平衡。他以我们曾在巴塞尔见过的那种声音和手势说这一番话（高呼声：'正确'），当他作为领袖发誓要带领我们与战争进行斗争的时候，王德威尔得那力量动人心魄的嗓音将我们瞬间带到了我们都信任他的那些时光，结果我们暂时忘记了，这个嗓音后来已经与大炮的轰鸣混杂到了一起。要是王德威尔得愿意，我们可以做个总结。要是王德威尔得想做，我们就作作最近8年间的总结，这个总结也许会破坏这次会议，但它对这位比利时王国前大臣而言，听起来会很不愉快。他忘记了血流成河，尸体堆积如山，世界的种种灾难。这个总结对他而言是不存在的。

进行总结的时候，他来见我们说：多少要点信任，最低限度的信任，很少一点儿信任，如果你们不能向我提供这种信任做保证，我们就没有什么可谈的。于是我们当面对公民王德威尔得说：**一丝一毫的信任也没有。我们已经为这种信任付出了代价，那就是此刻我们成了敌人还不得不寻求和解的途径，所以如果您到我们这里来用甜言蜜语大谈信任，那么我们会坚定地回答你说——不。为什么要信任？为了战争吗？为什么要信任？为了您作为比利时大臣与别人一起签订的凡尔赛和约吗？**您是代表组织讲话。属于这个组织的不单是小小的比利时。为了英国的占领而信任吗？为了各种罪行而信任吗？工党只是在口头上反对这些罪行，第二国际的主席在这里也对这些罪行闭口不提。社会革命党人柴金公布了一批证明文件，揭露根据英国政治警察的命令，高加索无产阶级的26位领导人被处死。死者的姓被披露。公民托马斯·肖是否在议会中询问过：马莱森将军、汤姆森将军对犯人们都干了些什么？您反对**阿尔汉格尔斯克罪犯**

们的发言在哪里？而您却说——信任呢？这是在问第二国际，它在这里的代表也是德国社会民主党的党员。

我们倒要问：杀害罗莎·卢森堡和卡尔·李卜克内西两位同志的凶犯在哪里？（'正确'——共产党人群中有人说）审判他们的是柏林的近卫师团的特别法庭，既然你们有勇气不以为然地谈论俄国的法庭，我们就对你们说：滚开，你们的双手沾满了罗莎·卢森堡、李卜克内西的鲜血，（共产党人中响起暴风雨般的掌声）沾满了莱维内的鲜血，他不是在大街上被匪徒们杀害，而是根据你们的法庭的判决被处死的，（转身向着德国社会民主党的代表们）这时候你们都在议会里，那是无产阶级的信任把你送到那里去的，他们却被你们欺骗了。不过这时候你们会说：'既然如此，你们干吗要开这个会，施展策略手段有什么意义？我要公开地冷淡地当面告诉你们，我们想要干什么。你们来参加这个会议，是因为你们不得不来；你们曾经是世界反动势力的工具，现在无论你们愿意与否，不得不成为为无产阶级的利益而斗争的工具。我们毫无信任地对你们说：我们和你们坐到同一张桌子旁边，我们希望与你们一起斗争，这次斗争将决定这是像你们所说的有利于共产国际的一种手法呢，还是能将工人阶级联合起来的一道洪流。现在你们所要做的事情，将解决我们的发言所说明的问题。如果你们愿意和世界无产阶级一道进行斗争（不是为了专政，这种事我们不会托付给你们），为一块面包斗争，为反对新的战争震荡而斗争，那时候整个无产阶级就会在这个斗争中亲近起来，我们就不会根据可怕的过去判断你们，而是根据新的事实进行评价。当这些新的事实尚不具备的时候，我们是怀着冷漠的心进行这场谈判的，怀疑你们还会十次八次地在这场斗争中背叛我们。'

但是我们会尝试着齐心协力地进行斗争，并不是出于对你们的爱，而是由于当前闻所未闻的灾难，这些灾难促使我们也迫使你们在这个大厅里进行谈判，与被你们称之为罪犯的共产党人谈判。"

当麦克唐纳提出以真诚作为统一战线的条件之时，我回答他说：

"拉姆赛·麦克唐纳今天问我们：你们是捍卫全体工人阶级吗？你们来到这里不是别有用心吧？他本不应问这种事情的。他应该明白，即便我们是玩弄手腕夺取阵地，那我们终归也是被迫以此捍卫整个工人阵线。要是你们认为**第二国际的确要进行斗争，那么他完全能以此打破我们的手腕。通过什么途径呢？通过斗争的途径，通过巩固工人阵线的途径。**而且那时候我们便会获胜，因为工人们将会节节胜利地与资产阶级进行斗争。与'别有用心'的问题关联的并不是要我们多少忘掉一些我们过去反对你们的文章或者我们发誓今后不再与你们进行斗争。'别有用心'可归结为目前这一时刻令人不可抗拒的要求，时局促使我们跨出对无产阶级必不可少的一步。现在出现的只有一个问题：无产阶级是否会不顾我们这里所有在场的人或者不顾某些执行委员会，一致奋起斗争？我预料，时局的这种令人无法抗拒的要求一定是会在依靠他们的各党的同意下将他们联合起来。**要是我们能够结束工人阶级兄弟间的自相残杀的时期，没有谁比我们更为高兴的了。分裂曾经是达到目的的手段，但它并不是目的。**"

同志们！难道在我所讲的这些话中对社会民主党人的警告还不够吗？其中表示了一点儿对他们的斗争意愿的幻想吗？没有。这些话会让我们的党的重要性失色吗？它可是一贯始终不渝地捍卫无产阶级利益的唯一的一个政党，这些话会不会令它的重要性失色呢？不会的。不过与此同时，这些话作为**我们统一战线策略的牢不可破的基础，显示出我们对争取工人阶级利益的共同斗争（如果社会民主党人愿意这样做的话）明确无误、清楚表达的愿望。**只有通过这样的途径，只有让广大工人群众相信我们这样做是认真的、诚恳的，我们才能指望在统一战线策略的**运用中取得胜利。**我们关于揭下假面具的谈话，只会阻碍社会民主党真正的自我暴露。这些话容易让社会民主党人有可能说：共产党人并不希望要共同战线，他们采用的是策略性的手法。而工人们将这个拉丁词语翻译成日常语言——党派之间打马虎眼。因此，我们自己破坏了、毁掉了自身工作的成果，而最可悲的则是，我们的行动与自身的追求背道而驰。因为我深信，如果社会民主党人与我们一起行经一段路程，无论季诺维也夫同志甚至费舍同志都会感到高兴，因为这必将促使工人阶级更加意识到自己的力量，从而使得未来夺取政权的斗争更为容易，更加提前。

同志们，这样一来，既然保加利亚党和法国党的执行委员会允许采取这一步骤，那么执委会就不能说：我们提出了建议是因为事先知道社会民主党人不会接受，而它应该说：提出这个建议只有在我们准备将其加以实现的时候，对于我们才有意义。

现在我再来谈内容重大得多、丰富得多的**十月事件**的经验。不过在谈及问题的实质之前，我想作一简短的回忆。9月间我们作出决定，要同志们参加萨克森政府，也这么办了。整个执行委员会现在都深信，我们的德国同志对此事的领导非常糟糕。我们遭受了可怕的失败，比我们所能立即估计到的更为可怕得多。**季诺维也夫同志在失败之后写到过加入萨克森政府的什么情况吗？**我面前放着他的小册子《德国革命问题》。在失败之后所写的前言中，季诺维也夫同志说道：

"某些同志认为，德国共产党在萨克森的策略是错误的。'萨克森是个可怕的、甚至可能是致命的错误'——我们最老的同志中有一位从德国给我来信说。这个诊断正确吗？季诺维也夫同志发问并回答说：不。'那些仅仅通过萨克森的眼镜看待德国形势的同志沾染了外省习气的毛病，他们运用的透视法不正确。**然而萨克森的经验并非偶然现象，它对党来说绝不会不了了之。**（高呼声："你们听听，你们听听！"）**德国最重要的任务可归结为一个问题——用什么方法我们才能争取到那些支持社会民主党左翼的工人？**当前左派社会民主党人对德国工人具有很大的影响力。现今的左派社会民主党发挥着1919—1920年独立社会民主党的作用。工人群众像抓住最后一线希望似的抓住左派社会民主党人，这些民主党人一直希望**不经过流血的内战也能达到目的**'。由此得出结论：**如果我们拒绝尝试与左派社会民主党人一道以和平的手段将国家从危机状态中拯救出来，工人群众中的这些阶层就会将责任推到我们共产党人头上。**（高呼声：'你们听听，你们听听！'）萨克森政府的意义在于，通过它的事例可以揭露社会民主党的意志薄弱。"（高呼声："正确。"）

同志们，这个观点已经被季诺维也夫同志用书面的形式记载了下来（既未受到诱导影响，也无机会主义者在场），随后又用俄语出版，数星期之后则被译为德语。季诺维也夫同志**在我们的萨克森试验之后已经不认为加入政府、与社会民主党结盟是错误了——相反，他认为我们的策略是正确的，尽管事情以失败告终。这一策略并未让我们取得胜利，但它将很大一部分社会民主党的群众吸引到了我们的身边。**在萨克森公社委员会的选举、甚至国民议会的选举都表明，我们争取到了很大一部分社会民主党的群众。（鲁特·费舍："恰恰不是在萨克森和图林根。"）不，正是在萨克森，我们获得了比你们着手领导党的时候多30%的选民。（德国代表团中传出高呼声）你们可以引用你们的数字，我引用的是我的数字，也可能这里有着统计方法的错误和误会。（德国代表团中发出喧嚷声）

同志们，我现在谈谈萨克森经验的检验。萨克森的经验是什么呢？季诺维也夫同志用一个词语加以描述，曾得到你们极大的赞同，现在我再次提到这个词语，还会再次引发你们的赞同，这个词语就是：**一出陈腐的议会喜剧**。同志们，让我们来分析分析这个定义。季诺维也夫同志并没有批评德国党在十月里未下定决心开展夺权斗争。他在自己的提纲中说：**它当时放弃斗争是一个正确的步骤，形势就是如此。**他没有批评这一步骤，因为他发现群众中出现了分裂，未能将他们武装起来，带领他们起义是极不明智的。因此他说：因为国内斗争和起义并不是英勇牺牲的借口，而是通向胜利的道路，所以不发动起义是明智的。他批评了党的行动中的什么事情呢？他说：它参加了政府；结果发现，它并不能掌握政权；当时它至少应当要求武装无产阶级，将生产社会化，如果社会民主党人不愿意接受这些建议，它就应该同他们决裂并退出政府。他不赞成弗里茨·黑克尔特所发表的宣称他是基于宪法行事的讲话，不过顺便说说，黑克尔特本人已承认了自己的错误，现在也名列圣徒之中。所以，同志们，黑克尔特是不应该发表这个声明，它可能引发有害的幻想。的确，我回想起了一些比黑克尔特更大的人物，比如说，他们在德国党参加萨克森政府时向其致电称："不要理睬弥勒。"我倒要问：不要理睬弥勒——这是什么意思？（德国代表团中发出呼喊声）请问，这是什么意思？请告诉我，这是不是意味着：我们开始斗争时，请你们尽量不要过早出动？你们尽量要造成一种印象，你们政府是站在宪法的立场上的？

总之，黑克尔特同志不应当说这种话。如果我们站在宪法的立场，那是荒谬的。他说这话毫无道理，因为对方并没有相信他。但是，如果这是一出陈腐的政治喜剧，那么我就要说：要是我们像已经查明的那样，在弥勒将军的统治下无能为力，向议会提出关于社会化和武装的建议，那倒真是这样的一出陈腐的政治喜剧。这简直是一个议会呆小症的经典病例。应当在那些有武器的地方提出让工人拿起武器，并且应当竭尽全力在这方面帮助他们——**党在全国广泛发出号召：工人们，武装起来吧！**而这个议会呆小症患者（布兰德勒）却一次也不曾出席议会，没有发表过一次讲话，而是在警察材料中苦苦查我：哪里有武器？从哪里能搞到？（德国代表团中喧嚷成一片）费舍同志，您是不会这么做的，您会发表讲话……（德国代表团中再次喧嚷成一片）

特兰（主席）：

（不断地打铃）

费舍同志，您在拉狄克同志之后可以发言。

拉狄克（苏联）：

图林根的前部长科尔施就在这里的德国代表团里，身为代表团最享有全权的成员，如果他能在此发言并讲述他是如何在工人中分发武器的，我会非常高兴，而如果他不能这样做，那么为什么不能，为什么他的革命精力要花费在《国际》杂志的文章上？同志们，萨克森事件并不是喜剧，这是一出悲剧，也不是议会喜剧，**而是一个尚未学会策划武装斗争的共产党的悲剧。**

萨克森事件的深刻教训我们应当加以记取，否则我们还会遭遇新的失败，这个教训是什么呢？教训在于下列几点：第一，**不能没有助跑便原地起跳，不能并未预先开展培训群众的长期工作，单凭党的决定便启动夺取政权的斗争。**（德国代表团中发出喧嚷声）

我们的失败并不是 10 月 21 日发生的，它在相当早之前即已预先注定，因为我们未能估计到（这方面也有我的过错，我同样未能及时意识到这点），我们即将面临决定性的战斗。由于我们没有大力动员全党，我们便遭到了重大的失败，这时候已经无法不助跑就起跳了。

第二，还有一个更重大的教训（在这点上我 100% 同意季诺维也夫同志的看法）：**没有自下而上的统一战线，也就不可能有自上而下的统一战线。**而自下而上的统一战线并不是我们组织的，我们的工厂委员会很零碎、分散，它们的中央机关只不过徒有其表，党并未掌握对它们的领导权。如果在萨克森政府所依靠的是工厂委员会的代表大会的话……（费舍："为什么不召开代表大会呢？"）这正是我所要承认的一个错误。（费舍：我们曾经 6 次提出这种建议。喧嚷声，叫喊声）……要是拉狄克犯了错误并且已经发现，他会讲的，但是如果他并没有发现错误，你们可以一直吵嚷到明天。那次事件的意义就是：没有群众组织，工人政府注定要覆灭。它要么束手投降，要么遭受失败。

同志们，这两个教训对我来说是决定性的。不过现在我要提出一个问题：**我们是否可以在一定的条件下为了革命的目的而加入与社会民主党人共事的联合政府？**萨克森经验对这个问题给我们提供了什么样的答案呢？季诺维也夫同志在这里说的不太明确：他是否在未来会排除与社会民主党人建立联合政府的可能性呢？即便是我们的力量比在萨克森更强大，我们能更好地保证不致落得灾难性的结果，在这种情况下是否也不可能呢？他应当十分明确地回答这个问题，因为这具有决定性的意义。这一问题被德国的左派同志原则上加以回避。为德国党代表大会准备的提纲草案中说：**与非共产主义人士组成联合政府在任何情况下都是不能允许的。**执行委员会的观点是否也是如此？

这个问题总的说来有何意义呢？如果要问，是否容易出现一种情况，那时候我们准备参加与别的工人政党组成的联合政府，那么我要说，出现这种情况的可能性并不多。更为可能的是，社会民主党会彻底腐朽。不过，这个问题像我们对待议会主义的态度一样，具有实际的意义。列宁是对的，他说，不必与那些硬说议会空谈会毫无实际意义的共产党人断绝关系。但是需要坚决反对他们非常具有代表性的一个观点。有一个发表反对议会制的共产党人不知不觉地说：**我瞧不起不了解共产主义的宣传和报刊的广大工人群众。**我并不想要让季诺维也夫同志否定我的问题。否定我提出的问题意味着什么呢？铲除**在社会民主党群众中进行广泛的具有良好效果的宣传的可能性，因为我们在这种情况下不能向他们指出任何出路。**如果我们宣布：在任何情况下都不加入与社会民主党人共事的政府，那么我们便是以此告诉社会民主党的工人群众：因为你们不是共产党人，所以我们不能与你们一道进行斗争。这就是问题的主要实质，同时也是对我们的问题的回答。如若我们告诉工人群众：你们是社会民主党人，你们不愿意为专政而斗争，但是你们将被迫为它而斗争；现在你们希望通过民主的途径实现工人政府，你们却会看到：它必然破产。不过如果你们愿意和我们团结一致进行斗争，我们的回答只有一个：让咱们斗争吧。只有这样的政策才能让社会民主党的群众与我们亲近起来。既然我们讲统一战线，那么这本身就说明，我们可以一起走过一段路程。答案就应当是这样。对这个问题应当予以回答。我们的争论的意义就在于此。

季诺维也夫同志说，我们的争论的意义是：**改良还是革命**。我们已幸福地活到1924年圣诞后，在共产国际里……（费舍："我们有拉狄克！"）恰恰是我们宣布不同意拉狄克，而费舍同志呢，我们却看见她在当德国共产党的领导人……我们在今年正在就一个问题进行公开的辩论：共产国际执行委员会的队伍中是否真的有一些同志相信不要无产阶级专政、通过改良的途径便可以赢得社会主义。（泰尔尼克："要么就通过分阶段的途径，这是同一回事。"）。您（对泰尔尼克说）见到过的阶级斗争阶段还很少，因此您不懂得这种事情。

既然季诺维也夫同志公开地提出这个问题，并不要求将那些被怀疑持有不要无产阶级专政便可以到达社会主义的意见的同志开除出党，既然他并未提出这一要求，那么，对社会舆论而言就只剩下两种非此即彼的选择。要么认为加之于我的指责是一种论战手法、前所未见的论战套话，其锋芒与其说是指向亨利希·布兰德勒或我，不如说是针对运用它的人。要么就只好假设共产国际、季诺维也夫同志本人认为国际局势十分不利，在评估革命前景时担心我们会活活被瓦解。没有一个有头脑的人不说说那些多年来身为运动领导者的人在世界行情没有任何显著变化的情况下，竟然失去理智到了要做改良主义者。（高呼声："保尔·莱维！"）保尔·莱维是德国共产主义的同路人，虽说是非常有才华的同路人，所以我不会与那些将布兰德勒比做莱维的人进行争论。（高呼声："他可是党的主席！"）有各种各样的党主席，但是谁若把布兰德勒比做莱维，那就让他先完成莱维未能完成的工作吧，而布兰德勒却已经完成了。（布兰德勒："既然我是莱维，为什么不开除我？"）

当然，这是一种论战手法，没有一个真正了解形势的人会使用这种手法。我希望发现一个理智健全、记忆清晰的人会断言，布兰德勒在萨克森、在弥勒将军的统治下一心想通过改良的道路走向社会主义。争论的内容季诺维也夫同志用一句话作了描述："寻求通向未来的途径。"左派同志们与我、布兰德勒和塔尔海默之间的区别，就在于对社会民主党的力量以及战胜这些力量的办法评价不同。社会民主党在所有的西欧国家中都还拥有大多数工人。这时候我们看到被压迫阶级一种缺乏勇气的表现，他们害怕内战，深受资产阶级文化的奴役。欧洲社会民主党的这些根源比俄国孟什维克的根源深得多，俄国的资产阶级文化并未能深入控制人民群众，那里没有一个像样的工人贵族阶层，工人阶级在短暂的迅猛发展过程之后已变为革命的洪流。因此在革命期间才得以十分轻易地战胜孟什维克，虽说决定性的胜利也做了整整15年之久的准备。在西欧的工人运动中，社会民主党人拥有许多支撑点、大政党，他们领导着公会。要想战胜他们或者促使他们衰落，单凭宣传的声势是不够的。强有力的宣传鼓动应当与竞赛性质的巨大而持久的工作相联系，这种工作可归结为我们应当向社会民主党的群众表明，我们能比社会民主党人更出色地领导工会的斗争，我们会在议会中更有力、更突出、更坚定地捍卫他们的利益，我们准备与社会民主党人一道进行各种斗争，不过他们并不想这样做。只有长久地展示我们的能力和我们的意愿，才能开辟一条通向工人阶级大多数好感的道路。左派同志们模仿战后无产阶级年轻的一代，这些人将一代工人阶级蔑视为无产阶级的缺乏勇气、注定要腐朽的部分。**年轻的革命的一代工人是我们的基本骨干，我们的希望。但是单靠他们并不能取得胜利，并不能保住政权。我们应当保证自己至少能获得老工人广大群众的好感和信任。**

有关工人阶级这些阶层中的矛盾、有关我们是否将它们置于我们的视野之外的问题，构成了我们争论的核心。

季诺维也夫同志不懂得这一问题，因为在这方面他缺乏俄国革命的经验；西欧的左派同志们不懂得这个问题，因为他们尚未学会估计各种力量。正因为如此，不考虑**在西欧我们可以经过某些阶段走向专政这一事实才特别危险。这些阶段不会持续很久，它们会以内战告终。**但是它们必定会有。显然，如果我们的准备工作做得不够好，它们便会以失败告终，但是不能因为第二个教训而忘掉第一个。**萨克森教训的结论不应当宣称：我们取消作为各工人政党联盟的工人政府的口号；这个口号应当使这个政府成为我们为了专政而斗争的出发点。**

现在我谈谈我的报告的一个部分，其中我已经不能满足于批评，我有责任对有关共产党在最近将来的策略问题做出肯定的回答。

同志们，我们听取了瓦尔加同志关于世界经济行情的报告。并不是所有的同志都有机会听到它，但它的结论在小册子《资本主义的兴衰》中作了阐述。同志们，我像季诺维也夫同志一样高度评价瓦尔加同志的著作。他对我们而言，可以说是论述世界经济的各种资产阶级材料中的雀巢奶粉。我们没有时间独自去弄懂这些东西。但是瓦尔加像所有的有学问的人一样，并不特别爱好争斗，他十分和睦可亲。他在自己的小册子中写道：

"社会主义尖锐的社会危机、工人阶级反对资本主义社会的自发的无组织的抗议，看来已经**普遍整个地结束了**。相反，资本主义制度的'正常的'矛盾则变得很尖锐，这一方面是由于资本的广泛聚集和集中，另一方面也是由于出现了自觉的群众性的革命政党。"这是完全正确的看法。这是**第三和第四次代表大会**的看法，它可归结为：**第二次革命浪潮、群众争取夺权的斗争暂告停息。现在革命力量正培育着一系列新的危机，这些危机必将为我们带来新的波浪。**瓦尔加**在他的报告**和提纲中，对我所引用的那段话的第一部分的表述要和缓得多。莎士比亚笔下的狮子发出鸽子般的咕咕的叫声，而我们和蔼可亲的瓦尔加同志却在这里发出狮子般的怒吼。在对世界行情的评价方面我们有没有什么差别呢？季诺维也夫在列宁格勒所发表的一次讲话中说，我在《何谓社会革命周期？》的文章中以含糊其辞的不明确方式作了大致这样的表述：革命已经中止，50年之后我们再瞧瞧会发生些什么事情吧。

同志们，季诺维也夫作为列宁格勒、俄国党和共产国际的领导人，很少有自己能支配的时间用来阅读各种文章。

我在自己的文章中写道：列宁和我们大家一开始便意识到，**社会主义革命时期在整个资本主义世界范围内可能会延续数十年之久**。这一时期将是胜利和失败、进攻和退却的目击者，将会看见一次次高涨的革命浪潮及其暂时的消退。**在两次革命浪潮之间，在当为即将到来的新的一次浪潮而工作，而不是让自己相信这个浪潮已经到来，要是还没有，便因此而变得灰心丧气。**

如果说在看待世界政治形势的观点方面有矛盾的话，那也并不是在我和季诺维也夫同志之间，而是在德国党的提纲之中。例如，我们这里有一份提交德国党代表大会的提纲草案，它反映了党的一些重要领导人（对形势）的观点。这个草案中说：

"德国共产党在自己的日常斗争中，尤其不应当忽视夺取政权的直接斗争，要学习**每天都准备着夺取政权，无论这一天是明天就到来抑或还要等很久**。德国共产党是无产阶级唯一的政党。德国**共产党在当前任何时刻都准备带领无产阶级夺取政权**。"这番话的意思难以理解。客观条件并不是每天都容许党可以准备好带领工人们投入战斗。他们想要以此表达些什么呢？准备好意味着什么？**是希望呢还是能够？**

布兰德勒（德国）：

就在这种情况下，他们也会在哈雷和菲尔斯滕瓦尔德受到从未受到过的猛力敲打……

鲁特·费舍（德国）：

反法西斯日。

拉狄克（苏联）：

在对参加代表大会的德国代表所做出的、季诺维也夫同志也赞同其要点的处分中，讲了下列一段话：

"执行委员会再次面临一些**迫切的重大任务**。这些任务如下：**在英国建立革命的运动**（如何做到这点？）和群众性的共产党；与推行专家计划的可能性进行斗争，积极开展反对凡尔赛条约的**国际性革命抗议行动**；与针对苏维埃俄罗斯的新战争的可能性进行斗争；动员群众坚决反对对俄罗斯的封锁；**在欧洲范围内组织革命**。"

这样，**在欧洲范围内组织革命就是一项直接的任务**。同时德国共产党机关刊《国际》发表了一篇文章，其中直接说（第 10—11 期，第 348 页），欧洲革命这个口号"含有隐晦的**取消派的意味**"；其中还说：

"**第五次代表大会的主题将会是准备决定性的战斗。**"

同志们，所有这一切意味着什么呢？组织革命——这是什么意思？组织革命可能具有双重含义：或者是正确的共产主义策略，从事情仅仅涉及共产主义者小组的时候起，即用以将工人们吸引到革命方面来，用以组织他们进行斗争，用以引导他们与资本家对抗的准备工作，此前共产党人尚不够强大，党还无法成为领导革命的先锋队。从这个意义上理解的组织革命的任务，任何时候都摆在党的面前。然而，"组织革命"这个词语也可能意味着当前形势已经是这样：我们打算**在最近数月甚至数星期之内即进入决战**。那时候这样的解释便需要有十分**特别的**策略：加紧进行大规模的战斗，将机器开动起来，不能没有助跑便起跳；大规模地集结力量进行革命的军事准备，因为谁若是说武器"到时候"我们会搞到的，谁就是低估了技术准备的意义。

第三即最后一个由于局势所产生的问题就是**确定日期**。**是否此刻我们即已面临这个问题呢？你们都是这样估计世界形势的吗？**

同志们，谁若不加考虑、没有任何证据地说，形势已经是这样了，党的直接任务就是在最近的将来组织革命，应该每天都做好准备带领群众投入战斗中，那么，必须对这样的人说：空话连篇。为什么您不每天都带领群众投入夺权斗争中？费舍同志，既然您每天都能带领工人群众投入战斗，干吗还要等待？（叫喊声）现在明白了。为了替费舍同志解释，弗赖穆特同志说：这里的意思已经根本无关紧要了。（弗赖穆特："不要歪曲事实。"）你就用一句话表达你的意见吧，而我会像英国议会上那样，静候着恭听。

弗赖穆特（德国）：

每天我们都在带领群众进行斗争，而到时候我们还会带领他们投入议事日程上所列出的斗争。

拉狄克（苏联）：

弗赖穆特同志说，每天我们都在进行夺取政权的斗争。这就是说：我们的任何一项斗争都是夺取政权的斗争。这很对。但是这里说的是：德国共产党每时每刻都准备带领无产阶级投入**夺取全部政权斗争**。（鲁特·费舍："对！"）我要说的是，既然你们每天都做好准备，却又不采取行动，那么你们在无产阶级面前就是罪人。同志们，这场争论背后隐藏着一些严重的事情，因为这里的问题不仅仅是费舍同志的革命词句。季诺维也夫同志在他的报告中说过，**在德国和法国那些主要的中心城市，我们已经成功地赢得了无产阶级的大多数**。季诺维也夫同志这样说是弄错了。鉴于我们的那些声称他们每天都准备投入夺权斗争的左派同志的观点，这一错误可能会引发实践上的失误。（高呼声："准备好了！"）准备好了——谁也不准备去做他所做不到事情。（叫喊声）同志们，你们叫喊得越厉害，越是清楚地证明我命中了目标。

形势估计中的错误何在呢？同志们说得对，我们经历了巨大的失败。他们还说："这是异常严重的失败，它让我们走回头路，无产阶级对自身力量的信心被动摇了。但是什么事情也没有改变。明天我们又会做好准备的。"这是极大的幻想。

我先讲法国的形势。季诺维也夫同志说，法国党取得了巨大的成就。这是真的。它在巴黎赢得了 30% 的无产阶级。在中央集权的法国，巴黎是最重要的地点之一。但是法国有八九百万抑或一千万产业工人和手工业者，仅仅 70 万是在工会中组织起来的工人，他们分属两个联合会，而共产党的选民则有 90 万。所有这一切都主要集中在巴黎。在加来海峡和北方省这些最重要的工业中心里，社会民主党人尽管独立于左派联盟自行参选，还是获得了 6 万票，而我们则获得了 6.4 万张票。最重要的是，我们的群众性组织单一劳工总联合会是我们党的翻版，但并不是它的由工人群众组成的外国组织。在法国，我们的党只是无产阶级的一小部分。**若说我们在那里已经赢得了大多数，只能是幻想而已。**这也意味着给法国党招来了严厉的批评。无法使党不遭受批评，就假设是那样吧：既然它如此强大，那么，当法国士兵在鲁尔枪杀工人的时候，为什么它不在巴黎举行示威游行？特兰同志，您当时在坐牢，加香同志也一样。我不会对你们个人作任何责备，我认为这是不可能的事。特兰同志在《共产国际》上的一篇文章中十分清醒地写道："**法国无产阶级的大多数尚沉湎于和平主义的民主幻想。**"

可是在德国呢？尊敬的同志们，我认为，代表大会将有机会在专门委员里逐一地核查事实；问题不仅涉及德国党目前的过渡性状况，而且关系到这种状况如何发展。(高呼声:"没有任何德国委员会。")我们再考虑考虑,代表大会还没有结束嘛。为什么你们那么害怕委员会呢?我绝对不是想说只有现今的党领导对目前工人运动所处的状况负有责任。我们经历了失败,我们遭受了严重打击,而且现在又出现了某种程度的经济稳定,尽管是暂时性的。一个工人收入20马克,这微不足道,但他已不会很快就让其浪费掉,他会用来购买一些东西。失业统计表明,失业率下降的地方我们所得的票数也在减少,这了如指掌。我已说过,过错不单在党的领导人身上。不过如果我们问问自己,方针的指向如何,那么我们同时应当确定,**德国党的领导人们工作的方向是什么**。我来列举几个事例。同志们指出,问题的提法:共产党是个宣传队还是战斗的党——这是对问题的不正确的提法。我对此表示同意。以这种方式提出问题是我的错误。是的,我们应当首先是**从事共产主义宣传的党**。所以我才问,**现在党的宣传是否广泛**,它是否涵盖了更多的阶层,是否有所改进?我敢断言,选举期间基本的宣传手段不足,宣传的缺点很多。我敢肯定,我们的宣传并未能遍及工人的广阔阶层,我们并未利用农业危机在农民中开展工作,我们在中间阶层中的工作还很薄弱,虽说我们大家都知道这一工作的意义。那么现在我们的宣传是否改善了呢?代表400万工人、刚刚经历过地下状态种种磨难的由64人组成的党团,第一次出现在国会里,我们究竟看见了些什么呢?我们听到一次又一次国会的演讲,这我就不细说了。但是,当国会的议事日程里列入专家们的报告之时,那么共产党党团的责任就是:在自己的宣传性发言中拒绝那些老生常谈的共同之点(无论听来多么正确),作出能在千百万德国工人心中激起反响的回答。在为共产国际制定的21条中列宁写道:"无产阶级专政不应该只当做背得烂熟的流行公式来谈论,而应该很好地进行宣传,使每一个普通的工人、士兵、农民都能通过我们报刊上每天不断报道的活生生的事实，认识到无产阶级专政的必要性。"①

可是却并没有这样做。

不过有人会说，这一切都是小事，因为并非事事都由国会决定。甚至什么也决定不了。可是，尊敬的同志们，我倒要问，德国的和柏林的无产阶级的普通群众在哪里呢？本来应该是他们把共产国际的第一个党团送进国会，他们的声音本来应该传播很远。（德国代表团中发出高呼声："许多代表都处于非法状态。"）我可是在说代表。我说的工人们的大会。群众可不应当非法进入国会。如果他们在城市中列队行进，如果不是在国会前面，这就足够了。我要肯定地说，党并未在群众中进行宣传，并没有动员群众。

现在谈谈**工会的**工作。这是一个带根本性的问题。我们在国会里仅仅是一个激进的党抑或成为准备革命的群众性的党，都取决于是否争取到工会。洛佐夫斯基同志也许比我更熟悉事情的进程，而且由于其官方地位理应了解德国的工会，我倒希望他能在这里发言，讲一讲……（高呼声："他可要提防着点儿！"）他对于如何开展我们的工会工作有什么想法。要么，也许这个事情应该由德国工会国际的代表来做？我看见他在场。

布兰德勒（德国）：

只说一句话。在柏林，只有15%的共产党员加入了工会组织。（德国代表团中发出高呼声："这是无稽之谈。"）

布兰德勒（德国）：

这是拉德茨基说的。（德国代表团中发出巨大的喧哗声）

---

① 《列宁全集》中文第2版第39卷第199页。——编者注

拉狄克（苏联）：

工会国际代表的责任不是向个别的同志诉苦和埋怨德国共产党的工会工作，而是向代表大会作有关工作的报告。

同志们，你们会说，资本家剥夺了我们一些同志的工作，这些人就成了失业者，交不起会费，所以退出了工会。你们会说，阿姆斯特丹分子开除了我们。这都是真的。问题只不过在于，你们是否回避了足以减轻这个任务的一切。（德国代表团中异口同声发出"啊哈"声）德共中央的决议说，我们在冶金工人代表大会上不应当试图与其左派协同行动以夺取领导权，这是一个无可补救的错误。（德国代表团中发出笑声和叫喊声）是的，是的，要是在冶金工人联合会中像共产国际代表所要求的那样结成同盟，那么，不管迪斯曼是个多么卑鄙的人，德国工会中最强大的这个工会也不可能如此厚颜无耻地实行驱逐共产党人的策略，你们也就能够自卫了。其次，同志们，你们的党代表大会决议只字未提工会的事。同志们，你们都记得吧，德国工人憎恨（完全理所当然）工会的官僚们。他们失业了，自然人家要驱逐他们，我们的9%—10%的工人都准备很快就退出工会。如果党认为有可能使他们成为工会之外一支有组织的力量，那么党就应当告诉他们：在任何条件下你们都可以退出工会。但是，如果党坚信（它无疑是坚信这点的）一旦工人们退出工会，他们便会分散力量，像一团散沙，已经无法将他们联合成一支有组织的力量了。那时候党的责任就是以自己的整个威望反对这种潮流。（德国代表团人群中发出高呼声："它就在这样做。"喧哗声，主席的铃声。）

如果党说，禁止**未经它允许**便退出工会，那么这就意味着，在原则上它是允许这样做的。如果它说：你们退出工会吧，我们会把你们在工会之外组织起来。当它提出组织退出工会者的问题时，它便不能以自己的威望全力反对退会的趋势。总之，我是说：党代表大会的决议不够彻底，我们应当在工会中增强力量，而不是变得更加弱势。

现在**谈谈工厂委员会**。季诺维也夫同志引用了瓦尔加同志的报告。我不知道那是什么时候的报告，是否谈到了最近的事情。我所掌握的报告是 6 月 10 日的，其根据是从工厂委员会中央委员会所获得的材料。这是一份关于最近数星期选举结果的报告。

（会场上的德国代表团人群中出现高呼声："最近没有任何选举，只是一个月以前铁路上举行过选举。"）

拉狄克（苏联）：

是最近几星期的选举结果……（高呼声："最近几星期有什么选举。"）在许多城市中我们都失去了选票（高呼声："都是因为十月事件。"）

十月的失败当然也是原因之一。既然失败已经是这样了，就不能满足于让季诺维也夫发言要求萨洛梅——费舍交出约翰——科尔施的头颅，并为此不仅向德国而且向捷克斯洛伐克和波兰作出许诺。我并不是轻视科尔施的理论错误。我只不过是宁肯在他被处死前向他证明这是谬误。这里所说的并不是教授的死刑，而是某些观点。所以我要说：科尔施、波里斯和其他一些糊涂的头脑足以给《国际》杂志的一小群读者的头脑造成严重危害，但是，如果我们不当面告诉我们的党（这里有人说它满怀斗争的愿望，然而我马上就要引用能证明相反情况的凭证），如果我们不告诉它不能闭眼不看德国问题，那么危害会更加严重。这个问题就是：**在多大的程度上现今的作为党的代表并依靠执行委员会支持的党内领导人**，某些同志，亦即实际上得到执行委员会全力支持的同志除外，**在多大的程度上这一中央机关意识到了其工作总的方向是什么、它所面临的危险是什么？德国党定位的改变意味着什么？**如果追着季诺维也夫,对他说:"瓦尔,把我的那些军团还给我!"那就成了傻瓜和疯子。是布兰德勒,某种程度上还有我,丢掉了这些军团。为此而抱怨并无意义。应当承认存在着左倾的党的领导机关这一事实,帮助它继续带领党前进。不过与此同时,我们对党早先所犯的那些重大错误也负有责任……(高呼声:"这是你们唯一的希望。")应当重视已经发生的危险。

如果这个中央委员会把自己弄得焦头烂额,那么德国党在许多年里都会面临完全支离破碎的前景。这是我们若干时间里的最后指望了。我并不认为中央委员会的组成人员是不能变动的;现在置身其外的一些同志会加入其中,另一些则会退出,但这是主要的基础。因此执行委员会有责任严加鉴别地对待中央委员会的工作。尤其是已然有同志(对其人不宜妄加推测)敲响警钟,说他这样做是出于派性的偏见,而且左派机关报《火花》亦发表了由 T. K.(奈·凯尔恩)和一位富有才华的年轻工人所写的两篇报警的文章。**这些文章是具有很大重要性的政治文献,它们说明了德国党内状况的特点。**就政治意义而言,这是最近数月党的自我表白中最重要的内容。

请允许我向你们读一读 T. K. 同志这些文章中的某些地方。他说,党内存在着**很大的消极性,50%的党员不知道党应该是什么。**

这个"党内的消极性"从何而来呢?其原因不仅仅在于同志们都在养兔子,希望穿上新靴子游逛,沉浸在春天般的欢乐心境之中;不仅仅在于他们长期失业;不仅仅在于形势不利,而且也在于**我们的许多同志已经不能理解我们在与资产阶级作斗争时所采取的策略。**

所以,问题并不在于工人生活的小市民特点,**而是在于政治上的意见分歧。**这些分歧并未在激烈的辩论中显示出来,很难加以发现,因为同志们不肯坦白承认他们心中之所想,而是简简单单、心平气和地宣布消极反抗,径直留在家里,或者搞修建,或者毫无愧疚地将一份份通知

扔进火炉里，因为：

一切都是胡扯

我们什么也干不了，

什么都没有意义和目的。

如果就某个问题召开**会议**，同志们会作何反应呢？很多同志都会怀着坚信不疑的感情明明白白地回答说：**这些开个不停的会议同样是装模作样的胡扯，实质上毫无目的**，我们跑去开这样的会，**听那些已经听过千百次**的报告然后还是回到家里。这样做，什么目的也达不到。

下面举一个例子。如果我们在党的会议上，特别是在工厂里的党的会议上，要求就某个问题做出决议，我们的同志会作何反应呢？许多同志仍然会明白而坚定地回答说："我只是想知道，你们这些没完没了的决议有什么用？因为通过这些决议什么事情也办不成，这一切都毫无目的。"

再举几个更加鲜明的事例。我们的同志如何对待**游行示威和反游行示威**？其中就表现出某些差别。

而一部分党的同志则说：这些示威游行在动点儿"真格的"① 之前都毫无意义。尽管要冒着收到几个"退党建议"的风险，我还是要讲出以下的话：我无法摆脱一种怀疑，**就是这些同志中的许多人常常指的是另外一些应该动点"真格的"的同志**；比如，有一个分部通过一项决议，要求"领袖"们永远走在示威游行的前列。渴望动点儿"真格的"的党内同志要求无产阶级警卫队承担起组织工作，而无产阶级警卫队本身又为没有得到任何指示而焦急不安。无论是党的同志还是无产阶级警卫队的同志都大发脾气："**要是不能亲手收到什么'真格的'，我**

---

① 指武器。——拉狄克注

就不打算再参与这样的胡说八道了。"您瞧瞧,在我们一些同志的头脑中竟然出现了十分可笑的观念,**仿佛党应当自上而下发出各种真正的指示!** 我们的同志很少考虑一个十分明显的情况:革命期间武器总是掌握在敌人手中,革命者必须首先从敌人那里夺得这些武器,然后才能动"真格的"。这应作何解释呢?**原因是这些同志觉得资产阶级的国家机关是如此坚不可摧,以致运用暴力手段砸碎这个国家机关的思想本身,即便在德共党员的头脑中也悄无声息、不知不觉地退居次要地位。**这些同志觉得简便得多的就是骂党,骂它没有给他们搞到武器。

另有一部分同志走得更远。

"所有这些示威游行,即便十分勇敢,如果没有形成总罢工,仍然不具备任何意义。"

所有这些同志不仅否定示威游行,而且否定有可能时对其进行武装保卫;他们说明自己的观点的论据是,所有这一切都毫无意义,"需要付出重大的牺牲,而这些牺牲同样不会带来任何结果",因为考虑革命的事为时尚早。

这些亲爱的同志用一句臭名昭著的话否定示威游行:

"所有这一切都必须以完全相反的方式进行组织。应当严守秘密,只有那样我们才能来点什么'真格的'。"

同志们!德国左派同志的这篇文章就是一个事实,它证明一部分左派同志意识到了所存在的危险。但是在这种情况下,亲爱的同志们,我们的责任不是在这里说不存在任何德国问题,而是与你们共同逐一分析党的全部工作,力求在实际上理解形势。布兰德勒同志也常常到我们这里来,向我们指出某些所犯的错误。我们认为,是的,他是可以信任的,他能发现错误。当我在德国参加柏林区委会和莱比锡党代表大会的时候,我第一次发现一个情况,这个情况无论布兰德勒同志或者中央委员会的其他任何同志都不曾告诉过我们,这就是:党内一部分人在对待党的高层领导人的关系方面，几乎处于不可调和的阶级矛盾之中。我发现这一点后大为震惊。你们可以在当时我所作的报告中读到相关的情况。我觉得，执行委员会既然有这样的经验，就有责任在T. K. 同志的文章发表之后摸清党的全部弱点。（贝尔的高呼声："我们每天都无数次向我们的同志们说明这一点。"）

结果可能是，你们的自我批评对许多事情都闭口不提。（列文的高呼声："你自己就说过党内没有团结。"）

我就快讲完了。费舍同志问我，我的具体建议是什么。费舍认为，代表大会的任务就是拿出一些建议来，像马戏团的手技演员那样，从鼻子里掏出鸡蛋和刀子来。（费舍的高呼声："我们不需要组织上的庸俗行为。"）

代表大会应当审查党的发展方向。根据你们的理论观点，根据你们对局势成熟程度和各社会力量相互关系的估计，你们采取了足以**使党脱离其基础的方向。在最近期间党的影响范围缩小的危险业已威胁着我们。**而这是我们所能想象到的最大的危险。

几乎在共产国际历次的代表大会上都进行过严重的斗争。很遗憾，在本次代表大会上出现了一种新现象，分歧也渗入了那些至今一直是俄国党齐心协力的代表的同志们的行列。季诺维也夫同志在他讲话的最后，将我们作为改良主义者痛斥，提出了关于正式的或者真正的共产主义纪律的问题。我不能代表整个组织说话。我要发表的只是我个人的意见，希望得到策略上与我观点一致的同志们的赞同。如果在共产国际内我们仅仅满足于正式的纪律，那么我们将会成为的并不是活生生的国际，只不过是它一本正经的骨架。无论少数派的情况如何，无论它坚持什么方向，它都不仅应该服从共产国际的决议，而且有责任在两次代表大会之间的时间里，通过宣传和组织的方式贯彻这些有关各种问题的决议。已经暴露出来的分歧尚不具有太多的原则性的和策略深度的性质，我们还不必对自己说我们之间可能分裂并需要对此做好准备。共产国际的部分领导人以过于理想化的目光看待问题,不明白需要以何种方式让布尔什维克的策略适应每个国家的具体环境。然而俄罗斯同志却是工人运动的实践家。他们从错误中学习;左派的同志们也同样会这样做。即便季诺维也夫同志无数次表示永远不再与社会民主党人结成同盟,一旦有一天此事成为必要之时,他仍然会这样做的;到时候他只不过会宣称形势发生了变化,这只是一种手腕;而别的不中用的人这时候还会有倒退的机会主义思想。我们历次代表大会上的实际的工作环境和在会上讨论我们的所有分歧的机会,都使得我们,甚至使得我们之中每一个认为某项决议不正确、认为某项决议有害的人,也都有义务服从代表大会上经过斗争之后所做出的共同决议。我们不应当拒绝批评,否则我们就成了阴谋家的组织,只会背着群众偷偷摸摸干自己的各种勾当。可是在代表大会上经过斗争之后,我们就有可能甚至有义务在执行委员会或各个党分配给我们的单位上进行有益的工作。让时间和经验去表明谁在什么地方犯了错误。我们每个人都会在被指定的岗位上履行自己的职责。

我们声明,我们将像严守纪律的同志一样工作,同时我们也要求终止追捕和消灭的政策。二者必居其一:要么所谓的右派无法再留在共产国际之内;要么是,如果他们能够留下来,也不应当因为现存的分歧以这样的方式进行斗争:当着工人们的面,像对待第二国际一部分人那样对待右派。这样的行为可能破坏共产国际的威信,因为工人们会问你们:共产国际里都在发生一些什么事情呀?那里也在发生第二国际里曾经发生的事情,那里容忍叛徒和机会主义者,谁知道呢,也许这些机会主义者还会重新掌权,再次暗中抵制革命。

所以,同志们,不要再开这些玩笑了,将为这些玩笑付出代价的不是我们,要为之付出代价的是共产国际。(掌声)

苏桑·吉罗（法国）：

同志们，拉狄克同志向代表大会为自己的报告申请发言一小时整；其后他还需要40分钟，结果拖延超过一小时；这样他占据了讲台两个多小时。

法国代表团请求代表大会也给鲁特·费舍同志提供必要的时间，以便她能对拉狄克同志做出回应，请给她讲话拨出一小时，如果需要，那就两小时。（掌声）

特兰（主席）：

我提请对法国代表团的提议进行表决。（提议获得通过）

（会议休会）

第七次会议

(1924 年 6 月 21 日,星期六)

会议于 5 时 20 分开幕。

主席:特兰

讨论季诺维也夫的报告(续)

鲁特·费舍(德国):

同志们,德国党期待着第五次世界代表大会**在国际范围内运用德国的经验**。在共产国际中,除俄国党以外,德国党被认为是最成熟、严肃和斗争中久经考验的党之一。的确,德国无产阶级在最近 5—6 年期间所经历的事情,它所经受的全部斗争,除俄国党的斗争以外,这一切在第三国际里当然是没有先例的。这个党拥有威望相当高的指挥部、训练有素的党务干部和相当丰富的经验,既然它会犯诸如十月里那样的灾难性错误,既然它都会错过十月里那样的历史机遇,那么共产国际就应当认真研究一个问题:德国党这种无能为力的原因是什么?

问题并不在于某些个人或者德国偶然的地域环境,应当有更为深刻的原因。全党都持有一种意见,即我们无能为力的原因在于我们的领导人右倾,德国党内存在着这类倾向,其他的党内同样有所表现;第五次世界代表大会的任务便是为反对这类倾向而斗争。

拉狄克同志在叙述历次国际代表大会的历史时,试图证明季诺维也夫同志对事件作了不正确的阐释,他这是颠倒了第四次世界代表大会的历史。第四次代表大会尚不具备非常广泛的经验,但仍然硬要说它当时似乎未能预见到危险并且未设法指出这些危险,这是伪造历史。我要提醒的是,季诺维也夫同志在自己的报告中和闭幕词中,都提出了作为无产阶级专政的过渡性口号的工人政府问题。请回忆一下,在这个问题上当时德国代表团内曾存在着分歧,但也请回忆一下,第四次代表大会在通过各种政治决议的同时,也曾试图与共产国际中的左派达成和解。请回忆回忆,在第四次世界代表大会上左派采取了极为混乱不清的非马克思主义的立场(比如捷克的左派,他们就代表着韦塔威尔的无政府主义观点),有充分权利可以断言:左派的这些观点几乎与共产国际的观点毫无共同之点。但是因为他们受到捷克的革命工人支持,所以第四次代表大会试图替共产国际保留下这些同志,没有批准将他们开除出党,当时布兰德勒联合捷克的同志曾经提出开除的要求。同志们,执行委员会对德国的左派、对意大利代表团当时也都执行同样的政策。如果避而不谈这一事实,我们就会伪造第四次代表大会的总路线。那样也就无法理解为什么**莱比锡党代表大会是对共产国际的打击**。我们左派在德国、在自己的总结中也谈到了这一点。然而大多数人对此缄口不言,莱比锡党代表大会的做法也与第四次代表大会的决定恰恰相反。

莱比锡党代表大会将德国党置于分裂的边缘。那些应该对十月的失败负责的同志,执行的是与第四次代表大会的政策截然相反的政策。我们查对一下拉狄克同志对第四次代表大会路线所作的历史阐述,便会发现他不仅对这些事实闭口不提,而且掩盖了对布兰德勒看待工人政府的观点颇为典型的一个事件,这个事件我们曾在辩论中经常强调,而且在这里我们还要再次强调。在第四次代表大会工作期间,传来了有关布兰德勒和伯切尔参加萨克森社会民主党工人政府的消息;当时德国党的大多数人都兴高采烈地欢迎这一入阁行动,并准备放弃有关武装、工厂委员会代表大会等所有的要求。只是执行委员会的干预才阻止了此次入阁,当时正是拉狄克在第四次代表大会上已经产生动摇之际。这将有助于我们理解萨克森的政策。

我们发现了在德国党内推行机会主义政策的尝试,如果我们不明白的确有人设法推行这种违背党员愿望甚而要冒分裂党的危险的政策,那就会对灾难性的形势估计不足。

党内所爆发的事件就是这样。布兰德勒的中央委员会当时准备出卖柏林、汉堡和鲁尔工人的广大群众,一心推行自己的路线。执行委员会和季诺维也夫同志的功绩就是他们没有允许德国党内的关系如此激化。对于这个事实,拉狄克同样闭口不提。

当有些人在这里谈论重新考虑此前历次世界代表大会的决议时,这同样纯粹全是对事实的歪曲。现在的问题并不是争论共产国际需要采用什么样的机动方式。如果能服务于我们的目的,各种手法都是需要的。列宁主义所采取的观点是,机动对于夺取和保持政权必不可少。现在的问题完全与此无关。由于拉狄克在德国党内和共产国际内的政策而产生的右的倾向并不是偶然现象,并不是个别的错误,这也不是在个别问题上的倾向。拉狄克和布兰德勒在德国党内所造成的是**偏离共产主义的整个体系**。起初被当做宣传表述尝试的东西(执行委员会很长时间内也坚持这一看法),在萨克森经验中才暴露出是机会主义倾向的某种体系。仔细观察统一战线策略在德国的发展,准备和执行这一策略的各个阶段我们就会发现,共产党在社会民主党面前退缩的政策业已准备了多年,这种政策将各共产党引导至如下状况:它们的目标已经不是夺取政权,不是建立无产阶级专政,而仅仅是争取中间阶段。

拉狄克主义的基础何在呢? 就在于:与他的追随者们的种种表白相反,**他们已失去对于德国和欧洲革命的信念**。这种绝望的悲观主义不仅看到了革命的各种困难(每一个革命者都应当看到这些困难),而且对克服这些困难的可能性感到失望——这种悲观主义就是这一机会主义政策的基础和来源。例如，我想提醒你们的是，早在9月间即十月事件之前，《真理报》上便出现了拉狄克的一篇文章，他在其中作出如下的分析：德国革命已经遭受失败，法西斯主义已经取得胜利。因此，早在10月之前已出现完全绝望、破产、绝对消除欧洲革命思想的趋势。从不应该再期望事件革命性激化这一认识出发，进而发展为另一种认识：似乎德国共产党**自己本身**已经根本不可能再在工人运功中发挥**任何作用**，它已经不是工人运动最重要的代表，它只能跟在社会民主党后面作战。

这些关于共产党作用减弱和藏身社会党人背后的认识，导致了我们可以在德国党内逐步观察到的一种政策；结果这种政策将党引向了像莱维和弗里斯兰特那样的公开的取消主义倾向。

在莱比锡党代表大会关于**资产阶级民主范围内的工人政府**的论点中，也可以找到同样这类认识的表述。从这些表述中，我们在漫长的准备期间十分清楚地看到了事情朝向何处发展。在游行示威的发展过程中，由于拉特瑙被杀害我们已经发现萨克森政策的各种萌芽——与社会民主党人结盟，伪装共产党人的面貌。所有这些因素早在萨克森之前的党的言论中已经表现出来了。尚在莱比锡党代表大会上，当时的我党领导人即肯定地说，就拉特瑙之事所发表的讲话是我们党最好的一次讲话。

同志们，这种声称必须与社会民主党人结盟以便在资产阶级国家范围内捍卫工人利益的看法，这种认为我们很弱小，我们已完全被排挤到工人运动次要地位的看法，这个**仿效社会民主党的西欧共产主义装饰品**——所有这一切也在上述问题的实际提法中反映出来了。我现在引用一段布兰德勒1923年4月发表的文章，当时正值鲁尔冲突已在德国造成极度革命的形势之际。布兰德勒的这篇颇为典型的文章，已经十分清楚地暴露了他的路线：

"我们的宣传鼓动的出发点不应当是：工人政府就是专政；抑或：在工人政府尚未采取专政措施之时，谈不上共产党人参加这个工人政府的事。——我们不可能用这种方式达到瓦解德国统一社会民主党的目的，我们不可能用这样的方式为共产主义赢得工人群众；只有在这种情况下我们才能达到此目的：如果我们从工人们的民主幻想出发，如果我们能建成通向那些安顿得较好的工人们的世界观的桥梁，如果我们尽可能地把通过议会途径赢得的国家和国家政权用于为无产阶级的斗争服务。"

同志们，如此极度明确的表述已取消任何革命的策略；这种政策试图在与社会民主党所结成的联盟之内开展工人运动，而且要依靠"安顿得较好的工人们"，这样的政策就是对我们的整个共产主义思想方式的偏离。

同志们，这些制定过渡时期的要求的尝试在工人运动史上绝不新鲜。当1918年和1919年无产阶级专政的思想风靡欧洲群众之时，狡猾的奥地利社会民主党人决定用下述论据挽回局势：我们完全不反对无产阶级专政，但是首先应该尽最大的可能利用民主，只有资产阶级不再看重民主之后，这才可以转而采取专政措施。我们看到，布兰德勒也说同样的话："无论从革命的观点看来还是从反革命的观点看来，民主共和国都不是可以建立阶级统治的基础。"

这样一来，非阶级的民主已经不是资产阶级社会的假面具，而是社会民主党人的民主，他们用这种容易让人受骗的幻想阻止工人群众投身斗争。同志们，这是共产主义朝向社会民主党的观点、民主的观点的系统性退却，执行委员会长期以来都认为这种退却是一种失误，是不成功的修辞性表述，是寻求宣传鼓动手法的笨拙尝试。经济领域也有与这种退却同样的情况。季诺维也夫同志提到了有关局部要求和将实际财富

51%充公的问题。**我们之中谁都从未反对局部要求**。但是，同志们，关于51%的问题的原因并不在这里。第一，这个口号从来不曾在群众中引起反响。第二，更重要的是，布兰德勒和拉狄克同志作为这一口号的热情拥护者，并没有将这51%用于积极对抗的目的，而是将其变作了工人政府纲领的一部分。与他们的政治纲领类似的经济纲领就是如此。这样一来，过渡性要求的纲领就完全制定出来了。按照拉狄克和布兰德勒的说法，由于这51%，我们在与社会民主党的联盟中就理应平安无事地进入社会主义天堂了。

同志们，所有这一切在第四次代表大会上暴露出来之前，即已在国际范围内严重泛滥了。我要提醒你们注意第四次代表大会上什麦拉尔同志所提出的一个极其重要的问题。他并没有肯定地说，对此他太小心谨慎了，但是他向第四次代表大会提出了下列问题：工人政府只是一个暂时的现象呢，还是在革命高潮尚未来临时它可能成为资产阶级民主范围内的一个长久的阶段？我觉得，代表大会当时一点也不清楚，是否应该对这个命运攸关的问题作出回答。德国和布拉格的党代表大会本着什麦拉尔的精神回答了这一问题。我清楚地记得，什麦拉尔在自己的纲领中同样提到了这51%。

我们可以看到，这并不是一件偶然的事，而是一个明确的理论观点，已经在德国和捷克党内，而且我深信还在其他许多党内都得到了传播。同志们在反对拉狄克的同时，我们得说：会讲俏皮话是一件很好的事。他同意接受任何岗位，"哪怕是在妇女部里"。也许，我们不会派遣拉狄克同志去妇女中间工作，而是让他当幽默杂志的主编，诚然，要在严格的政治监督之下，因为俏皮话有时候也很危险。我们德国共产党所抨击的并不是小事，不是随机应变的问题，有时候也会发生的事情。人家已经将这一切发展成为理论、改良主义的原则，并想以其感染我们党和整个共产国际。问题就在于此。

同志们，这场反对拉狄克主义的斗争在我们党内了结得很艰难，关于工人政府的问题澄清得很缓慢。对工人政府的各种混淆不清的表述在第四次代表大会的纲领中也有。我们认为，困难就发生在纲领中把工人政府的问题作为各工人政党结成联盟的问题提出来的时候。工人政府的概念与各工人政党联盟的概念一样，都是以同样的基本方式在同样的时间关于消灭党的一个概念。各工人政党联合给我们的群众所造成的是什么样的印象呢？我们曾经目睹一个工人政党是如何被消灭的，独立社会民主党是如何以各种表述、甚至是以统一战线的表述的名义被消灭的。更重要的是其实际的后果。当社会民主党群众中开始分化的进程时，可以让这些群众脱离其领导人的办法不是向社会民主党的思想靠拢（这样做只会引起群众反感），而是要靠尽可能清楚明确地向他们展示我们的共产主义面貌，揭露改良主义与革命主义的原则分歧。如果我们就社会民主党的分化进程提出另一种政策，我们就能较之以社会民主党的说法作掩护的方法让更多的群众脱离它。

在有关工人政府的讨论中所提出的各种问题，已成为代表大会应当予以澄清的核心问题。

任何一个德国党党员都不会反对季诺维也夫同志的表述（将工人政府作为一个宣传鼓动的口号），但是问题在于，要坚持这一点，捍卫它不受歪曲。要是我们能做到把这点（将工人政府作为一个宣传鼓动的口号）作为我们各种表述的核心之点，我们就能让关于统一战线策略的争论问题一目了然。这一点可以作为我们的斗争的出发点。如果工人政府始终只是一个宣传鼓动的口号，如果不对联合政府开后门，如果不允许限制共产党的作用，那么，统一战线策略的问题就会在很大的程度上获得解决。

常常有人说德国左派反对这样的统一战线策略。德国左派总是对此加以反驳。我们只不过总是想问：什么是统一战线，它的实质何在，它应该是什么样子？我们已经目睹了统一战线的许多阶段，足以确定其三个最主要之点：

第一，在1921—1922年，统一战线的策略就是设法**将群众联合起来为日常的种种要求而斗争**。最重要的一点是组建提出日常要求的无产阶级机构。在第一阶段的这个时期，出现了与各政党上层领导人的会谈。我们以前也不反对这种会谈。右派指责我们，说我们去参加这些会议只是为了打断会谈；的确，共产党人去参加与各党上层人物的会谈，只不过是为了让群众脱离他们的领导人，而不是要签订长期协议。否则我们就会给自己的脖子套上绳索。对左派的这种指责也是理解今后发展路线的钥匙。

第二阶段的特点是**拉特瑙被杀害而采取的行动**，共产党人与社会民主党达成临时协议，并且放弃单纯共产党人的行动以免破坏"自上而下的统一战线"。

萨克森是第三阶段，亦即共产党在社会民主党面前撤销活动。我们认为，这是犯罪和机会主义的开始，而这一过程的后一点在此前多年间即已发端。这是对共产主义的国家理论的否定，这是试图将共产主义装扮成西欧样式，从逐步通向工人政府的途中取消政权的问题。所有这一切已达到一种理论发展的极致，虽说这套理论是拉狄克心爱的产儿，他却在关于**《法西斯主义对十一月共和国的胜利》**的著名提纲中只字未提。这个提纲是整个进程的最终结果，十月事件之后有些人借助于它试图开始从右派的观点出发取消统一战线策略。这个提纲试图证明法西斯主义和十一月共和国是两股敌对的势力，而不是同一种势力资本主义专政的不同表现形式。使我们看清我们所面临的深渊的决定性因素正是这个提纲，它让我们不仅能利用资产阶级阵营中的分歧，而且在这些分歧的基础上构建我们的整个政策。这就意味着将共产党变成民主资产阶级的一翼。从这时候开始，俄国党转而反对拉狄克，否定其言行，视他为机会主义者。拉狄克闭口不提这个提纲是因为,当时生活业已证明了他的谬误。

上述现象并不局限于德国党的范围。我不准备谈我们的法国党对英国工党的态度和我们的英国同志对这个党的态度,但是这些现象在整个共产国际内都有所发现,这是试图在上述意义上利用统一战线的策略和削弱我们的工作。这一政策早已开始,但对它并未给予足够的注意。荷兰的怀恩科普同志在1922年12月对工人政府作出了下述经典性表述,证实了我的论点。怀恩科普(我认为这是欧洲式的机会主义表述)说:

"无论是谁这样断言,我都不会相信特鲁尔斯特拉先生和共产党人彼此之间比特鲁尔特拉先生和天主教会彼此之间更加格格不入。既然是这样,那么我就要告诉社会民主党人:要是你们同意与那些比我们对你们更加格格不入的政党一道承担对政府的责任,那么我们就愿意尝试着再次寻求到一个基础,我们作为两个社会主义的政党就可以在此基础上共同组成政府;因为,两党的实质在工人运动中和马克思主义的学术方面是一样的——我们相互指责只不过是错误行为方式上,对此我现在就不谈了。没有任何一个政治原因、没有任何一个严肃的理由(也许纯粹个人的缘由除外,但我不能对如此令人尊敬的人们进行推测)足以妨碍我们两个都以与贫困的和资本主义作斗争为目标的党寻找到组成政府的基础。我们提出这个建议并不是已经相信明天就可能有这类政府,而是我们经历艰难时期之际必须在群众中为此打下基础,让他们对此做好准备"。

这样,既然我们不仅在1922年,而且在1923年和1924年居然都说:我们共产党人和改良主义者同样是马克思主义政党,同样植根于工人运动,我们之间的争论只不过在于道路问题——既然我们已经走到了这一步,那么这就是**全面取消共产党的开端**,这就是必须以最严厉的手段与之进行斗争的一种危险。在德国围绕着工人政府问题所进行的辩论和争论(临近结束时我们的工人甚至已经厌倦,不再试图给那些不太好下定义的事情下定义了）表明，我们右派同志在具备机会主义倾向的同时，还带有反布尔什维主义的意味。塔尔海默同志虽不是教师，却是医生，1923年秋天在就十月的失败作补充说明时，在《国际》杂志上写了下述一段话（谁有耳朵，谁就能听出其中的反布尔什维主义的语气）：

> "执行委员会的错误在季诺维也夫同志的某些文章中表现得尤其明显，其根源是片面强调俄国和德国无产阶级革命过程中的所有共同之点，未能充分理解构成它们之间**独特差异**的一切。列宁早在多年前即曾强调过理解这些差异的巨大意义。德国共产党的任务首先在于弄清这些差异在政治实践中做到承认这些差异。"

这是我们经常在德国党内那些疏远了共产国际的同志那里听到的论调。

在结束时我还要讲一个小小的趣闻，我希望英国同志们不要为此而怨恨我。在英国党的代表大会上，我有机会与纽博尔德同志交谈，他突然声称他对塔尔海默同志颇有好感；对此，我回答他说，他的好感是他的私事，没有什么好反对的。他说，是的，我对塔尔海默有好感是因为他是个聪明人，再也不相信革命了；只有我们这些急性子人还在相信。就因为这个原因，塔尔海默同志的观点让他喜欢。我想以此说明，这一政策自有其作用和后果，并且以内在的必然性导致完全明白无误的解释。

那么，我再说一遍，德国党在统一战线策略问题上的观点怎么样呢？对德国党来说，问题并不在于偏离这样的统一战线策略本身。我们并不拒绝联合群众为日常要求而斗争，我们并不拒绝企业中的统一战线，也不拒绝可以用来动员群众的任何尝试、任何手法。但是我们需要这样的一些决议，它们要能明确无误地排除各种各样的拉狄克主义，使偏重工人政府和倾向于联合和妥协的统一战线成为不可能。

现在我来谈谈德国事件何以爆发的问题，亦即什么样的情况导致了党内发生转折。我认为，大体上已帮助共产国际弄清了这个问题。十月事件和法兰克福党代表大会之前德国党的情况如何呢？先前的中央委员会的政策，拉狄克所奉行的政策，当然也在党内造成了实际的后果。他们一再肯定的说，似乎他们是想把萨克森和图林根变成革命运动的出发点，这绝非偶然。

党的政策在这些地区集中运用的根源就在于，正是这里能够做到尝试着与社会民主党联合并共同工作。这种与戴上左派面具的社会民主党结成联盟的尝试的结果，就是德国党的全面分裂。我们党在十月事件之前、期间和之后的状况的特点，可以描述为党的领导人完全失去与柏林、科隆和汉堡的联系。形势极为糟糕、全靠共产国际的干预、全靠关于共产国际的思想才挽留住了我们许多优秀的工人不至于退党。我们收集到了有关这种情况的大量的重要证据。如果我们将我党现今的状况与十月事件之前的状况进行对比，我们就会明白我们从那时以来已经前进了多远。目前我们拥有一个统一的团结的党。

现在谈谈十月之前所发生的一些事件。至于萨克森政策，那么应当说，当时党内的反对派从一开始便表示反对迁就社会民主党。我们从未同意无条件支持蔡格纳政府。尽管拉狄克同志现在声称萨克森政策的错误在于它未能发动群众，他也无法以此掩盖各种事实。有关工人政府问题的最重要之点何在呢？我们当时应当召开工厂委员会代表大会；在这一次工厂委员会代表大会上，来自各工厂的代表也应该提出工人政府的政策的问题。这对于揭露萨克森工人政府而言是最为必不可少的。根据政治局的纪录，左派曾五次向中央委员会提出关于召开工厂委员会的建议。然而，布兰德勒同志决定在各个地区都召开工厂委员会，偏偏不在萨克森和图林根召开，因为这可能破坏与社会民主党人的协议。在包岑失业工人示威游行期间，社会民主党人唆使警察反对失业工人。而拉狄克和布兰德勒同志却包庇这一政策，宣称社会民主党人应该允许开枪，因为失业工人和暴徒中间有法西斯奸细。我们所提出的迫使蔡格纳政府辞职的建议未被采纳。

　　同志们！拉狄克如今声称，未召开工厂委员会代表大会是犯了一个错误。然而正是他拉狄克当时在领导中央委员会，他是拒绝接受我们的建议的罪魁祸首之一。如今他却来到这里发表他为时已晚的声明。拒绝召开工厂委员会代表大会适值萨克森关键时刻的前夕。他们为了"自上而下"的统一战线而牺牲了发动群众，唯恐失去与社会民主党人的联系。我同样要提醒的是，在包岑和德累斯顿开枪射击之后，曾经收到执行委员会关于萨克森问题的信件，该信严厉地谴责了中央委员会的行为。大家都声称同意这封信；连什麦拉尔同志在很大程度上也是同意的。然而该信中所下达的指示却并未得到贯彻；中央委员会继续执行旧有的萨克森路线。在反对库诺的罢工前后、鲁尔区五月罢工期间，与举办反法西斯日过程中一样，机会主义路线都阻碍了运动蓬勃发展。在资产阶级经济困难日益增加的时期，在其政治力量衰落的时期，在阶级矛盾极端激化的时期——在这个时期里我们的全部政策都以一句口号为基础："不要受挑拨。"我们介入每一次运动，随后加以确认：我们成功地阻止了工人们进行斗争。还出现了一种理论：阻止工人进行斗争。还出现了一种理论：阻止工人进行斗争比吸引他们参与斗争要困难得多。可是不应该忘记的是，我们当时比先前任何时候都更为强大。在五月罢工期间，我们不得不按照布兰德勒的命令让群众回到企业里去。工人们强烈要求推翻政府，而我们却奉命仅仅为达到经济的目的而斗争。工人们不愿意听我们的那些演说家的话。我们不是走在群众的面前，而是屈从于他们的压力。

　　反对库诺的罢工是工人阶级觉醒的开端，这次罢工有其巨大的不足之处，但正是在这次罢工期间发生了工人们的倾向的决定性转折，他们第一次有意识地提出了政权问题；在我们推出经济要求的时候，工人们回答我们说："我们不需要任何经济要求，我们要的是另外一个政府"。——在这种情况之下，布兰德勒分子唯左派社会民主党与工会的政府马首是瞻，然而每一个有头脑的工人都明白，问题就应当这样提出来：是要资产阶级的还是要无产阶级的专政。

为了明白为什么失败成了无可避免之事，这一切都需要了解，于是党非常详细地讨论了各种问题。我以德国代表团的名义宣布：我们距离这个十月的时间越久，就会越是**深切地相信**十月的斗争是可能的和必须的。（掌声）只要我们对比对比十月事件时期德国的形势和当前的形势，只要我们回忆回忆分化的各种现象，回忆回忆工人群众、各中间阶层和资产阶级的倾向，当即就会明白，党在十月当时是应当投入斗争的；然而党却没有斗争，因为它被自己的机会主义的领导人们害得失去了活动能力，因为它遭到如今我们已加以根除的拉狄克主义的恶症缠身。

同志们，拉狄克同志想把十月事件说成我们党偶然懦弱的结果，但是这个十月里的两个极点我们也应该提一提，以便表明这一政策所造成的后果。

同一天在开姆尼茨和汉堡都举行了会议；在开姆尼茨，在布兰德勒和居于次要地位的拉狄克的主导下，决定回避斗争。工人们忍痛服从了这一决定。而与此同时，汉堡的工人们却决定突出各警察分局。这表明普通党员和党的领导人之间裂开了一条无底深渊。

同志们，在十月事件中党遭受了十分沉重的打击，同志以前全都认为问题仅仅处在宣传鼓动的口号上，现在猛然明白了，如若我们不坚决结束这种状况，我们便会毁了党。仍然是一个拉狄克同志，在十月时阻碍将这个问题交由德国党讨论。他试图搁置党内的辩论。十月事件中，许多党组织都面临着危险。如果执行委员会的一月会议不将党领上整改的道路，德国党如今就不会是一个健全的统一的党。波兰同志们应当明白，继续支持德国党的右派领导人将会导致其可怕的危机。如果共产国际继续支持布兰德勒，党就会毁灭，柏林、勃兰登堡和汉堡就会脱离开党。还从未有过如此艰难的局面，如果党能获救，那就是执行委员会的功劳，他拒不承认造成十月失败的那些罪魁祸首。这必须在代表大会上公之于众，以便其余的同志能够明白当时的局面是何等严重。

同志们，我认为还可以说，拉狄克在俄国党和德国党内所采取的立场并不是彼此无关的，而是相互之间存着内在的联系。他对德国和欧洲的态度，对实际斗争和对俄国党中央的态度——所有这一切的总和乃是一个自觉的方针，都表现为试图取消我们的各种革命原则。

还需要讲几句有关我们党的话。我知道，对这个党，共产国际里还有许多模糊的认识。我们党的改革是从最深的层次开始进行的。谁也没有委任今天的领导人，谁也没有从外部做出决定，让先前的领导人应当离开其职位。党从政治局势中自己作出了必要的结论，我们德国的同志们自己表明，我们克服危机的速度证明我们党拥有巨大的力量，他的无产阶级机体是健康的。

经过许多月艰苦卓绝的斗争之后，我们现在已经几乎忘记了冬季那可怕的几个月；如今问题似乎已经成为了遥远的往事。伤口已经完全愈合，我们眼下处于全然不同的状况；以往没有了柏林与哈雷之间的仇恨，在所有的地区都实现了联合，在整个党内都实现了团结。

你们是否知道，在我们所经历的那场斗争之后这意味着什么吗？莱比锡党代表大会上曾发生这样一件事情：一张会议桌边上坐着不同地区的工人。当一个工人说他来自柏林时，其余的人都从桌旁起身，将他一个人留下，同志们，这就是我们党所经历过的状况！我们公开地承认这一点。现在再也没有柏林和汉堡之间的斗争，现在党是团结一致的。我们做到了这一点，这对整个共产国际也是一件好事，应当明白这一点。

我现在说的另外一个问题，这个问题季诺维也夫同志在报告中提到过，拉狄克也作了回应，这就是所谓极左的倾向和思潮。我们那里并没有组织意义上的这类倾向。我们那里可以看到分化的某些个别现象，这在当前力量重组时期是不可避免的，也有一些实质上是孟什维主义的倾向，只不过披着极左的外衣罢了。现今的党的领导人已毫不迟延、毅然决然地展开了反对他们的斗争。我来引用一段我们的法兰克福党代表大会关于这类极左倾向的话：

"与此同时，偶尔也发生一些倾向，那本是对先前政策的反动，抑或是来自于先前的右翼分子朝极左翼的重组：在这种情况下，常常出现对共产国际的民族、土地和组织问题方面布尔什维主义原则的攻击，都记录在第二次世界代表大会的提纲和21条之中。必须大力反对这类攻击，他们实质上是孟什维主义的，可是有的时候也试图偷偷地溜进左派的阵营。必须与他们大力进行斗争，尤其是在他们威胁到破坏共产国际威信的时候。所有这些倾向最好是能够通过明确坚定的党的政策和对党的队伍中的机会主义的根除加以克服。"

同志们，我觉得所有这一切都谈得十分清楚了。这已确切地阐明了我们的立场。类似的表述也可以在德国代表团启程参加代表大会前夕所受到的指示中找到。例如，引用过的那篇波里斯的文章，中央委员会就认为是企图在左倾的掩饰下偷偷推行孟什维主义。中央委员会将对以这类言论让党士气涣散的每一个尝试无情地进行斗争。

同志们，不过我们认为，主要的危险并不在此；这只不过是分化的个别现象，我们越是齐心协力地决定与机会主义划清界限，就能越快战胜他们。这里一下子点了科尔施和波里斯的名，因为我们认为科尔施发表波里斯的文章是一个错误，这已经由中央委员会表态了。这类文章只能在党对其发表了看法之后才能刊登。但是，同志们，将我们的同志科尔施与波里斯混为一谈，我们作为德国党的代表却不能允许。有些人把他称为科尔施"教授"，拉狄克就是这样做的。实际上，科尔施同志在图林根组织了几支武装起义的工人战斗队，并且为此而遭到惩办。

同志们，经验说明，党内右的危险尽管在思想上尚未定型，但依然未能加以克服——而且在8天的时间内也不可能加以克服。这些右的危险何在呢？当形势尚不允许进入直接夺权的革命斗争并迫使我们着手组织工作和联合群众的时候——在这种情况下，欧洲的群众性的党内很容易出现有利于在民主范围内的"正面"工作的倾向。所以如果说拉狄克同志打算引用特奥同志在《火星报》上的文章反对我们的话，那么他这样做其实是在自己打击自己，因为那封信只能证明，中央委员会一直非常密切地在关注工人们的情绪，布兰德勒从来不了解党员们的情绪，领导人们与普通党员之间永远有一道鸿沟。现在我们已经克服了这一点。我们还不至于笨到这种程度，硬要说我们的一切似乎都好极了，没有任何错误，没有任何弱点。我们有弱点，我们有错误，但是我们了解它们，会克服它们，只有这才是需要做的事情。我可以向拉狄克证明，上面提到的那位同志——我的秘书，会在柏林方面的工作中帮助我。借助于这位根据我的指示写文章的同志，拉狄克想要挑动德国问题。我与这位同志交流自己的经验，告诉他：你写什么什么，这是需要的。他写得非常好。这就是拉狄克同志的人证了。我们的柏林人一旦得知我们的秘书特奥同志承担了拉狄克在世界代表大会上的主要证人，都会笑话的。

同志们，我们在我们党内都看见些什么呢？我们认为对此必须在代表大会上公开予以谈论，因为我们持有一个相当不礼貌的观点：如果你们这些来自其他的党的同志希望看见自己的党是什么情况，并且对显示不加任何渲染地进行描述的话，你们就会在自己那里也发现完全类似的现象。我们在自己党内都发现了一些什么危险呢？我们的工人过分依赖他们生活在其中的群众的情绪。他们尚未完全掌握最实质性之点，这本是共产党应当向他们阐明的，**即共产党人应当充当群众的领袖**。他们任由自己被工人群众的情绪所驱使。他们作为工厂中工人的一部分过着日子，在需要的时候并不总是善于跨出违反群众倾向性的一步。群众是非常敏感的。事情刚刚开始走下坡路，他们马上就感到心灰意冷。但是形势一旦革命化的时候，又会转而充满冲锋陷阵的热情。必须对这一类情绪进行分析，以便很好地与其作斗争。

如果拉狄克想要对现实的危险进行反驳，他本可以找到比特奥更好的证人，我们党内部的主要斗争涉及的是什么事情呢？是因为布兰德勒吗？不，他并不那么受欢迎，本来就很可能垮台。因为塔尔海默吗？可是他同样不属于那种对群众均有影响力的人。对我们来说，重要的是在党内清除布兰德勒所依仗的那些情绪，从我们的工人中造就自觉的共产党人，他们善于利用群众的每一种情绪，但又永远不忘自己是共产党人。

同志们，在这个问题上我们面临着艰巨的任务。哪一些类似于布兰德勒的东西应当从共产党对企业和工会的政策中清除，这方面有许多话可说，我举一个足以十分清楚地表明这点的例子。

我们在工厂委员会的选举所追求的是什么目的呢？你们都知道，我们为争取工厂委员会开展了声势极为浩大的运动。我们为自己所提出的目标是向工人们提供在共产党人和改良主义者之间进行选择的机会；如果工人们没有机会通过公开辩论的方式在这方面明辨是非，选举便失去全部意义。因此我们指示推出**独立的名单**；这些名单应当提交讨论，进行抉择：企业中是要改良主义的政策呢，还是要革命的政策？我指的是诸如克房伯的这样的企业。这个企业以大搞改良主义而广为人知。克房伯先生让自己的工人吃奶油鸡蛋面包，为他们提供休假、住房和形形色色的优待；他十分仔细地挑选自己的工人，排除所有的具有革命倾向的人。我们的工人今年在那里都做了些什么事情呢？与党的指示相反，他们在工厂委员会选举期间进行了最庸俗的议会式交易，提出了这样的名单：一名社会民主党人，一名共产党人，再一名社会民主党人，再一名共产党人，一直这样排列到最后。没有任何斗争，没有辩论，他们就按这个名单进行选举；而此后企业主将所有的共产党人一个不剩地开除了，因此便得到了可靠的社会民主党人的大多数。这就是我们在全党内所见到的那个严重的危险，这就是那个我们应予战胜的敌人。这个问题我们应当弄清楚，我们应当为德国注视着我们代表大会进程的同志做好这件事。即便在革命的低潮期间，党也必须善于教育自己的党员，让他们在明确自身的共产主义路线的同时，也要会随机应变。我举这个例子是想说明拉狄克的论据是何能软弱无力。这类批评我们从党的每一个小干部的口中都能听到，而且甚至要比拉狄克做得好上十倍。各地区的同志们，难道我们日常对党的批评不比拉狄克在这里所做的要好得多吗？

（高呼声："说得对！好得多，理由充分得多。"）

我们在哈雷和菲尔斯腾瓦尔德的政策如何？党随时准备以夺取政权的斗争为目标，这意味着什么呢？

布兰德勒、拉狄克、塔尔海默的政策，会把党变成向改良主义演化的党，渐进主义的党。党便会忘记他是专政的党。在这种情况下，最重要的并不是革命是否会在5年之后或者明天到来；这一点谁都不知道，但是党任何时候都不应当忽略自己的首要目标——准备革命。1905—1917年布尔什维与孟什维克之间的基本区别就在于此。拉狄克怎么可以反对这一点，我根本无法理解。他以我们在哈雷和菲尔斯腾瓦尔德遭受重大损失为托词。是的，同志们，我们在未夺得政权之前并不能保证不遭受重大损失，甚至在夺权之后我们也无法完全保障不遭受这种损失。谁希望得到不遭受重大损失的保证，谁就能会推行改良主义的政策。

（季诺维也夫："到时候也准会遭受重大损失。"）

说的对！难道同志们已在哈雷和菲尔斯腾瓦尔德升起了红旗、宣布成立了苏维埃共和国？那时候我倒是可以理解批评家们。可是现在我一点儿也不知道，他们自己到底是怎么想的。本来我们可以哪怕稍微想一想也好，不遭受重大损失我们能对付过去吗？当然，我们也曾尽量争取不把事情搞到遭受重大损失或者依靠群众的力量减少损失。问题并不在于有组织的错误，而是要去参加法西斯分子的示威游行，哪怕可能导致发生冲突也罢。（掌声）

旧的中央委员会面临冲突的危险时始终犹豫不决。它一直在防止这种危险，同时也防止抗议行动本身。新的中央委员会于党代表大会之后在某些地区依然遇到种种困难。哈雷之后这种情况在任何一个地区都已不存在，即使在开姆尼茨也是如此，因为工人们相信，说到就会做到。组织的错误我们只有在真抓实干的情况下才能纠正。反对法西斯主义的斗争我们不可能从书本上、从讲述国内战争的小册子中学会（赞叹声："绝不是《谈论施拉格特的演说里》！"）；我们要学会这种斗争，只能参与斗争并获得实际经验。同志们，德国党将哈雷和菲尔斯腾瓦尔德的这次斗争视作自身策略的极为重要的一部分，决不会放弃它。我们现在开展反对消极情绪的运动是完全正确的。

现在我改谈另外一个问题。金属工业工人协会的代表大会上发生了什么事情呢？拉狄克同志擅自大量篡改历史，但在这里他超越了一切界限。他把事情描述成这样：似乎迪斯曼流着眼泪请求我们："让我们组成共同的领导机关吧"，而凶恶的中央委员会却回答说："永远不行。我们不喜欢迪斯曼。"其实并非如此。在那次代表大会上，迪斯曼正准备完成他向艾伯特阵营的转变。（高呼声："说的对！"）

他支持关于开除所有的柏林代表的提议。有些人想赶走他们，全然不顾他们是柏林以5.5万票合乎规则地选举出来的。而拉狄克却硬要把事情说成那样！关于这次代表大会，在莫斯科有人编造了一大篇传奇。我在这里听到过那么多的传说，我简直无法一一回应。据说，我们曾向迪斯曼提出，如果他接受共产主义的纲领，我们就与他同行……而且这个纲领还必须由布哈林执笔。实际上，我们向他提出的是金属工业工人协会的行动纲领，我们的这一政策是完全正确的。我必须着重分析分析这一点，好让大家看看，拉狄克对我们进行辩驳是多么轻率、多么肤浅，对事实多么缺乏了解。在戒严时期，在我们党被查禁的时期，金属工业工人协会代表大会上首次为我们党提供了起来为自己说话的机会。110多名金属工业工人代表都是被禁止的共产党的党员。要是迪斯曼投入我们的怀抱的话，实际上甚至什么事情都可能发生。在这个戒严和共产党被禁止的时期，我们恰恰应当独立自主地、按照共产主义的方式发表意见。

柏林金属工业工人选举的情况完全就是这样；对此这里稍微有所涉及。难道还要总是给共产国际提供一些无稽之谈吗？多年来有些人断言，仿佛我们在柏林根本不具备任何影响力。在所有的大企业中我们都拥有决定性的多数，我们获得了超过50万选票。为了贬低我们的成就，这些人对此绝口不提。

是的，工会中我们受到排挤。在柏林，在哈根，在哈雷，一些最优秀的同志被开除。我们现在应当造就新的接班人，培养新的干部。这是我们党严肃而重大的任务。在最近的选举中，我们获得了300张委托书中的120张。以前我们更多，但我们的影响力并未降低。在哈根，阿姆斯特丹分子分裂了金属工业工人协会；在哈雷，整个当地卡特尔被排除在外。如果拉狄克从哈雷新卡特尔的人员组成得出结论，说哈雷再也没有共产党人，那么这全是拉狄克式的花招。

可以列举出所有的工会并到处找出这类事例。但即便是以上所举的那些，对于仍然对我们抱有怀疑态度的同志而言已经足够了。

再谈工会选举。我们只有在一种情况下遭受了巨大损失。在柏林、上西里西亚和其他许多城市里，我们在铁路工人中获得了辉煌的成就。但是在布兰德勒的朋友掌权的柯尼斯堡，我们的运动都全军覆灭。那里出现了铁路工人转向社会民主党的情况。我们应当开除工厂委员会的书记，因为他提出了一个只是对非党集团和小资产阶级有利的经济纲领。正是布兰德勒的拥护者们在那里破坏了我们的运动，抹杀了我们和改良主义者之间的一切差别。事实就是如此。在德国其余的地方，在柏林、鲁尔区、科隆、上西里西亚，我们都取得了出色的成绩。为什么拉狄克同志闭口不提奥伯伦呢？在那里，我们战胜了社会民主党的和法西斯主义的工厂委员会，获得了所投出的90%的选票。这样的一些事实被闭口不谈、讳莫如深。可以举出成百上千个这样的例子。现在最重要的事情是，党要专注于它的工作的地方不是可能与社会民主党结盟的小资产阶级地区，而是要将方向对准大工业地区；当然，党也不会忽视其他地区，但它也明白，斗争应当从那些无产阶级最为集中的地方开始。

再谈几句我们的党。在我们没有取得胜利的时候，我们面前每天都会出现种种德国问题。当我们在法兰克福拥有多数的时候，我们曾明确地宣布：我们什么也不会向你们许诺，我们对待事情的态度十分清醒，德国党清楚地了解它的弱点、它的错误何在，任何人也不能保证会取得胜利。如果法西斯主义和民主主义浪潮再持续一个时期，我们就可能有暂时在某些工人集团中被击败的危险——这种危险的确是存在的。整个欧洲的共产主义运动同样有可能在一个时期内受到排斥。尽管在意大利的墨索里尼的内阁中发生了变革，我并不相信和平主义和民主主义的时代会持续很久。如果这个时代到来，我们就应当考虑失败的可能性。为了能够与之进行斗争，必须看到这种危险。

现在谈谈德国党和执行委员会在**工会问题上**的立场。如果说党的代表大会曾经发生过与执行委员会的某些分歧，那么并不是在对极左倾向的评价方面；我们也曾与这些倾向进行斗争，认为它们很危险。但是党若让这些倾向裹挟自己，那么危险会大得多，而且并不限于"极左派"。洛佐夫斯基同志也在座，他早在1月即曾建议召开了著名的五月代表大会，我称呼其为"分馅饼"的代表大会。他说，需要把36个德国协会集中起来，用刀将他们分割为两部分。他把这叫做有组织的分裂。（洛佐夫斯基发出惊叹声）所有这些年中，我们发现工会国际在这个问题上一直犹豫不决，这对我们造成了严重损害。布兰德勒同志也每个月都在预告分裂。当大家在这里提出批评的时候，我们准备接受对我们的那一份责骂，但是我们要求这也要扩大到与事情有关的另外一方。党现今的中央委员会在工会问题上一直明确无误地反对"极左派"同志；代表大会应当明白，如果要谈论工人群众的而不是教授的情绪的话，恰恰应当是在工会问题上进行谈论。是的，在工会会员中曾有放弃的想法、绝望的心理，有过失败主义的情绪，但是现在我们已经度过了最艰难的时刻，现在我们会坚定有力地反对退出工会的各种趋势。工会问题对我们来说是个政治问题，它取决于各种政治事件的发展。如果形势尖锐化，分裂的问题也就尖锐化；如果形势趋于缓和——团结的问题便上升到首要地位。因此在德国的工会工作问题上我们还会遇到困难。我们并不对代表大会隐瞒，这些倾向还没有彻底根除；不过回顾数月之前的情况，我们确认，由于党的统一和团结，我们已经大大地向前跨进了一步。

为了结束德国问题，我还要就我们德国所形成的局势和我们总的政策说上几句。我们自己在提纲中表述过，我们视英国问题为共产国际的一个主要之点，但是我们认为，尽管暂时"稳定"，德国党却面临着斗争的尖锐化。专家报告将会引发新的急剧的危机。货币稳定，但资金不足迫使企业家们减少工人数量，导致失业。我们面临着铁路员工大规模失业和强烈不满的前景。专家方案标志着德国斗争激化的新时期。我们的将来朝着斗争的方向展开。第四次世界代表大会未能预见到十月事件中所造成的局面。在第五次世界大会上我们不应当受赫里欧和麦克唐纳掌权的影响，认为最近的将来不可能有如此剧烈的革命激化状况。我们建议开展反对专家方案的国际运动；这对我们具有很大的意义。我们曾建议举行国际性示威的8月4日，应当成为示威游行反对和平主义幻想、反对帝国主义战争、拥有无产阶级针对资本主义的战争的日子，共产国际应当将这一天变成强有力的国际行动的日子。

同志们，我们德国共产党非常密切地关注共产国际内的各种事件；我们希望这次代表大会能对各种实际任务尤其是对统一战线策略问题和工人政府问题作出表述；**我们需要对各个国家的具体指示**。要让各代表团回国之时不致感到他们必须执行统一战线策略，却不知道目的何在、方向如何、为了何种斗争，而是带着为了夺取政权的斗争而团结群众的具体目的，代表大会必须做到这一点，必须给每个国家作出具体的指示。

同志们，现在请允许再讲讲下面的事情。什麦拉尔同志的声明令我们倍感惊奇。因为我们在这里可不是在资产阶级的会议之中，我们不是外交官，对外交官而言如此小心谨慎的声明倒很合适。党如果遭到它认为不公正的攻击，就应当进行斗争。然而过分软弱地回避斗争对于捷克党的未来却并不好，布兰德勒也经常规避和接受各种提纲、决议。但他的政策却始终都与这些提纲背道而驰。

同志们，我要讲几句德国同志认为特别重要的英国问题。在英国党内，面临的问题与更成熟的那些党全然不同。其中我们兄弟的英国党经验不足是他反对改良主义者行动软弱的主要原因。提到英国党，我的印象如下：每位英国同志衣袋里都装有两张党证：右边口袋里是工党的党证，左边口袋里则是共产党的党证。我有这么一种印象，似乎平日里你们都是工党人员，而到了星期日，为了多样化，你们又当一当共产党员。世界代表大会在这个问题上应当十分坚决地表明态度,因为英国的工人政府正是一个确实重要的事实,本身标志着英国国内阶级关系尖锐发展的开端。如果英国共产党人全心全意协助工党政府,我们就会发生很大的困难。我们英国同志对待工党政府的政策看来几乎是这样:"亲爱的麦克唐纳先生,请你哪怕多少执行一点儿社会主义政策吧。"

英国连续不断的经济罢工的浪潮表明,可以在那里尝试着组建工党的左翼,成为共产党人在群众中的真正组织,不仅在工会里,而且到处都是如此。我同时觉得,世界代表大会应当理解英国党的议会工作问题。弗格森的竞选纲领中有一点让我感到惊讶,他在其中表示反对专家方案。他对自己与麦克唐纳之间的矛盾搞得不够清楚,未能强调麦克唐纳是赞成专家方案的。英国共产党人要是不能搞清楚这种区别,就永远不可能争取到英国的工人。英国共产党人与麦克唐纳政府之间矛盾的尖锐化是建立群众性的英国党的先决条件。下次选举中我们需要认真地提出一个问题:我们应该再次选举韩德逊和麦克唐纳呢,还是提出我们自己的候选人。这个问题代表大会应当予以解决。

至于谈到意大利问题,同志们都很了解,在第四次代表大会上我们主张联合,现在我们同样主张联合。在意大利党内的有些事情让我们觉得太不灵活,但我们德国的右派同志已成为习惯——总是把意大利党当做共产国际的败类横加污辱。我们则认为意大利左派是共产国际最优秀的组成部分之一。必须竭尽所能真正做好意大利党内的工作。

同志们,在分析国际问题的时候,我们曾试图在自己的指导意见中对每个国家作出具体的指示。在就个别国家进行辩论时,我们要争取更踏实认真地做好这一工作。在这次世界代表大会上,我们认为除了将一个个分部的任务具体化之外,最重要的事情就是大会要在全世界范围内断然拒绝拉狄克主义和布兰德勒主义,像在俄国党内所做的那样,在德国党内也高度一致地摒弃这种方针。我们十分了解我们的运动的不足之处，我们会感谢每一个批评意见。但是在接受这种批评的同时，我们也认为可以批评其他同志的错误。当前每个工人的最高目标应该是：**将德国党变成一个统一的团结的布尔什维主义的党。**（掌声）而世界代表大会不应当允许共产国际成为形形色色思潮的大杂烩，而要让它沿着转变为统一的布尔什维主义的世界性政党的道路向前迈进。（暴风雨般的掌声）

文泽尔（捷克斯洛伐克）：

库伦、普法伊尔、莫伊罗娃、韦尔奇莱和弗里德等同志委托我发表如下声明：

我们是捷克斯洛伐克党代表团团员，不同意代表团多数派的宣言，因为季诺维也夫同志在执行委员会的报告中明确地提出了一个问题：在捷克斯洛伐克共产党和共产国际的其他一些分部内存在着机会主义的思潮，而该宣言对此没有作出明确的回答，或者更确切地说，根本没有进行回应。

代表团的宣言不能保证共产国际和捷克斯洛伐克共产党之间的齐心协力的合作。为什么呢？诚然，宣言中也说，代表团以最严肃的方式接受季诺维也夫同志报告中所作的指示和警告，但是其中并没有说明，代表团是否拥护抑或拒绝党的领导机关的或党代表团大多数人的那些机会主义观点，这些观点是在被报告援引的古拉同志的那篇文章中和其他同志的一些文章中流露出来的。既然没有公开地拒绝所提到的那些机会主义思潮（就代表团多数派方面而言），我们便怀疑捷克斯洛伐克共产党与共产国际是否可能本着共产国际各项决议的精神一道进行齐心协力的工作。代表团多数派应当言明他们反对各种机会主义的思潮，要么就反过来，让代表大会最终能有机会与捷克代表团一道彻底澄清各种有争论的问题。

我们在任何情况下都认为，季诺维也夫同志正确地指出了捷克斯洛伐克共产党内存在的机会主义思潮，它们都源于整个共产国际内的机会主义思潮，党应当诚心诚意、坚持不懈地与这些思潮划清界限。

这些机会主义思潮不仅表现在代表大会这里所引述的文章中。还可以举出其他一些证据。例如，宣言中声称："第五次代表大会上可以而且应当讨论关于当前的形势与1923年的形势有何区别的问题，以及因此我们应当在何种程度上改变对统一战线策略和工人政府这一口号的理解。相反，我们则认为，虽然代表大会也应该分析研究所形成的局势，但目的并不是赋予统一战线策略和工人政府以不同于1923年初的另一种含义，目的只能是更明确地强调，统一战线的策略和工农政府的口号只能具有第四次代表大会所赋予它们的那种含义，不过由于机会主义思潮之故，这一含义在共产国际的个别分部，同时也在捷克斯洛伐克共产党内被曲解和受到错误的阐释。"

机会主义的思潮也存在于捷克斯洛伐克共产党的议会活动之中。在喀尔巴阡罗斯新当选议员的首次亮相时，什麦拉尔同志在他的一次讲话中声称："喀尔巴阡罗斯人民应当根据自己的特殊心理和自己的特殊需求以及（我要作一点补充）自己的能力自己管理自己。中央政府唯一能帮助他们的地方，就是不单不对他们进行任何阻碍，而且要给予直接的支持，以便喀尔巴阡罗斯的劳动人民能组织起来参加自治的有立法权和执行权的工农苏维埃，并让这些苏维埃将全国的立法权和执行权掌握到自己手里。你们常常声称俄罗斯试行的苏维埃是无谓之举。好吧，现在你们就来作一番尝试吧，很可能你们会靠它们寻求到解决内外政策重大问题的途径。无论如何，首先在我国东部各州组建苏维埃的尝试不能被视为与国家利益相矛盾的不严肃的想法。"我们认为，这样提出苏维埃的想法无异于破坏其威信。

在我国代表团多数派的宣言中，如前所述，并没有对季诺维也夫同志提及的党内机会主义思潮的问题作出回答,却大谈党所进行的实际工作。对党在过去一个时期的工作中所取得的真实成绩谁也不可辩驳;季诺维也夫同志也辩驳,他只不过是指出在某些方面还做得太少,并且恰恰是在与党准备无产阶级革命的定位密切相关的那些方面,例如在农民问题等方面。但是我们应当指出,既然宣言中谈到实际工作,其中也就有某些不确切之处,特别是在有关斯洛伐克和喀尔巴阡罗斯的问题上。

代表团的宣言顺便认为季诺维也夫同志对党的领导人冷漠消沉的指摘缺乏根据。在布尔诺会议上,党中央的代表就他所提出的表达了中央委员会意见的关于德国和俄国问题的建议说明理由时宣称,党中央准备通过另一个决议,这个问题并不是对它的信任问题。我们觉得,党中央对这些重要的国际问题如此无动于衷,正是上述冷漠消沉的例证。

就某些个别的问题,我们将在辩论时发表意见。

博什科维奇(南斯拉夫):

我代表巴尔干各国共产党代表团——保加利亚、南斯拉夫、希腊、罗马尼亚和土耳其的代表团声明:

我们同意季诺维也夫同志对国际形势以及共产国际的工作和任务所作的分析。但是,同志们,我们觉得代表大会应当稍微详细一些着手研究巴尔干问题,因为问题很复杂,对我们也很重要。

1914年在巴尔干燃起了世界战火。目前的局势一点儿也不比1914年的局势好。劳动群众再次遭受战争危险的威胁,因为巴尔干各国都是帝国主义大国——法国、英国和意大利的侵略性政策的工具。巴尔干地处世界要冲,各帝国主义国家的通道在此交汇。巴尔干是帝国主义者通向小亚细亚和非洲的桥梁。此外,巴尔干各国之间也在这里进行角逐。

罗马尼亚政府以法国帝国主义代理人的角色正在挑起战争;它对南斯拉夫施加压力,要其保卫它在比萨拉比亚、特兰西瓦尼亚和多布罗的利益，并支持它针对苏联的反革命战争。罗马尼亚王朝利用其亲戚关系，在塞尔维亚王朝的斡旋下，坚持与贝尔格莱德政府结成反对苏联的军事同盟。民族问题使得在战后也成为一个多民族国家的罗马尼亚四分五裂。民族问题正是罗马尼亚衰弱的原因之一。为了巩固自己的地位，它正在变成法国帝国主义的工具，只要法国保障罗马尼亚资产阶级的统治权就行。

关于罗马尼亚的局势，英国刊物《民族》（1924年6月7日）鉴于有关土地风潮的传言，确认罗马尼亚的**革命业已酝酿成熟**。

马其顿和色雷斯的问题很容易引发新的巴尔干战争。在马其顿，现在三个巴尔干国家——南斯拉夫、保加利亚和希腊的侵略意图交织在一起，因为掌控了瓦尔达尔河谷便能确保对爱琴海（萨洛尼卡）的自由出入。贝尔格莱德政府与意大利政府签订亚得里亚（阜姆港）问题的条约，为的是能够将注意力集中到南方并确保自己的西部边界。南斯拉夫的国内局势（民族、土地问题）迫使贝尔格莱德政府与意大利政府妥协，换句话说，南斯拉夫与意大利签订条约，为的是能够在马其顿更强有力地反对保加利亚和希腊，在国内政治方面采取更加反对的方针。

事实上，贝尔格莱德政府于1924年春下令派遣远征军进入保加利亚，占领佩尔尼克矿场，从而建立巴尔干的"鲁尔区"。在民族问题最为迫切的克罗地亚出现了反动势力，在马其顿则是白色恐怖。南斯拉夫的南进蕴藏着与希腊的新战争的萌芽。南斯拉夫政府与意大利政府的协议影响到阿尔巴尼亚的命运，该国如今事实上正失去自己的政治和经济独立，变成意大利的半殖民地。取代阿尔巴尼亚南方自由主义政府而上台的，是意大利的北方（米尔迪塔族天主教徒的）政府。

最近意大利帝国主义在巴尔干发动攻势，目的不仅是控制亚得里亚海，而且要在巴尔干树立威信，也要在小亚细亚继续执行这一政策。

巴尔干的重心是南斯拉夫——塞尔维亚人、克罗地亚人和斯洛文尼亚人的王国。这是奥匈帝国的南方继承者，法国帝国主义不折不扣的代理人。南斯拉夫也是一个多民族国家，塞尔维亚资产阶级处于统治地位。国内塞尔维亚人仅占39％。像罗马尼亚资产阶级是罗马尼亚的霸主一样，塞尔维亚资产阶级也是南斯拉夫的霸主。由于民族和土地问题难以解决，南斯拉夫白色恐怖肆虐。在各方面都感受到民族压迫的不单是克罗地亚人和斯洛文尼亚人，而且还有其余的少数民族，特别是匈牙利人和德意志人。

1920年底南斯拉夫颁布了一道反共法令（《公告》）。此前无产阶级革命的攻势已暂时中止。塞尔维亚资产阶级不愿意再与克罗地亚和斯洛文尼亚资产阶级分享政权；当时已经确立了塞尔维亚的统治权，民族矛盾趋于激化。此外，法国帝国主义对贝尔格莱德政府施加压力，要其扑灭革命的共产主义运动。这时候便颁布了反共法令（《公告》），将南斯拉夫共产党置于不受法律保护的地位。工会和党组织一蹶不振；工人们待在家里，党的印刷厂和书店先是被没收，随后又转入社会爱国主义者和中派分子之手。

这样，反共法令（《公告》）又引发两方面的事情：法国帝国主义反革命的对外政策和民族问题。但是，这样大的一个党在1920年底该法律颁布之后便暂时失去了与群众的联系，怎么会发生这样的事情呢？为了理解这一点，我们应当考虑到我党的组织结构。正是这种组织方面的缺陷造成了党在《保卫国家法》颁布之后变得与群众隔绝。党未能在工厂支部的基础上建立起良好的组织机构。当时存在的还是原先的社会主义组织、旧有的组织机构。党一心忙于其他的迫切问题，未能建立起新的共产主义的组织机构。

在1919—1920年这个时期，共产国际在南斯拉夫、整个巴尔干以及其他一些国家，对所有从事工人运动的人都是一种富有吸引力的时髦事物。因此1919—1920年间许多社会主义的和半社会主义的分子都加入了党。结果在宣传共产主义要判处 20 年苦役和死刑的《**保卫国家法**》颁布的时候，所有这些社会主义和半社会主义分子都吓得发抖，胆怯起来，抛弃了党，抽身离去。这时候南斯拉夫共产党才感到，它还不是名副其实的共产主义的党。

南斯拉夫注定是法国帝国主义反革命政策的**工具**。因此在南斯拉夫可以看到军国主义的滋长、民族压迫、反动势力和白色恐怖。塞尔维亚资产阶级对《**保卫国家法**》犹嫌不足，它乞灵于法西斯主义。不久之前的 6 月初发生在特尔博夫列矿场的事件在这方面堪称典型。法西斯分子挑起与工人群众的冲突，打死 6 名工人，打伤 25 人。这在南斯拉夫引发了一场大动荡，至今为此仍在举行大规模的集会、示威游行和抗议行动。

至于统一战线策略，党接受它是把它作为一种宣传鼓动、动员和组织的方式，用来处理与坚持阶级斗争观点的所有工人组织的关系。此外，我们还将其运用于对待小资产阶级的革命农民党派。例如，因为特尔博夫列事件，我们在萨格勒布与拉季奇的克罗地亚共和农民党一道举行了总罢工和示威游行。

对我们而言，最重要的问题是**民族和农业**问题。南斯拉夫共产党第三次代表会议就这两个问题通过了符合共产国际政策精神的决议，现在党正从事这方面的工作。民族问题与农业问题密切相关，而农业问题又与工农联盟、与工农政府的口号相关。

我们党现在在民族、农业和组织问题上都采取政府的立场。党的队伍中布尔什维克化的进程仍在继续。诚然，党的人数比 1919—1920 年少得多，但是工人群众都倾向于它。这方面最好的例证就是 1924 年 5 月 1 日的示威游行。在贝尔格莱德，中派分子和社会民主党人的示威游行尽管得到政府的支持，参加人数仅为 136 人，而我们党尽管 5 月 1 日前夕和 5 月 1 日当天有 600 余人被捕，单单在贝尔格莱德就召集起 7000

名示威游行的人。

我们代表团希望，共产国际在日后要更多地关注巴尔干国家。代表团深信，共产国际今后仍将在马克思主义和列宁主义的旗帜下带领我们走向新的胜利。

赫谢尔（捷克斯洛伐克共产主义青年团）：

代表大会上提出捷克问题之后，捷克斯洛伐克共产主义青年团代表团对其进行了讨论，委托我在这里表明它的观点。

代表团多数派在其声明中设法弥合分歧，向共产国际的观点靠拢，我们对这一做法表示欢迎。这种尝试具有更大的意义之处在于，加入捷克斯洛伐克共产党的革命无产阶级和革命工人青年拥护与共产国际进行最紧密的合作，拥护实现共产国际的目标和原则，最坚决地反对削弱党与共产国际相互关系的任何企图。

不过我们认为，捷克斯洛伐克代表团的这一尝试并不十分成功。声明的开头说，党即便在最低的程度上也都还不是布尔什维主义的党，接下来声明则企图推翻季诺维也夫同志的所有论据。

季诺维也夫同志在其报告中指出整个共产国际内存在着机会主义思潮的同时，也指出捷克斯洛伐克共产党里也存在着这类思潮，并要求该党代表团明确地回答一个问题：代表团究竟赞同这些机会主义观点呢，还是否定这些观点，因为在相反的情况下共产国际与捷克斯洛伐克共产党之间不可避免地会产生争论。我们认为，对这个明明白白的问题必须给予一个同样明明白白的回答。党代表团的声明中却不包含这样的回答。为了证明捷克斯洛伐克共产党的机会主义危险，季诺维也夫同志引用了古拉同志的文章，举出了瓦涅克同志的发言和1923年2月党代表大会对统一战线和工人政府的观点。诚然，代表团在其宣言中表示有必要对布拉格党代表大会的决议进行某些修订，但是仍然必须首先对季诺维也夫同志的问题作出回答：捷克斯洛伐克共产党是谴责它的队伍中存在的机会主义思潮呢，抑或对其加以掩盖？

我们的代表团却没有对此作出回答。我们认为，这并非偶然。我们觉得，相反，这正是党内存在着这类思潮的证明，而且这类倾向的确不仅可以在古拉同志论述多数派和少数派问题的文章中发现，而且也能在该同志的其他文章中发现，同样，在党的著名活动家和理论家瓦涅克和弗里德里希两位同志的文章中也有。瓦涅克同志在回应来自布隆的小布里安同志包含着极左思潮的文章时声称，统一战线策略在捷克斯洛伐克恰好与它并未自称为揭露性手段的地方一样富有成效，捷克斯洛伐克共产党对德国事件未来发展的观点已得到证实；这一观点当时并不特别乐观，结果无产阶级革命在德国也确实没有发生。由于时间不够，这里我不可能引用其余的一些文章了。我仅仅指出一点：在这些文章中，到处都贯穿着对现今的德共中央组成人员抱主观偏见态度的红线。应当写文章反对极左思潮，但同时也不应该陷入另一个极端，因为极左思潮常常产生自极右。还要指出的是，捷克斯洛伐克共产党议会党团也流露出机会主义思潮。文泽尔同志以少数派名义所发表的声明中已经引用过什麦拉尔同志一次演讲中的话。总的说来可以判定，问题并不局限于一些个别的现象，某些倾向已构成一个完整的链条。因此季诺维也夫同志所举的例子像这里所说的那样并非小事，何况上述文章中所表现出的观点带有或多或少的官方性质，因为随后对它们既没有进行反驳，也没有提异议。

在统一战线和工人政府的问题上，我们认为代表团关于它准备对布拉格决议进行订正的说明是不够清楚的。正如少数派的声明中所说，我们的意见是，我们的代表大会应当对一个个国家的形势进行分析，目的只能是创造保障条件，防止对统一战线策略和工人政府口号的机会主义的阐释和运用（特别是指布拉格代表大会的决议）。

我们并不认为季诺维也夫同志在讲述党的工作时想要抹杀党在过去一个时期活动中所取得的实际成就。出于局部战斗行动和采取准备无产阶级革命方针的需要，季诺维也夫同志希望关注某些工作领域，这些领域与党的任务的联系特别紧密，但党至今还很少加以利用。这类问题是：农村工作，民族问题，在工厂支部基础上改组党的问题，保证中央委员会有效活动的问题。机会主义思潮正是可能在这些问题上产生某些消极作用。我们的看法是，党对农村工作、民族问题和改组问题还很少有作为，至今中央委员会也没有在日常工作中表现出领导运动的足够的政治积极性。因此我们认为，季诺维也夫同志在报告中指出了中央委员会队伍的某些冷漠和消极的现象，是完全正确的。

我举几个党的生活中足以说明上述状况的明显事例。就拿农村工作来说吧。直到喀尔巴阡罗斯的选举之前，党确实在这方面几乎没有做任何工作。然而这次选举却显示了在这方面开展工作的巨大机会。同时，季诺维也夫同志在他的报告中涉及涵盖了超过一年半的党的活动时期；因此他的批评是正确的。当然，他并不是要抹杀党对选举所做的工作；但即便在选举之后，党在农村中的工作依旧微不足道。例如，关于对喀尔巴阡罗斯农民的血腥镇压，党除了在议会中提出质询和举行了两次集会之外，再没有采取任何措施。诚然，议会党团也相当频繁地提出民族问题，但就这样做做而已，不再抱有多大的美好希望。当青年们实际着手建立支部的时候，党却宣称青年不应当有党之外的另一种组织形式，并要求青年们推迟他们的代表会议，到党代表大会之后再召开；这样做的理由是，代表大会打算推出关于党尚未有的组织形式的决议。党的代表会议（在克拉德诺召开），虽说表示赞成工厂支部，但同时又通过决议保留地方性的基层小组作为主要的组织单位。虽然不久之前在布隆召开的党代表会议表示赞成改组，可是会议的决议在许多地方都与执行委员会关于工厂支部的一些决议相矛盾。党代会的决议中指出，可能存在两种类型的基本组织单位——以企业为基础的和地方性的联合组织；支部一词为分部一词所取代，问题的解决本身推迟到不久即将召开的党代表大会之后，并提出要视两个过渡阶段即按企业建立全权分部和建立工厂分部的进程而定。关于建立真正的工厂支部的问题，在按企业建立全权的分部之前，预定由区委批准。党未能实现对红色工会的足够强有力的领导，共产党分部的数量还很少。德国的十月事件并未向工人群众进行充分的说明。党的报刊，主要是捷克报刊，尤其是党的中央机关报，并未发表阐明德国事件过程的充分的材料，虽然它们也做了这件事情，但做迟了，而且也并不是一直与工厂委员会的问题相联系。

在反对军国主义的工作方面，党在整体上几乎什么也没有做。据党的领导层亲自承认，这项工作只是在有限的范围内进行，即便如此，也主要靠的是青年。自然，青年们的工作也是党的工作，但仍然应当指出，党本身在这方面什么也没有做。并没有向青年们说明，这是一项由于莫斯科的决议而落在他们肩上的工作。最后，我们认为，党拖延对德国和俄国问题表明态度是一种不良现象。

从以上所述可以看出，代表团关于党所做的实际工作的声明有着不够确切的地方。

我们并不认为季诺维也夫同志指出党中央存在着某种冷漠态度是想以此说明，中央委员会根本什么也没有做。他只不过是公正地指出存在着某种冷漠态度以及克服的方法和手段（例如：通过向其中引入新的无产阶级分子以更新中央委员会）。

无论如何，捷克斯洛伐克共产主义青年团代表团完全同意季诺维也夫同志的结论，并将在这方面依靠共产国际的决议，竭尽全力促进党的积极性的提高及其布尔什维克化。

（会议于9时10分休会）

第八次会议

(1924年6月23日,星期一)

会议于10时40分开幕。
主席:柯拉罗夫

讨论德国问题

柯拉罗夫(主席):
我宣布会议开幕。布兰德勒同志首先发言,他请求给他提供半小时时间。

鲁特·费舍(德国):
但不能再多了。

柯拉罗夫(主席):
谁有反对意见吗?没有。

布兰德勒(德国):
同志们,我在这里并不是以德国党或者别的什么党的主席的身份发言。(一名德国代表:"很对!")
我是以一个被告人,或者更准确地说,是以一个已经被判有罪的人的身份说话。如果问题涉及的是为了上诉或者自我辩护,我宁肯放弃任何发言。但是实质并不在这里。既然我要发言并请求听取我在共产国际的最高机关第五次代表大会上的报告,一个关于导致十月事件的决定性因素的报告,那么,同志们,我这样做只不过是因为发生了某种实在令人吃惊的事情——确切地说就是关于这个时期还全然没有任何一个报告。关于这一问题的决定已经做出,这个政策在我抵达莫斯科参加一月代表会议之前早就遭到谴责。并没有听取关于事件真实进程的报告。因为所谓的中央代表肯楠同志在党代表大会上关于党在最近一年半期间的活动的报告,那是对我们在这具有决定意义的一年半里的工作的丑化。我并不热衷于辩论,也不会设法自我辩护,而是力求对我们所做过的事情做出一个总结。

在着手做这件事之前,我要简要地复述一下针对我们和我们的政策所提出的指责。第一,指责我们叛卖了德国革命;说我们本来可以斗争,但出于胆怯并没有斗争。这是一个观点。第二种观点略有差别,主要是由季诺维也夫同志提出的:由于具有社会民主主义的小资产阶级倾向,我们严重背离了正确的共产主义政策的道路,结果不得不回避斗争。决定性的一点则是,首先,似乎我们在萨克森演出了一场所谓陈腐的会议的喜剧;于是季诺维也夫同志和费舍同志指责我们修正了共产主义,首先是修正了国家理论。第三种针对我们的指控是左翼反对派提出来的,他们利用这点夺取党内的权力。说法是这样的:我们本来应当斗争的,甚至已考虑到了失败的前景,因为第三次和第四次两次代表大会之后我们的政策是不正确的,所以我们只能,譬如说,用这种斗争来加以弥补,即使它会导致失败也罢。

根据这些指控,执行委员会的一月代表会议和德国的党代表大会审判了我们,判决宣布如下:罪过在于犯了小资产阶级的机会主义。作为惩罚,我们被开除出党的领导层,宣布我们为(奉命在国际范围内这样做）社会民主主义右派，党和共产党国际的敌人。还提出了一个口号：只有开展最尖锐的斗争反对这个机会主义的社会民主主义的小资产阶级右派，党才可能得救。挽救党（一月代表会议决议的内容就是如此）只有在这种情况下才能达到：如果当时的旧中央委员会的大多数（即所谓中央）能掌握领导权，阻止反对派（左派）做出大的蠢事的话。一月决议的意思是这样：这个中央与左派合作，反对将党引向了灾难的右派，如上所述，是在所谓中央的监督、控制之下的合作，因为这个左派、这个反对派当时已经夺取了党内的权力，他们反对第三次代表大会开始的整个政策，认为那是不正确的。

正如你们所看到的，情况并不是这样。党的领导权并没有落到中央手里——如果以为中央这个群体能够争取到党内的大多数（尽管他们当时拥有中央委员会内的大多数），那只是天真的幻想。党的领导权是在左派手里，他们从第三次代表大会开始，即已将执行委员会和德国党的政策当做错误政策来反对。

这样，同志们，我们承认自己的过错在于，首先是全力争取执行也执行了第三和第四次代表大会的路线。在第五次代表大会上我要宣布：我们对此并不后悔，我们认为这一路线在当时的那个时期来谈是正确的，而且在目前也不需要修改。自然，在这次失败之后改变策略很有必要，但这并不是改变第三和第四次代表大会所确定的路线。

我们声明，十月失败的过错并不在于这一政策，关于导致十月事件的环境编造了一整套传奇；这有助于现在了解种种历史故事是如何形成的，例如关于再洗礼派教徒的说法。有关诸如再洗礼派教徒运动之类十分滑稽可笑的观念怎么能流行千百年之久，此前对我来说是不可思议的。（德国代表团座上发出笑声）

如今我们眼看着对十月的事情和政策就编造出了这样的可笑故事；我对此的理解是，连参与了此次事件的同志和工人们，如今在激情澎湃中所看到的这些事物都已不是当时的情形,而是着眼于因斗争的结果而受到迷惑的利益和希望。然而这并不只是不诚实,同志们;如果这仅仅是一种卑劣行径,倒也并不那么可怕。可是事情更糟。这个传奇的基础是一些实现了的幻想。这特别可怕,因为这里实际的错误被想象中的错误所取代,而这会有碍于承认真正的错误,会使得共产国际和德国党无法从中吸取应有的教训。不能硬说我们没有犯任何错误。但是如果编造一些并不存在的错误,那就会给改正过程造成困难。同志们,失败的过错根本不在于第三和第四次代表大会所指定的我们加以执行并在莱比锡党代表大会得到具体化的政策和路线。据我看,失败可以解释为:我们提出了一个不符合实际的任务,在选择手段时犯了错误,错误地估计了力量对比。事后又错误地将全部责任单单推到我们身上。这些错误是我们大家共同犯下的——左派、右派、中央、执行委员会和那些出席了决定性会议的其他共产党的代表。我们是共同制定的这个计划,无论左派、执行委员会的代表,谁都没有对该计划表示过反对。

应当弄清错误的根源。我们遭遇失败并不是因为我们没有贯彻执委会九月的决议,而是漠视我们贯彻这些决议的尝试。我现在试着判定在那个具有决定意义的时期失败是由什么所引起的。我要向你们介绍一些事实,以便你们自己能够判断臆造出来的我们的社会民主主义机会主义错误何在。危机过后,由于拉特瑙被谋杀,我们应当解决两个问题。我只是在宣布大赦并且对党提出了下列问题和任务之后才来到德国。当时我声明:由于党已从三月的对抗中恢复常态,但还不是具有战斗能力的共产党(时髦的"布尔什维克"的说法当时还不流行),我们应当使党具有战斗力:a. 将它转入非法状态(在这方面尚未采取任何措施);b. 建立具有战斗力的组织并采取内战的方针。

这是1922年8月的事。我制定了一整套计划,一部分是与其他分部的同志一起制订的,并将这个计划提交中央委员会,中央未经辩论即予接受。现今的左派和中央队伍里的全体中央委员都困惑不解地睁大了惊愕的眼睛。

我的建议归结为什么呢？归结为必须为准备内战进行思想宣传。直至那时德国党在这方面什么也没有做。是不是这样呢？

早在我逗留莫斯科期间，我即已在报纸上用文章和杂文首次开始主张内战的思想运动。1922年秋这些文章首次出现在我们的报刊上，为国内战争的思想准备奠定了基础。我们并未局限于此，我们着手进行内战的组织准备。我们将作战干部组织起来，开办将具有军事才能的同志培训为红色军官的学校，为铁路员工建立专门的委员会，首次提供比党内流传得更远的消息，其任务是进行反侦察，揭露奸细等等。

在尝试着执行这一路线的时候，我们遭遇了来自党的中央委员会的反对。我们没有达到全部目的，但是做到了在当时的情况下所能做到的事情。我们立即着手在工厂支部的基础上改组社会民主党的选举组织。我们提出并通过工厂委员会、监督委员会和无产阶级同业工会建立了同情者的组织。

这就是我们的"机会主义的、小资产阶级的、非共产主义的"纲领。

我们党的全部工作就在于完成上述各项任务。恰恰针对第三项任务——组织同情者，季诺维也夫同志对我们提出了指责：你们是进化理论家，你们抛弃了革命理论！我不能接受这种指责。如果说这种指责多少有点意义的话，那就是左派——马斯洛夫和鲁特对我们所作的同样的指责，具体地说就是：我们的"进化论的、小资产阶级的和非共产主义的"理论都包含在我们的声明之中。节节胜利的斗争成为可能（那么是在德国无产阶级由于糟糕的领导而遭受了许多失败之后），只是在那时候：当时我们在一定程度上做好了这个纲领中所提出的各种准备工作——形成了战斗力，开展了地下工作和军队中的工作，建立了工厂支部和同情者的可靠组织。在德国资产阶级的组织还很强大、他们在战术方面还有很大的机动性的时候，在这样的情况下如果我们断然投入斗争，新的失败将不可避免。

要是党能在其中看出修正马克思主义的理论，我们就会承认自己有过错。我认为，党只有在斗争对自身是力所能及的情况下，才可以开展这种斗争。我们并不害怕进行损失巨大的战斗（这是自不待言的），我们已经证明了这一点。但是，斗争仅仅是为了遭受重大损失，你们的这种意愿就不是共产主义的了。如果我们最大限度地做好了准备才号召进行斗争，那么即便我们遭到巨大损失，每个工人也都会明白，我们终归尽力而为了。在这样的条件下遭受重大损失对我们并不会有害。然而如果我们并没最大限度地做好必要的准备，便带领无产阶级投入战斗，那么我们这样做并不能发展无产阶级的战斗力量，而是阻碍其发展。指责我们是因为害怕失败而不想斗争，这是可笑的。了解我们的每一个人都知道，尚未做好充分的准备我们便号召进行斗争的历史已经太长了。认定我们的做法是在修正共产主义，把这叫做对共产主义理论的修正，是完全错误的。我们试图（我要坚持不懈地强调这一点）实现我们的这一纲领。我们闭口不谈筹备革命，极少提出无产阶级专政的口号作为战斗口号，更有甚者，我们极少利用具体的斗争来宣传这一口号。这是一个错误。但是，我们比那些徒然空谈筹备革命和无产阶级专政的同志做的要多。我们所做的工作比他们多得多。我们提出了也完成了这些具体的任务。就以我们的军事纲领为例吧。当它在缺少深切关注的情况下被通过时，我们不得不克服的阻力何其之多。1923年2月，我们首次建立了国内战争委员会，其成员都是我所熟知的老同志，他们在1918年的内战中、在慕尼黑战斗的红色士兵联盟中、在卡普暴动和三月抗议行动中都表现出了军事才能。2月中旬，我们这些"社会民主主义和小资产阶级的机会主义者"在包括左派在内的中央委员会的阻挠下召集这些同志，制定了军事工作的具体纲领。（台尔曼从座位上喊："撒谎！"）

我们可以确定一下此事，这里就有一些当时参加了会议的同志：让他们来回答，这是谎言还是实情？（坎德尔在座位上说："为了参加会当时还威胁要开除我们。"）2月份我们对此进行了谴责。我们这些"社会民主主义的小资产阶级机会主义者"竟然完成了军事工作！（鲁特·费舍从座位上说："这全都是多伊米希做的。"）鲁特·费舍同志，多伊米希同志所做的事情我比您知道得更清楚，因为当时您不在党内。那时候您还在奥地利的维也纳工作，而且您把工作干成了这样：当您离开维也纳的时候，当地的同志们都大大地松了一口气。

与此同时，我们设法筹办情报工作……我们还要指出，我们在试图从俄罗斯收集有关国内战争的资料的过程中遇到了种种困难。

我们率先以报纸文章的形式在德国发表了有关国内战争的资料。最重要的部分结集在讲述国内战争的4个小册子中。这也是我们的"社会主义民主主义的小资产阶级的工作"的一部分。

莱比锡党代表大会之后，我们改组了党的整个组织局，责成它着手改组党，以建立在工厂支部基础上的新型的组织，取代先前按地域划分的社会民主党类型的复选人组织。它以党内从未有过的劲头极为勤奋的工作。它在中央委员会内遇到了最强烈的反抗，但这还不是最重要的，更糟糕得多的是那种消极的对抗和对问题实质的不理解，这些现象迄今在党内仍然未能消除。

现在我再来谈一个主要的问题——关于党的状况。当拉特瑙被杀害后我们回到德国时，柏林反对派与其他地区之间的分裂在德国党内业已存在。这种分裂并不是我、并不是我们引起的，它本来即已存在。这时候我们便开始思考一个问题：这种分裂继续下去绝不会使党变成具有战斗力的党，如何才能将其消除呢？在解决这一问题时，我们犯了一个难以补救的严重错误。尚在莱比锡党代表大会之前，我们即曾与各位负责同志交谈过。当时只有两个办法：将负责同志马斯洛夫和鲁特·费舍（是的，问题就出在个人身上）列入中央委员会，与他们一道消除这种分裂，或者是，不将这些同志列入中央委员会，寻求别的途径以消除分裂。

同志们，我们选择了第二个办法，结果这是错误的。正是在这里我们犯了一个严重的错误，并且没有达到所希望的目的，主要是因为，中央那些想要走第二条道路的同志，特别是一部分现今的左派，他们没有这样做所需要的勇气。正是第二个错误妨碍我们党作为一个整体发挥活力，因为我们未能消除分裂。

现在谈谈一些最具备实质性的政治事实。在这整个一年半期间，德国无论在政治或经济方面都处于财政崩溃的名义之下。但这还不是生产的崩溃。我们党的活动可以说是从库诺政府成立时开始的。我们以动员德国工人群众的方式来欢迎库诺政府，在德国还从来不曾这样对待过新政府。正值库诺在议会发表政府纲领的讲话当天（1922年11月），我们召开了首次全德工厂委员会代表大会，与库诺的纲领针锋相对，我们提出了一个所谓拯救工人阶级的纲领，推出了一些与饥饿、与反革命作斗争和反对凡尔赛和约的措施。为了提出这个纲领，我们进行了大规模的动员；我们花费最大的精力以实现这个纲领。这次代表大会是团结和组织同情共产党的非党和社会民主主义工人群众外围的开端和序幕。所采用的组织形式，就是革命的工厂委员会、监督委员会和无产阶级同业工会。自然，在具体行动时可以某些情况下是这样，某些情况下是另一样倒还更为有力。但是总的说来（我要肯定这点）我们已经竭尽了全力，在德国共产党存世的整个时期内，还从来没有像最近这个纲领一样调动了如此之高的积极性，以便真正使其付诸实现。我们所看见的是什么情况呢？借助于我们大力的宣传鼓动，借助于良好的客观环境，在被卷入鲁尔斗争的库诺政府时期，我们在德国的一些地区非常出色的成功实现了这个纲领，特别是组织起了外围、建立了超党派的战斗组织，将革命工厂委员会在监督委员会和行业工会中联合了起来；在其他一些地区我们却未能做到这一点。我们的口号在鲁尔地区、莱茵—威斯特伐利亚地区、上西里西亚和中德（萨克森、图林根、哈雷—梅泽堡）都得到响应和支持。我再次犯了一个大错误，其他的同志也未能加以纠正。我们实际上只是在上西里西亚、鲁尔地区和中部德国才成功地将同情我们的工人组织到了外围，这种情况的原因我认为主要在于左派同志的无能。这是一个很大的错误。当然，这个左的定位具有众所周知的意义。但并不是这一点起了决定性的作用。这一点，我是在十月失败之后才理解的。在上述地区我们得以率先建立阶级战斗组织是因为，那些地方的资产阶级国家机关在很大程度上已被削弱，我们在那些地方战胜旧制度的反抗要比在柏林和汉堡容易一些；资产阶级国家机器在莱茵—威斯特伐利亚地区和鲁尔地区的涣散和削弱是法国占领的结果，占领摒弃了德国的国家机关。在上西里西亚，其原因是禁止拥有国防军。在中部德国，原因则是我们在这里将同意战线策略首次巧妙地运用于议会和群众的抗议行动，我们在这里还打乱了用来反对无产阶级的国家机关的功能，有能力以完全不同于其他任何地方的规模开展工厂委员会的工作，团结和组建了监督委员会和无产阶级行业工会。我还会联系别的问题谈到这一点。（高呼声："你打算还要讲多久呀？你已经讲了半个小时了。"）如果你们不想听下去了，你们有权在任何时刻剥夺我的发言权。但是我不会理睬你们的叫喊。我认为，现在可能是我有机会最后一次说出这一切的时候了，那么为了共产国际和德国运动利益就请你们坚持10分钟，听完我的话。如果你们不愿意，就按你们的办好了。我讲这些事并不是为了我自己，而是为了德国党和共产国际。

同志们，在鲁尔运动爆发的时候，我们针对它采取了立场。我首先要指出莱比锡党代表大会，那似乎是重新考虑共产主义国家理论的开端。人们把事情描绘成这样：仿佛在德国我是党的破坏者，在俄罗斯则是拉狄克，仿佛我实际上是个傻瓜，让拉狄克牵着鼻子走。我有这两个角色真得感激不尽！我在一些重要的问题上都是反对拉狄克的，有时候到头来他是对的，有时候原来是他错了。正是在重要问题上他并不和我一致，而是与柏林的组织一致。在这方面他应当为他的绝大部分的错误负责。所以，请不要在这里开一些愚蠢的玩笑，我并不是拉狄克或者别的什么人手中的玩偶。我从未屈服于各种威胁，也不曾叛变，我只听命于信念。要是谁不能让我信服，即便是拉狄克抑或是别的什么人，我都不会充当他愚弄的傻瓜或者仆从。我和拉狄克谈不通，我就自己为莱比锡党代表大会草拟了提纲，作了关于占领鲁尔的报告。我当时声明如下。我要引用这个"小资产阶级的机会主义"的言论，这很重要，因为那些在这里的代表大会上谴责我在莱比锡的机会主义的言论，谴责我修改了共产主义和国家理论的同志，他们98%的人都不曾劳神读一读这些言论，他们只不过一次次听了费舍同志引用的一些话。我要用以下的方式概括鲁尔的形势，这就是我的"小资产阶级性"的表现：

"我们没有必要在这次党代表会议上对当前的形势进行深入分析。之所以没有必要是因为，这种形势完全符合我们1918年即已具有的趋势。需要弄清的仅仅是目前的力量对比关系和我们所正在经历的阶段，1918年工人阶级没有可能牢牢地掌握政权，当时正值战败之后，政权可以说唾手可得，但是工人阶级不具备掌握的可能，因为1918年还不可能争取到德国工人的大多数搞共产主义。正是由于这一原因我们才经历目前这个阶段：鲁尔被占领和法西斯主义在巴伐利亚取得胜利。法西斯主义取得胜利是无产阶级至今为止所遭受的一次最大的失败。"（德国代表团座位上发出惊呼声）同志，我听不清你的话，没法回答你。你是在扰乱大会。留下你的高声呼喊用来辩论吧。同志们，重读我的那次发言，我发现，并不是开辟了法西斯主义在德国的胜利的大罪人拉狄克，而是我在莱比锡党代表大会上开启了法西斯主义在巴伐利亚的胜利。所以，如果要说采取这种教唆理论的话，那么并不是拉狄克教唆了我，而是我教唆了拉狄克。（德国代表团在座位上发出呼喊声）

我当时以下列的方式说明局势的特征："这意味着我们面临着特别革命的形势，它清楚地表明先前的掌权者的政策的破产。"而对共产党的角色我根本没有重新定位，在莱比锡党代表大会上我是这样表述的（科尔施当时也完全同意我的看法）："只有共产党所领导的德国工人阶级才能指出摆脱这一苦难处境的出路。能够做到这一点的别的力量在德国还没有。"

同志们，我的引述到此为止，那些话表明我作为一个机会主义者和小资产者，早在莱比锡党代表大会上就对共产主义、共产党的作用和国家理论进行了修改。

在鲁尔被占领的艰难的处境下，我们提出了一个口号：我们应当在鲁尔反对彭加勒，在施普雷反对库诺。为了进行这场斗争，我们在鲁尔被占领前夕主动倡议召开了妇女会议，并会同兄弟的法国党和捷克、波兰党的代表，提出了我们打算如何利用和进行反对入侵鲁尔这场斗争的纲领。尽管倡议出自我们，这个纲领却得到执行委员会的赞同。（德国代表团的座中发出高呼声："我们已经听过这方面的报告了。"）我可不是在对你讲……

柯拉罗夫（主席）：

请不要干扰发言的人。

（那位德国同志继续高声说道："让他不要讲那些，每个小孩子都……"）

柯拉罗夫（主席）：

不是您在发言。布兰德勒同志，请继续讲吧。

（德国代表团中发出喧哗声）

拉狄克（苏联）：

这里是共产国际，并不是议会！

（喧哗声仍在继续）

布兰德勒（德国）：

我要继续为安安静静听我发言的其他同志讲下去，以此表明大家看来是希望听完我的话的……（德国代表团座中发出叫喊声："可是他们听不懂你的话。"其他代表团座中高喊："不，听得懂。"）

我们推出了两条战线的斗争口号。我们全力进行宣传，但是尽管如此，在开始这种宣传并未能让我们把事情进行到在鲁尔地区举行抗议行动的程度。我们有大量的拥护者，可是我们无法推动群众投入斗争。那时候无论占领当局还是企业主都讨好工人。给他们发放100%的附加工资。各种口号、监督委员会和无产阶级同业工会都被接受，在国家机关软弱无力的情况下，这个战斗组织在那里发展得相当迅速和容易。

5月末，德国资产阶级已经准备认输投降了。在克拉拉·蔡特金对鲁尔斗争所作的分析和季诺维也夫、拉狄克同志的文章中，都对鲁尔斗争的性质做出了正确的描述，认为那并不是德国和法国之间争夺霸权的斗争，而是在剥削德国工人阶级方面争夺大小份额的斗争。既然事情是这样，既然我们正确地估计了形势，那么，在估计革命性的、势不可当的局势激化之际，我们就应当明白，由于在这一份额中占有一定比例，德国资产阶级绝不愿意走向一场它的国家政权需要承受的灾难。这场交易中的冲突很少有机会导致夺取政权的斗争。资产阶级在制定血腥镇压革命工人的计划时，试图达成一致意见，他们挑起五月罢工，企图利用德国和法国的军事力量镇压德国无产阶级，然后把责任推给德国工人阶级（卢特别克的信件）。

柯拉罗夫（主席）：
　　您的时间到了。

布兰德勒（德国）：
　　不知道，我说不准……

鲁特·费舍（德国）：
　　你总不能讲4个钟头吧！

布兰德勒（德国）：
　　虽然别人讲过4个钟头，我可不想这样。不知道，看来问题相当严重，而我却一直没有说话——请给我一点时间，最多用一个小时。（德国代表们叫喊）

柯拉罗夫（主席）：
　　好吧，总共一小时。

布兰德勒（德国）：
　　我要提一提下面的事情：在鲁尔的这场斗争中，我们首次领导了鲁尔工人。如今我们受到指责，说我们不容许德国工人阶级遭到德军和法军刺刀骇人听闻的血腥镇压。我们认为阻止这种事情是我们的共产主义义务。我们的这一策略在上西里西亚和萨克森的群众中赢得了极大的好感，使我们在那里掌握了所有工人战士的领导权，当时和现今形势的区别就在于此，而造成这一差别的过错一部分是由于十月事情，一部分是因为不正确的领导。所有参加1923年斗争的工人，并不是在阿姆斯特丹分子和社会民主党人的领下进行斗争，而是在共产党的领导之下。当时就像现在一样，经济罢工的比例更大，参加的人也比1923年更多，现在从1月初到4月底这整个过去一段时间内，并没有这种情况。现在的领导权并不属于共产党人，而是归于阿姆斯特丹分子。（勒瓦尔：上西里西亚呢？）勒瓦尔同志说得对，上西里西亚除外。

我们对同情我们的工人群众的影响力的顶点，是所谓反法西斯主义日，这也是一件小资产阶级的，社会民主主义的，反共产主义的事件，我对此负全部责任。在一份号召书中我提出了（不是理论上的，而是实际上的）国内战争的问题。当我们宣读这份号召书时，许多左派同志，主要是中央的同志，作出了惊愕的表情，像小猫听见了雷鸣一样。这份号召书中我们发布了不要社会民主党、全凭共产党人自己的力量组织这场斗争的口号。我们无论自下而上或者自上而下都不求助于社会民主党；然而我们没有取得成功。我们未能展开斗争，虽说这是一个顶点。未能成功的原因是，对国内战争的组织准备工作还非常薄弱。当查禁开始的时候，根据我的提议，决定不顾禁令，在鲁尔地区、上西里西亚和中部德国举行示威游行；当时决定手持武器保卫示威游行。至于德国的其余地区，既没有游击小组，也没有无产阶级同业工会，我们没有实施保卫的可能，于是决定在那些地方仅限于室内的示威。这同样被认为是一个机会主义的错误，但我认为这个决定是正确的。要是我们当时在准备十分不足的情况下投入斗争，那么现在我们要辩论的就不是十月事件，而是七月的第二次失败了，我们的决定并没有让群众离开我们，相反，倒是赢得了他们对我们的信任。

为了简短一些，我就不列举许多重要的看法了。我只想说明下面一点：大多数同志都忽略了，尽管存在着种种衰落的趋势，德国资产阶级仍然是一支与 1905 年的俄国资产阶级全然不同的力量，更不同于 1917 年。我还要指出的是，德国社会民主党也具有对群众的影响力，它的组织扎根于工会和合作社，十一月共和国以来还扎根于村社和地方政府。很遗憾，很多德国同志，还有俄国同志，对此持有完全错误的认识。我们要打破工人们对社会民主党的这种信任，不可能通过高谈阔论办到，而是要靠顽强的系统的阶级斗争，不断地揭露社会民主党的领导人。谁失去这场顽强斗争所需要的耐心，谁就不是革命者，谁就不能争取到群众，就会使得他们远离自己。鲁特·费舍同志关于工人贵族的恶毒的引述和恶毒的评论只能表明，他不懂得工人贵族在我国所扮演的是何种角色。俄国并没有工人贵族。但是如果我们在德国犯下这样的错误：不能够让那些不在我们的突击队中的工人阶级的数量可观的阶层保持中立，那么，我们必将为这一错误遭受一系列的失败。对于我们所提及的这一问题，绝不能用玩笑敷衍过去。

现在谈谈十月事件。我们当时都很清楚，反法西斯日和针对库诺的罢工之后，我们应当全力准备用我们新建立的组织击退意料之中的资产阶级进攻。我这里本可以作一些引述，但是没有时间了；不过，这并没有刊印在莱比锡党代表大会的记录之中。要是做好了斗争的实际准备（比如说在拉特瑙和埃尔茨贝格尔被杀害之后），重要的就是不能让社会民主党使其削弱，要让运动由我们领导并且能由防卫转入进攻。我们的观点就是如此。我们带着这个观点前来共产国际。在最重要的决定性时刻，我们在这里待了 4 星期，进行会谈。只是 10 月 9 日我才抵达德累斯顿。我引用这个日期并不是要为自己辩解。当时在领导党并负有责任的正是那些谴责我的同志……

我要强调的是，决定性的错误正是这个时候犯下的，正当我们准备发起猛攻的时候，敌人已经扼住了我们的后脖颈。我很想向优秀同志们所组成的委员会陈述这方面的情况，希望执行委员会举行这样一次交谈，但即便在这里也应该让传说结束了……我们当时并不知道敌人已经有了充分的准备，现在才从塞克特的秘密档案资料中了解到这一点。我举几个数字。8月28日，亦即反对库诺的罢工刚刚结束之后，塞克特便向全部7个军区发布命令，让将"黑色国防军"的部队立即悄悄地编入国防军。10月3日国防军拥有21万装备精良的人员，这支白卫军主要是由军官和士官组成，他们的装备之好，俄罗斯国内战争期间最精锐的白军的装备也比不上。从塞克特的计划中我们可以看到，在鲁尔、汉堡、柏林和劳西茨还获得另外4.5万国防军士兵的增援部队，实际上更是多达6.5万人。此外，又动员和武装12万人并让他们在24小时内做好了战斗的全面准备。其他细节我可以向委员会报告。

然而，在开姆尼茨会议上我表示赞成撤退并不是出于军事上的考虑，而是出于政治上的考虑。当时不顾我的反对，决定参加萨克森政府；不过，在决定已经作出之后，我收回了自己的反对意见。我现在自责，当时不够坚定，未能坚持我的反对态度。这是我的最大的错误之一。由于我们在萨克森仅仅实行自上而下的统一战线，这段历史走了弯路，但是我们那样做是出于一片好心，自信是在按照执行委员会的意见采取行动，并不认为我们参加政府是一种政治行动，而是将其视做无视弥勒将军的一项任务。

我们领受的仅仅是搞到武器和解决好粮食问题的任务。我们实行了这些计划，并未着手议会社会化的深奥的难题，这既不是机会主义，也不是错误；正当弥勒将军抓住我们后脖颈的时候，在议会里颁布社会化的法令是可笑的。如果我们在这种形势下号召群众夺取工厂，简直就是犯错误；因为我们的责任是赢得时间……我们希望赢得时间，然而却无可避免地疏忽了，不经意间已失去了主动。反库诺的罢工期间，主动权便轻易丧失。我们的第一个错误就发生在罢工期间。当时的错误在于，尽管柏林的运动乏力，却没有继续发起进攻，反对资产阶级联合起来首次组成新的政府。

我们的决定命运的错误正在于此。在反库诺罢工过程中的主动权，可以说像1981年一样轻易地丧失了。尽管政治局已经作出决定，柏林的同志们哪怕一天也不能继续罢工了，而应当停止罢工——这并不是责备他们，停止罢工是正确的；但事实却是，我们已没有能力哪怕再延长罢工一天时间。因此我们提出口号，重新将反库诺的罢工改为经济上的要求——在那些我们力量较强大的地区。哈雷的同志们为我们让他们改为关注小事十分生气，但是我们遵循的是，让柏林、上西里来和汉堡的同志们投入斗争，只有在他们的力量强大到足以斗争时才能这样做。既然我们在柏林的力量不足，就应当在我们力量强大的地方开展反对反革命强化的斗争，亦即反对建立联合政府的斗争。结局要么是暴露了我们的弱势，要么我们成功地阻止组成新政府，嗣后将汉堡、柏林和西里西亚也纳入斗争，最后，要么就是一部分运动以失败告终，但是仍然很可能存在经常性的冲突浪潮。这是我的错误，然而当时并没有任何一位同志意识到这是错误的，所以也就没有提出任何更好的建议。

再次将主动权掌握到我们手里的尝试本可以这样做：在宣布戒严的情况下开展斗争。我们并没有这样做，因为萨克森、中部德国、鲁尔和上西里西亚的同志们声称，戒严状态并不会干扰我们，无论戒严与否政府都会一样对待我们。的确，在某些地区，群众的力量强大到政府无论借助于戒严与否都无法保住政权。不过在更为广阔的其他各地，情况却截然不同。同志们宣称：都是胡扯，议会这种无聊玩意儿毫无意义。然而它是有意义的，我们错过了第二次机会。我们已经在普鲁士遭到了失败。

还有第三种掌握主动的可能性。在颁布紧急授权法时我们就本来可以设法这样做。这项法律表明，资产阶级正在一步步不断地准备着对无产阶级施加打击。它甚至打算以割让鲁尔区的代价向法国认输。从我以上所述的事实中可以看出，资产阶级准备镇压中部德国的无产阶级。由于得到社会民主党的支持，它的力量已大到足以镇压我们，它还能蒙骗工人们，仿佛斗争的矛头是指向巴伐利亚的小农法西斯主义。完全缺乏最起码的战斗准备。德国社会民主党把工人们搞糊涂了，而德国共产党则未采取任何措施加以阻止。这方面最好的证明便是柏林、德累斯顿和汉堡的工厂委员会对宣布戒严表示欢迎，因为，由于政府和社会民主党的宣传，工人阶级的广大阶层视宣布戒严为仅对巴伐利亚小资产阶级法西斯主义的斗争。（特迪："萨克森的工人也一样！"）

我再说一遍，各工厂委员会的决议证明许多城市（德累斯顿位于萨克森）工厂委员会的会议都欢迎宣布戒严和颁布紧急授权法，因为它们认为，它们会与社会民主党和国防军一道为反对小资产阶级的巴伐利亚法西斯主义而斗争。就我们方面而言，这是存在着疏忽。上述那些决议我是从刊登它们的《红旗报》上得知的。共产党人都不相信。我们的错误就是，我们没有开展最强有力的宣传，以反对社会民主党人对同情我们的工人们的愚弄。结果便形成了这样的局面：当十月事件中军队到来之时，我们无力开展斗争并不是由于"庸俗的萨克森议会闹剧"，而是由于群众未能做好斗争的准备。问题并不在于萨克森工人们确信部队不是用来对付他们，而是用来对付巴伐利亚的。相反，这种确信背后隐藏着一个事实，即共产党人希望进行斗争，而社会民主党却不想斗争。不能这样来解释这种确信：有些人太笨了，别人都不肯上当的时候，他们却落入了圈套；不，他们只不过是在寻找一个不肯斗争的借口而已。谁要是在经历了当时的一切之后，现在还不明白这一点，我认为这种人简直无可救药。

最后我要谈谈"萨克森议会闹剧"，这出闹剧的结局如何呢？我们之所以参加政府，是为了搞到武器和粮食。我除了寻求武器，几乎别的任何事情都没有做，当我从国外回来时，正在进行关于左轮手枪分配的谈判；我的介入使这场谈判中断了。待到负责同志告诉我，武器方面一事无成，我便表示准备加入政府，以便将武器供应权抓到自己手里。这是我所干的最大的一件蠢事。我参加了政府，奉命放弃其他一切政治活动，开始借助于武器供应去挽救那些在最后时刻还可以挽救的事情。萨克森国家的政策一点儿也引不起我的兴趣。我们吩咐伯切尔仅仅签订关于购买粮食和土豆的合同，因为再过8天我们就会没有任何食物了。因此我们将事情拖延，好运来粮食，以便在最近将来极为重要的两星期的斗争中有饭可吃。就因为这个原因，我们上演了这场"闹剧"，安排了粮食的事情。

我们的工作情况如何呢？我们给我们在铁路上的各小组下达了命令，只要发现运送部队，就延缓交通。命令中说：用群众性的抗议行动、设法与士兵们套近乎、怠工等办法阻滞一切部队调动。这就是我们这些"议会机会主义者"所作的指示！随后我们又下令将情况立即报告我们。星期四早上我们首次接到报告：针对萨克森的部队正在结集，消息还是来自我们党的机关，而是通过"陈腐的社会民主党的闹剧"，亦即来自萨克森国家机关。星期四夜间我们决定印发传单，号召群众拿起武器。

这些传单是星期五印制完成的，当天夜间散发了多达15万份。这就是我们所上演的"陈腐的闹剧"。星期六我们与同志们商定在中部德国、梅克伦堡和基尔组织抗议行动，并在开姆尼茨会议上宣布举行武装起义，虽然这次会议完全是为别的目的而召开的，比如说，是为了掩饰我们往萨克森运输粮食的事情。这就是我们在萨克森上演"陈腐的议会闹剧"的情形。决定我们党中央进驻萨克森，同样是违反我们的意愿的；即是根据执行委员会的提议，才从柏林迁往萨克森的。

我们出席了这次开姆尼茨代表会议，我从国外归来后在这里首次与

德国无产阶级群众取得联系，这也是我的重大错误。（德国代表团席位上发出笑声）

我于9号回国后，一次也没有离开过德累斯顿，完全埋头于党所委托付给我的工作。我没有出席过一次会议。只写了几篇文章，其中包括星期六题为《孤注一掷》的文章，我将其署名为领导同志委员会。这篇文章的内容是号召举行武装起义，刊登在10月20日的《红旗报》和我们所能利用各种德国报纸上。

这也是"议会闹剧"。这是在开姆尼茨。那里90%的无产者都很好——他们并不是共产党员，但却是一些希望斗争的人。不过，当我们提出起义的口号的时候，情况却是完全相反。（德国代表团席位上发出叫喊声："社会民主党的部长们不同意嘛！"）

不对，不仅仅是部长们。我提出武装斗争的建议时，工人们（不但是社会民主党党员，而且有共产党员）对我说："你是不是过分夸大了最坏的一面？也许，这种措施仍然是针对巴伐利亚的，而不是针对萨克森吧？"（德国代表团中发出喧嚷声）

我在开姆尼茨会议上告诉大家：这一事实后面隐藏着社会民主党干下的最大的一个可耻的叛卖行为，根本不是你们所想象的那种情况。

但是，同志们，却发现了另外一种情形。部队是星期五、星期六和星期日抵达的……尽管我们号召要千方百计阻碍国防军的运送工作，结果在途中阻止的仅仅是三批（国防军士兵）。

还有第三个事实。社会民主党的和非党的工人受到迷惑，以为这些部队并不是用来对付共产党人的，而是用来对付小资产阶级反法西斯主义的。

面对这些事实，同时也由于从1923年3月以来主持工作的军事领导人的警告，最后还有共产国际代表团一位负责成员的提醒：他曾竭力劝阻投入斗争，敌人已经做好准备，而我们却没有起码的斗争意愿，这样到头来只能是失败无疑。

同志们,我愿承担责任,但并不认为我在当时提出退出战斗的口号是机会主义错误。如果有人硬要说这是小资产阶级的社会主义政策,我不会同他争论,但是如果你们采取另一种做法,你们就不是在德国组织一场革命,而是制造一场失败。当时是否存在革命的形势,我们可否抱着某种成功的希望投入战斗,或者像如今中央的某些同志所断言的那样,在中部德国是否也能类似于汉堡所发生过的情形一般且战且退?让我们引用列宁对于革命成功的条件的经典性表述吧:

"(1)统治阶级已经不可能照旧不变地维持自己的统治;……要使革命到来,单是'下层不愿'照旧生活下去通常是不够的,还需要'上层不能'照旧生活下去。(2)被压迫阶级的贫困和苦难超乎寻常地加剧。(3)由于上述原因,群众积极性大大提高,这些群众在'和平'时期忍气吞声地受人掠夺,而在风暴时期,无论整个危机的环境,**还是'上层'本身,**都促使他们投身于独立的历史性行动。"①

当时我国的资产阶级拥有军事上的优势,并宣布要稳定马克和资产阶级专政,在他们机巧手法的影响之下,绝大部分资产阶级、小市民和大部分无产阶级都准备先在中部德国、然后再在鲁尔地区坚决镇压工人阶级。他们希望不惜任何代价与法国达成协议。对他们来说,重要的只是镇压饥饿中的工人。

他们已经将小市民争取到了自己一边,因为我们的行动委员会在某种程度上犯了错误。我们的那些委员会,即便是在他们活动最为积极的地方,也只会开展斗争反对与无产阶级处于完全相同的贫困境地的小市民阶层,却不反对大资产阶级、大商业企业等。可见,正是由于我们那

---

① 《列宁全集》中文第2版第26卷第230页。——编者注

些监督委员会的积极活动（主要是在萨克森和图林根），我们才将一部分小市民推向了反革命阵营、法西斯分子阵营。我们犯了错误，今后必须避免这种错误。

第三，同志们，在我们的广大群众之中已没有1918年在德国或者1917年在俄国的那种准备采取一切行动、甘冒任何风险的士气。与此相反，在广大工人阶层中都抱着恢复1914年那种平安顺遂生活的希望。在俄国，这种因素从来不曾发挥过作用。

请大家注意这一时期资产阶级的巧妙政策。局势尖锐化已达到衰退时期难以忍受的程度，法国和德国资产阶级之间的协议只是在两个半月、最多3个月期间造成巨大的紧张气氛。实际上我们的错误何在呢？问题就在于：当我们连防御都无法充分地组织起来的时候，却必须在两个半月时间内由防御转入进攻。

我这就结束我的讲话。托洛茨基和拉狄克同志认为，如果我们能及时领悟到法国与德国之间的协议将会导致3个月的危机，那么我们就能够发起猛攻。这是徒托空言。如果我们在党员群众尚未理解内战的必要性之前便能够做好国内战争的准备工作，如果我们在出现这种形势之前便有了一个完备的共产党，那么，斗争完全具备可能性。然而，拉狄克和托洛茨基同志所谈论的是空洞的议论，而不是政策。而且，还是一种糟糕的空洞议论。

1918年党的准备工作足以将斗争进行下去。因为当时在群众中存在着斗争的意愿。但是在1923年这种意愿已经没有了。有的只是下面一种情况：柏林和其他一些城市的工厂委员会都欢迎宣布戒严。季诺维也夫说，我们本应该实行国有化、占领工厂。我认为这是完全不正确的。我们本应该赢得准备动员群众的时间，只有群众才能为我们取得胜利。

我们本应当以下面的方式采取行动：不顾柏林运动的力量薄弱而继

续进行反库诺的罢工，不顾戒严状态而动员群众阻止特别授权的法律，不加入萨克森政府，不与上层人物进行谈判，应该在萨克森召开的不是工厂委员会的代表大会（它在当时并没有意义，我们已经超过了它），而是无产阶级同业工会的代表大会，并通过它在工厂里提出政府的纲领。我们当时的任务就应该是这样！我们本应当从萨克森派出600名无产者赴德国各地进行宣传鼓动，而且这些人不限于共产党。这种宣传鼓动足以使广泛的群众运动开展起来。

我们的国家理论的修正主义何在呢？在我们与社会民主党的协议中吗？我们支持它是为了瓦解国家机关和社会民主党。我们支持社会民主党有如绳子悬挂住上吊的人。我们并没有把那个政府称为工人政府，我们的错误在于，我们未能坚持自己的反对俄国同志们的苏维埃的意见，未能坚持莱比锡提纲。尽管如此，抱着解决武器和食品问题的特殊目的而加入政府这并不会有碍于我们的胜利。失败并不是我们放弃原有打算的结果，而是党内的我们无力平息的那种惊慌失措情绪使然。如果在波兰撤退过程中俄国党的中央委员会也像十月事件后德国党那样四分五裂，如果在波兰遭遇失败后俄国党也遇到执行委员会在德国做出的那种最高级别的干预，那么即便是俄国共产党（我要肯定这一点）也不会那么轻易地就能渡过危机。我们遭到失败并不是因为回避斗争，而是由于所造成的惊慌失措情绪，因为12月之前无产阶级群众都还一直向党涌来。只是在出现了惊慌失措的情绪之时，党的威信才减弱了。这从选择的结果看得最为清楚。萨克森的公共选举在1月份，图林根的议会选举在2月份，梅克伦堡的选举在3月份，巴伐利亚的选举在4月份，投给共产党的选票逐月减少。这种退步趋势并未结束，依然在继续。现在我们将面临汉堡公共选举的考验，最迟的则是一月份的普鲁士议会选举。你们现在很容易说，党的威信下降都是我们的策略运用不当的错，那6个月里可以把责任推到我们头上，可是将会在汉堡和普鲁士发生的失败责任就没法这样推脱了。目前中央委员会的政策要赢得新的好感异常困难。由于这些错误，所有应当做的事情我们在11月3日的第一次代表会议上就已经提出来了。首次出现了我们在一年半的时间里前所未有的这样一种多数。只是在有些人为了夺取党内权力而抨击一切、制造惊慌情绪之后我们才落到了这样一种境地。

有一些人说，即便明知失败无疑的时候我们也应该展开斗争，这只是危险的空话和犯罪的疯狂。如果在座的法国同志特兰声称，说我们应当从枪决社会民主党人开始，那么，这些空话绝不可以当真。你们的诸如此类的言论只能让共产党人嘲笑。

我们如果在十月事件中展开斗争，就会落得匈牙利革命失败之后那样的下场。资产阶级希望进行一场血腥的屠杀，其准备工作迥异于1921年，他们想要挑动我们。这就可能不是有如在汉堡和中部德国那样的失败了，而会是全然另一种失败；资产阶级就会全力以赴，真正摧毁工人们的战斗力量。而现在这种力量并未被摧毁。很遗憾，我所提到的那种惊慌失措的情绪使共产党的战斗力量陷于瘫痪。

应当对这些极为重要的事加以考虑。我这是第一次向你们毫无避讳地引述这些事实。无论是在德国还是在党的代表大会上，我都不曾像现在这样披露一切。为什么呢？所有这些事实和细节都不宜公开地进行分析研究。我个人只能这样说：一个共产党员，如果不具备为了共产主义的利益而忍受不公正对待的决心，他就不是共产党员，有人指责我出于怯懦而回避斗争。然而进行斗争无异于让共产党分裂。一年过后我们还会再次相聚一堂，评论我们是否正确。现在党内的倾向是这样：一个无产阶级革命家的恐惧、愤怒和失望统统都倾泻到我们身上。在这样的时刻过去之后，无产者们将会力求弄清情况，明白事情的真相。这里我要声明：在我们尚未意识到自己的真正错误之时，我们便无法将德国共产党变成一个是以完成自身任务的真正的革命政党。我这样说并不是为了自我辩护，如果我连想整垮我的那种种勾当都无法承受，我也就不会进行斗争了，因为我知道，我不是小市民，不是社会民主党人，而是共产党人。不过我根本不想自卫，我宁肯让人一枪打死，也不会为了自己个人而抗争。然而必须在实质上判明过去真正做了一些什么，不能一直停留在臆造和丑化上，必须说出真相。

纽恩（法国）：

在这里我要坚持不懈地提请共产国际注意现在还存在着殖民地，并向它指出革命除了存在着殖民地的前途问题之外，还存着殖民地的危险。不过我觉得，同志们还没有完全意识到，世界无产阶级的革命，特别是各殖民国家的无产阶级的命运，与各个殖民地被压迫阶级的命运是紧密相连的。既然是这样。我就要利用所能得到的一切机会提出这样的事情，如果必要，还将提醒你们关注殖民地问题。

今天对我来说只需重复一番罗易同志的发言，仅仅改换一下名称就行了，亦即不过把英国这个词换成法国、比利时、美国、日本等。但是，我是从法国的殖民地来的，因为我希望讲得简明扼要，我就只说说法国帝国主义，说说我们的法国党和法国各殖民地的党，就像罗易同志讲述英国、讲述我们兄弟的英国党和英国各殖民地的党那样。

同志们，请原谅我的斗胆，但我不能不告诉你们，我听了来自各宗主国的同志们的发言，我得到一个印象，似乎他们全都想从尾巴上把蛇打死。你们全都知道，目前资本主义这条毒蛇的毒液和生命力更多地是在殖民地，而不是在宗主国。殖民地向它的工厂供应原料，殖民地向它的军队提供士兵。殖民地还会充当它反革命的后盾。而你们在谈论革命时，却瞧不起殖民地！

同志们，当你们想要砸碎一个蛋或者一块石头的时候，你们都会关心寻找一个力量与你打算砸碎的东西硬度相应的工具。为什么你们想要粉碎资本主义的时候，却不肯采取同样的预备措施呢？为什么在革命问题上你们也不正确估量你们的策略、你们的力量呢？为什么你们不使你们的力量和宣传，与你们想要与之斗争并将其战胜的敌人的力量和宣传相称呢？为什么你们在资本主义靠殖民地以自保和与你们进行斗争的时候，你们却瞧不起殖民地呢？我还要补充几句，以回应特兰同志的发言。特兰同志在他的发言中谈到法国所呈现出的革命高潮和正在兴起的法西斯主义运动。在第一点上我完全赞同特兰同志的看法，但是说到第二点，我却持相反意见。我认为，意大利、德国和其他一些国家的反动势力需要法西斯主义以自保，但是法国的反动势力却并不需要法西斯主义。法国另有保卫者，一些力量强大得多的保卫者，他们比"黑衬衫"更为组织严密、纪律严明。法国拥有黑人和黄种人士兵。你们也许知道，法国军队现在是由 458000 名年轻的法兰西人和 260550 名殖民地土著组成的。但是，大概你们并不知道，如果考虑到服役和训练的时间以及迫使这些土著出动的容易程度，那么，每一个土著士兵顶得上 $2\frac{1}{3}$ 个法兰西士兵。所以，虽然随时准备猛扑向你们的军队现有人员名义上是 664950 人，事实上却已多达 100 万人，或者更精确地说，是 939950 人，因为，如果说法兰西士兵比土著军队要多 251450 人的话，那么，后者都要比法兰西士兵的服役时间多出 431100 个月。

在讨论实现革命的可能性和手段、制定未来战争的计划的时候，你们，英国和法国的同志，还有其他一些党的同志，完全忽视了这个异常重要的战略性的要点。这就是我竭尽全力向你们大声疾呼"注意"的原因。

塔尔海默（德国）：

同志们，在谈到执行委员会的活动问题本身之前，我要用几句话戳穿鲁特·费舍同志在这里讲述的一段离奇的幻想故事。据她说，在英国时纽博尔德同志曾经对她说过，似乎我告诉纽博尔德说，我不相信革命。（鲁特·费舍在座位上说："您理解错了。"）我就是这样理解的。对此我想申明如下：英国的同志们对我的询问肯定地回答说，无论十月事件之前还是以后，纽博尔德同志都不在德国的附近。（鲁特·费舍："这给理解错了。"）故事不会因此而美化，它属于天方夜谭一类的传谣。我认为自己和代表大会都不值得多在这种事情上纠缠。

现在我转向实质性的话题，即执行委员会的活动，同时我要使用季诺维也夫同志的一些论法，他谈到波兰问题时曾经说过，他不喜欢针对执行委员会所使用的那些外交辞令、外交手法和方式。我就不用外交语言来讲了，况且这于我根本不相称。在以往各次和本次代表大会上，对执行委员会的批评所占据的地位太少了，这种批评现在绝对必不可少，因为现在已经没有了列宁同志的强有力的威望和坚强可靠、无可争辩的领导，他的领导能够保证我们迅速、准确地纠正执行委员会所犯的错误。为了在这里不至于出现某些臆造的事情和虚假的说法，我想预见告诉你们以下情况。我的看法是，共产国际的中央领导机关执行委员会现在需要比以往更多的威信，现在需要更大的集中，需要更多的领导措施和更大的预见能力。在自己所作的这种批评中，我完完全全地不同于共产国际之外的那种批评主张。但是我认为，**在共产国际行动纲领基础上、在我们的政策主张基础之上和组织原则之上进行经常性的批评**，是绝对必要的，刻不容缓的，大有裨益的。我认为这种批评尤其必不可少，我们应当加强领导，坚定和集中领导，因为在我看来，现在**存在着我们开始倒退的危险**。

列宁同志曾用简明扼要的语言描述过真正集中管理、我们所需要的国际战斗纪律的前提条件，他说：正确的革命的领导是建立共产国际所应有的纪律，是集中、团结的先决条件。总之，同志们，随着各党的成长，随着它们的任务的增多，各种困难也在增长。这是与确立共产国际政策统一有关的困难，关系到将同样的原则运用于不同国家的困难。

同志们，当前的形势如何呢？这是一种不能不引起担心的形势。这种形势是由于列宁同志逝世所形成的，没有了列宁同志，也就再也没有了先前那种充满力量和信心的俄国共产党的领导，我现在仅仅是重复季诺维也夫同志本人所说过的话。另一方面，其余的共产党也缺少必要的成熟，这点我们同样应当公开地予以说明。因此，我们必须寻求新的途径、新的手段，以扭转这一危急的形势。

所以，同志们，如果看一看那些足可据以考验领导的坚定性和一贯性的事实，那么我们就应当举出报告总结期间最近的两起事件：在保加利亚和德国所发生的事件。我们在这两个国家遭受了严重的失败，严重的挫折，我们对党的足以解释这些失败的错误，进行了严厉的批评。不过我们同样应当公开地反省自问：在这两件事情上共产国际领导层是否也有错误和疏失呢？我要回答说：是的，在这两起事件中我们的领导机关未能及时预见到后果，在两起事件上都未能做好应有的政策准备。在这两起事件上共产国际未能清楚地考虑到形势。我在这里要说的不是保加利亚，而是德国，我对德国更为了解。我的看法是，既然事情关系到共产国际的领导人，我们却至今仍然没有从这次失败中得出足够明确和正确的结论。

同志们，现在我谈谈第二个问题，这是一个对未来很重要的问题，即共产国际的组织干预问题。在这点上我要坚持原则，与任何一种非共产主义的观点划清界限。这样的组织干预和对各分部的领导是必要的，这一点谁也不能否定。问题在于下面这种情况：它的方法是否正确？不过，同志们，我坚决相信，且不说我们的那次事件了，无论德国事件和其他各国的所有事件，也无论是最近的一月事件，及其以前，这种干预的方式都不具备可以视为有益的性质。相反，我的看法是（也许各种事件会对此作出证明），这种干预的方式方法已导致党内的严重危机。

同志们，我不止一次（可能并不是我一个人）得到一种印象，共产国际的组织干预即便是在德国，其方式完全使人想到园丁，他栽下一种植物，每隔5分钟就去拔一拔，想证实它是否生了根。这种干预所妨碍的，它所不能获得的，就是企图让中央委员会的威信在工人中牢牢树立。

同志们，因此我现在想到了布尔什维克党具有的一项组织原则。这就是领导的连续性原则。同志们，列宁同志赋予这种领导连续性很大的意义。（德国代表团座中传来叫喊声："什么样的领导呢？"）共产国际对各个党的领导。所以我认为，没有特殊的需要时我们不应当破坏这项原则。因而我要谈谈一个曾经在俄国党内发挥过作用、与这个领导连续性有关的话题，就是关于老革命战士的话题。

同志们，老革命战士在俄罗斯是一种现象，在功勋方面我们向来给予高度评价，但是在共产国际内尚未意识到，西方各党里也有着某种类似的并非社会民主主义的而是革命的传统，它体现在众所周知的领导人阶层之中。如果这可以阐释为这样（这可不单是与德国党有关）：这些老领导人，像这里以往常常谈论的那样，体现了第二国际最优秀的部分、最好那一部分的余留，那么，基于德国的经验，我想指出下面这点。我们不仅有最高层的而且有中层的领导人，他们从一开始所体现的并非社会民主主义传统，而是斗争，既反对右翼，也反对旧社会民主党的中央。同志们，这可说是充当着从第二国际到第三国际的桥梁、从第二国际过渡到列宁主义的一个阶层。同志们，不管怎么说，终归是有差别的，要么通过自己的思考，独立自主地找到这一途径，要么就是获得现成的途径。（拉狄克在座中说："完全正确！"）

接下来，同志们，我们有了一些并非社会民主主义传统孕育出来的年轻领导人。有一些年轻的工人，他们极少有传统，可以说根本没有传统，这只不过是因为他还年轻。有一些工人群体，他们可能非常管用，他们将会学习好，他们将会久经考验，但是也有另外一种情形，对此，即便在我们德国也应当谨记不忘。此外，还有另一类领导人，他们从1908年或1910年以来就不曾参加反对考茨基主义、反对艾伯特等人的斗争，而是长期（甚至1920年）追随考茨基，追随哈阿兹。同志们，我想问一问，在这种情况下可不可以说：第一类领导人体现的是社会民主主义传统，而第二类则没有这种传统？如果你了解事实，这样说等于是在讲十足的废话。

现在还要讲一讲俄国共产党与共产国际的关系，讲一讲俄国党在领导共产国际中的作用。同志们，俄国党领导第三国际这一事实是历史的需要，对此无须解释。其他各党若要具备同样的资格与俄国共产党平起平坐只能在那个时候：其时他们已经在执政，并能牢牢地掌握政权，实现向社会主义的过渡。然而，同志们，在我们目前这种不成熟的状况于日后会到来的旗鼓相当的状况之间，应该有一个过渡的阶段。所以我要说，我无法想象一些所谓乳臭未干的党在西方能搞成功革命；在西方的事情能达到这种地步之前，它们应当首先走出童年，长大成人，它们应当成熟起来，应当开展更多的有鉴别能力的独立自主的思考。

然后，同志们……（主席打铃，提醒发言人，提供给他的时间已经用完了）

再给几分钟吧！然后呢，同志们，我再讲几句共产国际内部最近所发生的派别斗争。我认为，关于协议的整个问题都离不开的一个主要之点，现在就是反对改良主义、反对社会民主党的斗争，仅对目前比任何时候都更为高涨的民主和平主义浪潮。同志们，这个浪潮不仅仅靠原则性的宣传是无法加以平息的，这种办法对付不了它。而现在我所看到的状况表明，这个浪潮滚滚向前，也波及了我们德国。一个不容争辩的事实是，社会民主党、阿姆斯特丹分子从今年春天开始已经打下了基础。同志们，不仅仅失败是促成这一事实的原因；不，同志们，应当提出并且讨论这个问题：党，各个党都要加强克服这些现象的手段和实践。同志们，我得说，我并没有看见这样的正确手段。有一位左派同志写了一封讲述德国共产党内的消极状态的信，拉狄克同志曾经宣读过……（德国代表团座中发出喊声："是文章！"）……那么，是《火星报》上的一封信，拉狄克同志在这里宣读过，你们都是知道的……（德国代表团座中发出喊声："是文章！"）……它让大家了解当前的状况，但并没有指出这种状况所引发的种种错误。（德国代表贝尔喊道："要守规矩！"）而我们的任务就是找出这些错误。这些错误恰恰就隐藏在最近我们所争论的事项之中。

贝尔（德国）：

（从座位上说）：要守规矩！自从拉狄克同志……

拉狄克（苏联）：

我也请求这样！

贝尔（德国）：

自从拉狄克同志……

柯拉罗夫（主席）：

同志们，你们都想要发言。塔尔海默同志讲完后会让你们发言的。

贝尔（德国）：

可是塔尔海默同志的时间已经用完了。

塔尔海默（德国）：

同志们，再有几分钟我就讲完了。你们大概再听我讲 5 分钟就完了。

同志们，我还想说一说来自右的危险。我想说，这种危险确实存在，但不能说党内有一个体现了这种危险的右倾集团。我也想说一说左的危险，这种危险毫无疑问同样存在。所以在这里我想强调下面几点。

同志们，左的危险我并不是首先在波里斯、科尔施、极左派身上看出来的，这方面的危险并不怎么大，我们看见的左的危险在于这两个集团的联系，在于这些集团所具有的对战胜改良主义必不可少的正确策略的不理解。

再说两句共产国际中的右派集团或者臆造的右派集团。我的印象是这样：我们患上了幽灵恐惧症，我们唯恐共产国际中似乎已与俄国反对派一起结成了右派集团。对这个问题我可以公开地予以说明。我想说，这是一个幻影，这是"并不存在的事实"。我曾经援引过一个事例，说明我们无论在俄国还是德国问题上都已与通常所说的俄国反对派划清了界限。

这并不妨碍我恰恰是在这里（如果其他任何人都不肯定这样做的话）发言反对昨天所说的拉狄克主义。应当忘记德国党的历史，应当忘记在它最艰难的时刻拉狄克同志所给予它的帮助。应当忘记 1920 年、1921 年和后来的一切，那样才会不明白党是靠拉狄克所赋予的思想而存在的。如果你们今天有兴致站出来在这里反对拉狄克主义，那么我要告诉你们，党本身还应该向拉狄克学习学习。不单是党，而且还有共产国际。

我归纳一下。我坚信，德国党和共产国际当前所遵循的现有路线是不正确的，它会将我们引导至暗礁和浅滩。我坚信，对德国党所采取并准备对其他的党也要采取的组织干预孕育着许多危险，因此我认为自己有义务公开说明我看出这些危险并提醒谨防这些危险。

最后我唯有声明，尽管我似乎错了，不言而喻，共产国际的决议对我们是决定性的，我们作为共产国际遵守纪律的成员，一定服从这些决议，愿意在共产国际给我们安排的岗位上工作。根据情况本身的发展，届时必将作出所需要的纠正。

克莱内（德国）：

同志们，任何时候都不应该利用历史来为自己以往的错误进行辩护。这样引述历史会使其遭到歪曲，那些从历史中什么也未能学到的同志这样做只会失去更多的东西。如果将布兰德勒同志对德国事件所作的历史阐述与拉狄克同志关于未来任务和策略的发言进行一番对比，那么我们就会发现，他们一个人不正确地阐述了以往的事件，另一个则未能从中汲取任何教训。在第三次世界代表大会上，我们听取了拉狄克同志的报告，他在报告中极其谨慎、极其注意地对以往1919—1921年的斗争进行了总结。而在第五次世界代表会议上，我们又听了拉狄克同志的发言，他在发言中对任何问题都未能进行必要的对照并作出正确的结论。他说，这次代表大会上存在的一个巨大危险是，党可能再不会随机应变了，它可能会放弃统一战线的策略。然而同时他却忘记了，1923年的三次伟大战斗向第五次代表大会提出了迥然不同的任务，确切地说就是：学会这样随机应变——要让党在任何时候都不至于因随机应变而陷入绝境。第二个任务则是必须以这样的方式实施统一战线策略——要让我们不至于花费太高的代价，要让我们不会失去革命的主动精神、党的独立性，要让我们不至于放弃改良主义进行无情的批判。1923年的这个基本教训教会了我们必须如何随机应变，同时又不会丧失党的独立自主精神和力量，教会了我们应该如何争取无产阶级的大多数，同时又始终是一个纯洁而坚定的党。拉狄克同志未能理解这两项任务，因为他什么也没有学会；他只是竭力为自己的错误辩护。1923年在一些最重要的国家中，我们破天荒地不仅讨论了、而且在现实生活中检验了要夺取政权还有些什么不足之处。而这是极为重要的事情。

我们还缺少三种东西：1. 欧洲各党的布尔维克化；2. 党与千百万刚刚开始投我们赞成票和同情我们的工人之间的有机联系；3. 党争取无产阶级大多数的下一步斗争，这是应当建立在党的布尔什维克化和与千百万群众的有机联系基础上的一场斗争。

布兰德勒同志说出了下列状况，而拉狄克同志对之进行了阐述：当时我们的力量还很薄弱，党手无寸铁，可怕的失败威胁着我们。因此我们根据奥地利战略学的最新成就建议退却。

所有这一切都不准确。1923年10月的形势并不是现在布兰德勒同志所描绘的那样。仿佛是在一次会议上通过表决决定实行戒严状态，这也不确定。他忘了，在柏林曾举行最值得信赖的党的干部的会议，大家表决赞成总罢工。他忘了，在萨克森大名鼎鼎的开姆尼茨代表大会上，有人一连6个小时大谈准备为德国人民做的各种好事，把会议搞得一团糟。我们的部长们在会上发表长篇大论，声称为改善德国的无产阶级的处境将采取下列措施：改进食品供应，提高工资，减少纳税负担。

我曾向代表会议提出一个问题：正值由于国防军进驻已事实上被取消的局势最紧张的时期，部长们却在大谈他们准备为人民做些什么，这时候还有可能引起革命斗争吗？在开姆尼茨我发现，当传来国防军进驻的消息时，产生了战斗情绪；但是在我们的部长们高谈阔论的时候，便没有了战斗情绪。布兰特勒同志平日随时准备抨击拉狄克，这时候却大肆迎合，不肯开展斗争。这无异于放弃斗争。我简直不明白，在这里谈论为了信仰而受难有什么用。我们大家都被打败了。每一个共产党员都应当做好自己的党内遭受失败的准备，然而十月事件之后对布兰德勒同志并没有提出关于他的过错的问题，只是提出了关于政治确定性的问题。人们对他说：你学会了什么？你说说，现在的情况怎么样？我们大家都犯了错误，但我们大家也都在错误中学到了一些东西。在艰难的时刻我们能够对党说：这种事做得不对，必须采取措施，使类似的错误再也不会重演。布兰德勒同志在整整一年的时间里都在对我们讲述童话故事：时而他在武装的问题上弄错了，时而他过高估计了党，时而他对党估计不足；如今他向我们讲了一大堆鸡毛蒜皮的事，可是他在十月事件中也并没有坚定的政治路线，就像他现在在这里仍然没有发现这种路线一样。罢工从四面八方席卷了整个德国——产煤地区的工人罢工、金属工业工人罢工、纺织工人罢工，等等。我们是否把这些罢工变成了一场浩大的斗争呢？我们是否告诉了工人：快搞到武器吧！没有。我们一直在安抚他们，扼杀罢工，我们说："等一等吧，决定性的战斗明天就会到来。党正在准备斗争。"我们没有将这些罢工转变成大规模的无产阶级群众性战斗，只不过是因为既没有武器，既没有做好准备，也没有力量；只不过是因为中央委员会对力量意识不足；只不过是因为什么都不足，如果我们着重分析一下详细的情节，我们便会想起来，布兰德勒同志曾经讲过中央委员会的一封呼吁书的事，那是我们写好寄到柏林的，过后又用电报命令不许公布部长们的签名。为什么他要这样做呢？因为他不希望与社会民主党的领导人们闹翻。他想避免关系紧张，因此从宣言中删去了共产党部长们的名字。既然共产党部长们作为政府的代表都不愿意在呼吁书上签名，以免激化与社会民主党人的关系，我再提出各种文章和引文的问题有什么用？这种情况之后还谈得到什么严肃的斗争？同样的事情也在开姆尼茨代表会议上和整个萨克森的现实中重复发生。党制定了纲领，而部长们却不执行这个纲领。布兰德勒所做的各种事情之中，唯一一件有价值的事就是它使党的多数派陷于分裂，再将左翼与余下的多数派联合起来。这种情况不仅仅发生在莫斯科这里。我可以用很多事例证明，正是拉狄克使德国党的多数派陷于分裂，再将中央联合成一个统一的派别；所有这一切之所以发生，就是因为退却是一个错误。现在无法断定我们当时会取得胜利还是会失败的问题。对此如今已很难做出回答。当时形势是革命的形势，工人们都要求进行斗争，共产党也做好了斗争准备。问题并不在退却与否；问题在于党是斗争呢还是垮台。无论是在俄国党的代表大会上还是在自己的小册子中，拉狄克同志都完全错误地阐述了德国事件。它将事情描述成这样：仿佛我们要求斗争，而他是个聪明人，对我们说斗争是不可能的。其实事情完全是另一种情况。我们不单是在星期日并未像布兰德勒所断言的那样决定退却，我们还在星期一和星期二两次讨论过是否展开斗争的问题。我要提醒你们注意那个决定性的时刻，当时是星期二，开姆尼茨代表会议过后两天，柏林工人们已经没有可吃的东西了，他们也没有钱。我们与左派一道，以 4 票对 6 票之比要求无论如何要进行斗争。我们并没有要求这必须是争夺政权的斗争。我们也并没有要求无论如何要进行会战。拉狄克同志向我们提出的问题：要么进行最后的决定性的战斗，要么就全线退却。这是绝对错误的。我们并没有提出最后会战的问题，我们深信，根据事件的进程，必要时我们还能 10 次实行退却，但决不会垮台。我们一定会得到群众的理解，而且不会让社会民主党的工人们受到他们的改良主义领导人的影响。常常有这样的情况，其实共产党无权径直宣布它要退却，因为它力量太弱。如果决定退却，那么这种退却应当得到工人们或者至少是党的本身的理解。而在当时的情况下，退却无论对无产阶级还是对党都不可理喻。这并不是退却，而是全线仓皇溃败。当然，这导致了党的异常严重的危机。党所寻求的并不是个别的词句和定义，它是作为一个健全的、强大的无产阶级政策采取行动。党内产生了反对这一错误政策的强烈反应；它作为无产阶级的群众性的党，得出了毫不留情的结论。如果我们在这里相当强烈地提出问题，那么这样做的原因是，我们还想再次驳倒已经被驳倒过的布兰德勒。我们这样做的目的在于从各个方面证明：布兰德勒在其一生中的所作所为一直都是不正确的。我们这样做是因为，共产国际内还有许多分部和同志，他们尚未从这次经验中深刻而热情地做出必要的、绝对无可避免的结论。像在德国那样，由于这一次转折，各个地区都联合了起来；像在法国那样，由于这一次转折，各个联合会都联合了起来；而在共产国际中，也有必要像这样联合德国的、捷克的、法国的、波兰的分部，无论如何，要将所有最大的分部联合起来，以便进行统一的斗争。所有这些分部都应当在政治上联合起来，像一个地区那样明白无误，毫无保留。而这首先就要求对所发生过的一切事情具有明确的观点。第二，这就要求做出各种结论，以利于今后的工作。

关于统一战线策略的问题。我们在萨克森运用统一战线策略过程中的错误主要在于，像拉狄克同志在本次代表大会上再次表现出的那样对党的作用估计不足。他反驳季诺维也夫同志，说1918—1919年时的各国共产党比现在更强大。这是对党的力量绝对估计不足。1918—1919年的客观形势是这样：群众运动声势浩大，站在运动一边的党却还很小。可是党并没有领导运动，并未能驾驭运动。在这方面拉狄克同志近似于罗莎·卢森堡理论最差的一面——自发性理论。我甚至想向德国的波里斯同志致以祝贺，祝贺他在拉狄克同志那里寻到了大力的支持。所有这一切教会了我们一些东西，所有的分部都应当汲取这些教训。如果能明白所有这一切，统一战线策略就会成为我们的武器。革命随时都需要运用双刃的武器。列宁同志的高明本领教会了我们如何在工作的各个领域运用各有利弊的武器为革命谋利益。但是我要肯定地说，如果像萨克森所发生的情形那样，运用这种武器让改良主义的人从中获得了比共产党更多的好处，那么，正如列宁同志所说，这花费的代价未免太昂贵。而要党付出太高昂的代价，这就是犯错误；在政治上犯错误，这就是背叛。这并不是道德上的背叛。英国人常说，不了解的事情其实更坏；错误有时候比背叛造成的损害更大。这都是一些策略问题。我们说得明明白白，毫不含混：各个党都应当这样运用策略以争取群众，即要真正到党能够加以领导的群众。在德国我们争取到了群众，但为此却牺牲了党的立场的明确性。在萨克森，工人们一度处于我们的影响下，但由于我们的行动不当，我们又失去了这种影响。

第二，拉狄克同志指责我，说我也犯了他所犯的同样错误，说我两年前在工人政府问题上曾有过某些错误倾向，后来我放弃了。我应当强调：的确，两年之前在工人政府的问题上我使用过某些表述，它们虽然不像拉狄克引用时说得那么坏，但从根本上而言终归不够准确。萨克森政府成立的前一天夜间，德国党面前出现了一个问题，并不是理论上的，而是政治上的，当时布兰德勒不在，我便在德累斯顿代表中央委员会和萨克森州委作了一个报告，其中我说了下面一段原话：二者必居其一——要么我们两星期后在无产阶级眼中成为叛徒，要么我们在此期间置弥勒于不顾根据严格制定的纲领系统地准备斗争。接着我又说（我愿意承担责任，保证每一句话都正是如此，而不是另一个样子）：我要强调，我们应当宣布自己就是政府，我们应当越过蔡格纳和其他部长，与无党派的和社会民主党的工人一道建立工人政府，以便为开展国内战争提供解决困难的途径。事后瓦尔歇说，这做起来并不像说起来那么容易。我们处分了瓦尔歇并将其派往柏林，但他的倾向投合大部分右派的心愿。早在那时候争论已经非常激烈：要么服从社会民主党的部长们，要么越过他们与群众结成统一战线，从底层发动斗争。情况就是这样。随后就开始接到塔尔海默和克莱内那些著名的表示关切的信件，这些信保存在德国，现在还可以读到。塔尔海默在信中痛斥部长们的改良主义行为。在这里我要开诚布公地说：要是拉狄克没有压制中央那个群体，没有孤立左派和联合右派，那么，尽管他有种种缺点和错误，德共中央委员会所落得十月斗争的结果就会比实际的情形要好一些。

我还应当强调指出，萨克森事件之后，问题涉及全德国的时候，中央委员会的大多数人是赞成斗争的，只有拉狄克领导下的很少一部分人事实上不接受十月的斗争，违背中央委员会大多数人的愿望，这些人曾不止一次拒绝少数派的论点和建议。这样做的结果可能是胜利或者失败，但绝不会是崩溃。这场斗争还可能在社会民主党的工人与社会民主党的领导人之间筑起一道鸿沟，共产党人可以加以利用。

最后我还要说几句。我不知道，塔尔海默断言共产国际中没有有组织的右派，也许他说得对。但是我想向塔尔海默同志提出一个问题：他是否承认，在俄国党爆发争论之后，法国党内的一些同志质疑俄国党及其团结是否存在，同时他们还在共产党的报刊上大肆恭维工人政府：他们拒绝刊登本次代表大会代表之一L同志的信……因为这封信可能令麦克唐纳先生感到不快；他们在质疑俄国党的团结和力量的同时，却以最直截了当的方式向工党和工人政府提出统一战线的问题。苏瓦林应该担当起拯救俄国党相互斗争的两部分的卑微角色。正当这个时候报刊上向工党、日益高涨的和平主义浪潮和左倾集团大献殷勤。如果布兰德勒不同意这种说法，我可以问他，他反对过这种危险吗？或者他反对过左倾危险吗？这也是代表大会不可避免地应当向每一位同志和每一个分部提出的问题。需要竭尽全力加以反对的真正的政治危险何在呢？它就在于我们不善于随机应变，随机应变得不正确，不是使用共产主义的方式；或者在于我们会放弃统一战线，尽管谁也没有这样提出。最重要的问题是统一战线和要有一个纪律严明的党，党在实行统一战线时不是夸夸其谈，而是真正展开系统的工作。这就是代表大会必须回答的问题。

（会议休会）

第九次会议

(1924年6月23日,星期一)

主席:柯拉罗夫

讨论季诺维也夫的报告(续)

许勒尔(德国):

同志们,我想本次代表大会上讨论已经十分清楚地表明,代表大会最主要的任务将是反对偏离共产国际路线的各种右的倾向的斗争。如果还不明白共产国际的确出现了各种机会主义倾向,甚至严重的右倾危险,那么,从布兰德勒、塔尔海默和拉狄克等同志的发言中这一点已经变得一清二楚了。拉狄克的最后一次发言受到了捷克同志们的热情欢迎。从什麦拉尔同志的声明看来,他也应该归入上述同志们一类。由于这些发言,我们面前再次出现了季诺维也夫同志所反对的莱比锡和布拉格观念。尤其是布兰德勒和拉狄克,他们再次充分地发挥布拉格和莱比锡的论点,在这些论点的基础上发展成了一整套机会主义理论。我们应当要求清除布拉格和莱比锡的论点。第五次代表大会必须结束这些机会主义的倾向。为了让这些教训从我们身边消失得无影无踪,过去的一年半之中我们为它们付出了过分高昂的代价。

我只要略举一些拉狄克同志所说的话,便可表明拉狄克和其他右派同志是如何维护这种莱比锡观念的。正是从拉狄克的发言中可以看出一个基本的态度,这个态度从根本上说是不正确的,必然会导致危险的后果,这就是对待社会民主党的不正确态度。

我们着重分析三个方面。拉狄克说,对我们具有决定性意义的并不是我们赋予工人政府的口号以何种含义,而是工人们对这个口号的理解是什么。他还说,工人们是这样想的:如果在企业中进行罢工,那么工人们应当肩并肩地一起斗争,而工人政府正是各党派的这种共同的斗争。问题是,任何方式都无法与企业中普通革命工人的相互支持和各党之间的相互关系相提并论。的确,一个普通共产党员工人和社会民主党员工人在同企业主斗争中的相互关系,可以与两个党之间的相互关系相提并论吗?社会民主党与共产党的相互关系并不像工人与工人之间的那种关系;社会民主党并不是工人的政党,对它来说这种关系从何谈起。

其次,拉狄克问道,有可能与社会民主党组成联合的工人政府吗?重要的是,他如何回答这个问题。他说:"这要取决于**社会民主党在其最后灭亡之前是否都与资产阶级联系在一起**;我们不可能判定社会民主党的政策,因而也就无法确切地了解它会奉行什么样的政策。"

相反,我们对此是了解的。社会民主党直至其死到临头也会与资产阶级沆瀣一气。而且它还会日益变成资产阶级的第三党,变成法西斯主义的一翼。

既然拉狄克谈到了团结的必要性,那么,根据他的观点,这具有十分特殊的意义。我们所理解的团结并不是两党之间这个意义上的团结,而是指在共产主义的旗帜下在共产党的队伍中将工人群众团结起来。但在他那里,人们却屡次发现一个基本的思想:社会民主党应该被视为**工人的政党**,只能自上而下与它缔结同盟、建立革命工人政府和统一战线。如果我们坚持这类观点,那么显然我们会误入歧途。这可能像季诺维也夫同志论证过的那样,导致我们修正共产主义。必须明确无误表示反对这种修正主义,否则其后果会变成共产国际的致命之症。

捷克同志们所发表的声明太含糊其辞，不伦不类。不清楚他们是否赞成布拉格会议，抑或不赞成，他们说：我们认为修改布拉格论点是可能的，因为出现了新的情况，需要做出某些改变。

但是，仅仅因为这一点我们才反对将工人政府解释为通向无产阶级专政的一个阶段等等，总而言之，这才反对布兰德勒和拉狄克关于形势发生了变化的那一套说法吗？不，不是因为这个原因。这种说法早在第四次代表大会上就是不正确的，在莱比锡和布拉格会议当时也是不正确的。

捷克的同志们不应当说，因为形势发生了变化，所以我们准备重新考虑有关工人政府和统一战线的指示。

布兰德勒和拉狄克同志的观点，正如今天他们的发言所再次证明的那样，早在第四次代表大会上就是不正确的。不过既然捷克同志们还在以这样的精神发表声明，那就表明他们尚不明白，正确的究竟是季诺维也夫同志的观点呢，还是莱比锡和布拉格论点。

拉狄克和布兰德勒同志企图在这里略为恐吓一番代表大会。比如，拉狄克同志就说，季诺维也夫同志在其讲话中事实上取消了统一战线策略，而布兰德勒同志则声称：我坚定不移地拥护第三和第四次世界代表大会的纲领。他想以此说明，季诺维也夫同志和整个代表大会没有坚持那些决议的主张。对于这种态度，代表大会必须坚决予以否定。我们根本不需要别人对我们说：似乎季诺维也夫同志要取消统一战线的策略和第三、第四次代表大会的路线，只有布兰德勒和拉狄克希望贯彻执行这一路线。如果说有什么需要取消的话，那只能是拉狄克对统一战线策略的观点。我们认为，季诺维也夫同志对工人政府和统一战线策略所下的定义是可以接受的，并对各种问题作出了澄清。我们同时必须强调，我们认为季诺维也夫同志的话是正确的，仅仅自下而上的统一战线在大多数国家的确暂时还不适用。在此次代表大会上对这方面应彻底予以澄清：我们还不必在大多数国家推行自下而上的统一战线策略，应合理地将其与对待上层的态度联系起来。我们觉得，这一点业已经过季诺维也夫同志的声明予以明白无误的确定，所以今后不可能产生任何误解。

至于各国党内的形势，我们同意季诺维也夫同志的意见，在这次代表大会上的确再也不需要提出"德国问题"了，我们认为拉狄克试图证明相反的做法也已遭到彻底失败。鲁特·费舍同志已经指出，德国党内所进行的明确的自我批评揭示了各种混乱状况并采取了措施加以克服。这一事实表明，该党已置身于正确的道路之上，并在不断前进。当然，我们在德国是以较为激烈的形式遭遇这些党内生活的现象，但是在其他各党内许多情况下也存在着类似的现象。这就是制造"德国问题"的根据吗？我们将拉狄克的这种尝试视做只不过是用这种方式再次挑起关于德国问题的斗争并对执行委员会此前的路线进行修正。

关于捷克问题，我们应该说，我们热烈欢迎季诺维也夫同志对捷克斯洛伐克局势所作的讨论和他对其所提出的严厉批评。我们认为，如果我们对捷克党的状况根本不予置理，那对它绝对没有好处。在这种情况下议会和外交似的缄口不言没有任何作用。这里需要坦诚的无产阶级的语言，否则捷克的同志们必将再次为他们今天未能对这一问题采取明确的态度付出代价。德国党和保加利亚党就是令人警醒的前车之鉴，有利于表明我们不应当允许在捷克发生类似的事情。因此我们欢迎捷克党内和捷克青年的少数派在这里发表明白无误的声明。我们都知道，捷克同志在捷克共青团代表发言时忘乎所以。但是如果他们在其中发现了某些必须采取措施加以反对的东西，那就没有什么可能比这更不正确的了。捷克的共青团员们的发言对捷克党只有好处。大多数捷克同志也应该同意这一点。

关于英国的发言同样具有很大的意义。特别是罗易同志所说的那些话，表明我们应当认真关注英国党的问题，执行委员会应当不断观察该党的状况，以便克服该党内的一切工人贵族残余，以布尔什维克精神打造一个真正共产主义的党。

再谈谈斯堪的纳维亚。如果说曾经有过对执行委员会的挪威策略的怀疑的话，那么如今已经不复存在了。如果霍格伦同志不想罔顾事实的话，他自己应该会承认，挪威工人党中央委员会的成员一部分是明显的社会叛徒，一部分是工团主义者和半法西斯主义者，至少是一些中派分子。挪威工人党在分裂后所采取的立场表明，该党仍在沿着人们所预言的道路走下去。如果该党与共产国际决裂，它必将顺着斜坡日益下坠，沿着改良主义的道路滑向资产阶级阵营。霍格伦在这场争论中采取了极不坚定的立场，放肆地指责执行委员会，这类指责的内容和形式在许多方面都损害了共产国际在斯堪的纳维亚的利益。执行委员会在12月消除了与霍格伦的分歧，希望借此能在瑞典党内实现安定。然而我们得说，这些希望目前已证明只是幻想。看来，霍格伦同志所希望得到的只不过是喘息的机会，只不过是暂时的休战。分歧并未得到消除。因为，既然在代表大会之前不久瑞典中央委员向坚持执行委员会立场的少数派以无可避免会导致冲突的方式发出最后通牒，这会意味着什么呢？当少数派的同志们未能做出满意的回答时，霍格伦同志便召开了党的代表大会，不管多么滑稽可笑，他是在7月19日召开的。为什么呢？因为7月19日之前同志们不可能知道第五次世界代表大会的结果。我们以为，在这里也应该讲清楚。是霍格伦清楚确定地表明态度的时候了，以便我们能够相信瑞典党会毫不动摇地执行共产国际的路线。我们认为，世界代表大会至少应当发表意见主张该党的代表大会延期举行，我们看不出召开它的任何理由。

最后谈一谈俄罗斯的事。季诺维也夫同志在讲话结束时谈到反对派对可能发生秋季脱销的态度令我们感到十分不安。

青年共产国际以往全力支持俄国党。我们一向承认和证实俄国党是沿着列宁主义的正确道路前进，因此我们认为，共产国际代表大会应当清楚地表明这一点，尤其应当说明我们所面临的种种危险。俄国党必须知道，共产国际毫不动摇地支持它，谴责反对派。布兰德勒同志今天在这里谈，现在："布尔什维克化"一词已经成为时髦。布兰德勒如此提出问题这一事实再次表明，我们与他之间存在着巨大的分歧。我们常常听到与他关系亲密的人说：布尔什维克有什么用？这只不过是一个时髦的字眼而已。然而问题恰恰在于，这并不是一个时髦的字眼。事情关系到不能容许对历次共产国际代表大会和俄国共产党活动所作的布尔什维主义表述进行修正。事情关系到：正如德国事件所证明的那样，我们的党在现存的工作方式的条件下还无法夺取政权，我们必须真正按照布尔什维克的工作方式和组织形式开展工作。第三，我们在工作方面必须与那种力图进行机会主义的修正和坚持反对立场的做法相反，在共产国际和各国党内建立起坚强的布尔什维克化的核心。

国际范围内的领导在最近这个时期具有极其重大的意义。必须竭尽所能地改善和加强这种领导。执行委员会和各个党都应当大力改善和加强组织，以便能真正建立起这种我们所需要的完整而且高度集中的领导。塔尔海默认为，我们不应当将俄国以外的各党视为不成熟的党。自然，谁也不认为它们不成熟。在代表大会这里使用这种说法毫无意义。只有在将其与塔尔海默同志所说的共产主义在西欧的产生与俄国不同那番话联系起来的情况下，这才可以理解。所有这一切正是那整套人所共知的理论，其用意就在于企图改变执行委员会的布尔什维主义原有的方法和基本原则。与此相反，我们必须强调指出，我们兄弟般的俄国党的领导权依然真正掌握在老布尔什维克革命战士的手里。

我们正在迎接伟大的战斗，并且应当强调这一点。这里我们要反对右派的代表人物所散布的失败的预言。布兰德勒、拉狄克和塔尔海默等同志站出来声称：好吧，一年过去后我们就会见到分晓，你们就折腾去吧，咱们倒要瞧瞧能搞出什么名堂来。他们对未来作出悲观主义的预计，他们到处寻找预言失败的借口。我们没有采取这种悲观主义态度的任何根据。当然我们有理由认真估计形势，不制造对于我们所要进行的这场斗争的任何幻想。斗争将会十分艰苦，不经历失败是不可能的。但是，如果本次代表大会对我们现在所讨论的最重要的问题做出明确的决议，我们就能够坚定而自觉的、勇气百倍地投入这场斗争，就会节节胜利地开展这场斗争，这是毫无疑问的。

我们认为，这次代表大会能够这样做，也必定会这样做，它必将成为产生新的力量的中心，这种力量会将各个党联合成为一个整体，在整个共产国际内建立一个布尔什维主义的核心，在未来的战斗中带领我们胜利前进。

里恩齐（意大利）：

同志们，意大利共产党少数派委托我陈述他们无条件同意季诺维也夫同志的报告的原因。

共产国际主席团在其致德国共产党的函件中毫不迟疑地对各种不论轻重大小的尝试作出强烈反应，这些尝试企图从德国经验中得出结论说，统一战线策略应当一劳永逸地加以埋葬。

我们根本没有获得印象，似乎季诺维也夫同志的报告和整个共产国际对待十月事件的态度是要全面取消第四次代表大会所提出的统一战线策略。

特兰同志在其讲话中所做出的运用统一战线的表述，如果不说是官方的，至少也是半官方的：永远应自下而上，在某些情况自下而上兼自上而下，永远不应仅限于自上而下。这并不是对统一战线方式的新解释，不应当视为修正主义的表现。

即便在鲁特·费舍同志就这一问题所做的发言中我们也满意地发

现:"当前的问题并不在于为了弄清哪些手段是允许的、哪些是不允许的而争论:任何有利于我们的事业的手段都是允许的。"鲁特·费舍同志并不在原则上反对与领袖人物进行谈判,而是认为,这种谈判不应当以与社会民主党人签订协议为目的。如果我对鲁特·费舍同志的想法及其所代表的思潮解读得正确的话,那么他们并不排斥作为手段的协议,因为明明在某些情况下协议有可能是有用的手法的一部分;他们只是作为目的才排斥协议。

至于工人政府的问题,季诺维也夫同志的报告中显然有那么一种东西,如果不能叫做修正的话,那也是回到了问题的最初提法:季诺维也夫同志再次向我们提出了工农政府就是"无产阶级专政的同义词"的表述。在这个定义中表达了一个普遍的真理,即向广大工人阶层提出政权问题的任何具有实践意义的表述,都要能推动他们走上夺取政权的武装斗争的道路,任何具有实践意义的表述和任何这一类口号,都可能被视为与无产阶级专政的口号同样庄严的口号。

这种说法在另一层意义上也是正确的。在当今存在着共产国际政治形势下,季诺维也夫同志所提供的定义具有以下的优点:它十分清楚地表明,政权问题只能以其经典的方式、根据共产主义革命观念的阶级路线向共产党和工人群众提出来,亦即政权只能通过国内战争和反对资产阶级的武装斗争才有可能夺得。

但是,在弄清了这一定义中包含着什么样的真理之后,我们不应该对其加以忽视。必须证实,特兰同志声称工农政府是一个"开始"专政的口号这种说法,是否会赋予工人政府的定义以在本政权斗争时期多少有些独创的专门的政治内容。

也可以使用其他一些类似的定义,比如,工人政府是"发展过程中"的专政的口号。由此而产生的问题并无变化。季诺维也夫同志所谈的同义词是什么呢?那是不是一个纯粹的哲学概念?我们并不这样认为。古代语言有一些词语不断变化，最后有了双重意义的理解：标准语和大众语这两层含义。工人政府的说法是不是与标准语的无产阶级专政概念并存的一种大衣裙概念呢？我们认为，工人政府并不是无产阶级专政在哲学上的同义词，而是完全不同的另一类同义词，甚至可以说这是一个动态的同义词，亦即工人政府这一口号在一定的情况下也能够让工人群众立足于武装斗争夺取政权和实现无产阶级专政。我们是从"政治的"而不是单纯"数字的"意义上理解这两个口号的同义性。我们坚持这点有着某些原因，因为，比如我们的罗西同志就曾声称，他同意有同义性，但只能是在这种意义上：工农政府的口号就是通过直接使用暴力的正面斗争夺取政权的口号。

至于意大利的形势，那么我们认为，工农政府的表述是一种足以在意大利实现极其良好的局面的表述，那时候无产阶级的大部分力量、甚至已无产阶级化的小资产阶级的某些阶层，都会投身夺取政权的公开的武装斗争。

谈一谈德国的革命。我们怀着极大的兴趣听取了一些更为直接参与德国事件体验的同志在这里的发言，从而得出结论：总的说来，德国党的群众在让党中央左转时，表现出了完全正确的政治敏感性，即便这可能导致某些次要的"不公正现象"，在这个过程中所表现出的党员群众的直觉判断也在第五次代表大会的讨论中得到了肯定。

不过在不同的同志发言中所包含的诸多事实和因素告诉我们，不应该单纯依据右倾错误的"类型"总结德国的失败；考虑右倾错误的同时，也有其他方面的困难，同样应当予以考虑。

因此我们要求，针对整个共产国际的经验依据对德国经验的全面阐释，而不是仅仅依据最引人注目的一些因素，从这场讨论中做出结论。现在正在进行的讨论可以而且应当得到这个结果。

在德国左派代表的某些发言里，特别是从我们所读到的文件里，我们可以看到对德国形势的评估中的些许悲观情绪。

如果这种悲观情绪反映的是失败之后对于更加认真地研究德国革命斗争的困难的渴求，那么它应是一种十分符合愿望的征兆，但是如果它在某种程度上可能不愿意运用一切必要的策略手段，只打算把运用最喜爱的策略手段留给未来，那么在这种情况下就应当对这种态度进行批驳和斗争。

俄国问题。我们党没有可能就此进行广泛的讨论，因为我们最近的一次代表会议完全沉湎于对我们内部情况各种紧急问题的商讨。不过，要说我的流派，一般而言，我们有一种十分明确的感觉，从俄国党的辩论中所产生的两个问题，即将俄国共产党的领导权保留在老布尔什维克革命战士手中和在对整个共产国际的领导中保持布尔什维克精神，这是一方面；另一方面，这批老革命战士也必须与共产主义的年轻一代保持联系，这一代当然会给我们党和我们共产国际的队伍注入新的生命。这两个问题引起整个共产国际极大的兴趣，对它们采取任何中立的态度都不可思议。

因此我们应当承认，大多数法国同志的态度是完全正确的，他们正在进行斗争，要把"俄国的"问题变为"法国的"问题，而且这一问题无论对法国共产党还是整个共产国际都有关系。

在议事日程关于俄国问题的项目中，可以更好地讨论这一问题，但我们要在此声明，我们赞同俄共中央的立场。我们认为，俄国党反对派的行为，无论其目的和意图如何，已迫使党放弃了本来可以开始的工作（刚刚通过了中央委员会的建议），而去以全副精力着手保卫党，保卫列宁主义和布尔什维主义性质的党。反对派的干扰即便对他们自己的目标也很不利，这种目标本来可以通过他们最具经验的成员为自己提出来的。

现在谈谈意大利党的状况。

我们大家现在都赞成与第三国际的人相结合，但结合之后还需要继续进行争取那些仍在追随社会党的群众的工作。我们的少数派在第四次代表大会上曾声称社会党不仅是一伙领导人，而且拥有无产阶级的广泛阶层，事实表明这些说法已得到印证。这就意味着，对意大利而言，争取意大利工人阶级大多数的问题与争取社会党群众的问题是同一个事情。我们认为，第四次代表大会上所制定的那些条款，甚至扩大全会所采取的立场，现在要作为新的一场讨论的基础已经不可能有效果了。

至于我们党内的思潮，那么它们并不能代表我们的名副其实的派别。可以说，我们党内最近数月所显露出的分化进程，乃是对于建立一个真正布尔什维克化、真正革命的党所做出的努力。

在罗马的党代表大会上所显示出的团结，我们党在第四次共产国际代表大会上所表现出的几乎完全的一致，根本不是政治上成熟的标志，恰恰相反。

因此，现在所发生的分化并不是解体的现象；这是建设真正共产主义的党的进程。至于我们的派别，那么我们可以宣布，我们怀着尽可能迅速地停止作为一种思潮而存在的愿望，以便有可能溶入一个统一的共产党之中。

对于罗西同志在这里所提出的一些政治问题，我们必须说，"左派"尚未放弃他们在争取工人阶级大多数这一问题上原有的观点，共产国际从第三次代表大会开始就一直在为反对这种观点而斗争。在策略问题和关于"妥协"的问题上，罗马论点所代表的策略立场与第三次共产国际代表大会关于策略的论点之间，还有着相当深刻的不容易消除的矛盾。

罗西同志说，他读过列宁的《共产主义运动中的"左派"幼稚病》一书，但是此书与意大利左派无关。

我们都清楚地知道，这本书是用来反对共产国际中当时存在（现在也存在）的某些思潮的政治错误的，意大利的极左派当时也处在（现在仍然在）这类思潮之中。

如果从罗西同志的逻辑出发，那么列宁不仅不是为了意大利左派而写的那本书，而且只是为他自己而不是为共产国际所写，因为罗西同志断言，《幼稚病》一书中所讲述的策略"灵活性"的标准只有列宁而不是各国党内的"小列宁"才能理解。赞成这个论点就意味着给列宁主义帮倒忙，因为众所周知，列宁同志希望为建立策略观念作出（也的确做出了）基础性的贡献，这种观念对于整个共产国际，对于那些本身的重要性不如列宁的人，同时对于最普通的同志们，统统都是有益的。

国际纪律。

罗西同志说：我们赞同共产国际内部的纪律；我们不希望让我们做出非此即彼的选择——要博尔迪加还是要共产国际如果共产国际仍然是（我并不确切地知道，他说的是仍然是或者将会是）国际无产阶级的"左翼运动"，那就再也不会有破坏纪律的情况了。

我觉得，这样给共产国际下定义不太恰当；也许，罗西同志并不是故意运用这个定义，但可能产生一种愿望，想从其中引申出共产主义立场的独特标准，以区别于国际社会民主运动右翼的立场。

共产主义的政治立场不能从这类看法的观点进行考虑和批判，只能就其本身而言，因为它是在完全不同于无产阶级运动的其他各种思潮的领域内发展而成，既不是这个运动的左派，也不是其右派，而是领导无产阶级革命的一个统一的运动。因此意大利左派不可能找到其破坏纪律（如果这种事发生的话）的借口，因为执行委员会既不会比其他的政党左，也不会比它们右，而只会是一个无产阶级和革命的统一的政党。

我们也赞成意大利共产主义运动领导层的团结一致。就我们方面而言，我们一直力求促进这种团结。我们已经在这个方面做出了一些努力。我们一直毫不动摇地竭尽全力反对那些利用前意大利共产党领导核心与共产国际之间的歧义，从而方便取得虚假的正统思想地位的人。所有这伙人都被我们开除了。我们否定季诺维也夫同志在这里所提到的"格拉齐亚德伊同志的修正主义"的政治观念。我们希望，在认识到马克思主义的理论问题对于共产国际及其分部的政治和策略路线的重要性的同时，共产国际能对这些问题给予更多的关注，设法将其普及推广。比如，格拉齐亚德伊同志在有关农业中资本的积聚、垄断制度下资本的积累过程、对俄罗斯新经济政策的解释等方面的问题的结论，都不是狭义上的纯科学性质的问题，也可能在诸如意大利共产党应当在国内执行的农业政策和执行委员会对整个资本主义发展的展望方面产生后果。共产国际的马克思主义文教工作有必要给自己提出一个目标：向工人们阐明在革命的工人运动中个别的理论和"经济"问题与策略性和政治性的问题之间究竟是何种关系。

我们希望（并且我们自身也要在方面尽力而为），共产国际能在我们党的领导层中实现团结，不过我们认为，这种团结应当是绝对真诚的，政治上的真诚，要让共同领导意大利党的工作成为可能。应当让党的领导核心可以提出并且真正给自己提出一个任务：将全党争取到执行委员会的策略一边，从而使它能够集体地有计划有步骤地以这种策略的精神进行工作。

让我们再谈谈被赋予重大政治责任的这个时期的意大利。完全协调一致的时期已经过去。我们面临着巨大的政治任务，我们应当完成这些任务。因此必须实现我们党内不同思潮在共同的政治和实践基础上的合作，这种合作可以让我们党能够投入它所面临的伟大的战斗，以真正马克思主义的共产主义的精神，坚定不移、信心百倍地沿着完全符合意大利形势的要求及革命发展趋势的道路前进。

柯拉罗夫（保加利亚）：

红色近卫军县代表团前来向出席代表大会的德国代表团敬献红旗。在下一位发言人致词之前，我们先举行这个小小的仪式。

鲁坚科（苏联）：

请允许我代表波尔塔瓦省贫农红色近卫军组织向共产国际第五次代表大会致敬。（暴风雨般的掌声）同志们，请允许我以劳动者代表的名义向世界无产阶级致敬。

同志们，在共产党和难忘的伟大领袖弗·伊·列宁的领导下，取得了1917年革命的胜利之后，红色近卫军县的贫苦农民推翻了资本主义制度，建立了苏维埃制度、工农制度。

同志们，请允许我代表红色近卫军县贫农代表大会，通过共产国际第五次代表大会，宣读写给德国无产阶级的致敬信，并向他们献旗。（宣读致敬信）（略）

同志们，请允许我向代表转交代表大会的致敬信和照片、献旗。（掌声，全体起立并高唱国际歌）

台尔曼（德国）：

同志们，乌克兰红色城市的工人和农民交给了德国共产党一面旗帜，上面书写着"全世界无产者，联合起来！"我认为，第五次代表大会的全体与会者都能证明，大会必将联合所有的无产阶级政党，真正将这一口号付诸实现。德国共产党将这面旗帜视做表现了俄国工人农民与德国革命无产阶级团结一致的外在象征；它也象征着俄国共产党与德国党的紧密联系，这种联系在本次代表大会上就表现为乌克兰一个红色城市的工人授予了我们这面旗帜。我们认为，德国共产党在德国无产阶级所面临的各种革命战斗中一定能够高举这面旗帜。同志们，正像俄国无产阶级在 1905 年第一次革命和 1917 年取得胜利的第二次俄国革命期间在红旗下前进那样，我们尚需向各各他①前进的德国共产党也必将同样走上这条道路，克服一切艰难险阻，取得德国无产阶级革命的胜利。

柯拉罗夫（主席）：

同志们，我代表世界 62 个党相聚一堂的整个代表大会向你们和乌克兰全体贫苦农民表示谢意，不单是感谢俄罗斯和乌克兰的劳动人民完成了世界首例无产阶级和农民群众的革命，为全世界无产阶级提供了如何战斗并战胜资本主义和地主阶级的极其重大的经验教训，同时我还要以代表大会的名义表示坚信，齐集于此的世界无产阶级的代表一定能够真正学会俄罗斯和乌克兰劳动人民在革命事业中所成就的一切。正好本次代表大会上也提出了认真研究列宁主义和共产国际的问题。我们大家都知道，列宁主义不单是已故革命领袖列宁的创造成果，同时也是革命的俄罗斯和乌克兰无产阶级、农民群众的创造性事业。在本次代表大会上，我们要研究列宁主义与共产国际的关系，我们要研究什么是列宁主义。因而代表大会结束时必将透彻掌握苏联各族劳动人民在列宁率领下成功地给予资产阶级和地主阶级以彻底打击的本领和技能。同志们，请转告你们周围和整个波尔塔瓦地区的贫苦农民，你们的事业已在全世界工人农民的意识和心底引起深切的共鸣。他们将会继承你们的事业，决不会放下武器，直至你们此刻所授予德国无产阶级先锋部队的红旗在全世界胜利飘扬。乌克兰贫农阶级万岁！苏维埃社会主义共和国各民族革命人民万岁！国际革命万岁！（暴风雨般的掌声。全体起立并高唱国际歌）

（高呼声：乌克兰的革命农民万岁！乌拉！）

---

① 各各他，耶路撒冷近郊的一个小山，基督教传说耶稣被钉死在此地。——编者注

台尔曼（德国）：

同志们，在本次代表大会上的各种国际问题之中，德国问题占有特殊的地位。今天的会议使我想起第三次代表大会期间的情况。那次代表大会上对于解决共产国际的策略问题，德国、捷克斯洛伐克和意大利的问题也起了极其巨大的作用；为了讨论与三月抗议行动有关的德国问题，当时占用了特别多的时间。既然德国问题现在仍然占据首要地位，那么这可以用一个简单的原因加以解释，即它不仅是德国的问题，而且实际上也是一个国际性的问题，共产国际的各个分部都应当从中为自身汲取教训。

第四次世界代表大会以来可以看到两次特别严重的失败，它们对于评价各党在当前这种历史形势下的方针具有决定性的意义。第一次是保加利亚的失败；第二次是德国的十月失败。保加利亚的那次失败表明，保加利亚共产党在推翻斯丹博利斯基政府的时候，未能采取行动将农民与工人一道吸引到斗争中来，未能在保加利亚贯彻执行共产国际本身所提出的纲领和目标。我们看到，1923年9月在于共产国际事先商定之后，德国共产党向德国工人阶级发出了信号：再过数月在德国就会爆发无产阶级革命。然而，虽然德国共产党发出了斗争信号，它在客观上已具备革命形势的决定性时刻却毫无作为。

现在我将不同时刻的保加利亚共产党和德国共产党作一对比。如果说保加利亚党在推翻斯丹博利斯基政府的时候是力不从心的，那么当执行委员会让党注意自己的错误时，它仍然不顾自身力量的薄弱投入了斗争，进行了一次推翻灿科夫政府的哪怕是一次尝试。如果说党的力量当时不足以取得胜利，因为它未能将农民群众吸引到自己一边，那么它终归还是以发动反对灿科夫的斗争赢得了保加利亚工人阶级的信任。因此该国没有像德国那样出现任何惊慌、任何绝望。德国共产党以其中央机关为代表，仍然犯了一个十一月份中央委员会扩大的全体会议上那样的重大错误，亦即在十月失败之后，它仍然试图坚持自己的政策，提出了法西斯主义战胜十一月共和国的理论。党的领导人们并没有从失败中汲取足够的教训，未能向扩大的十一月中央全会、向全党说明从失败的事实本身所得出的结论。

既然布兰德勒今天，还有拉狄克昨天也同他一起，攻击依靠德国共产党90%—95%党员的现今的党的领导人，那么我就要指出，这种攻击不仅仅是针对德国共产党，而且也是针对俄国共产党和针对执行委员会的攻击。（德国代表团座位上发出喊叫声："说得对！"）弄清波兰、捷克、也许还有瑞典代表团的同志们对待布兰德勒和拉狄克同志所持观点的态度是有意义的。由于全俄党代表大会谴责了拉狄克同志在德国和俄国问题上的观点及其在牵涉到德国和俄国问题的各种国际问题上的观点，就有必要让世界代表大会的那些希望与俄国和德国党团结一致前进的分部（这尤其与捷克和波兰代表团有关），十分具体和公开地面对世界代表大会，亦即面对全世界的无产阶级，表明自己的观点。

同志们，布兰德勒企图牵强附会地寻找理由，以掩饰他在主要问题上的机会主义行为。我所根据的观点主要是，关于十月失败的问题，关于党从中汲取的经验教训和法国党代表大会的结果所反映出的问题，这个问题已经不能像布兰德勒那样从个人的观点出发来提了。失败并不是个人的问题。这是党在当前革命时期是否完成了自身的历史任务的问题。既然布兰德勒企图将一些形式上的机械的因素提到首位，全然不管党在这些战斗中学会了一些什么，那么我们就应当对此加以纠正。德国党具有革命斗争的丰富经验。它从1918年开始，经历了大量的流血战斗。1919年它与诺斯克的部队作斗争，其后是卡普暴动期间的斗争、三月抗议行动和其他种种十月之前的政治战。本来可以期望，布兰德勒作为先前的党的代表，应该已积累了足够的经验，不致找出这样一些理由对代表大会掩饰自己的机会主义政策。早在1923年初的莱比锡党代表大会上,在估计前景时我们即已明白,世界革命方面面临第一场大规模战斗的正是德国,也就是说,由于鲁尔被占领,必将爆发一场最重要的革命行动,鲁尔被占领标志着德国的危机极度尖锐化,德国党数周或数月过后就将号召夺取无产阶级革命的胜利。当时党代表大会的大多数人在布兰德勒的领导下,却采取了另一种观点。我们曾要求将鲁尔被占领、德国革命危机尖锐化的问题列为议事日程的第一项。然而莱比锡党代表大会的大多数人却声称,尽管占领自然是一个重要条件,但终究不应当硬要对这个事件首先进行讨论;大多数人都希望回避党应该从鲁尔被占一事得出的结论。

这是第一项重大的政治错误,它当然要引发其他一系列的错误。我们在莱比锡已经发现,布兰德勒绝对没有作为党的领导人所必不可少的才能,否则他应当发现并重视在汉堡、柏林和鲁尔显露的那些有着现实意义的特点。既然莱比锡党代会上在党员中出现了另一类一致表达的观点,那么,为了党的统一、团结和布尔什维克化,布兰德勒就有责任将这些地区的同志吸收进中央委员会。

然而他没有做任何一点类似的事情。在莱比锡他奉行的是这样一种路线:在组建中央委员会时完全无视莱比锡党代表大会上力量异常强大的少数派。后来由此产生了各种各样的冲突。一些代表团数次前往莫斯科,因为我们不赞同党的领导机关的立场。原来,莱比锡的那些论点被用来确定对当前政治局势和这一局势所需要的策略完全不正确的态度。

世界代表大会应当坚决拒绝1923年在德国借以运用统一战线策略的那种方法。

当时没有足够清楚地强调,**共产党是革命的火焰,而社会民主党则是机会主义**。有些人还相信,联合社会民主党的左派领导人可以利用来进行经济斗争,甚至用来与我们共同进行无产阶级革命的斗争。是的,党的整个路线和全部策略都必然导致十月里无可避免地显现出来的那些恶劣的后果。1923年初已显露出革命进程的最初征兆：鲁尔区和上西里西亚的斗争。当时左派地区要求党以武装起义、无产阶级革命为目标。布兰德勒竟然胆敢到这里来对我们说，似乎1923年3月他已经做好了一切必要的准备，比如，收集了用以宣传国内战争的材料，而后来8月份在滨海区党代表大会上党的全体工作人员都要求**党最终要以开展夺取政权和实行无产阶级专政**的斗争为目标时，同样是这个布兰德勒却要么是蛮横无理、要么是天真幼稚地声称：**"如果你们不停止你们关于专政的废话，你们就会被开除出党。"**他在革命的这种时刻竟然对领导同志们说出这样的话，充分表明了他在那个革命时期的机会主义行径。

我们都看到了，那封著名的反对法西斯分子、反对库诺政府的呼吁书有如晴空霹雳，突如其来。一个不来梅的主编甚至拒绝发表该呼吁书，因为他无法明白，它如何与中共委员会的其余各种行动协调一致。呼吁书很好，但是，如果党不对斗争进行认真的组织和政治上的实际准备，它又能有什么用。号召书不仅有着宣传的意义，而且应当向党本身表明，党的自由何在。在反库诺运动期间可以十分清楚地发现，群众的抗议行动更多地出于自身的主动，为自身的力量所激发，迫使党措手不及。党的分化在各个地区都十分频繁地出现。在柏林，企业主们通过贿赂成功地破坏了工厂委员会的运动。在所有各区，党都要求宣布总罢工。当时我们的任务就是团结一致执行这一路线。在汉堡，我们不顾社会民主党的力量强大，力图在实际上贯彻总罢工的口号。我们让港口和造船厂的全体工人停工，不受社会民主党和工会的影响。我们斗争了4天，港口工人甚至坚持了整整6天。工人们只是在星期六才回到了企业，与此同时，以中央委员会那一套政策作为方针的开姆尼茨和萨克森，各工厂委员会大会上以1100票对1000票决定放弃总罢工。即便在我们拥有多数的那些企业中，也未能做到让大家接受总罢工的口号。单单从这一点也可以得出结论，党内的思想观点不相同，实际上里里外外都表现出了斗争的方式各异。

反库诺运动之后，执行委员会注意到德国无产阶级的革命倾向和德国所发生的各种事件。当时的问题是这样：**要么是白色专政，要么是无产阶级专政**。因为事件的发展清楚地指示了这条道路，所以共产党在执行委员会的帮助下应当着手解决这一问题。布兰德勒以及参加了著名的九月会议的两位同志应该十分清楚地知道，我们毫无例外地认为在最近数周期间必须投入在德国争取无产阶级专政的最后斗争。执行委员会和其他各国的同志都坚持同样的观点。因此我们看到，对形势的估计是完全明确的，仅仅在对党内的组织和政治条件的评价方面存在着分歧。我在发言中指出党的政治和组织状况很糟糕，托洛茨基同志听了之后问道：党内的条件真的像您这里所描述的那么糟糕吗？

十月事件证明，德国共产党尽管95%的成员是无产者，但它还不是共产主义的党；它还缺乏一种政治和思想目标，没有这种目标它便无法履行历史时机所要求于它的职责。

我举个例子。

反库诺运动之前不久，《红旗报》上刊登了一篇文章，其中有下列一段原话：

"党对推翻库诺政府尚不感兴趣，因为社会民主党的群众还并不是在为建立工人政府而斗争。"

正当我们得知库诺政府在鲁尔地区利用法西斯分子来反对法国行政机关之际，《红旗报》上竟然能发表这样的文章！既然《红旗报》可以刊登这类文章，那么群众中不可避免地会产生这样的想法：共产党并未认真考虑推翻政府。

革命群众已迫使政府退让。然而党却终止了这场斗争，因为它认为社会民主党的工人们不会为推翻政府而斗争。

布兰德勒对党的领导机关最近两三年的技术性工作谈论得特别多；他大谈他所做的一切：为武装准备，为情报信息，为工厂委员会，为吸引同情者，等等。但是必须看到德国无产阶级中所包含的内部军事价值。一个革命者和领导人不应当仅仅看到事情的技术性方面，他还应当考虑客观因素，考虑对斗争的革命意愿。然而布兰德勒对这一切都未加考虑。他将1923年的经济斗争与1924年的斗争加以比较，认为1924年的斗争似乎更为有力；但他不懂得斗争的进程和辩证法，因而他无法明白1923年到处的无产阶级都相信斗争，认为再过5分钟就会爆发无产阶级革命。而现在无产阶级已经没有了这种信心。

党的领导机关和整个党的无能为力表现在，他们不顾工人群众的战斗情绪高涨，回避斗争。

德国工人阶级的斗争意愿比布兰德勒同志认为需要描述的更为强烈。法兰克福党代表大会显示，德国无产阶级和德共党员对共产党当时所采取的措施的看法，与中央委员会的大多数人的看法不同。布兰德勒同志将他所做的一切的过错推到别人的头上；但是过错存在于党的整个政治领导路线和整个党的全部政治内容之中。他不能以他没有为工人弄到足够数量的武器进行辩解。这种对党的领导不充分的普遍状况，证明了作为共产党的领袖、全体无产阶级的领袖、肩负着如此重大责任的布兰德勒工作能力的欠缺。

柯拉罗夫（主席）：

德国和法国代表团提议给台尔曼同志提供与布兰德勒同志发言同样多的时间。

由于没有反对意见，提议已被通过。

台尔曼（德国）：

（继续发言）鉴于九月代表会议的情况，我们提出了关于以何种方式提高无产阶级的主动精神和革命士气的问题。如果说当时共产国际同意了让同志们加入萨克森政府的话，那么就我们方面而言，已经在莱比锡表明了对工人政府的原则性的怀疑态度。

德累斯顿所发生的事情，是党的领导核心内部软弱无力的征兆。萨克森的议会闹剧在蔡格纳的开幕宣言中即已表露无遗，他在其中直截了当地说：共产党人加入政府的目的就是防止内战。

既然共产党人部长们都坐在政府中听取这样的政府宣言，这种宣言不可能不对群众产生影响，那么，党至少应当以最坚决的方式反对这种宣言。但是并没有这样做；而且除此之外，还产生了一种想法，仿佛可以与这些社会民主党人一道进行斗争。

接下来我们还看见，数日之后政府又批准为萨克森国王提供为数达1400万马克的"补偿金"。当然，这种事情工人也无法理解。伯切尔同志居然宣称：我们与弥勒将军毫无共同之点，我们并不为他负责，我们为州议会负责，为宪法负责。这是什么意思？伯切尔同志本应当从议会讲坛的高处宣称：我们不为议会的多数派负责，我们只为革命的无产阶级负责。这才是他应该说的话；然而他并不理解共产党的纲领，其中说议会应当被用来从其讲台上进行革命宣传，即便在那里也应将共产党的纲领置于首要地位。无产阶级同样不能理解的是，黑克尔特同志竟向萨克森的企业主们建议对这样的国家给予财政支持。如果的确具有执行严肃的革命政策的真正愿望，那么这时候就必须在最初数日内将事情引向冲突，以此惊动工人们；这会迫使他们搞到武器，用来消灭萨克森和德国的资产阶级。任何类似的事情都不曾发生。共产党人部长们继续执行德国共产党最近两三年期间所奉行的那套改良主义的政策。萨克森政策的结果就是1922年以来即已清楚显现的德共那套策略的后果。

现在谈谈**十月事件**的情况。当时各地区都向我们报告有关国防军进行战斗动员的消息，既有非正规军，也有正规军；我们当时即已及时通知布兰德勒同志，说各省（石勒苏益格—荷尔斯泰因和梅克伦堡）的**铁路员工**报告我们称，国防军正在集结，准备进入萨克森。

那个时候，党本应当向铁路员工发出号召，让他们任何一个人都不要放行反革命的国防军的运输车队，因为这会意味着不仅是萨克森的而且是整个德国的无产阶级的失败。而党却并未这样做。只有在三个地方车队被阻止，只有在梅克伦堡和另外几个地点我们得以解除国防军士兵的武装。随后我们发现，当时驻在德累斯顿的中央委员会并不明白押在萨克森的赌注是什么。但资产阶级更为狡猾。他们将国防军的进驻描述为反对巴伐利亚的法西斯恐怖的斗争，认为与社会民主党结盟便可以欺骗工人们。

当此之时，共产党是否采取了什么措施呢？没有！当时还属于中央团队、如今与我们一道工作的施内勒尔同志在党的代表大会上反驳布兰德勒同志鼠目寸光的看法：似乎萨克森的无产阶级都相信国防军进驻萨克森仅仅是针对巴伐利亚的。然而现在布兰德勒同志在世界代表大会上竟然还有勇气抛出类似的看法，这证明他在评价国际问题方面完全孱弱无能。国防军进军萨克森本应发挥警示的作用，促使德共让各地区的工人们全线采取战斗行动，组织国防军进驻。但是我们看到的却是，在德累斯顿的中央委员会未能理解国内的事态。与其派出500—600名同志去各地作无产阶级革命的动员，倒不如将同志们分派到萨克森的企业中宣传鼓动，让萨克森工人们准备武装起义。

德共本应召开工厂委员会代表大会，同时召开无产阶级同业工会代表大会，以工人代表大会对抗社会民主党政府，这种代表大会就会成为无产阶级革命的基础和前提。党并没有这样做，它既未将**监督生产的思想**、**也未将工人代表政治会议的思想**提到首位。考虑到所有这一切，应当说，当时在党内发挥领导作用的那些同志并不具备形势所要求的对革命的真正信心。

我要举出两个重要的事例，它们对于正确评价布兰德勒同志的行为颇有意义。与开姆尼茨代表大会同时，在汉堡也举行了一次极为重要的造船工人代表会议，所有的无产阶级阶层和党派都派了代表参加。这天，会议通过决议，要在从什切青到基尔和不来梅的整个德国北部沿海地区有组织地展开总罢工。同一天还一致通过第二项决议，宣布国防军进驻萨克森应该是展开反对资产阶级和反对资产阶级政府的斗争的信号。在本来应当是革命的预备会议的开姆尼茨会议上，起初一直讨论的是经济问题，只是到临结束时才敢谈论总罢工的事。有些同志证实，开姆尼茨会议上60%—70%是共产党人；克南同志甚至承认，共产党人占到75%—80%。当社会民主党人部长格劳佩公然声称，如若会议通过总罢工的决议他就要离开会场的时候，这些同志并没有表示抗议。同志们，这一事实证明，该会议上占主导地位的是社会民主党的倾向。而如果造船工人代表会议上有社会民主党人声称："要是你们投票赞成总罢工，我就离开会场"，那么造船工人们不但会狠揍他一顿，而且说不定还会对他干出什么更糟的事情来。这就是同一天所发生的两个事例。

还要简短地谈几句有关布兰德勒同志的声明的事，他说自己返回德国后只是在开姆尼茨会议上才首次接触无产阶级群众。既然布兰德勒是10月9日从国外回来的，而开姆尼茨代表会议众所周知是10月20日举行的，那就可见，在整整11天期间他都全然漠不关心，不想知道群众对于革命抱着何种态度。我要提醒布兰德勒，我曾两次前往德累斯顿，向他讲述了我们地区的倾向和条件。他声称，我们在任何情况下都应当走在前面，所有的事情都应由我们开头。这一事实揭穿了他，证明他是在试图蒙骗世界代表大会。

同志们，从十月失败中汲取其所能提供的经验教训，对共产国际来说异常重要；这些教训不仅对德国而言应引以为戒，而且对整个共产国际都富有教益。从这些教训中首先得出的结论是：1. 党无论政治上还是思想上都未能及时让自己的成员认真树立夺权斗争的目标；2. 统一战线策略运用得不正确；3. 对德国统一的社会民主党之于无产阶级革命的意义估计得不正确；4. 必须明确共产党在革命中的作用；5. 必须建立一个团结一致、纪律严明、集中统一的共产党。布兰德勒同志试图举出一个论据，那同时也是当时他反对共产国际的论据。他声称，如果1920年俄国人进攻华沙的当时，有一个上级也像共产国际干预德国事件那样干预俄国人的事务，那么他布兰德勒现在就不可能在这个会场里，也根本就不可能有苏维埃俄罗斯了。他认为，如果不是共产国际干预，他如今就会仍然身居自己原先的职位。我认为自己有权不仅以在场的我们代表团的名义，而且以共产国际的90%—95%成员的名义宣布，布兰德勒在法兰克福党代表大会上已失去全部信任，在那次会议上也像这里一样，他连一张选票也没有得到。完全像他的政治立场在这里受到谴责一样，完全像他从法兰克福代表大会和从俄国党代表大会直至今天什么也没有学会一样，他最近两年期间在德国领导党进行斗争方面同样什么也没有学会。

同志们都清楚地知道，这次失败的原因不仅是由于党内存在的软弱，而且也是党的领导人的过错，他们当时不敢采取真正的革命行动。

我们看到，布兰德勒以德共所产生的惊慌失措情绪来解释其软弱无能。十分明显，如果党在数月期间都一直怀着革命的愿望，如果仅仅给一个地区，比如滨海区，下达采取行动的命令，随后却又突然开始打退堂鼓，那么这样的惊慌失措情绪就必然无可避免地笼罩全党。弗赖穆特同志曾出席那次决定性的会议，熟悉这些事情，他可以向代表大会讲述其中种种有趣的细节。

过了24小时，亦即星期日傍晚，同样是中央委员会，也许只是成

员略有变化，却放弃了它所做出的全线出击的决定，原因仅仅是因为布兰德勒同志在开姆尼茨会议上得到一种印象，似乎工人们无论如何都不肯发动总罢工。如若布兰德勒同志有机会参加汉堡的造船工人代表会议，那里群情激奋，工人们简直无法遏阻——那又怎么样，他会根据这种情绪下决心在全线展开战斗吗？假若党的领导人援引诸如此类的论据（而他的行为在那个重大的革命时刻产生了巨大的作用），那他就无足轻重。没有受到特别的反抗便实施了戒严，实行了没收党的财产的法律——由此布兰德勒便得出了党有惊慌失措情绪的结论。然而，在一个德国城市汉堡，在没有任何外部支援的情况下，根据中央委员会的命令采取了针对强大20倍的敌人的战斗行动之后，这种惊慌失措情况已变得无可避免。参与对抗行动的工人们陷于孤立，因此他们理应对党感到失望，当时我们在汉堡成功地将大部分工人动员起来，从企业中走上街头；但他们并未能投入公开地战斗，因为他们在全德国没有得到任何地方的支援。工人各阶层中滋生出沮丧的情绪，这完全可以理解；工人们不明白，为什么德共不让整个无产阶级参与汉堡所爆发的那场武装战斗。所有这一切都表明，当时所犯的错误是何等巨大（早在星期二柏林工人即已要求对汉堡给予援助），无产阶级的热情是何等高涨。显而易见，自此之后无论在党内还是工人中间，都必定形成惊慌失措情绪。资产阶级借此赢得了时间，从而夺回了无产阶级早在1918年所获得的阵地。我应当承认，一部分无产阶级不仅失去了对领导人们的信任，也失去了对整个党的信任。

当此之时，那些早在扩大的中央全会期间便持另一种观点的同志们的任务是什么呢？他们的任务就是保持党的团结，防止危机；他们本应当向全党说明，有必要向那些为十月失败以及整个政策和策略负有责任的领导人指派与他们相称的职位。各地区对这些问题都进行了认真的讨论，尽管党员中存在着惊慌失措情绪，我们在法兰克福党代表大会上还是取得了德共任何一次代表大会都不曾有过的成就。法兰克福党代表大会显示出充分的团结一致，至少在任务、前景的评估和关于工会问题方面是如此（只是在策略问题上有着某些分歧，表现在表决上为92票对34票赞成）。**法兰克福党代表大会使党团结了起来，同时又大力贯彻布尔什维克化的思想**，而且并不是布兰德勒所说的那样赶时髦，而是真抓实干。

法兰克福党代表大会之后，我们取得了我们党的首批成就。如果说现在事态的发展有如1923年那样紧张——当时无产阶级不断根据当前斗争的经验修正自己的五花八门的错误，不断地一次又一次投入斗争，那么，要克服目前党内出现的阻碍当然会容易得多。当前我们正努力奠定党内的组织和政治基础，我们只是奠定**共产党基础的初步的关键**，因为十月失败暴露出党的机关毫无依托，对无产阶级革命缺乏必要的准备。我们现在正转而着手对党进行根本的改造。我们看到，在党的基本核心中实际上已在进行**布尔什维克化**。

我觉得，可以指出莱比锡作为这一工作的小小范例——我们为自己确定了一个在全德国完成组建工厂支部工作的期限。在75个大型企业中已经有了工厂支部，其中已经着手以前几乎没有开展过的积极工作。现在我们已真正开始对待无产阶级革命的基本问题。前些年，甚至1923年都还在布兰德勒领导下搞的那场儿童游戏宣告结束。

我们面前出现了一个使整个德国共产党军事化的任务，因为党对待武装起义、对待无产阶级专政和对待无产阶级革命的态度问题相互之间紧密关联，因为从党对待武装起义的态度可以断定工人阶级政党的革命性质。我们应当不仅从我们的党员之中而且从全体工人之中培养出真正的革命战士。我们坚持必须增强军事工作的观点。比如说，目前共产主义青年团与党之间的关系也已变得密切得多。在许多个州内我们都与青年团齐心协力地共同开展工作，已经取得重大的政治成果，在协调一致方面也十分成功。

虽然这里都说，现今党的领导机关在各种情况下均表明它当之无愧，但我仍然认为，在哈雷和菲尔斯滕瓦尔德所暴露出来的不单是我们的弱点：同时也显示出了，我们并不像原来那个中央委员会那样受拉狄克的影响，在反法西斯日前夕它号召工人们：不要受挑拨！我们则对他们说：**狠揍法西斯分子，只要能揍的地方都揍，哪怕你们的力量不够强大也要揍！**

法西斯分子已经无法像他们所设想的在君主制共和国里那样**在德国过自己的日子了**。

必须关注议会选举的结果。德国共产党从未以如此公开的纲领面对群众。它说：**如果你们把自己的票投给德国共产党，那么你们就不是投票赞成资产阶级议会，而是赞成苏维埃国家**。随后我们向工人们宣布，我们不会向他们做出任何许诺，因为在资产阶级议会里为无产阶级的解放斗争办不成任何事情。

在经历了党的危机、党内团结不够、产生惊慌失措情绪之后，而且党内积极主动性不足，尽管如此，我们党在国民议会选举期间还是得到370万张选票，这就证明，我们已经克服了十月的混乱状况，我们确实能够让整个无产阶级联合起来。

最后我还要指出的是：如果在世界代表大会上也许还有一些同志，还有某些分部的代表持有这样一种意见——似乎现今党的领导人尚未得到充分的信任，因为他们并不具备塔尔海默同志将其与老布尔什维克革命战士相提并论的斯巴达克同盟的传统。那么我要说：我们不应当如此简单化地提出这个问题。甚而至于像塔尔海默所做的那样，竟然认为拉狄克对德国无产阶级有着巨大的功绩，那么也就可以说，考茨基在过去的年代也发挥了巨大的作用，而如今他却是我们最残酷的敌人。普列汉诺夫早在1903年就是布尔什维克，有一次他甚至还说过："对共产党人而言，无产阶级革命就是最高的法律"，而后来他之于布尔什维克业已不复存在，因为他偏离了革命道路。既然拉狄克同志已经在反对俄国共产党、反对共产国际紧密团结的大多数、反对德国共产党，那么塔尔海默的论据也就失去了意义；一个不再理解共产国际道路的同志，已经不可能被视为领袖。如果一个同志抛弃了自己的共产主义岗位，我们就应当与他分手。如果说德国党现在吸收了一批新生力量，这些人也许10年前尚未参加工人运动，但他们却能够为当前的历史时期寻求到正确的道路，就像当年布兰德勒在斯巴达克同盟所做的那样——那么就应当承认，这是完全正确的。保尔·莱维同样属于老革命战士之列，现在他则置身于党外，如果布兰德勒、拉狄克或者塔尔海默继续沿着他们所选择的道路走下去，那么我们就应当与他们分手，不仅是在政治上，而且是在组织上与他们分道扬镳。

我们应当更紧密地团结起来。党员对我们的信任肯定是会逐步增强，即便是那些曾经在法兰克福党代表大会上就策略问题投我们反对票的地区也是如此。在开姆尼茨，中央委员会已经在最近一次地区党代表大会的决议中获得一致的好评。党得到了巩固，它正在建立牢固的基础；它准备打造出一副当前德国政治局势所必需的铠甲。我们面临着种种巨大的任务。

如果专家方案付诸实施，必将导致德国无产阶级处境的恶化。这将成为国际和德国资产阶级联盟的一种负担。很可能出现一定的喘息时期，实行11—14小时工作日，以取代9—10小时工作日。不可能准确地预言事情的进一步发展情况。形势有可能尖锐化。在意大利，谋杀社会民主党人为墨索里尼造成了很大的困难；在德国，也可能发生经济和政治方面的意外情况，给我们提出艰巨的任务。如果拉狄克同志不明白我们时时刻刻准备投入战斗意味着什么，他就不是真正的布尔什维克。俄国党在1905年便明白对抗更强大的敌人意味着什么。这种方法我们应当效仿。俄国同志从1905—1917年走完了通向各各他的道路。德国党可以许诺，它内心里保证一定会实现布尔什维克所实现的一切。我们还从未像这次代表大会上这样团结一致。大部分同志从企业奉命而来。在这里你们目睹了无产阶级日趋成熟的代表人物的核心，他们即便在理论问题上也足以与知识分子进行较量。我们希望，世界代表大会上的辩论会给德国党提出一条共产国际和俄国党期望于我们的道路，一条将我们引导至在德国完成俄国的工人农民们1917年在俄国已经完成的业绩的道路。**我们应当像修筑起一道针对世界资产阶级的坚固的装甲壁垒一样，构建德国的工人农民与俄国的工人农民的兄弟般的战斗联盟——我们为自己所提出的任务就是：德国革命的胜利，世界革命的胜利。**（暴风雨般的掌声）

柯拉罗夫（主席）：

现在请库西宁同志发言，他要报告一个消息并建议提出抗议。

库西宁（芬兰）：

芬兰代表团通报说，3日芬兰对去年8月遭到大规模逮捕的革命工人党中央委员和一些区委会成员进行了宣判（工人党是同情芬兰共产党的合法政党，在其1920年的建党代表大会上表示赞成加入共产国际）。

189位领导同志被判处长期监禁（刑期总共达380年）。判决有罪的根据仅仅是党的领导机关具有共产主义性质。法庭辩论期间，作为被告辩护人出庭的外国资产阶级律师们当众证明说，即使从芬兰充满阶级偏见的法律看来，指控也是极其明显地非法的；因此，政府未敢在选举之前将法庭判决书公之于众。由于这个原因，案件已经庭审结束的囚犯们还需要整整半年时间等待宣布判决。

有鉴于此，主席团提议通过下列公开地抗议声明：

"第五次世界代表大会代表整个共产国际，对于令人愤慨和厌恶的充满阶级偏见的判决，对于芬兰资产阶级阴险的阶级恐怖手段，表示愤慨。

与此同时，代表大会越过可耻的芬兰政府，对于被判决有罪的革命同志、争取芬兰无产阶级解放的先进战士们，致以满腔热情的兄弟般的敬礼。

共产国际毅然决定，团结一致地对芬兰工人和贫困农民革命的阶级斗争给予支持，直至无产阶级革命对白卫军的阶级制度做出宣判。"
（鼓掌）

库西宁同志的提议一致获得通过。

柯拉罗夫（主席）：

乌克兰赤贫农民代表大会自6月25日起召开会议。主席团提议本代表大会派遣一个代表团，去向该代表大会致敬。至于代表团的组成人员，主席团提议下列代表团各派一名代表：德国团，法国团，意大利团，捷克斯洛伐克团，保加利亚团，波兰团，殖民地国家也派出一名代表，主席团提名瓜德罗普的同志。

提议交付表决，获得通过。

柯拉罗夫（主席）：

请刚才列举的各代表团立即指派自己的代表，并将其姓名于今晚通知秘书处的施蒂纳同志，因为代表们明天即应出发……现在请布哈林同志发言。

布哈林（苏联）：

（受到鼓掌欢迎）同志们！我想涉及几个极为重要的基本策略问

题，但首先我还得讲几句开场白。这里都在谈论，是否存在着德国问题。我可以对此作出回答：既存在，也不存在。这个问题是存在的，正像存在着法国问题、俄国问题、意大利问题或者其他问题一样，因为在我们所有的党组织中我们都犯过各种各样的错误，于是我们面临着一些极为重要和困难的问题需要解决。就这个意义而言，是存在着德国问题的。这一点毫无意义。如果我们试图将一切都想象得太美好，那就是一种不健康的乐观主义。每一个党内，即便是最优秀的党，甚至在俄国党内，我们都有着各种缺点，每一个党都面临着棘手的事情。但是我们并没有产生悲观主义的理由。我们一定能够解决这种问题，不过正是为了将其解决好，我们不应当对其加以了解；另一方面，正如我已经说过的那样，我们不应该做蠢笨的乐观主义者，我们应该成为聪明的乐观主义者。就众所周知的意义而言，亦即从两个不同的观点去看，德国问题终归是不存在的。

第一，当前在德国面对的格局已经不像十月事件时那样激烈和尖锐，而第二呢，已经没有了党内的危机，那可是德国党最难办的一点，实际上，整个德国问题都包含在其中；这种危机看来已经消除，它已经不复存在，至少在程度上不如往昔。

第二段开场白归结如下：有些同志在这里谈到了自己："如果我们有社会民主主义倾向，如果我们是社会民主党人或机会主义者，那为什么你们不开除我们？你们没有足够的勇气开除我们。从而你们就证明了，我们根本不是你们所渲染的那种坏人。"我认为，当然需要在真正的社会民主党人与社会民主主义倾向之间作出区分。如果这些同志真是老练的社会民主党人的话，我们早就一举将他们开除了。然而这就像俄国党内的情况一样，问题并不在于某些倾向。这些倾向和趋势在危机关头可能变得非常危险，所以只要发现某些不正确的甚至只是局部具有社会民主主义色彩的倾向的表现，我们就有责任将其扼杀在萌芽状态。共产国际领导机关有义务消灭这些刚刚露头的现象。之所以我们争论得如此激烈，如此罕见地激烈，就是因为德国无产阶级大规模对抗的现实经验向我们表明，这些倾向是何等危险，在无产阶级和领导他们的党需要转入对资产阶级国家进行公开对抗的时刻，这些倾向会变得何等危险。

第三点意见，我觉得，我们已经相当成熟，不但能批判右倾和左倾的观点，而且能执行正确的政策。在某种情况下，只有左的政策才会是革命的。在另一种条件下，其他的各种政治格局不同，可能所需要的时而是左的、时而是右的方针。为了正确地估计形势并得出必要的结论，预先指出这点同样是十分必要的。

现在言归正传。我认为，我们面临着下列两个主要问题：鉴于萨克森经验，这就是统一战线的策略问题和工人政府的问题。因此，我认为拉狄克同志做得对，他正是将这一问题提到首位并试图从自己的观点阐明这个问题。拉狄克同志在第五次代表大会上说，某些同志（他没有指名道姓）在统一战线策略问题上经历了各种动摇。起初在这一策略由共产国际通过之后，这些未点名的同志之中也有我，我也愿意承认，当时我持有不正确的观点。这应作何解释呢？我们当时认为统一战线策略包含着很大的危险，较之这一策略可能为我们带来的好处，我们夸大了这些危险。完全毋庸置疑，列宁同志在整体上对这一问题采取了正确的立场。不过我们应当指出，列宁同志也犯了一个性质迥然不同的错误。恰好当时德国党正经历由莱维引发的危机，列宁同志在评价这一对兄弟的德国党产生了很大作用的问题时，所持的观点后来他自己也承认是不能令人满意的。你们大家都熟知他在那些日子里所发表的一篇文章，其中列宁同志公开声称，他对德国党内右的危险估计不足。这样，双方都犯了错误，其中我们所犯的错误当然要大得多。不过狄拉克发言的历史部分，连同我所做的订正，并不能具体解决问题。

这个问题究竟出在哪里呢？真的是我们当中抑或执行委员会成员、

共产国际领导人之中的什么人，想要废除和推翻统一战线策略吗？我想，这样的同志只不过存在于拉狄克同志的想象之中。这种同志是没有的。

如果说我们反对什么的话，那只不过是反对一种对统一战线策略的解释，这种解释确实会成为我们各国共产党的巨大危险；如果我们要批判地阐释拉狄克同志在这个问题上的全部论据的话，那么我们就应当看到，拉狄克同志针对我们提出的最重要的论据是由截然相反的两方面组成的：一方面是无产阶级力量光明正大的联合，而另一方面却可以说是我们党的不光明正大的手段和步骤。

更仔细地考察一番这些论据，我觉得，我们很容易明白，这种对立没有任何根据。正是这种相提并论构成了威胁着追随拉狄克的同志们的危险。他们以为，如果我们的确做到工人群众真正的联合，如果共产主义工人的确与大部分社会民主党工人并肩前进，这就能使统一战线策略失去其战略性质。这是绝对不正确的。反过来倒恰恰是对的。其他的工人追随我们的越多，社会民主党工人与我们并肩前进的越多（有个条件，就是领导权完全由我们掌握），我们就越能揭穿社会民主党的真面目，我们就越容易撕下他们的假面具，整个统一战线策略的战略性质也就会更清楚地显现出来，这种策略所设定的目标就是在群众中进行宣传鼓动、动员群众力量和揭露敌人。正是因为拉狄克同志将这两个方面对立了起来，其中一个方面（揭露敌人）便消失不见，被排除在外了；而既然这个方面消失了，那也就可以理解为，与此同时统一战线策略的整个战略性质同样会归于消失。

再谈谈第二个问题，关于工人政府的问题。我认为，如果我们从逻辑的观点考察这个有争论的问题，那么它的争议性就可以解释为，这里所提出的一般说来是一个无法解决的难题。我所理解的工人政府一词是什么意思呢？现实中可能出现的工人政府的种类各具特色。它们可能具有极为多样和独特的性质和极富变化的特点。季诺维也夫同志曾尝试过对工人政府的这些种类一一列举和分类。然而我觉得，除了季诺维也夫同志所举出的以外，我们还有可能设想出工人政府的其他一些类型。这种想法可以表达得更加清晰明白：即便是实行**真正的无产阶级专政**的工人政府，也可能具有各不相同的特性和采取各不相同的形式，无论从这个政府的形态的观点还是从党派之间联合的观点来看都是如此。我且举苏维埃政权早期的俄罗斯和匈牙利为例。毫无疑问，当时在匈牙利我们确实有着一个充当无产阶级专政的这种工人政府；同样毫无疑问的是，我们在政府中与社会民主党人共处的那个时期，我们政府的形式也是无产阶级专政。但是接下来您瞧瞧，俄罗斯和匈牙利这两个工人政府之间有何区别和共同之点呢？共同之点是，无论俄罗斯人还是匈牙利人都已经实现了无产阶级专政。不过无论在匈牙利还是俄罗斯的政府中都出现了两个党，这也是一个共同之点。因此从形式的观点来看，我们在这方面有着几乎十足的相同之处，然而在实际上并不是那么一回事。这究竟是为什么呢？因为整个进程和整个政策都截然不同。这就是全部的差别所在。匈牙利同志都做了些什么呢？他们解散了自己的党，从而加强了敌对的社会民主党。他们没有竭尽全力建立可以充当共产党支柱的各种群众组织。因为他们垮台了。当然，外部条件也是一个决定性的因素，但同样绝对毋庸置疑的是，在同样的条件下，如果党的内部结构不同，政策不同，我们就可能得到完全不同的结果。我们也曾有过与社会革命党的某种"联盟"。这是事实。

然而我们的政策与匈牙利的政策之间的不同之处何在呢？**我们深化革命**，巩固党，以异乎寻常的速度发展群众组织。可以说，我们是在越来越削弱自己的同盟者的力量。我们日益深化革命的整个进程，一旦遇到合适的机会便将社会革命党人赶出了政府，确立了无产阶级专政。

这样，即便是在区分无产阶级专政的形式时，通过这些事例我们也能很容易明白，这方面可能有着各种十分独特的形式。如果我们泛泛地谈论工人政府，则其种类多样性的范围非常之大，结果这一概念只能归纳为一个纯哲学的定义。下定义的难处正在于此。不过这并不成其为战斗中的无产阶级的问题。譬如说，我们应当在实践中给这些概念下定义，我们应当施行正确的政策。反对我们的同志们的错误在于，他们并不实施可以深化革命、激励群众、壮大其力量、为革命事业发展其力量的政策；相反，在某种程度上他们甚至于做了与此相反的事情。

同志们，正是在萨克森试验的基础上可以很容易地对此进行分析。对于工人政府的问题，我坚持如下的观点：足以使我们能够对相应的党作出判断的最主要的具有决定性意义的因素，并不是关于工人政府的定义的问题，而在于党是否深化革命或者从理论上确定一个可能出现的阶段并让事情进一步发展。在我看来，这就是全部问题之所在。如果我们从这个观点看待萨克森试验，那么我觉得，我们就会获得其正确性的充分的证明。所以我认为，正像拉狄克自己所承认的那样，选取这个出发点进行整体的评价，恰恰是适宜的。

在针对我们进行了激烈的论战之后，拉狄克同志得出了两个结论，指出了十月失败和整个萨克森试验的两条主要教训。他逐字逐句向我们宣称如下：我们犯了两个错误，应当在我们的政治记录本上记上两条教训：第一，我们未能组成自下而上的统一战线。这是第一个错误。第二，如果没有群众性的无产阶级组织，每一个工人政府都必定是会灭亡。我所能在拉狄克的发言中发现的他的结论就是如此。这些关于萨克森实验和整个德国"事件"（当然是带引号的事件）的教训的结论正确吗？是的，绝对正确，但是拉狄克同志的不幸在于，这些教训与拉狄克同志本人的前提处于最尖锐的矛盾之中。拉狄克用自己的结论全面驳倒了自己。这已毫无疑义。

你们今天听见了布兰德勒所说的话吗？他在这里所发挥的是什么

样的策略理论呢？他说：亲爱的同志们，我们本来是想赢得准备的时间，因此我们未能解决诸如此类的问题。然而"赢得时间"是什么意思？这里的问题并不牵涉到像某个哲学范畴那样的争取到时间。赢得时间这就意味着在所说的一段时间间隔之内的确准备好一些什么事情。

第二，布兰德勒告诉我们：很清楚，我们需要这些时间用来做准备，因此我们就没有着手扩大群众组织等等。亲爱的同志们，错误已经一目了然，每个孩子都能看得清清楚楚，因为不能从准备的概念中去除这种准备的最重要的部分。不能说："我想要准备斗争，为了这个目的便采取这样一种立场：它能让我解决各种可能出现的问题，却不能让我完成一件最重要的准备工作。"这简直可笑。如果拉狄克完全合乎情理地告诉我们说，我们错过了自下而上组建统一战线的机会，我们没有扩大和在足够的程度上巩固无产阶级的群众组织——那么，这可恰恰属于准备工作的范围。这正是无产阶级赢得胜利的唯一保证。比起这件事情来，其他任何准备工作都只是具有完全次要的意义。我将此视为马克思主义策略的常识。如果有同志告诉我们，说他们打算做准备，他们就坐进那样一些办公室里，他们四处找武器——那么，这时候胜利的保证在哪里，无产阶级力量的集中又在哪里呢？你们都知道，这全是一些琐事。无论考茨基关于无产阶级专政的"口头语"，还是布兰德勒这方面的准备工作，全都是某种次要的事情——可是连每个小孩子都知道，这正是最主要的、最具决定性意义的、最为重要的事情。为什么他们不做这种事情？为什么他们不进行这项准备工作？为什么？我肯定地说：连拉狄克同志都承认的所有的那一切，与当时的中央委员会所遵循的方针完全不相容。大家在这里已不止一次谈到了这点，但我还是想再次提示某些事实。我们的党代表大会上我谈到了这点，特别是谈到了我们的萨克森同志们在议会中的发言。我们可忘不了诸如列入议事日程的王室

"补偿金"问题这类琐事。这极具代表性。我们也无法忘记关于遵守宪法的规定的发言。此事我们也忘不了。有一些同志与拉狄克一起在我们的党代表大会上宣称：这都完全是次要的议会事例。我当时回应他们说（有些同志，其中包括克雷比赫，不喜欢我的回应）：如果你们这样估计形势，那么你们对德国社会民主党人1914年8月4日投票赞成国防预算拨款又有什么可反对的呢？这是一个信号，这是对全党和全体无产阶级发出的明确的指示。当然，我们十分明白，议会里不会再次出现奇迹。我们已经成熟到洞悉这种绝对真理。但是，同志们，这是为党确定总体目标的信号，在这层含义上意义极为重大——这一点是毫无疑义的。如果不是这样，我们根本不要议会也完全可以应付，因为我们的议会策略的全部意义正在于此。那些说这是鸡毛蒜皮之事的人，就是在为社会民主党的观点辩护，哪怕为他们的一部分观点辩护。总而言之，那种人也可能是很好的同志，可能有着很大的功劳，但终归这是一种机会主义的倾向。这也是事实。拉狄克针对这个问题的某些论据，像臭鸡蛋一样毫无用处。比如说，他曾借口说季诺维也夫同志本人提出过一个口号："不必理睬弥勒"。不必理睬弥勒是什么意思？什么叫不理睬？请把你们自己看做合法的政府。就是这个意思。我国在10月之前的彼得堡曾经同时并存着克伦斯基领导的"军区管理局"和我们共产党的军事委员会。当时托洛茨基提出的是什么口号呢？别理睬波尔科夫尼科夫将军！——这是进攻的信号。这个口号正确吗？绝对正确。但是当时我们总算没有这样的疯子，他竟然会将这个口号的意思解释为：似乎我们应该把我们的军事委员会视做合法的政府，应该保持从尼古拉二世到军事委员会的继承性。（笑声）

这个口号是力量革命化的信号，这是号召展开战斗的口号。当然，如果有些同志像拉狄克所做的那样对其进行解释，那么我们就有权推测他们有着建立在机会主义基础上的恶劣想象。我在党代表大会上曾对此举例说明。可能许多同志并不喜欢那个例子。如果当年托洛茨基在预备国会里不是号召群众起义，而是宣称他认为预备国会是一个合法口号，布尔什维克要保卫合法的政权免遭任何侵害，那样一来，在10月里会发生什么事情呢？那我们就不会有革命，在那种条件下革命就会成为不可能的事。

这里的差别何在呢？问题的解决取决于我们是否深化革命。要么我们巩固现有的阶段，要么我们退却，要么我们继续前进。我们确信，德共中央在十月事件中执行的是一种使进一步深化革命成为不可能之事的政策。我们不能责备它没有夺得政权。如果党在某件事情上徒劳无功，我们不会加以指责；在有些事情上这种情况完全有可能存在。总而言之，问题是这样：**是否已为夺取政权、为真正进行准备竭尽了全力？**我们可以老老实实地说，远不是所有的事情都做到了；而所做到的事情中有许多甚至起着**恰恰相反的作用**。由于这一方针，我们落到了这样的境地：我们变得既没有群众组织，也没有自下而上的统一战线；这一点连拉狄克也是承认的。我们未能解决两个最为重要的策略问题。

再谈几点意见。已经提出过社会化的问题。布兰德勒在这里声称，党当时是希望赢得时间进行准备，因此它没有采用这类经验。同志们，人们正是运用这类经验对胜利的革命进行准备的。必须振奋民众精神，将工人阶级发动起来，如果根本就不做任何足以能振奋民众精神的事情，如果借口似乎是在做准备，这就是幻想，这就是自我欺骗。我们可以不偏不倚地断言，这种不正确的策略方针与先前的错误、与莱比锡党代表大会的论点有着紧密的联系。毫无疑问，整个这段利用资产阶级民主机关的历史，与整个政策有着密切的关系，并非偶然的情况。

塔尔海默同志在这里仿佛处于相当有利的地位。他声称，他同意列宁对党的组织结构的理解，在俄罗斯问题上与中央委员会的看法一致；他只是认为我们破坏了德国党的干部的团结这一点不可理解和不合逻辑。塔尔海默同志，不能把"干部"的理解变成一个空洞的抽象概念。干部就是有着正确的政策指导的一些人。没有这种正确政策指导的干部并不是干部。缺少经验的干部比具有糟糕策略经验的干部要好。尚未屡犯错误的干部也要好一些。当然，年龄与基本观点不正确之间的比例可能各不相同。必须对这方面的各种情况进行研究，从而获得正确的策略。不能像塔尔海默所做的那样，仅仅从年龄的观点看待问题。如果我们开展有关老干部的辩论，那并不是从他们的年龄的观点出发；我们对我们的老干部给予最高的评价，因为他们是在反对机会主义的斗争中成长起来的。这是关于干部的概念的主要特征。很遗憾，我们在德国党内尚未看到这一点。如果我们以这个标准看待问题，那么我们便会明白，共产党的做法是正确的。如果说共产国际执行委员会在党内造成了哪怕相对的平衡，那么这绝对是必要的，因为如若有一道鸿沟将中央与几乎所有的党员分隔开来，要领导一个党是不可能的。党内这种对抗性的矛盾在十月失败中同样起到了一定的作用。

为什么拉狄克同志不懂得这一教训呢？他发言的语调相当自信。有时候语调能谱出音乐，但这并不是完整的音乐。应当提出下面这个十分重要的问题：党的构成起到了什么样的作用？不能排除这个问题；要是这样做，我们就会否认列宁关于党的作用的论点。这很清楚。党领导整个无产阶级运动。如果党的组成是这样：领导人与群众之间横亘着一道鸿沟，那么，继续对运动进行革命领导还能思议吗？如果现在硬说共产国际的干预做得不对，这是不正确的。共产国际进行了干预，做得很对。因为最基本的前提条件（姑且不说胜利了，而是一般地就任何明智的斗争而言）恰恰是要让党的中央委员会享有威望；否则无论是愿意不愿意，它无可避免地会将党引向灭亡。客观上情况就是如此：这些同志本身必能是久经考验的战士，可能有着很大的功劳，但是如果他们被一条鸿沟与群众隔开，那就成了并非胜利的而是失败的先决条件。

就这个意义而言，谢天谢地，德国问题总算有了可以化为乌有的趋势。

再谈一谈我们共产国际的一般状况。我认为，去年已被共产国际化解的那些危机能在极不相同的一些党内爆发并非偶然。我觉得，在俄国、德国、保加利亚和法国等国的党内，这些现象之间有着一定的联系。

这种危机的前提条件可能是双重的：第一，我们都有着一些对我们大家来说都是共同的问题。我们与我国的小资产阶级之间已建立一定的联系，而你们那里则由于统一战线策略也产生了同样的危险。统一战线策略的危险正在于此，这种危险虽说对于否认统一战线策略并不具有决定性意义，但仍需对其加以注意。与小资产阶级各阶层的这种联系就是产生各种倾向的第一个先决条件；第二个先决条件则是我们在保加利亚和德国所遭受的一系列失败，且不说其余的挫折了。遭受小资产阶级精神的思想感染，这是一个相当不易察觉的过程，主要在一系列失败之后以根深蒂固的悲观主义的形式出现。所有的危机都有一些共同的根源。不过我觉得，我们已经克服了这些危机，这是毫无疑问的。我们各个党也是通过一系列矛盾发展的。反对这些倾向的斗争就是建设真正布尔什维克化的党的过程。恰恰是在反对这些倾向的斗争中才能建立一批真正布尔什维克化的党。一方面，这些危机的原因是一连串的失败。另一方面，这也是我们成长的危机。正是在这些危机期间，我们各个党不断成长并接受了列宁主义的布尔什维主义的方针——我们进一步斗争的最佳保障也正在于此。我认为，如果社会中正在发生这类重大的革命进程，根本不是什么坏事。这类革命进程在自然界也局部地可以看到。比如，现在就时而天气炎热，时而却猛然变得寒冷起来。德国无产阶级数次改变自己的脾性，这很好。到现在，德国无产者的性情已平和得多了。这种情况下，本次代表大会便具有纯然另样的气质。我们认为，这（某些过分的情况除外）大体上是一个健康的进程，关于这种进程马克思曾经说过：内战期间无产者的天性本身也在改变。我们认为，德国无产者身上的这种变化也会成为他们未来的胜利的一个前提。

（会议休会）

第十次会议

（1924年6月24日，星期二）

主席：台尔曼

讨论季诺维也夫的报告（续）

台尔曼（主席）：

我宣布会议开幕。继续就议事日程前两项进行辩论。现在请墨菲同志发言。

墨菲（英国）：

同志们，我想谈一谈英国的形势，尤其是英国共产党对工党和工党政府的态度。

首先，彼得罗夫斯基同志在其发言中提出了一个可能被作出错误解释的论断。他说，在英国已经出现了群众对麦克唐纳政府失去信心的征兆。极为重要的是，不要在这方面有任何误解。的确，最近5个月期间工党内的无产阶级成员中开始出现相当强烈的不满，但是我们不应当将此解释为工党政府丧失了立足点。恰恰相反。它越来越多地赢得了工党以外千百万工人中大量的人的支持。这些群众不久之前还对政治漠不关心，现在却在考虑和谈论，工党政府会为他们做些什么。麦克唐纳竭力利用这一点，他千方百计地力求将无产阶级的这部分游移不定的群众吸引到自己一边。他借助于自己的预算，对失业者施以小恩小惠，许诺为工人建造住房并通过其他种种手法，竭力直接影响广大工人群众。最近的补选结果表明，麦克唐纳的机遇在增加，再过不长的时间他就能够呼吁全国并且获得赞成工党政府的多数票，成为他所做努力的报偿。

接下来我要涉及我们的德国同志鲁特·费舍提出的一个观点。

费舍同志在英国待了24小时，看了看弗格森同志的选前动员大会，便认定英国共产党需要一条崭新的政治路线。她劝说我们说，现在已经到了我们在选举中对麦克唐纳、托马斯、韩德逊等人持积极态度的时候了。她断言我们还不是有经验的党。这在一定程度上是对的，不过当我们比现今还要更为年轻、更为缺少经验的时候，我们也曾持有过与我们这位德国同志同样的观点。然而早在4年之前列宁同志便花了不少时间，想要根除英国党内的这样一种思想：我们应当成为不容许达成任何协议的党。为什么列宁同志会坚持这种独特的观点呢？就是因为他明白，英国工会的群众、富有斗争精神的英国工人群众完全站在工党一边，如果我们在选举中对它持反对立场，到头来我们就会完全被这场壮阔的工人运动抛弃到一边。

费舍同志从工党政府掌权之日起便对其政策持批评态度。她感到，这一政策有着帝国主义性质，与大陆上社会民主党所实行的政策毫无区别，于是她便十分匆忙地得出结论：由于大陆上竭尽全力与社会民主党分子进行斗争的时期已经到来，那么这样对待英国同样是正确的。在这种情况下，她完全混淆了英国的局势；她没有看到工党政府与工党之间的区别；其实，强调这种区别极为重要。工党是个什么党呢？它是由追随它的一些组织组成的——主要是工会。工会拥有500万会员；其中100万矿工，大约100万运输工人，50余万金属工业工人，50余万纺织工人，他们在政治上都追随工党。诚然，他们站到工党一边是希望通过它能实行某些合法的改革，改善劳动条件，采取避免矿井和运输工作等部门的危险预防措施，制定工厂方面的法律等；但是尽管如此，工党还是由这些工人群众组成的。它的领导权暂时掌握在自由主义政治家手中，此辈在这个党里预见了一个未来的党。战争期间他们直接追随它，坚持不懈地竭力向工党灌输社会和平主义，结果他们得以掌握工党的领导权。不过有一个事实依然不可动摇，即英国工党乃是群众性的无产阶级组织，而我们与这样的党打交道的地方也应当有共产党从事工作。

另一方面，工党政府又是一个什么政府呢？它差不多是以下列方式得以掌权的。国王派人找来麦克唐纳。麦克唐纳则去找自己的战友托马斯和韩德逊，于是他们共同组成了在下议院中掌握实权的自由党人和托利党人可以接受的内阁。工党政府这样的人事结构在工党的广大范围内遭到非议，党内的无产阶级代表人物更加愿意政府中能有他们自己一类的人，诸如斯迈利、兰斯伯里等，然而这都是一些不尚空谈、喜欢实干的人，因此政府中自然不会有他们的地位。工党政府一直力求扼杀工党内真正具有战斗精神的人物。所以很清楚，我们未来的任务就是打入工党内部，增强其中的反对因素，力争利用工党的无产阶级群众的不满情绪，目的是掌握对英国工人群众的领导权，将其交到共产党手中。

如果我们在普选中负责提出针对某个会成为工党候选人的独立的共产党候选人，这样我们就会自动关闭本来敞开的向我们提供在工党内部开展工作的机会的大门——对于这一点不应该有任何误解。比如说，如果我们提出一个我们的候选人与詹姆斯·托马斯竞争，那么，这样做的结果只能是作为推出自己反对工党的候选人的党派出面，按照工党的规矩，立即便会遭到开除出工党队伍的惩处。在工党内部争取工人群众是我们的一项重大任务。将近一年期间，我们不懈地努力在工党内部组织我们的派别。事实上在全国的每一个工党地方组织中，现在我们都已经组成了小小的共产党派别。

工党的每一个地区组织中现在我们都有共产党的代表，他们或是在共产党的州委或是在中央党委员会的领导下有组织地开展工作。此外，在全国各大工会理事会中，我们都组建了我们的派别，并且工作得很出色。要是时间允许的话，我会向你们介绍我们所领导的战线的情形，它将工党内的反动派人士联合到一起，利用他们作为反对变节的领导人们的手段。可是如果我们采取费舍同志的观点，那就意味着放弃完成最近一年期间我们力求实现的那些任务。简而言之，这会割断我们与工党的联系，我们就会重新变为一个宗派主义的党。这样的政策意味着"脱离群众走向孤立"，完全违背列宁主义的精神。本次代表大会应该对这个问题进行研究，并对此通过某种决议。

我现在所阐述的观点所反映的并不是英国共产党少数派的观点，也不是其多数派的观点，不是执行委员会少数派的也不是其多数派的观点，同样，也不是代表团的多数派或少数派的观点，而是整个代表团、中央委员会和最近一次党代表大会的共同观点。我们完全相信，如果你们认定我们应当放弃我们在工党内的策略，在选举中以社会民主党人的反对派出面，那么第六次代表大会将不得不重新考虑英国共产党的形势，英国问题又会成为一个最重要的问题，结果，我们毫不犹豫，你们必定会改变你们的观点。

按照代表团的嘱托，我还得涉及另外一点。季诺维也夫同志在他的讲话中提到了意大利的博尔迪加同志和他关于共产国际领导问题致中央委员会的信。在这封信中，按照我对其译文的理解，博尔迪加同志提议，鉴于俄国共产党失去了自己的伟大领袖，应当重新考虑共产国际领导的整个问题，认为扩大其人员组成可能会改善其领导机关。英国代表团讨论了这个问题，十分明确地得出结论：尽管俄国共产党和共产国际失去了自己的领袖，但是，俄国党比其他各党更有能力根据以下理由领导共产国际：俄国共产党组织了一场革命，引导它取得了胜利，现在已走上巩固胜利的广阔道路。在此期间所获得的经验对领导共产国际是极其宝贵和绝对必要的。我们无法想象，德国共产党经过最近10个月的工作抑或法国共产党经过最近一年的工作之后，居然能断言俄共不能比它们更好地进行领导。英国共产党的观点就是如此。

克拉耶夫斯基（波兰）：

对于一个革命党而言，承认自己的错误并不是羞耻的事。因此我应当说，中央委员会在波兰工作的部门决定将十二月信件视为一个政治错误。诚然，在十二月信件中我们对俄国和法国问题提出了一些正确的意见，但是我们并没有对政治局势的尖锐问题作出明确的布尔什维主义的回答。在俄国问题上，我们没有确切而清楚地说明，我们究竟是中央委员会的拥护者还是反动派。（季诺维也夫："小事一桩。"）是的，同志们，这是小事。我应当承认，这是机会主义的错误。我们当时认为，要对事情做出实质性的评价，我们的实际材料还嫌不足。可是，既然无法对事情做出实质性的评价，保持沉默就比泛泛而谈要好。

的确，在写了十二月信件之后，我们的代表也曾声明我们站在中央委员会一边。然而这做得太迟了。很能说明我们的态度的一个事实是，我们并不是直接在那封信件中作出这种表示的，而是后来在口头上宣称的，可以说这是我们的第二个而不是第一个想法。不过，尽管迟了，我还是应当坚定不移地宣布：我们全都站在中央委员会一边，反对反对派。对待德国问题的态度也完全一样。同志们，当时我们在右派集团与左派集团之间动摇不定。当时右派集团可以说尚未完全定型，但那时的问题已经是往后仍然应该支持布兰德勒集团呢，还是应该向左定位。关于这个问题，我们也提出了许多好的意见，所以我不想说十二月信件没有任何正确之处。不过我们并没有明确回答，我们是赞成布兰德勒集团呢还是赞成左派，这也是一个机会主义的错误。当时季诺维也夫同志迅即判明了方向，宣称不应该支持布兰德勒集团，必须向左定向，我们将此视做他的一项功绩。我们希望与现今领导着党的那些同志齐心合力共同工作,我们认为将党的领导权交到这些同志手中是正确合理的,政治上也是明智的。

同志们,我们大家在相当早之前即已发现,波兰党由于我们的运动经历了一个艰难时期,已经陷入机会主义。我们一直试图战胜这种机会主义。波兰党中央委员会试图从这个机会主义的泥坑中爬出来,然而同志们,处在波兰国外、在中央委员会起着领导作用的那些同志却不明白也看不见这些问题之间,俄国问题、德布兰德勒集团与左派和波兰的机会主义之间的分歧的问题所具有的深刻联系。不对这些问题作出清晰和确切的回答,就不能爬出机会主义的泥坑。在我们尚未了结这些问题之时,波兰不可能爬出机会主义的泥坑。

虽说我们公开承认自己的错误有点儿晚了,我还是认为,现在我们已面临着一条无条件地全面清算以往那个时期的开阔道路。(贝尔:"左派同志们会怎么样呢?")

我会对此作出回答,但我请求尽可能不要打断我的话,因为我讲德语很吃力。我想谈一谈我们党的活动情况。季诺维也夫同志,还有德国和法国的一些同志,都批评了我们;季诺维也夫同志说,我们虽然有着很好的布尔什维主义的群众,却没有布尔什维主义的领导人。我认为这种责备夸大其词,在很大程度上有失公平。那些写过机会主义提纲的同志尤其爱批评我们。因此我想谈一谈我们的活动。我们先于其他的党提出了党的布尔什维克化的问题,并且竭尽全力尽可能扎实认真地推行这种布尔什维克化。去年秋天举行的我们的第二次代表大会便是党的布尔什维克化道路上的最重要的阶段之一。

至于我们对待农民阶层的态度,我必须声明:随着第二次代表大会的召开,我们给予了这个问题比以往大得多的关注。在这方面我们已取得某些成绩。我们派出了由百余名工人组成的代表团参加去年的农民代表大会，以庆祝工人和农民之间的友好交往。在这次代表大会上，我们的一位同志的发言引起了巨大的反响。我简单地说说。在切哈努夫市的农民代表会议上，农民们要求自己的代表退出"解放"党，加入城市和农村无产阶级联盟。后来我们赢得了对被占领各州的工人农民很大的影响力。白俄罗斯一个革命农民组织站到了我们一边，它的一位代表就在这个会场里。至于我们在西乌克兰的影响，则可以根据扎博洛托夫的那次农民游行示威作出判断，那是一次规模相当大的五一游行，以流血告终。这里对农民的态度问题与民族问题交织在一起。在这方面我们也做出了很大的成绩。我们不仅原则性地宣布了民族自决权，我们还开展了争取这一权利的实际的政治斗争。议员克鲁利科夫斯基同志在国会和许多群众大会上宣布了我们的口号。这个口号说，反对自治，不需要全民公决！居民们已经清楚地表达了自己的意愿，他们希望加入苏维埃共和国，需要彻底解放这些州，以便居民们能够自由地实现自己的意愿。我们在西乌克兰和白俄罗斯的广大群众中赢得了高度的信任。

再谈几句关于克鲁利科夫斯基同志的事。有些同志，尤其是勒瓦尔同志，差点儿没把他当做社会沙文主义者来痛斥。他的确在兵役法的问题上犯过错误。但这方面的事情他已经讲过了，一般说来他的整个活动都表明，不能把这位同志指责为社会爱国主义或者社会军国主义。少数同志才能想象议会执委会里笼罩着何种气氛。克鲁利科夫斯基同志在做了关于士兵的义务和权利的出色演讲之后，遭到了来自社会民主党人的人身暴力。这种事已经发生过两次了。他们希望以这种方式对这位同志进行恐吓。最卑劣的奴仆常常就是社会民主党人。尽管如此，该同志还是继续进行无畏的斗争，在工人群众中备受尊敬，工人们在他身上看到了为共产主义百折不挠地进行斗争的象征。

讲几句关于群众性的示威游行。季诺维也夫同志责备我们没有参与克拉科夫起义。这种事无法用一句话说清。克拉科夫起义是一段简短的插曲。这是长达月余的一场持续斗争中的一天半。当时的形势是这样：德国的革命似乎已经临近，所以我们认为，我们的全部注意力都应当集中到所谓的政治战略地点上，即上西里西亚、栋布罗瓦煤矿地区、华沙和罗兹。我们将力量集中到这几个地点，我们在这些地方进行斗争，是我们在这里领导斗争。至于在克拉科夫可望发生起义，总之可望在那里发生诸如此类的事，这在波兰可是谁也不曾预料到的，也不可能预料。这并不是一个工业中心。这纯粹是一个意想不到、突如其来的事件。我们在那里只有一个很小的组织，这就说明我们不会立即出现在那里，只有起义爆发后才可能赶到那里。我们的错误并不是发生在克拉科夫起义期间，而是在起义之后；第一，错在我们未能充分利用起义作为工农联盟的标志，作为武装起义的标志。第二个错误则是，当波兰社会爱国主义者、波兰社会党在华沙取消总罢工，而我们又无力将其继续下去的时候，华沙的组织却以闻所未闻的方式解释停止罢工的原因，具体地说，你们瞧瞧，竟然是这场斗争应当为了统一战线而取消。

同志们，尽管如此，对于这个时期的斗争我还是应当说，没有谁能像共产党那样，唯有共产党站在运动的最前列，领导运动，并将其进行到底；波兰无论任何一个别的党派，都不曾哪怕参加一下这场斗争。在上西里西亚，尽管那里民族主义的追捕猖獗，我们还是在反对社会民主党人的斗争中争取到了群众。我们在工厂工会代表大会上拥有决定性的影响力。在我们的影响下，我们的同志参与组织了行动委员会，在整个斗争期间居民们都处在共产主义的旗帜之下。除了共产党人，除了共产党，再也没有别的政治领导人。后来这一点也得到了证实：恐怖的镇压之后，失败之后，我们现在重又（我没有得到来自波兰的最新消息）处于上西里西亚大规模运动的极盛时期。与社会民主党人和民族主义者的愿望相反，我们重又组成了自下而上的完美的统一战线，并在代表大会上重新建立了在我们影响下的行动委员会。通过了一些决议，其中社会党人、波兰社会民主党人和民族主义者的领导人被作为叛徒一一点名遭到痛斥。（主席打铃）同志们，我需要请求你们给我延长一些时间。完全能在15分钟之内讲完全部材料。

台尔曼（主席）：

就5分钟。

克拉耶夫斯基（波兰）：

同志们，即便十分钟我也不知道是否能办到。我是说，在上西里西亚我们现在重又享有无比的威望。的确，同志们并不了解我们的不合法状态是何种情形，我们面临着何等样的困难。这种不合法的工作不可能经常保持它在群众热情高涨时期对他们的政治和组织影响力。

我讲简短一点。我只是想说，我们全面领导了整个斗争。在我们的影响之下，11月宣布进行总罢工，如果说现在流行着一种传说，仿佛我们在波兰社会党面前屈膝投降，仿佛我们完全听命于波兰社会党，那么这也的确只是传说而已。我们犯了许多错误，我在谈到统一战线时会加以涉及。但是可以肯定的是，我们是一个战斗的党，无产阶级都知道只有我们才是战斗的党。受到波兰社会党和民族主义者影响的人都清楚地知道，进行斗争的只有我们；正因为如此，不完全自觉的工人害怕跟我们走，他们知道我们的党是一个为专政而彻底斗争的党。

同志们，我还想就组织问题讲上几句。我们知道，反对机会主义的斗争中，事情不单是涉及策略的问题，这场斗争也意味着重新审视组织问题。

十一月事件之后查明，我们的某些组织完全消极被动，我们便提出这个问题，在报刊上展开公开的讨论。许多同志都参与了讨论。如果说后来五一节我们在华沙完全独立地将与波兰社会党一样多的工人带上了街；如果说我们将15000名即比柏林的同志还略多的工人聚集到了我们的旗帜之下的话，那么，我们全靠的是最近一个时期所做的组织工作；无论如何，这证明我们对波兰工人群众具有巨大的影响力。

再讲几句有关统一战线和工农政府的事。我们清楚地知道，在运用统一战线策略的过程中我们犯了错误。这不单是我们的过错。所有的党都犯了这种错误，在举行群众性的抗议活动时，大家都太缺乏主动性，太缺乏独立自主精神；普遍都对右倾的危险性看得不够清楚。季诺维也夫同志也谈到了这点。这样，我们就屈从于这种危险，我们都有了右的倾向。我们也对此进行了斗争，甚至运用了惩罚的措施；但是很清楚，如果不对过去的整个时期进行考察，不做出总体上的策略性结论，就不可能克服这些单独的错误。

我们完全同意季诺维也夫同志的表述。与以往相比，运用自上而下的统一战线策略的基础大大缩小了。任何时候都不可忽视，问题在于要发动群众性的斗争，建立自下而上的统一战线。现在一般来说并不存在自上而下的统一战线，也不可能与社会民主党领导人共同进行斗争。这很清楚。但自上而下的统一战线终归是存在的，也就是说，有时候也可以呼吁社会民主党的领导人支持，以便通过这种方式接近仍然拥护这些领导人的群众，并与这些群众建立自下而上的战斗的统一战线。如果说诸如反对派中的多姆斯基之类的一些同志，还有不久之前的德国左派都曾说过，统一战线策略只能自下而上施行，永远不能自上而下，那么我们认为，对问题这样理解是不对的，这是在回避解决问题；他们没有看到，1921—1922年工人群众回避我们的时候，我们本来应该重新寻求接近他们、接近在其他的党内组织起来的工人的途径。欧洲的形势已经不是10—15年之前的情形了。现在有着在机会主义各党中组织起来的大量群众，需要找到接近这些有组织的群众的方法。但是必须承认，过去一个时期我们做得太差了，没有能正确地估计机会主义危险的程度。

至于工农政府的口号,则对于我们而言,它就是一个团结工人群众以反对资产阶级政府、推翻资本家政权的口号。

工农政府即意味着工人和农民之间为了革命斗争而结成联盟。因此它对于我们而言就是无产阶级专政的同义词。我们在这点上也完全同意季诺维也夫同志的看法。(高呼声:"只是没写在你们的提纲里。")提纲中有许多模糊不清的地方。我们进行斗争,为的就是能明确各种问题。提纲的政治含义为:我们排除将工农政府作为一个独立阶段的各种观点。

我这就结束。我们为反对我们党的领导机关中的机会主义而进行斗争。我们现在有着两个派别。其中一个拥有压倒多数,这一派懂得,机会主义的问题需要与俄国和德国问题联系起来,必须有一个布尔什维主义的明确的答案。少数派却未能明白这一点,硬要说十二月的策略不是政治错误。

我们清楚地意识到我们的错误。但是如果同志们,比如说德国的同志们,想要谈论我们错误,那么他们就应当更深入地了解我们。很遗憾,我们能够寄送到国外的信息资料很少。这对于我们十分困难,因为我们处于地下状态。(高呼声:"我们也处于地下状态。")不过我们会尝试着寄送材料的。我们不希望关于我们的传说四处扩散。我们对隐瞒真相不感兴趣。

还有一点意见是关于左派同志和反对派的。他们之中有诸如多姆斯基这样的人,这些人仅仅不久之前还在对待农民阶级的态度问题上和民族问题上攻击我们。多姆斯基公开地攻击我们,其他同志不那么露骨,但他们同意他的看法。因此我们应当将反对派提纲的第一项视做反对第二次代表大会的整个政治含义。这些同志说,似乎在代表大会上重新估计革命形势时,以革命的形式提出了反革命的观点。我们应当将此视做不仅反对我们对待策略问题的态度,而且反对我们对待农民阶层和民族问题的态度。

同志们在这份提纲中表达的对我们的策略错误的看法虽然有一部分也是正确的，但是我们已经自己说出了所有这一切，在十二月全会以及其后的三月全会上都作过自我批评。多姆斯基同志在总体上反对统一战线。不过并不是这一点迫使我们对左派同志进行纪律处分，他们的政治观点并不是个中的原因。原因是他们一开始就试图建立一个派别，他们前往上西里西亚，为的是怂恿当地的组织签署那份中央委员会并不知情的提纲，这些同志在将这份提纲提交中央委员之前，已经将其交付《国际》杂志和其他一些党的机关报发表。这样组建派别是违反党的纪律的；仅仅是由于违反纪律这一点，而不是由于他们的政治观点，才对这些同志采取了纪律措施。任何一个布尔什维克机关（而我们希望成为布尔什维克机关）都不可能容许背着它秘密组建派别。

至于政治观点，则我们坚持的是德国同志们在这里所发挥的见解。我们同样认为，敌人来自右的方向。我们同意执行委员会的意见和德国党中央的决议，希望能与他们一道参与最后的斗争。

柯拉罗夫（保加利亚）：

直到现在辩论都围绕着德国问题转，这完全可以理解，德国问题是最重要的问题之一。保加利亚问题，去年6月和9月期间所犯的策略错误，仅仅是顺带提及。只有某些同志就此发表了不多的一些意见。

尽管如此，保加利亚问题还是相当引人注目，这首先是因为保加利亚党的错误是由于所有农业国家的共同路线所造成的，这些错误可以作为所有那些主要在农业环境中进行斗争的党的教训，而这样的党在我们共产国际中为数不少。

请允许我稍稍详细地谈谈这个问题。诚然，已有一个为研究这一问题而召集的专门委员会，但是我觉得，在一般的讨论中对这一问题也应当从共产国际策略的观点加以阐述，现在正好有机会和时间对此说上几句。

6月里保加利亚党遭受了一次失败。

拉狄克同志在执行委员会扩大会议上作了长篇发言，其中他讲述了这次失败的经过和执行委员会的观点。拉狄克同志声称，该党的失败具有决定意义；他力图将作为一支政治力量的保加利亚共产党化为乌有。

同志们，现在我却应该说，无论6月或9月的错误都并不是决定性的。保加利亚共产党依然坚守在它的岗位上，准备进行新的战斗。

另一方面，这里为解释党的失败所列举的所有理由，同样被这位拉狄克同志几乎一笔抹杀。他说明了我们的失败缘由，同时竭力以外部的国际局势来缓和对党的指责甚至为其辩解，照他所说，当时的国际局势不利于在诸如保加利亚这样的小国里开展革命行动。

我们，保加利亚共产党的代表们，特此声明：我们的党不需要辩解。它自己已经意识到了本身的错误。它们并不与拉狄克所列举的错误完全相符，但终归是存在的。

拉狄克同志常常以一个好教员自居，但是我觉得，有时候他却忘记了自身的教训。

难道国际局势在共产党的中央委员会的决定中会发生什么作用吗？我们的回答是否定的。

我返回保加利亚后参加的一次中央委员会的会议上，没有任何一位中央委员持有这样的观点。我们的立场只能由关乎国内策略的动机所决定。的确，1929年我们有些人曾鉴于国际局势而侈谈国内的形势。的确，当时我们的老同志布拉戈耶夫曾发表一种意见，说保加利亚革命运动的胜利四分之三取决于国际形势，只有四分之一取决于国内状况。

然而不应忘记，1919年保加利亚尚被协约国的军队占领，这些话是在匈牙利的苏维埃共和国失败之后说的，当时完全与实际情况相符。

不过党从来不曾将其奉作教条。我已经说过，在7月的时候，这些话对于我党选择斗争策略没有起任何作用。

拉狄克同志在其去年的讲话中发表了一种意见，认为我们党过于缺乏积极精神，极少关注农民群众中的宣传和演讲问题，这就成了它失败的原因。

同样的论据我们在德国共产党的提纲中也可以找到。这就是提纲中所说的话："保加利亚共产党不懂得，为了在一个农业国家夺取政权，有可能和必要与最贫苦的农民结成联盟。"

然而这极不准确。共产国际内很少有党像保加利亚共产党那样在赤贫农民中开展如此大量的工作。它四分之三的组织都分布在农村。我顺便引用一下六月政变之前不久党所通过的决议。去年1月我们党采用了工农政府的口号。它在向农民和工人们宣布这个口号时是这样表述的。决议中说："共产党号召赤贫农民、农民协会会员以及农村的劳动群众为建立工农政府而共同奋斗，工农政府是唯一能满足他们要求的政府，共产党向工人和农民公开宣布，没有工农政府的革命斗争，就不可能建立政权，不可能将权力牢牢掌握在自己手中。"

同志们，错误并不在这里。尽管如此，错误我们已经犯了，并且全党和中央委员会的全体委员都意识到了错误，正是他们通过了在各资产阶级政党进行政变期间保持中立的决定命运的决议。

目前党内在这个问题上已没有不同意见。党已彻底一致地围绕着共产国际执行委员会的决议团结起来。

最主要的错误并不在于党对赤贫农民群众所采取的态度（在这方面，党的观点是清楚明白的，在此过程也取得了一定的成绩），而在于对农民的政治组织、对农民政府所采取的态度。

同志们，请允许我告诉你们：共产国际密切关注工业国家的工农政府的问题，但是它很少有时间关注农业国家的这一问题。至今我们都无法解决共产党对待各农民政党、赤贫农民政治协会应当采取的立场的问题。这就是保加利亚所犯错误的主要根源。我们党在这个问题上曾放任自流。虽然它并不总是做得很自信,并不总是能找到一条正确的直路,在决定性的时刻还犯了根本错误。但终归在我们的运动发展过程中的某些时候,党还是在对待农业协会方面采取了一些明确而正确的决定。

1922年5月农民协会掌握政权。政府处于政变的威胁之下。俄国白卫军和保加利亚资产阶级政党的阴谋业已表露无遗。

在这个关头,我们党已理解这一阴谋的全部危险。下面是党就这一问题所通过的决议。

"来自资产阶级的任何政变尝试,虽然是针对农民政府的,但同时也是对共产党的直接威胁。政权落入资产阶级政党手中,对革命运动是一种巨大的危险。这就是共产党在保卫自身、保卫革命运动的同时,为什么要手持武器反抗资产阶级政党的任何政变尝试的原因。虽然目前没有可能与农民协会结成政治联盟,但与它进行技术性的合作是完全可行的。"

同志们,你们都看到了,这是一个明确无误的决议和正确的策略。在1922年酝酿、1923年实现政变的时期,党本来应当遵循这一策略。然而党却没有走上这一决议所指明的道路。

为什么呢?首先是因为党让自己被1923年选举中农民政府所取得的辉煌胜利冲昏了头脑。这次胜利极其巨大,产生了极其惊人的影响,以致无论农民政府或共产党都不相信有直接发生政变的可能。这一出人意料的胜利就这样首先发挥了作用。第二,更为重要的是,党受到了这个时期农民政府所执行的反对工人、反对共产党政策所产生的影响。1923年的选举期间,工人政府对共产党和我国的工人运动进行公开的攻击。它声称要宣布共产党为非法,要没收党的财产,也就是说要做数月之后资产阶级党派所做的所有那些事情。竞选运动期间,农民党对共产党人采取极其严重的恐怖手段。政变时监狱里关满了农民政府所逮捕的共产党人。这种情况以最令人激愤的方式影响了共产党及其领导机关，使他们产生一种想法：农民党已丧失对群众的任何信任，它已彻底变为农民资产阶级的党和政府，必须像反对城市的和其他的资产阶级政党一样与这个党进行坚决的斗争。

但也有另外的原因。我们的中央机关对我们党本身的力量估计不足，没有考虑到，我们党不仅对工人群众，而且对农民群众都有着巨大的影响力。另一方面，它们对反动资产阶级的力量和影响力又估计过高。政变就是在这样的条件下发生的。

我同中央委员们交谈后确信，他们之中任何一个人都不认为斗争已经结束。相反，大家异口同声反复地说："是的，发生了政变。当时我们毫无办法，因为打击太沉重了，因为群众都受到了怂恿，甚至对农民政府的垮台表示高兴，这个政府已经变成了一个反动政府。但是我们意识到了危险，我们将继续工作，组织对新的白卫军政府进行反抗和斗争。"

全体党员已经在对形势的这种估计的基础上团结起来。大家都清楚地懂得，既然党并未遭受直接的失败，既然它的机体并未被摧毁，那么，最后的决定性斗争的时刻就快到了。这个时刻是在9月到来的——事件系由政府对党进行野蛮追捕所引发。你们都知道了，斗争以失败告终。这次失败仍然并不是决定性的，但终归是一次失败，它推迟了革命运动在我们国家的胜利，而且正值胜利已经临近的时刻。

同志们，请允许我简单谈谈我们国家中和一般农业国家中的统一战线策略和工农政府口号。这一策略曾遭到批评。我应当告诉你们，我们党所犯错误的真正根源在于未能充分运用统一战线策略。我们仅仅实现了自下而上的统一战线。我们完全像对待保加利亚的孟什维克和社会民主党人那样，忽视了各种农民组织。我们从来不曾与它们打交道。

诚然，形势极为严峻。社会民主党人对群众毫无影响力。他们在工人运动中的比重微不足道。但农民协会却是一支巨大的力量。它在国家的政治生活中发挥着重要的作用。

困难在于，这个协会站在政府一边。拉狄克同志指责我们党，说它在去年农民协会掌权时未能与其结成联盟。

1919年，当国王将权力授予斯丹博利斯基的党的时候，此人曾找过共产党人，将他们作为最强大的反对党看待。可以说他是在试探我们党，希望知道我们党是否同意与农民协会结成联盟，与之共同掌握政权。但他立即又赶快补充说明，他不认为在君主制度下，我们有可能加入政府。

自然，我们拒绝了。斯丹博利斯基的建议并不真诚。他甚至不同意与孟什维克结成同盟，那些人倒是有意于此。相反，他来了个向右转，与一些极端反动的资产阶级政党结成了同盟。他觉得，为了以最有利的条件缔结和约这是必要的。

1922年、1923年时这个同盟实现了吗？我并不这样认为。无论如何，共产国际内一次也不曾提出过与农业党结成政府同盟的问题。我们没有就这一点做出过任何决议。

这就是当时我们实施自下而上的统一战线策略的原因。六月失败之后局势完全改变。我们党也开始运用自上而下的统一战线策略。群众已经做好准备，他们明白，只有一个获取和保有政权的方法——与城市工人联盟。

不单是群众，而且部分农民协会领导人也得出了同样的结论。九月起义期间，我们党不仅与群众，而且与农民协会的领导机关齐心协力地工作。

目前如何提出这个问题？

既要自上而下和自下而上并举的统一战线策略，也要各种派别和各种门类的统一战略策略。农民群众已经迫使他们的某些领导人与共产党人结成统一战线。群众中的这种潮流节节胜利。谁若试图拆散农民群众与城市工人群众的联系而让他们与资产阶级结为一体,谁便会丧失在他们之中的一切影响力。

工农政府的口号早在政变前即已为我们党所接受,不过党将它的意义理解为:它应当以在共产党领导下的工农群众革命联盟的形式来实现,而不是通过农民协会结盟的方式来实现。这样的观点是否正确呢?我们肯定地说:正确。

失败之后,党从另一个角度提出这个口号。现在农民们以接受了它,清楚地意识到,只有通过与资产阶级进行革命斗争的途径才能将其实现,所以他们会迫使农民组织的领导人与共产党一起走革命的道路。

这是已深深扎根于工人群众内心的信念。这是正在我国以越来越大的力量发展的斗争,是一场争取建立工农政府的斗争,它具有十足的革命性质。

在农业国家,我们不能不坚持同时自下而上和自上而下的统一战线策略,不能放弃工农政府的口号,而工农政府只能通过革命的途径,赤贫农民与工人联盟的途径加以实现。

同志们,拉狄克同志企图为我们党辩解,而我们作为党的代表倒并不能为它辩解;在拉狄克同志的做法中我们发现一种倾向,他将国际局势的革命性表述得大大低于其实际情况,同时又将共产党应当在各国开展革命斗争的必要性估计过低。我没有时间着重分析国际局势,但是请允许我从革命发展的角度向你们简单谈谈巴尔干各国的形势。

巴尔干国家在这个意义上具有相当大的重要性。你们都很熟悉,世界大战就是在巴尔干爆发的。目前巴尔干各国的领土面积不比德国小,人口数量也不少于法国。另一方面,在这个区域内各帝国主义大国的利益交织在一起,而巴尔干各国的资产阶级上层统治集团的相互之间则不断地明争暗斗。在这些国家，国内局势也十分紧张，极不稳定，危机四伏，每一分钟都需要准备着发生可能让整个国际社会感到意外的事件。

同志们，几天前我在一家英国报纸《国家报》上读到对巴尔干国家之一的罗马尼亚局势的如下描述：

"关于阿韦雷斯库政变的消息准确不准确并不重要，有个事实始终是毋庸置疑的：**罗马尼亚的革命已经酝酿成熟**。该国政府不是别的，正是布勒蒂亚努家族的私人政府，**或迟或早它必将遭到人民奋起反抗**。罗马尼亚衰弱的原因之一是少数民族众多。从民族的观念看来，特兰西瓦尼亚具有尤其混杂的特征，很难断定哪一样稍好一些：是现今匈牙利人在罗马尼亚的统治之下的命运呢？还是昔日罗马尼亚处于匈牙利人桎梏之下的命运。"（1924年7月）

这是英国十足的和平主义者凯恩斯所办报纸对罗马尼亚局势所做的预测。南斯拉夫的情况也几乎一样。博什科维奇同志已经向你们谈到过这点了。在希腊，形势也很类似。阿尔巴尼亚爆发了起义。在保加利亚则是无政府状态，一片混乱，经济和政府方面普遍缺乏保障。白卫军大搞政府谋杀，掌权的法西斯主义和资本主义匪帮向全体人民——工人和农民宣布内战。农民们逃进森林，展开游击战；还存在着马其顿问题始终无法解决，这常常是巴尔干各国之间发生冲突的原因。

我们巴尔干各国的代表确认，就我们这些国家而言，国际局势仍然动荡不定，具有突变性，孕育着随时可能爆发的极为重大的后果。

从这点出发，我们完全赞同共产国际执行委员会所制定的路线，正是执委会在大力组织和领导各国的革命斗争。

连斯基（波兰）：

我要用俄语发言，因为我所会的德语比克拉耶夫斯基同志还要差劲。

同志们，季诺维也夫同志发言的主要一点就是对两个问题作了必要的澄清——全面地谈了统一战线问题；着重地谈了工农政府问题。

同志们，我认为根据季诺维也夫同志对两个问题的表述，欧洲各国革命的共产党可以凝聚、团结成一体，迎接它们所面临的战斗。劳动群众的要么准备进行斗争要么正在斗争的群众的统一战线，依靠无产阶级广大的基层群众组织的统一战线，加上作为专政大众化的工农政府——同志们，这就是两个最基本的口号，党可以用它们争取工人的大多数，工人阶级革命的大多数。

同志们，我们在西欧所看到的情况，我们在德国和法国党内所看到的情况，恰恰证明这两个党正在统一战线策略的基础上团结巩固。

同志们，我不准备谈德国共产党在选举期间所得的票数了。我只讲一讲法国的情况。拉狄克同志在一定程度上责备法国共产党，说它的选举结果不那么出色。当然，法国共产党为了赢得工人阶级的大多数还需要进行大量的工作。但是最近一次法国选举中我们所取得的成果证明，法国共产党在选举期间所运用的策略导致在这一争取大多数的过程中所赢得的法国群众，比欧洲十月事件期间在萨克森实验中犯错误的时候要多。

法国选举说明了什么呢？对这次选举的评价不应当仅仅从得票数量的角度出发，而且应当从其质量的角度出发。即便是数量——90万工人（整个巴黎都被我们的无产阶级共产主义复选代表的红线所围绕），即便这个数量也说明成就巨大。而且同志们。质量也不可忽视。法国共产党许多是法国工人运动历史上首次在无产阶级专政的口号下，在反对资产阶级民主幻想，反对资产阶级议会主义的口号下，走向群众。就是在这个基础上，在这些口号下，法国共产党在选举中获得了90万票。这与法国工人阶级的总数相比不算多，在这一点上拉狄克同志说得不错。但是，在这样一种竞选纲领的基础上所获得的90万票，成就是巨大的，真实可靠的，最主要的是，法国工人阶级的战斗先锋队能够迎接法国工人运动现今所面临的那些战斗。

同志们，如果说法国和德国共产党的情况是如此，那么关于波兰共产党就根本不能这样说，我现在就来谈谈它的情况。

波兰共产党中央的代表克拉耶夫斯基同志在这里向我们宣布，要我们相信波兰共产党已经纠正了自己的错误。同志们，我可以肯定地说，这并不是事实。第一，季诺维也夫同志提到了克拉科夫事件。诚然，在这一点上我同意克拉耶夫斯基同志的看法，克拉科夫事件不过是10月那些日子里我们在波兰所看到的那场革命运动高潮中的一个插曲。但是，克拉耶夫斯基同志忘记了说，十月事件期间并没有我们的波兰共产党；他忘记了说，波兰共产党在十月事件期间并没有作为一个独立的单位参与其事。这是波兰共产党中央委员主要的、根本性的错误。该党当了妥协分子的尾巴，当了社会叛徒波兰社会党的尾巴，却没有采取独立于资本主义的政治和组织方面的立场。克拉耶夫斯基为了替中央委员会辩护，指出了10月期间上西里西亚所发生的事件。同志们，上西里西亚的例外情况恰恰证明了公认的准则。我倒要问问克拉耶夫斯基同志：究竟是谁主导了上西里西亚事件——是那些赞同中央委员会及其行为的策略战线的同志呢，还是那些对中央委员会持批判态度和不赞同它的意见的同志？我倒要问问克拉耶夫斯基同志，主导上西里西亚事件的是当时在中央委员会中占据绝对优势的党的右派分子呢，还是上西里西亚有着左的思想倾向的分子？

同志们，第二个问题是关于责任的问题。不能逃避为所犯错误应承担的责任，不能像波兰共产党中央所做的那样，只是将这种责任推卸给基层的组织。所犯错误的责任应当由党的中央委员会承担。

不过，同志们，还是让我们来看看克拉耶夫斯基同志所谈到的纠正错误的情况吧。

克拉耶夫斯基同志对你们宣称，波兰共产党的三月中央全会决议已经纠正了所有这些错误。这并不确实，同志们。在主要问题上（工农政府问题和与社会妥协主义者的竞选联盟问题）这些错误至今也未得到中央委员会的纠正。就这两个最重要的问题而言，中央委员会依然停留在旧有的立场上。中央委员会在自己的一些决议中宣称，通过会议中的联合可以建立革命的联盟，工人和农民的革命联盟，通过什么样的议会组合？与谁组合？当然，在议会里可以与议会中无产阶级和农民阶级的那些社会妥协主义政党联合，议会中有这样的政党，它们在实质上比德国的社会民主党人更具有背叛性，更富于机会主义，更加反革命。同志们，这都是一些陈旧的幻想，陈旧的立场，这可以说是在策略的基本问题上将波兰无产阶级拉向后退。知道吗，对这样一种可能通过议会联合组成的政府，波兰党的中央委员会期待些什么呢？它所要期待的不是别的，就是没收所有的地主田产，武装起无产阶级，实现几乎宣布的无产阶级专政纲领。同志们，这可谓是在波兰工人阶级中散布幻想，仿佛那些反革命议会党派倒能在某种革命形势下真正实行无产阶级专政似的。我们要声明，这是不可能的，这些党派一定会暗中抵制这个纲领。现在中央委员会似乎预见到了这一点，它在最后还说：不过，如果通过议会联合组建的政府不实行无产阶级专政，那时候（只是在那时候）我们便会开始同它斗争，开始进行革命。这是典型的机会主义的陈腐态度。这实际上是在最糟糕的意义上重复萨克森实验的错误。

　　同志们，除此之外，三月决议所持的是容许与社会妥协主义者结成竞选联盟的观念，而不顾波兰的整个选举实践已经证明，我们从这种联盟中所失掉的比所赢得的更多。你们，尤其是德国共产党的同志们，可能都很了解共产党在日拉尔多夫独立自主进行的选举结果：由于共产党与社会叛徒们明确地划清界限，我们在日拉尔多夫国家杜马的选举中获得了大部分委任状。同志们，在这样对待统一战线策略基本问题的情况下，波兰事实上还存在着统一战线的老一套做法就不足为奇了。我只举一个人们议论纷纷的例子。3月份我们的同志在波兰资产阶级自由思想者代表大会上作为阶级派别发言。结果这个阶级派别获得了大会多数之后，为了维护与自由思想者的统一战线，不愿掌握协会理事会的权力，而是将其拱手让给自由思想者掌控。这些同志是从这样一种实际观点出发的：如果阶级成员进入理事会，自由思想者们就会退出协会。因此我们的这些负责同志便将这整个愚弄波兰工人的机关交到了资产阶级的自由思想者手中。

况且，共产国际第四次代表大会也都普遍反对我们的共产党员同志参加共济会分会，实际上波兰的资产阶级自由思想者也就是共济会会员，我们却还要坚持与他们结成统一战线。这就是3月里实行统一战线的一个事例——当时正值中央委员会通过决议，似乎是在纠正一直存在的错误。

接下来探讨季诺维也夫同志提到过的克鲁利科夫斯基同志。

我们并不想否定克鲁利科夫斯基同志在波兰当今革命运动中的功绩。我们非常了解他在议会发言的全部情况；我们都知道他必须在前所未有的困难条件下进行斗争。但是克鲁利科夫斯基同志赞成修改6个月兵役期并不是他个人的立场，而是中央委员会的立场。问题并不在于个人，而在于立场，中央委员会为此负责。而中央委员会在长达两个月期间内既未宣布将克鲁利科夫斯基同志撤销资格，也未宣布不同意他所采取的错误立场，只是在波兰工人和国外工人的压力下，经过德国共产党中央一再要求之后才这样做了。事情就是如此！克鲁利科夫斯基同志针对军国主义的修正并不是口误，并非事出偶然，也不是克鲁利科夫斯基同志失言，而是中央委委员会既定的路线。

议会的第二名议员兰楚茨基在克鲁利科夫斯基同志发言两个月之后，在他自己的发言中谈的并不是**撤销**暗探局，也不是清除军国主义，而是**限制**军国主义、警察和暗探局。这实质上与克鲁利科夫斯基同志的立场相似。

同志们，现在我转而谈谈波兰共产党中央对俄国和德国问题的态度问题。

波兰共产党中央的同志们改变了他们在这些问题上的立场，这很好。

诚然（季诺维也夫同志也已指出了这点），他们这样做已经迟了，但是迟做总比永远不做要好。不过同志们，问题在于当波兰共产党中央口头上似乎改变了自己的态度的时候，实际上它仍然实行的是在反对派与俄共中央之间、德国共产党左派多数之间以及共产国际的革命方针与国际机会主义之间见机行事的典型政策。这种见机行事的做法始终持续不断。我仅举一例。在我们波兰来的同志所举行的乌克兰代表会议上，一位波兰共产党中央的同志企图推行这种"见机行事"的政策。我可以引用波兰共产党各种正式的机关报刊的文章和一系列事例，证明中央委员会由于俄国共产党中央的多数派和共产国际内的革命派取得了胜利，迫不得已始终都一边放弃自己的立场，同时又搞见机行事那一套。波兰共产党中央的第二个不可饶恕的过错是，对俄国和德国问题避而不谈，这种刻意隐瞒是不能容忍的，对于一个地下党尤其如此，它本来就被截断了来自共产国际的信息源和时刻提供给其他合法分部使用的资料。这是典型的刻意隐瞒。至今仍未公布俄国和德国辩论方面的材料；至今该党仍未介绍有关德国共产党最近一次党代表大会的情况；至今该党还根本弄不清无论俄国还是德国的问题。这是极为典型的隐瞒行为，我们要在这里，从这个讲台上加以证实。

第三，应当指出的是对一些同志的压制，这些同志试图开展对于令整个第三国际不安的四个基本问题的讨论——即对德国和德国问题的讨论，这些同志还因为发表一份提纲而遭到惩罚，在提纲中我们提醒我们党的干部们关注中央委员会的同志在十月事件中、在德国和俄国问题上所犯的错误,结果我们被剥夺了担任负责工作的权利。

然而克拉耶夫斯基同志在这里的发言却证明了,他对俄国和德国问题的新立场是何等的虚伪。他一直在想方设法进行斗争,但并不是同各种右的倾向斗争,不是同党的中央委员会中始终推行这种政策的右翼斗争,而是同左翼分子,同明确地坚持第三国际观点的左派进行斗争。这怎么能自圆其说,怎么能说克拉耶夫斯基同志的态度是真诚的呢。他声称:我们将会与德国共产党的左派通力合作,并肩前行;但同时又声称:我们不会与我们党的左派进行合作,而是要同他们进行斗争。(克拉耶夫斯基在座中喊道:"我可没有说过这样的话!")

波共中央委员会始终在同波兰共产党的左派进行斗争。同志们,首先我从这个讲台上必须坚持地驳斥中央委员会对那四位同志所散布的流言蜚语,这些同志签署了一份作为正式汇报呈交共产国际的提纲。中央那些人肯定地说,似乎我们在农业和民族问题上坚持第二国际的观点。这是诽谤,我们所坚持的是第三国际的观点。我们曾就此在报刊上发表了原则性的声明,我们的声明也刊登了出来。我们并不是与波兰共产党第二次代表大会在民族和农业问题上的完全正确的立场作斗争,而是与波兰共产党中央委员会在实际处理这些问题时所发生的策略偏差和所犯的机会主义错误进行斗争。

中央委员会的同志肆意指责我们,说我们在共产国际的机关报刊上批评波兰共产党中央的策略。首先核对事实:我们起初是将提纲上报波兰共产党中央并交由党的机关报刊发表,只是后来该提纲已得到中央委员会的认证的时候,我们才将其投寄给了共产国际的兄弟报刊。我们不认为波兰问题是波兰共产党的内部事务。当我们在波兰共产党内部被封住嘴巴之后,我们才将这一问题提交给那些愿意为我们提供批评中央委员会的机会主义的篇幅的机关报刊。但是我要问中央委员会的同志们:

既然你们在共产国际和波兰党内散布关于臆造的我们在民族和农业问题上的立场的虚假消息，那么，为什么你们不给我们辩护的机会？为什么你们不给我们提供自己的机关报刊供我们进行答辩？为什么你们不给我们参加辩论的机会？为什么你们不给我们为自己的立场而斗争的机会？

同志们，我这就快讲完了。我认为克拉耶夫斯基同志的声明是虚伪的。

波兰共产党中央委员会在对待中央的右翼的态度上，表现了十足的意志薄弱。克拉耶夫斯基同志的发言证明，并不能保证波兰共产党中央真的会以革命的态度执行克拉耶夫斯基同志所说的新路线。

季诺维也夫同志说需要稍微纠正波兰共产党所犯的错误，他说得不对。不是"稍微"，而是应当彻底根除这些错误。应当在波兰党内打造健康的布尔什维克化的脊梁，如果这个党必须迎接现今在波兰和其他国家所面临的战斗，那就应当由革命的领导层来领导它。（掌声）

诺伊拉特（捷克斯洛伐克）：

亲爱的同志们！捷克斯洛伐克共产党代表团本身承认，季诺维也夫同志对捷共所作的批评，在许多问题上，同时在最本质的问题上，都是正确的。我来谈谈几篇无论在季诺维也夫同志的批评中还是整个讨论中都发挥了一定作用的文章。

宣言中所发表的意见毫无疑问是正确的：不应当过高估计类似的文章的作用，特别是当它们已经签发的时候；但也不应对这样的事实估计不足：这些文章出现在意义非常重大的时刻，它们刊登在党的中央机关报上，其后对它们都没有任何反对意见，不仅没有来自党中央的，而且没有来自党的领袖什麦拉尔同志的反对意见。

这些文章是在怎样的情况下写出来的，它们又有何意义呢？首先，我对此想要说的是，某些同志，其中大概也有什麦拉尔同志，都在以近乎下列的方式阐释在我看来乃是拉狄克和托洛茨基同志的观点：我们正在经历一个资本主义巩固的时期，它将延续相当长的时间。这就意味着，现在我们无须为重大的决定性的革命斗争做准备，我们倒应当将实际的日常工作放在第一位；这样，我们主要应该抓我们的组织的发展，与此同时要给予议会活动更多的关注。资本主义的巩固也导致了社会民主党的巩固。这就意味着，不仅需要在比迄今为止更大的程度上推进参政工作，同时也意味着不应当对迄今为止所理解的统一战线策略进行修改。特别是可以容许这样的思想：在资本主义和社会民主党的巩固时期，要与这个党实行各种不同的议会联合；而这就意味着，关于在议会制的基础上产生工人政府的思想也是可以容许的。

上述某些文章的产生就是这些看法的结果。这些文章中首先流露出一种担心，仿佛执行委员会关于德国问题、特别是关于统一战线问题和工人政府问题的决议，并未以很概括的形式确定共产国际的其余各分部的策略基础。

同志们，至于停顿，我觉得很难定出一个期限。我认真关注瓦尔加同志的报告，也读了他的小册子，可以说我完全相信当前我们正经历一个阶级矛盾和阶级斗争最为尖锐的时期，要说革命运动中的停顿，那只能极为相对。

我十分清楚，德国资产阶级是不会满足的，他们不可能满足于在反对德国工人阶级的斗争中已经取得的成绩，他们必定会继续斗争；工人阶级应当竭尽全力抵抗一切进攻。德国资产阶级将要采取的反对德国工人阶级的每一个步骤，他们所能取得的每一次胜利，都意味着各国的、首先是捷克斯洛伐克的资产阶级攻势的加剧。在我看来，这就是说，各个分部、主要是最重要的资本主义国家的分部，应该为决定性的大规模斗争进行准备。因此，正如德国党的指导提纲中所正确合理地指出的那样，共产党应当做好准备，以便在任何时候都能带领与它有联系的群众投入一场革命斗争。

自然，我也仔细听取了拉狄克同志的报告，但是却无法理解他力图虚构出的德国党的见解与实际所发生的情况之间的那种矛盾。共产国际的各国分部，首先是最重要的资本主义国家的分部，应当建设和组织成这样：不仅它们的领导人有愿望、而且整个党都有力量在时机有利的任何时候带领群众投入决定性的革命斗争。德国党完全可以自信，它现在已经做好准备，能够在任何时候带领自己的党员和在它影响下的群众投入这场斗争。我必须公开声明，而且我也认为，在这方面我们的代表团内并无分歧。而对捷克斯洛伐克共产党还不能说有这样的自信，捷共内部的组织还不够好，它还没有做好足以让它可以在本次代表大会上这样宣布的准备：说它已经打算在任何时候带领党和它影响下的群众投入决定性的革命斗争。

关于德国党，如果我们说，欧洲的革命斗争进程很大程度上是由德共好不好这一情况决定的，我认为并不算夸大其词。在欧洲的阶级斗争中，德共的特性和品质当然起着不仅是重大的、而且是第一位的作用。因此，让各分部对共产国际执行委员会关于德国问题的各项决议采取一定的立场便极为必要。这种立场首先应当是完全明确的。

如果共产国际关于德国问题的决议是不正确的，那么，共产国际这样做便损害了不仅是德国分部的、而且是共产国际所有分部的利益。因此需要问一问：共产国际关于德国问题的那些决议是否正确？这时候如果我们想要提供证据的话，就必须着手研究事实。有一些事实任何一个人都不能也无权加以忽略。

第一，同志们，最重要的、在我看来具有决定意义的事实是：德国党的领导人们善于在中央委员会和柏林之间恢复协调一致的关系和团结。其次，他们很注意防止党分化为一个个部分——汉堡部分、柏林部分、莱比锡部分；这样，他们就做到了布兰德勒的中央委员会无论如何也做不到的事情，尽管后者曾得到执行委员会所有的权威人士的暗中支持。这就意味着，现今我们是在与一个统一的团结一致的党打交道，看来它拥有足够的力量在未来的斗争中着手领导德国无产阶级。

第二，有关工厂委员会选举的数据资料，首先是议会选举的资料，都向任何一个只要不是蓄意装聋作哑的人证明了，德国共产党现在对广大群众具有异乎寻常的影响力，它已经变得更为强大、更有威信、更加举足轻重。

这就是说，执行委员会关于德国问题的那些决议挽救了德国党免于分裂，它们表明，德国党在决定性的时刻能够迅速恢复自身的力量，现在它已经可以宣称自己是一个强大的、内部巩固、团结一致的党了。既然明白了这一点（我得说，尚没有任何人公开地否定这点），既然认为共产国际的决议是正确的，那么，这个看法就应当清楚地讲出来。如果相反，认为这些决议不正确，那也必须公开地讲出来。

拉狄克同志在这里声称（在这一点上，我像代表大会的大概每一位代表一样，同意他的意见），德国共产党现今的中央委员的崩溃、覆灭，必定会对整个共产国际构成只能加以想象的极大危险。诚然，我不能理解拉狄克同志的逻辑，他在表达这一想法的同时，却又以最生硬的方式攻击中央委员会并试图对其加以动摇，而他刚刚自己说过，这种动摇会成为对于整个共产国际的打击。我必须完全开诚布公地说：每一个分部都有义务声明，它是否坚持（特别是在德国问题上）共产国际决议的观点。但最令人厌恶的，在某种意义上也最危险的，则是所谓的第三条道路。并没有第三种可能，要么我们赞成，要么反对共产国际的决议。如果有人企图创立甚至讨论一个公式，像什麦拉尔同志所做的那样，谈论80%赞成，20%怀疑，那么我要全然公开地说，这是一种不能容许、而且很不体面的公式，无论对捷克党而言还是对整个共产国际而言都是如此。

同志们，再略略谈一谈统一战线策略和工农政府。拉狄克同志说，如果我们不从完全真诚地对待拥护社会革命党的工人方面、从希望与他们共同进行斗争方面去理解统一战线策略，工人们就不会理解我们。我要问问拉狄克同志：对此作不同理解的那位同志在哪里呢？倒想同他认识认识。当然，共产党会深入到拥护社会民主党的群众中去，或者深入到工会的群众中去，对他们说：我们共产党真心诚意地希望同你们一道斗争。要是党接近这些群众，说：我们来找你们是为了揭露你们的领导人；我们来找你们，首先不是为了要和你们共同斗争，而是为了实施揭露的手段——那就会成为十足滑稽可笑的策略。我认为，还没有任何一个同志如此荒谬地理解统一战线策略的含义。我们会说：我们来到你们身边，是希望和你们一起斗争。每一次抗议行动结束的时候，都总是社会民主党的领导人再也不愿意斗争了。这就意味着，追随社会民主党的群众应当相信有一个希望斗争并且能够斗争的共产党，与此同时，群众的社会民主党领导人在某些场合也谈论斗争，可是在关键时刻却总是回避斗争。

现在谈谈工农政府。通常都说，似乎捷克斯洛伐克的情况是这样：反法西斯的政府一向离不开共产党。与此相反，我应当像下面这样说：是不是可以用问话来对此作出回答：马萨里克和贝奈什会下决心宁愿与法西斯主义结成最亲密的联盟，也不会同意进行那种能让共产党发挥影响的政府中的联合——难道我们现在不是已经生活在这样的时代吗？对我来说毋庸置疑的是，捷克斯洛伐克的斗争一旦尖锐化，贝奈什和马萨里克便会开始反对共产党人，与捷克阵营中所有的法西斯流派团结一致。不过，同志们，我仍然不认为这个口号不对。形成这种局势的可能性可以说很小。众所周知，这种局面已经出现过。拉狄克同志提醒我们注意，说可能出现这种情况：到时候捷克斯洛伐克共产党也许应该下决心提出工人政府的问题。这是什么意思呢？无论出现什么情况，事情只能以下列方式转变：一旦组成有共产党代表参加的工人政府，同一时间（倘若共产党还多少管点用的话）该党在政府中的代表就应当表明自己的共产党人的真面目。这就是说，所有的分部，尤其是我们分部，都会从萨克森教训中得出必要的结论。这样的工人政府在捷克斯洛伐克诞生之日，就是共产党及其领导的群众反对各资产阶级政党的不可调和的斗争立即爆发之时。这就是说，捷克斯洛伐克的共产党人加入工农政府，也与共产国际的其他分部一样，将会成为国内战争、夺权斗争、无产阶级专政的一个信号。

拉狄克同志在这里发挥了一通关于正式纪律与非正式纪律的独特的空洞议论，仿佛是在谈论对待纪律的两面派态度。同志们，我认为捷克斯洛伐克共产党内没有任何一个正直的工人能够理解这是什么玩意儿。在这方面只有一项纪律，只有一种纪律——将我们大家联系在一起、我们大家都有义务遵守的革命共产党的纪律。在本次代表大会的决议明文规定之后，毫无疑问，捷克斯洛伐克共产党的工人们就再也不会去寻思什么正式的、非正式的纪律；他们必将无条件地卓有成效地贯彻执行这些决议。

同志们，最后我想说一说：假如真的发生危机——同志们，我们非常希望发生巨大的危机，但我们希望它们不要发生在苏维埃俄罗斯。不过，同志们，万一在苏维埃俄罗斯发生这里所预计的危机，那么请相信，捷克斯洛伐克的工人们必将保证，在这样的危机期间共产党一定会团结得比以往任何时候都更加紧密，一定会紧跟共产国际，首先是紧紧追随俄国共产党。

佩珀（美国）：

同志们，我想以批评意见开始我的发言。我担心，代表大会多少会单方面地变成德国的、最多也不过是中欧的代表大会。它在很小的程度上才算得上正确进行的世界性代表大会。自然，这是正确的，同时也是不正确的。同志们，之所以正确是因为，德国问题的确是代表大会的主要问题。对整个共产国际而言，德国问题的解决过去和现在都是至关重要的问题。共产国际和德国党找到了正确的结论——坚决向左迈进。

但是，同志们，既然我们面临着其他一些更新的问题，这种单方面的倾向就是不正确的。德国的十月失败，英国工党的胜利，英国的工人政府，都使我们的迫切任务的重心从德国转移到了英国。季诺维也夫同志是完全正确的，他说，当前共产国际的新的突击任务与英国而不是与大陆密切相关。整个共产国际最紧迫、最重要的目标，就是在英国建立一个群众性的共产党。季诺维也夫同志，稍后还有布哈林同志，以及反对派的代表拉狄克同志，他们全都强调，一般说来我们所面临的只有两个重要问题。第一个问题是统一战线，第二问题是工人政府。但是就我们的辩论局限于大陆性质而言意味深长的是，我们，同志们，仅仅讨论了这两个问题的一个方面。

显而易见，我们对于同社会民主党的统一战线谈了很多。我们对工人政府实际上在萨克森是如何建立的也谈论了很多。然而我们却没谈论（这很典型）统一战线的一种和平主义的独特形式，它在某些国家里表现为关于工党①的问题，我们对关于英国工人政府的具体问题也重视不够。

关于工党的问题，是一个与统一战线有着联系的具有和平主义性质和高度独特的问题。这是统一战线的特殊形式，而且不应当忘记，这个问题并不唯独是英国的问题。我们面临着工党问题的不单是在英国，而且也在美国、加拿大、南非和澳大利亚。同志们，正如你们所见到的那

---

① 英国工党，英文名称"Labour Party"。俄文名称"Рабочая партия Англии；Английская лейбористская партия"。——译者注

样，所有各大洲目前都面临着工党这个基本的政治问题。所以同志们，我觉得我们无权忘记各大洲的这个根本性的中心问题——如果并未忘记，那也对它讨论得不够认真，或者被搁置一旁。统一战线的问题在这些国家，如果您愿意，也可以说在这些大洲，表现为一些十分特殊的形式。我们注意到，这个所谓统一战线问题在欧洲任何地方都没有像在欧洲之外这些国家那样，对共产党构成如此巨大的压力。在欧洲大陆我们看到，共产党都与社会民主党纷纷结成统一战线。但在组织上它们与此一点儿也不相干。工党的问题是一个完全不同的问题。英国、美国、加拿大、澳大利亚、南非等各国共产党都是工党的组成部分。因此，统一战线的思想在这些国家变得很过分，以致我们这些共产党人都成了非共产党的党员。同志们，这是一种独特的、与众不同的现象，对此应当进行了解，加以讨论，以便作出十分清楚明确的决定。自然，同时也不应忘记，我想特别强调这一点，工党实质上并不是欧洲大陆意义上名副其实的普通政党。这些联合体备受瞩目，其实，这些党就是一种联盟，各种各样的党派、工会和其他工人组织的联盟。这些党派并不像共产党和社会民主党那样，它们并不与单独的成员、一个个党员打交道，而是整个整个的组织、工会和其他工人联合组织作为成员加入其中。这是它们有别于欧洲大陆上所有的工人阶级知名政党的主要特点。

　　同志们，如果我们，如果共产国际想要明确地回答一个问题：这些工人政党中的共产党人应该做些什么，他们是否应当加入其中，是否应当留在其中——那么，就至少应当仔细分清几个主要的方面：这些工人政党是什么样的政党，它们是如何产生的。

　　自然，如果以为英国工党之类的政党之所以产生是因为英国、美国、加拿大、南非和澳大利亚都是盎格鲁-撒克逊国家，那就太可笑了。那就没有按照马克思主义的观点，将工人政党发展的理论建立在民族的特征之上。如果用纯正的马克思主义的方法分析这一问题，我们就应当确认，这些工人政党，亦即不是由单个的党员、而是由一些工人组织组成的政党，都形成于那些一定的历史条件使其出现成为必要和可能的国家。在那些工人阶级过于严重、过于深刻陷于分裂的国家。在那些工人贵族过早、过猛成长，从而在他们与无产阶级分子本身之间出现一道鸿沟的国家——在这些国家里我们可以看到，工会之上出现了由工人政党构成的上层建筑。

　　工人阶级政党的作用是什么呢？政党是一种能提出并代表工人阶级共同利益的力量。什么地方会出现这种政党呢？只有在那些具备一定的共同利益的地方。如果工人阶级是一个统一的整体（这在资本主义社会的范围内自然不可能），那就已经不需要政党了。工人阶级的团结还没有完全显现的地方，它的不同阶层彼此十分疏远，其利益的共同性还无法表示和保卫的地方，作为群众意志力表现的政党就不可能产生。在工人贵族的两个典型国家——英国，在一个很长时期内情况正是如此；而在美国这种情况一定程度上至今仍未消除。在那些无产阶级尚未感到自己是一个整体的国家，在那些工人贵族与无产阶级分子之间存在着一条鸿沟的国家——即便在这样的国家里，也仍然能看到一定的团结性，至少在各个集团之间是有的；如果说不是面对国家政权亦即作为特定阶级的团结的话，那也是在面对资本家的各个集团的时候。于是产生了工会。我说的并不是英国宪章运动时期，我说的是英国成为世界工业中心的新时代，我也不是在说美国昔日革命的"劳动骑士"时期，他们已经遭到失败并被消灭了。在英国和美国，政党产生之前工会即已开始发挥历史作用，欧洲国家则相反，那里首先登上舞台的是社会民主党。在德国、奥地利、匈牙利和俄罗斯，工会都是由政党建立的，与此同时，在英国和美国工会则在组织工人阶级的群众性政党方面表现出主动性。哪里的工人阶级早早地意识到自身的一致性——比帝国主义造就的工人贵族面世更早，哪里便会诞生组织工会的政党；哪里的无产阶级早早被工人贵族分割为一个个集团，哪里就不会产生群众性的政党。历史舞台上最先出现的是工会，这可以用来解释一个事实：在欧洲大陆上，无产阶级群众性政党的基础都是个体党员；而相反的是，在那些我们发现工人贵族成长最早的国家，工会则构成群众性政党的基础。我说的仅仅是群众性的政党，而不是说诸如英国和美国的社会民主党和共产党之类的小党。

在我看来，其中包含着将盎格鲁-撒克逊国家与欧洲大陆区别开来的一个基本的发展规律；在寻求工人阶级的真正切合实际的共产主义政策的途径时，应当考虑到这一点。

也可以十分确切地判定这些政党成立的历史时刻。在英国，是在国家政权首次真正开始威胁工会生存的时候，工会对这种威胁的回应就是建立群众性的政党。在美国，只是在战后由于资产阶级的进攻和强大的中央集权的国家政权反对工会，工人党才应运而生。无论在英国还是美国，这种群性政党的组织形式都不是个体成员资格，而是历史形成的工会。存在着工人党的所有国家都是工人贵族国家。英国存在着强大的世界上第一个工人贵族，马克思和恩格斯即已对其进行过分析。在美国，我们同样可以看到高度发达的工人贵族，供养着他们的是无产阶级群众，自56个国家引进的工人、从非洲贩来的黑人、租佃户群众。在南非，白人工人贵族依赖无熟练技术的有色人种工人群众，过着悠游自在的生活。在澳大利亚，行会工人贵族在劳动力市场上制造人为垄断，排斥所有的移民。

在所有这些国家，我们都可以看到工人阶级被分割为一些集团，因而便产生了作为无产阶级群众性政党历史基础的工会。

我们也不应当忘记所有这些国家中各种小的名副其实的党派的作用。在美国，与工会同时，在个人成员资格的基础上建立了一个小的政治组织——"独立工党"。这个党跻身工人运动，从而有助于减少群众性政党诞生的难度。独立工党的历史任务在美国则由我们的工人党①完成。当时不超过2万党员的独立工党领导了超过一百万党员的工党②的思想工作，而现在它以其5万党员仍然是拥有400万—500万党员的工党的领导者。在美国同样如此。"工人党"也有能力领导代表着不少于6万工人和赤贫农民的代表大会。

这样，我们便看到了两个合乎规律的现象：第一，工党的行程并不是盎格鲁-撒克逊的特点，它是由工人运动的结构和工人阶级与资产阶级、特别是与国家政权的关系历史性地决定的。第二个规律性可归结为，工党是在资产阶级打算以某种方式削减工人贵族的特权之时开始组建的。这便决定了共产党在各个工党中的作用。资产阶级在越大的程度上限制工人贵族的特权，共产党人对工党的影响可能越强大。

美国的情况仍然有其复杂化的特点。在那里我们第一次接触到这样的群众运动：它力求在目前建立工党，即不是以个体成员资格为基础而是以工会为基础的党。第二个特点则是：美国共产党人的主要任务可归结为让工人们抛弃那里现有的各资产阶级政党，那些金融资本、大资产阶级的党。正当此时，在德国、法国、意大利等国家，共产党人则在力求让工人群众脱离那些变节的工人政党，脱离社会民主党。在美国，甚至根本就没有为了自己的某种目的而将无产阶级组织起来的变节的群众性工人政党。这就构成了完全不同的政治基础，无法以欧洲的模式看待美国的条件。美国的第三个特点在于，工党运动实质上就是农场主工党③运动，它组织的既有工人、也有受剥削的佃户和农民。并不是我们共产党人造成了这种状况，这是历史地形成的事实，任何人，哪怕是国

---

① 原文为 Workers Party。——译者注
② 原文为 Labour Party。——译者注
③ 原文为 Farmer Labour Party。——译者注

家政权，都没有能力让工人脱离这些贫困的农场主，因为他们在长达10年之久期间一直齐心协力地进行斗争。

美国发展过程的第四个显著特点是，农场主工党中的运动与小资产阶级较富裕分子的群众运动交织在一起。这个杂乱无章的群众运动暂时还未发生分化。只有尖锐的阶级斗争未来的发展（国家政权已经对此予以关注）才会引起运动的分化。但是它现在尚未成为事实，共产党人在这方面的作用也只能是扮演预言者的角色，指出各个阶级的利益互不相同，无产阶级是唯一的革命阶级，领导作用应当归于无产阶级。

季诺维也夫同志说得对，美国的情况非常复杂，执行委员会经过长时间的动摇，才对美国问题做出了一个明确的决定。我希望这个决定能证实它是正确的。

共产党人在存在着工党的不同国家的策略应当归结为什么呢？我认为，列宁对英国共产党人所说的话是正确的："你们应当加入工党"，共产国际也做得对，它一再重申："你们加入工党。"共产国际在1926年6月致独立工党的那封著名的公开信中对这一点也讲得明确无误："应当加入工党，不过隶属于它不应表现为机械地利用它作为群众聚集的场所，借以保持与这些群众的联系；更应该将隶属于它这点作为让这些群众脱离工党大多数机会主义领导人影响的手段。"我们必须指出，我们的共产党，无论是美国的还是英国的，并不是一直都能够自觉地对待这一明确而正确的策略。首先可以看到有一个时期，两个共产党都说：看在上帝面上，我们不想参加工党。英国共产党人中出现了分裂，美国共产党人则在多年期间一直抗拒，只是费尽了九牛二虎之力才让他们解决了加入工党方面的这个问题。

如今我们看到的是下面一个发展阶段：不仅要加入工党，而且要不惜任何代价留在它里面，哪怕有牺牲共产党独立性和批评自由的危险也罢。这两种观点是危险的，与共产主义精神格格不入。必须加入工党并同时保持共产党的政治独立。不单是必须要求，而且必须表现出绝对的批评自由。此刻我并不打算批评我们的共产党。我已经在英国和美国委员会充分地做到了这一点，此刻就不必了。如果说在美国时我在某些问题上也曾出错，那么，在一个主要的决定性的问题上我是对的：作为美国共产党左翼的代表，我无论在何种情况下都一直捍卫批评的自由。我希望，在经历了种种冲突之后，现在甚至在美国党内也能充满完全同心同德的精神。

我想再简要地对英国进行一番探讨。为什么是英国呢？并不是我认为自己有批评英国的特殊权利，而是因为认真对待英国问题乃是整个代表大会的义务。季诺维也夫同志已经说过了，当前共产国际的首要任务就是分析问题，看看用何种方法可以在英国建成一个群众性的党。一些英国同志，还有鲁特·费舍同志，都谈到了这个问题。鲁特·费舍同志提出了两个问题。她问道：我们的同志是否应当中断与工党的联系？她自己对这个问题没有做出任何回答。她提出的第二个问题是：英国共产党人是否应当做反对派？她对这个问题做出了肯定回答，这是完全正确的。他们当然最终应当成为反对派。

墨菲同志说，我们不能退出工党，因为这无异于我们退出工人运动。现在这种情况已经有了可能，即共产党的每个党员都留在工党之内，尽管如此，共产党本身却留在工党之外。如果工会通过决议，说会员必须是工党党员，那么同志们就应当留在原地。但是共产党作为这样一种政党，却无须一定要加入工党。这应历史主义地予以决定。今天我表示赞成加入，可是明天不单是我，而且整个共产国际都会反对加入。如果我们以为工党就是工人阶级，那便是一个可怕的错误。并非如此。这样的时刻终将到来：届时我们会退出工党，共产党会推出自己的候选人与工党的候选人分庭抗礼，尽管如此，它仍将留在工人阶级之内。彼得罗夫斯基同志说，我们在任何情况下都不应该退出工党。为什么呢？

因为群众已经丧失了对工党和工党政府的信任。同志们，首先这是不真实的。请问一问英国同志们，读一读英国报纸吧——他们会告诉您，反过来才是真的。工人群众对英国工党的信任正不断增长。这对我们来说很不愉快，但确乎是这样。如果共产党能表现出更多的活力（它正处于十分艰难的境地），到时候这种信任倒会有所减少。然而我们所面对的事实却是：群众依旧对工党满怀信任。如果说有一些工人不喜欢右派麦克唐纳的话，那么他们却喜欢"左派"惠特利。如果彼得罗夫斯基同志说得对，群众已失去对工党的信任，那么我们完全可以中断我们同它的联系。然而共产党人应当留在工党之内的原因恰恰是群众依旧信任工党。

为什么群众仍然信任工党呢？我认为，这可以用三个原因加以解释。第一个原因：工党为他们争得了一些小小的让步，但这些让步在工人们的日常生活中很有意义。例如，斯图尔特同志曾对我说，失业者已经不必央求三个机关去领取微薄的补助金了，他们只需去找一个机关即可。还能举出英国报刊披露过的数十种这类微不足道的细节。第二个原因是，工人群众都说："工党政府是在服务，而不是掌权。"这也是确实的——它在议会中没有多数，自由党人对它占有优势。工人群众说：麦克唐纳和惠特利无法做到更多的事情，因为我们还没有议会中的多数。第三个原因则是，我们尚未能将共产主义思想——无产阶级革命的思想移植到英国本土。

这样，我们应当做些什么呢？我认为，对于鲁特·费舍同志提出而未作答的第一个问题，（喊叫声："但是在英国已经对它作出回答了。"）应该说，共产党人必须留在工党之内。对第二个问题——英国共产党人是否应当转而充当反对派，我必须同鲁特·费舍同志一起给予肯定的回答。对此英国同志们会说：可是我们不是已经持反对立场了吗？英国的同志们，我恐怕，我们并没有充分地持反对立场。共产党向工党政府发出的第一份宣言的内容只不过是，同志们表达了自己的好感、自己的声援。一句话的批评也没有。随后他们又称赞惠特利的那个连资本家都同意的建设纲领。我认为这是不对的，所以我觉得我们的英国同志不善于在他们与无产阶级眼中的工党政府之间设置一道真正的隔离墙。

我要以下列方式表述我所推荐的策略：仅仅在组织上与工党（Labour Party）发生联系；我担心我们的同志某种程度上在思想方面也与工党融为一体。彼得罗夫斯基同志说并不是这样，如果说在凯尔温罗夫提出了一位共产党人作为工党的候选人，所以共产主义的纲领和对工党的批评无法公之于众的话，那么在我们党的曼彻斯特代表会议上则对工党进行了尖锐的批评。然而，可惜并不非得如此。这不仅是我的意见，而且也是格拉斯哥英国共产党人机关的意见。有人指责曼彻斯特共产党代表会议的批评招致了凯尔温罗夫工党候选人的失败，《工人》报以下列方式对此进行辩解："可是不见得我们在曼彻斯特会议上的整个批评都超过了凯尔温罗夫选举期间克莱德集团真正的议员进行批评的界限。"

可见，英国共产党人自己都证实，我们的代表大会并没有说过比工党左翼所谓的克莱德集团更多的话。这根本不能证明我们在工党中居于反对派地位。（主席打铃）

那么，我就结束。我本想再发表一些批评意见，但是现在不提了，因为没有时间了。我同意，批评英国和美国的同志非常容易。但要全面理解他们所面临的问题却很困难，所以我觉得，第五次代表大会的主要任务，或者像季诺维也夫同志所说的那样，突出性任务——就是理解我们的英国、澳大利亚、南非、加拿大和美国的同志们的处境。应当对工党策略的基础进行讨论和分析。应当提出具体的建议，而不仅仅是批评。同志们，这里有人说需要组建一个世界共产党。我觉得这是对的——可是如何组建呢？可以用强化的、外延的方法建立这个共产党。所谓强化的方法，就是让现有的各党布尔什维克化，将它们紧密联合成一个真正的世界性的党。所谓外延的方法则是为共产国际争得一些新的大洲。

我们还没有学会讲英语,我们还没有学会透彻理解各大洲的问题。我认为,第五次代表大会的任务就是为世界各大洲布尔什维克化的工作奠定基础。

(大会于下午3时45分休会)

第十一次会议

(1924年6月24日,星期二)

主席:台尔曼

讨论季诺维也夫和瓦尔加的报告(续)

台尔曼(主席):

同志们,会议开始。主席团提议明天也继续进行讨论,并授权主席团于明天结束讨论。对此有反对意见吗?——没有反对意见,提议获得通过。

星期四早上季诺维也夫同志将致闭幕词,然后上午或下午我们要听取关于纲领的报告。星期五大会将在大剧院举行,听取李可夫同志关于苏联经济状况和俄共辩论结果的报告。

特拉奇尼(意大利):

我建议让博尔迪加到来之后于季诺维也夫同志致闭幕词之前发言。

台尔曼(主席):

主席团当然同意。

现在让我们开始辩论。由邓恩同志发言。请各位发言的人遵守发言时限,因为登记发言的人多达26名。

邓恩（美国）：

　　季诺维也夫同志在他的报告中对美国党非常温和，我想，这并不是因为美国党没有犯错误，而是因为那些错误已经得到了纠正。

　　美国共产党是在世界最富有的资本主义国家里开展工作。这个党是由 17 个讲另外一种语言的联合会组成，其中有将近 2000 名母语为英语的党员。党所犯的错误，很大程度上原因都在于其组成人员多种多样，对于类似的党而言，在美国这样的国家中实施机动颇为困难。美国的工人阶级缺乏革命传统。美国从来没有群众性的无产阶级革命政党。美国社会党正值力量盛极一时之际，它所推出的总统候选人德布兹却仅获 90 万选票，党提出的是一个对大工业企业实行国有化之类的纯属改良主义的纲领。不时有人进行建立群众性的政党的尝试，但时至今日这些尝试均遭到失败。美国党从一开始便招致美国资产阶级强烈的敌意，将近 3 年处于不合法地位。它只是从 1922 年中期起才公开地进行活动。

　　佩珀同志在他今天的发言中向你们介绍了一些美国的经济和政治状况，虽然有些地方我并不完全同意他的看法，但总体说来他所作的描述是正确的。在美国，无须像欧洲的一些党那样要让群众脱离社会民主党的领导人和组织。美国社会党已经消亡，只不过残留下一小撮领导人，他们现在死心塌地待在龚帕斯的阵营里。除了美国共产党外，美国再也没有对美国广大工人群众多少具备影响力并坚持社会革命主张的政党；我们在经济和政治方面的方式方法很大程度上都基于对上述事实的考虑。我们在美国没有遇到足以阻碍与小资产阶级某些底层结成统一战线的任何危险，在有些情况下还能同官方的工会领导人结成统一战线，因为在美国并没有足以与共产党竞争的、在工人群众中享有如此之高声誉的领导人。美国工人阶级向来都支持、现在仍然支持美国的资产阶级政党——美国资本主义的两大政党——共和党和民主党。

　　美国共产党的任务就是使由产业工人和被剥削的农民组成的一方与

由这些资产阶级政党组成的另一方之间产生分裂；在我们为了建立美国农工党而采用的种种手段之中，这就是我们的目的和运用这类手段的唯一理由。在看待这个工农党的基础的观点方面，美国党内现在有抑或曾经有过分歧。我所代表的党内多数派希望将已经组织起来和尚未组织起来的产业工人作为农工运动的基础，这就成了两派分歧的核心：党的少数派过高估计了农业因素的重要性，结果在第三次代表大会上（1923年7月）我们中断了与在有组织的产业工人中具有相当重大意义和影响的官方工人运动的最后联系，这次代表大会导致联邦农工党的建立，它是处于共产党人监控之下的一个组织。佩珀同志今天上午在这里说，他代表美国党的左翼。我说，这并不确切。在我看来，力图将农业无产阶级而不是工业无产阶级作为群众性政党的基础这种做法所反映出来的并不是左倾，而是机会主义。现在美国党完全服从共产国际。党的中央委员会接受并贯彻执行执委会关于美国问题的决议。

1924年下半年期间，美国工业生活中将会出现巨大的危机。一切情况都表明，明年1月前500—600万美国无产阶级将遭遇失业。工厂一个接着一个停产，工业企业以几何级数的速度纷纷关闭。瓦尔加同志在他的报告中提到，似乎佩珀同志是唯一对这种形势有着预感的美国党党员。我要告诉瓦尔加同志，他说得不对。工人党所有的中央委员都知道危机正在临近，并进行了表述；不过我们同样知道，危机进展的速度并不像佩珀同志所想象的那样快，所以在今年1月的最近这次党代表大会上，我们否决了佩珀派认为党应当全力投入组织失业者的运动的决议。然而一旦情况需要，党也准备利用因危机而日益迫近的失业现象。

不过，美国党所面临的不仅仅是这一任务。当前我们的任务是，将所有的工人和所有被剥削的农民阶层的劳动分子、我们所能吸引的所有的人联合成为一个群众性的工农政党。不过，同志们，问题在于对美国当前危机的程度估计过高。你们在公报中已读到过的圣保罗会议，并未导致建立一个工人和农民的群众性的政党,只不过让共产党的同情者的范围有所扩大。出席圣保罗会议的大部分是破产农民的代表。至今我们都无法扩大在工会中的共产党力量,将产业工人广大群众吸引到这一工农运动中来——这个运动对美国的政治生活仍将仅仅具有不大的影响力。

美国政治史上极为恶劣的蒂波-多姆丑闻尽管在农村居民中引发了相当大的不满,却很少让工业中心感到不安。目前美国工人阶级的劳动条件太好、吃得太好、工资太高、穿得太好,革命的事对他们还不可思议,所以,同志们,我们作为共产国际一个支部的负责的领导人,在拟定自己的方式方法时应当考虑到现实。

在美国南边的拉丁美洲,有110余万居民操西班牙语。这是美国帝国主义的后方。墨西哥和南美洲在很大程度上弥补了在德国和其他欧洲国家失去的市场。这些拉丁民族对美帝国主义的援助持敌对态度,美国共产党有责任将拉丁美洲这些国家的人民特别是工人阶级组织起来,投入反对美帝国主义的奴役计划的斗争。目前50名美国军官正在训练巴西军队,为巴西与阿根廷之间的战争做准备,因此唤醒拉丁美洲群众,促使他们在美国和南美洲共产党的领导下团结起来,动员他们投入反对美帝国主义的斗争,动摇帝国主义制度的基础,便是美国党所面临的应当加以完成的最重要的任务之一。

接下来谈工会问题。世界上最反动的一些领导人领导着美国400万有组织的工人。龚帕斯这伙官僚对美国共产党、共产国际和工人运动中较为激进的各种思潮的攻击,比资产阶级本身的许多阶层都更为猛烈。在需要保卫美国资本家和美国资本主义制度时,这批工会官僚总是走在最前列。他们既在国内也在国外为美帝国主义而斗争。削弱这些官僚在美国工人群众性组织中的影响力,扩大工会组织以吸引2000万美国无产阶级,在共产党领导下增强这千百万人的政治自觉性——这是美国共产党当前最为重要的任务。

不像在欧洲各国，美国并没有同情和追随社会党的组织起来了的工人的广阔阶层。那里没有在共产党人为一方、反动分子和官僚为另一方的彼此之间发挥缓冲器作用的社会主义集团。在美国所进行的是直截了当的斗争。这是一场共产党人及其同情者反对整个美国资产阶级的斗争。

美国有1000万—1200万黑人。他们大部分人都在工业和农业的企业中工作。这是美国最受剥削的工人。他们种族的领袖大多是一些低贱的奴颜婢膝的人，因而他们无论在选举中还是其他各方面都支持美国资产阶级所安插的代理人。千千万万这类黑人劳工最近两三年间被迫离开农业地区，转入工业劳动，从而与白人进行竞争。同志们，这也是美国工人运动中的一个严重的问题。而且还有两三百万农民无法靠土地养活自己，现在也在工业部门干活，与产业工人进行竞争，所以，同志们，美国资本家禁止欧洲移民进入美国，你们也就不会感到奇怪了。他们不需要欧洲移民，认为可以将千百万农村居民"工业化"。美国的农村阶层正在失去自身经济和政治因素的意义，这就是我认为美国党不应当把自己的行动建立在主张工农运动、工人与农民——农村无产阶级之间的统一战线基础之上的原因。美国党还不是一个群众性的党，但是已经正在朝这样的党转变；它团结一致，齐心协力追随自己的领导人，明白它所面临的问题，最近两年来获得了丰富的经验，积累了在美国阶级斗争这样的困难环境中随机应变的大量技术性的技能技巧。美国党懂得，美国资产阶级乃是世界资本主义的最后支柱。它知道美国是最强大的资本主义国家，明白在美国资产阶级及其政权未被推翻并由无产阶级专政所代替的时候，世界资本主义是不可能被战胜的，美国共产主义的工人党正在争取达到这一目的。在共产国际坚强和灵活的领导之下，它一定会在本次和最近将来的一次代表大会之间做出较之此前5年大得多的成绩。

同志们，我再讲几点对这里所谈到的一些事情的意见。首先谈谈英国共产党。（斯图尔特从座中说道："是不列颠共产党！"）英国共产党，（斯图尔特从座中说道："是不列颠共产党！"）好极了，苏格兰同志坚持说成不列颠共产党……不列颠共产党在这里因为人数少受到批评，英国同志们感到很委屈。我发现，当季诺维也夫同志提到英国有着小党传统这一事实时，不列颠代表团颇为得意。看来，英国同志们认为，既然他们有一个小党，那么这本身就证明他们是在沿着历史发展的路线前进；似乎，如若他们是一个大党，那么这本身就证明他们犯了错误。美国共产党像共产国际其他任何一个党一样，对不列颠共产党的平安顺遂感到关切。美国工人阶级主要是受到不列颠无产阶级榜样的鼓舞。英国工党的发展对我们的工人运动的迅速成长产生了巨大的推动作用，不列颠共产党影响力的增长同样对美国共产党起到了很大的推动作用。因此美国共产党认为，不列颠党需要强化组织运动，在加强党本身的同时加强政治宣传。我们有一位美国同志在英国度过了几个月，参加了数十次共产党的群众大会，他对我讲过，发言的那些人十分生动地谈论苏维埃俄罗斯的成就，谈论共产国际、列宁和托洛茨基，但是他一次也不曾听到过提及不列颠共产党。同志们，一个机智风趣的法国人曾经说过，英国人举行朝着特拉法尔加街心花园进发的游行，为的是摆脱自己的坏心情，而不是要摆脱本国的暴君。我不认为这种掺杂使假的共产主义、这类抽象的宣传能够建成不列颠共产党。我认为，在群众大会上具体地阐明共产主义的原理会是一种有效得多的方法。

我手上有一份美国代表团关于季诺维也夫同志的报告的声明，我把它交给主席，因为我的时间已经用完了。

沙森（法国）：

同志们，我以青年共产国际尤其是法国共青团的名义，首先想要强调的是，我们完全同意季诺维也夫同志的报告。我们特别拥护季诺维也夫同志关于法国共产党的发展和未来所说的那一番话。

法国的形势，即便不是展现了直接革命的前景，也仍然不像拉狄克同志在发言中所作的描绘。无论如何，发展的前景要广阔得多。

毫无疑问，左倾集团采纳专家们的计划，将会给法国工人阶级带来新的灾难，同时也造成巨大的失望，还有可能使得法国大资产阶级试图重新掌权，我们应当做好准备。我们必须成为群众性的政党，将法国的劳动者团结起来。

同志们，为此法国党内便需要有一个坚强的布尔什维主义的核心。季诺维也夫同志说，法国党内已经有了一个左派，执行委员会支持这个左翼。党内我们许多人都同意共产国际的各种观点，所以我们声明，我们准备与这个左派同心同德地开展工作，以便像季诺维也夫同志所说的那样，让整个法国党成为左派政党，在党内形成一个坚强的布尔什维主义的核心，能够带领全党投入未来的战斗。（掌声）

其实，与拉狄克同志在这里所说的相反，我们党已经提供了自身具有生命力的大量证据。现在我仅仅举出其中的两例。首先我要指出，竞选运动期间试行工农联盟形式的统一战线之后，一般工人，尤其是社会党党员，都投入共产主义队伍的潮流。我们现在正在收获这一尝试的成果：许多工人加入了我们党，而这就证明了党的活力。

拉狄克同志指责我们，说我们未能在鲁尔被占领之际动员广大群众走上巴黎街头表示抗议。我们不可能这样做。可是我们在占领军队伍中开展了宣传鼓动工作——这种宣传鼓动在许多情况下都导致法国士兵与德国工人之间的和好，对法国资产阶级发出了警告。我们认为，这足以相当于工人们在巴黎街头示威游行。

同志们，现在我想谈一谈兄弟的意大利党。大会上也已清楚地显示出不怎么乐意与极左的错误进行斗争的严重的右的倾向。然而我们认为，这种斗争对意大利而言是必不可少的。和在法国一样，在意大利绝对需要立即创建一个群众性的党。现在在意大利可以看到比法国更多的工人阶级的觉醒。先是选举，然后是议员马泰奥蒂被法西斯分子杀害后所发生的罢工，都表明意大利工人阶级准备反对法西斯分子。共产党应当对工人阶级进行引导，否则他们会跟着改良主义者走。

现在意大利共产党是否已经在这样做呢？我们并不这样认为，而且在党内的派别斗争仍然以目前的形式继续下去的时候，我们认为要那样做是不可能的。

我们听到了意大利共产党两派代表在这里的发言。他们对我们讲了一些什么呢？他们在寻找统一战线策略与无产阶级专政之间的语文学上的区别。我们并不认为这里与语文学有何干系。所涉及的纯粹全是另外的问题，问题在于要让意大利党进一步深入群众。这些争论及其所表现的形式无可争辩地证明了，在当前的情况下意大利党距离完成它的任务还非常遥远。

我们认为，在意大利党的各种派别中一定会有一些能够接受共产国际全部决定的同志，这些同志应当组成一个对党进行领导的牢固的集团。

我们的意见是，反对博尔迪加同志极左倾向的最佳斗争方式在于，首先要反对意大利党的右倾议会集团——格拉齐亚德伊和邦巴奇的修正主义思潮。但是我们也认为，无论对于博尔迪加同志的罗马提纲中所包含的错误也好，对于他目前对待共产国际的态度也好，任何一个兄弟党都不可能不闻不问。我们认为，与这个极左派进行斗争是绝对必要的，不过它并不是行动上的极左，只是持有唯理论的反对立场，这种反对根本上是错误的。

现在，同志们，我想谈一谈我们各个党的共同任务。在这方面我们也完全赞同季诺维也夫同志的意见，有4个主要任务：在生产第一线党支部的基础上改组各党，在工会中进行宣传，在农民中开展工作，在少数民族和殖民地中开展工作。

我们尤其着重生产第一线的党支部，因为它们乃是各党国际活动的领域之一，其中青年发挥着巨大作用。在本年度内就绝对需要实现共产国际在生产第一线党支部的基础上的重组——有几个原因必须这样做：首先是因为还有一些宗派主义的党，可以说，这些党尚未深深扎根于无产阶级大众之中，它们还不是工人占大多数的党。在工厂的共产党支部基础上进行改组必将改变各党的人员组成，从而保证他们与工人建立真正的联系。在每一种革命形势下，我们的以生产部门共产党支部为基础的新结构，都足以使得各个共产党将斗争的主动性和领导权真正掌握在自己手中。

对于上述4项活动，我们还想补充第5项：在军队中的工作。

瓦尔加同志的报告表明，帝国主义竞争的发展丝毫也未停止，相反，不同帝国主义之间的斗争、法国和英国帝国主义之间的斗争正变得越来越尖锐，以从未采取过的形式在进行。军备迄未停止，在这种情况下绝对需要共产党在军队中着手真正的革命工作。

同志们，关于这点在共产国际中并非首次谈及。在海牙会议前列宁同志即曾在对布尔什维克代表团的指示中写道：绝对需要在军队中开展工作。

我们的看法是，没有军队中的深入工作，就不可能有真正的布尔什维克党。什麦拉尔同志自己也承认这是实情。当捷克斯洛伐克党被指责为不是真正的布尔什维克党的时候，他觉得最好的辩解方法之一便是表明该党曾在军队中开展工作并且取得了成功。

我们应当告诉他，青年共产国际对捷克斯洛伐克党在军队中所做的工作并不那么满意，因为除了竞选运动外，在捷克斯洛伐克士兵中没有散发过任何一种小册子；我们的捷克党同志长期阻挠青年们从事真正反对军国主义的工作；捷克斯洛伐克军队中连一个支部也没有。不过我们认为，在其他许多党内情况也是如此。

继法国党之后，应当开展最强有力的反军国主义工作的党是英国共产党，因为像法国拥有最强大的陆军一样，英国拥有最强大的海军，英国党尚未在海军中开展革命的宣传鼓动工作——如果已经开展的话，那也是在不久之前。同时尽人皆知，在军纪比陆军士兵严格得多的水兵们当中开展工作要容易得多。无论如何，直至最近期间青年们敦促英国党着手在水兵中的工作之时，我们的英国同志依然对在海军中的工作毫无作为。

我们的巴尔干同志们在保加利亚起义期间所遭受的沉痛教训证明，在军队中开展工作是一件绝对必不可少的事情。去年9月保加利亚的工人和农民试图夺取政权的时候，他们遭到了整个军队的反抗。除个别的情况之外，到处的军队都反对他们。他们先前也进行了某些宣传，但是当决定性的关头到来之际，却并未能利用这一点。我们一定要确保所有的党都开展反军国主义的宣传，不能满足于表面的反军国主义工作，而要在军队中开展真正的革命工作。

共产国际在其第四次代表大会上、青年国际在第三次代表大会上，都已经发出了这方面的指示。遗憾的是，这些指示至今仅有很少几个党付诸实施，甚至可以说，几乎没有一个党真正执行。依据士兵们的直接需求，完全有必要以共产主义思想灌输军队。我们说"士兵们的直接需求"之时，绝不是想以此恐吓我们的左派同志，他们不应该从中看到机会主义倾向。当我们说应当支持士兵们的直接要求时，这并不意味着仅仅应当通过议会途径支持他们的这些要求；应当维护士兵的需求，向他们表明，他们也像工人一样有斗争的目标；这将增强他们的阶级觉悟，在日常工作中将军队与工人阶级更加紧密地联结起来。

同志们，我们认为，这对于共产国际所有的党而言都是一项十分重要的任务，不应当再加以忽视了。

最后我想说，我们希望今年就在共产国际的各党内建立起坚强的核心，以帮助我们避免各种新的机会主义倾向。我们希望各党都能在生产第一线党支部的基础上进行改组，我们将会在整个共产国际内着手军队中真正的工作，尤其是在法国，我们要能针对法帝国主义建成一个强大的布尔什维主义的党。（暴风雨般的掌声）

蔡特金（德国）：

（受到暴风雨般的鼓掌欢迎）

同志们，在我们以批判的目光回顾过去的时候，我们这样做的目的是从中为未来发起勇猛的进攻寻求启示。我们大家都希望加快革命进程，而不是坐着等待其到来。在当前的形势下，德国共产党的十月退却和统一战线策略自然在我们的辩论中发挥着重要的作用。它们相互联系，无论德国无产阶级先锋队的十月失败还是统一战线的策略，全都是国际秩序的表现。

我们在这里已经了解到德国共产党代表团大多数人对于十月失败及其原因的看法。我毫不犹豫地将这种看法归结为真相与虚构的混合，热烈幻想与派性的片面性相结合的产物。结果，过去被描绘成一幅讽刺漫画，现在却是美妙无比的景象。我不想埋怨也不想指责，我欢迎这种不同意见的斗争，因为"意见的冲突会产生真相"，运用于现有情况下就是产生对于我们大家的政治性教训。

有些人断言，仿佛十月失败乃是德国党自1921年以来所执行的小资产阶级机会主义错误政策不可避免的结果，这种政策导致取消共产党作为领导阶级的革命党的作用，同时导致否定党的独立性及其存在的历史权利。这种观点的拥护者们认为，这一政策有着进一步将共产党变作社会民主党的十足附庸的危险，也许还会让其有如独立党人那样消融于后者之中。这种看法是借助于大量引用文章、决议之类而形成的,摘录引文时采取的是法国警察部长的著名手法:"只要你将一个人所写的5行文字交到我手里,我就保证能把他给你绞死"。采用这种办法,我同样能认定多数派现今领导人们大量的各种倾向,不仅有左的倾向,而且有右的倾向。此类倾向在这种人身上也不难找到:他们现在正在肯定地说,共产党由于近年来所执行的荒谬的机会主义政策,一度成了德国社会民主党的应声虫。

种种事实却与此相反。我举其中数例。此种杜撰的机会主义政策被说成是布兰德勒和拉狄克的产物。然而这个备受责骂的政策的创始者中,拉狄克直至为时不久之前的一个时期都属于德国左派最热心的支持者。无论在道德和政治层面,他都是左派最可靠的支柱。"他备受敬重"。在我看来,拉狄克是对的,他认为德国党只有在这种情况下才能发挥积极有效的作用,即如果柏林、汉堡等地持有相当左的思想倾向的革命群众以明确无误的相互理解与整个党建立起密切联系的话。以柏林和汉堡为一方,以中央委员会和党内多数派为另一方,双方之间的分歧是一个致命的错误,所以执行委员会力求将其消除。有些人还断言布兰德勒同志自1921年以来便一直有意识、有计划地执行上述政策。然而,布兰德勒同志可是在1922年秋才返回到柏林。

还有一个事实也与这种论断相矛盾。中央委员会向来真诚地力求让自身的政策与共产国际历次世界代表大会的决议、决定和执行委员会的观点、指示忠实地保持一致。正因为如此,其政策直至十月失败之前都得到执行委员会的首肯和支持。假如以旧有的中央委员会为首的德国党犯了罪(我是有意识地使用这个字眼,因为我认为,如果上述政策确实执行了,那就意味着犯罪),那么在这种情况下,执行委员会也应该坐到被告席上。因为它年复一年充当犯罪的同谋者,迄今未反对如此致命的政策。而谁又看见了这些年来德国左派在对掩护布兰德勒和拉狄克的政策的"小资产阶级的""机会主义的"执行委员会进行公开的无情斗争呢？诚然，这里所提出的非难是轻微的，针对执行委员会表达了轻微的指责，说它在这个问题上所采取的行动不够迅速和有力。但是这种轻率的指责使我想起了歌德类似的诗句：

> 如此高贵的夫人非常和蔼可亲，
> 竟然仁慈地与机会主义的
> 魔鬼本人攀谈。

依我之见，如若所执行的政策确实将党导致了毁灭，那就应当立即直截了当地以最大的坦诚和力度对作为同案犯的执行委员会展开斗争。对于它，比对于任何一个尚未经受过长期考验的党，本来就可以要求具有更大的洞察力、更多的先见之明和大得多的精力。

我还要举出另一个事实：这里有些人硬说布兰德勒同志故意选择萨克森作为预定的猛烈进攻的场所，以实行其对党有害的改良主义的统一战线策略，在那里，具有共产主义精神的群众已经大大受到这种政策的感染，其目的在于，这样便可以通过工人政府的形式将先前种种严重的倾向付诸合乎逻辑的实现。我并不否认，布兰德勒同志赋予萨克森事件以巨大的作用和意义，然而这并不是因为他认为当地共产主义的群众感染上了社会民主主义，恰恰相反——他错误地认为，萨克森具有社会民主主义倾向的群众由于我们的工作已经颇为成熟，将会同我们一道投入战斗。对他产生决定性作用的是对于群众的估计，而不是对于社会民主党那些所谓"左派"领导人的期望。我还要补充一句，我同样认为这种意见是错误的，即似乎"红色萨克森"、"红色图林根"或者"红色中部德国"可以单独决定无产阶级革命的命运并建造抑或展现一个革命的德国。没有诸如柏林、汉堡、整个沿海地带、鲁尔区、西里西亚之类的地区，革命的德国是不可思议。不过，促使选择萨克森作为无产阶级夺取政权的出发点，除了对它的估计过高之外，还有另一个原因。

当时的情况如何呢？纷纷传说，11月9日法西斯分子准备在柏林建立帝制。为此目的，梅克伦堡、波美拉尼亚和东普鲁士的法西斯队伍必须与南方的队伍会合。都说，那些人倚仗军事力量不仅会使柏林的无产阶级遭受流血的失败，而且会用饥饿的办法让他们屈服。当时只要在萨克森和图林根拦截住自南方逼近的法西斯分子，就可以阻止其实现这一计划。无论萨克森事件对于促成建立无产阶级专政这一所期望的目标的作用如何微不足道，在有一点上对它是不能否定的：它大大有助于让法西斯分子11月9日的进攻变作了一场可笑的希特勒式的慕尼黑闹剧。通过革命动员而发动起来的无产阶级的萨克森，在阻止法西斯分子向中部德国进发和结集一事上发挥了自己的作用。

（德国代表团座中发出欢呼声）

同志们，归根结底我坚决否认我们在10月所遭遇的严重失败是一贯执行改良主义的社会民主党政策的过错。我也不同意季诺维也夫同志的说法，他认为倒霉的萨克森政府实验在此事上产生了特别严重的作用。在我看来，退却的原因存在于一系列的因素之中。有鉴于此，我必须对十月前夕党的所作所为提出尖锐的批评。

由于鲁尔被占领而更加紧张的德国局势，客观上无疑极富革命气氛。此外，客观上的革命形势如果不说是自觉地，那也是本能地已经开始变作主观上的革命形势了。4月、5月、6月、7月，到处都发生因为工资而进行的斗争、罢工、反饥饿游行，出现了城市工人和农村里纷纷打砸商铺、劫掠食品之类的事件。无疑是一派革命的形势。火山爆发般的力量震撼大地，成百上千处炽热的泉水喷涌而出。

全党从上到下、从左到右的任务是什么呢？就是将所有这些喷泉汇成一股汹涌的洪流，并将这股洪流引入相应的河道——夺取政权的斗争。这种事却并未发生，我开诚布公地说，如果整个党在这方面都有过错的话，那么大部分过错应当由领导机关本身承担，因为它应当走在党员群众前面，而不是等待群众推着它前进。本来就应当将群众中存在的革命思潮汇成一股强大的洪流用以夺取政权。到处絮絮叨叨"夺取政权"、"内战"的空话，并不意味着能完成这一任务。这些对我们而言充满着深刻历史内涵的话，并不具备摧枯拉朽的神奇品质。它们本身并不足以推翻资产阶级政权，并不能消除负有革命担当者使命的群众政治上的幼稚。党的任务便是将夺取政权的专用口号和自己的作为达到这一目的的手段的内战号召，与无产阶级的各种迫切需要和要求联系起来。不是空口说白话，而是要通过日常斗争各种表现的实际，运用宣传鼓动和举行活动的各种形式，党的各级机关竭尽全力，将夺取政权和内战的观念灌输到群众的思想、感情和意志中去。议会、自治市政府、报刊、会议、工厂委员会等——全都应当用于这一目的。每一声渴求面包的呼号，每一桩索取衣物的要求，每一种关于精神饥渴的表示，都应当归结为一句口号：打倒资产阶级专政！党一度未能让广大群众了解消除他们的强烈苦痛与夺取政权之间的相互关系。它也未能做到另一件事情：建立起组织严密、坚强可靠的群众抗议活动的据点。它对工厂委员会运动的集中不够，主要是未能赋予这一运动以足够鲜明的共产主义色彩。党未能通过工厂委员会建立一些机构，使它们作为工人代表政治讨论的先例在最短期间内可以成为积极活动的群众的集会据点和机关。党还造成了第三个失误。为了将群众的意愿引向内战方面，它建立了名义上用于手持武器的斗争的千百个统一战线政治机构。然而这千百个机构纯属装点门面。它们与无产阶级的日常斗争并未产生积极的实际的联系。党没有意识到当时所需要是什么，没有发挥最大的积极性，没有加深革命的形势，而所有这一切，在我看来都应该从不正确的思想方针中去寻找其根源。党当时坚信，夺权斗争应当从大力集中力量开始。为了这种集中，它节省和保存自己的全部力量，却对无产阶级的局部斗争及其局部要求与夺权斗争之间的内在联系缺乏明确的历史主义的理解。在为了局部需求而进行的局部斗争中,它只看见群众的革命精力过早的徒劳无益的耗费,从而认为阻止这种浪费是自己的职责。它对解决迫切需求的日常斗争估计不足,其实这种斗争对于无产阶级夺取政权的群众性斗争的群众力量可以起到振奋、集聚、加强和准备的促进作用。我不想否认,这种错误的方针确乎是社会民主党的不幸遗产。一旦后来很大一部分党内同志意识到了革命的形势及其所提出的革命任务之时,党的中央委员会便急忙着手组织上的和军事技术方面的准备工作。我打算给予这种两手准备以应有的评价。它对于内战是必不可少的,但是,同志们,这还并不足够,还应当与有意识、有计划地大力武装最广大的工人群众齐头并进,充分认识手持武器进行斗争的必要性和不可避免。党的整个政策在口头上和行动上都应该向群众灌输一种意识:除了内战没有别的出路,无论需要付出多么惨重的牺牲也在所不惜。革命斗争的全部牺牲加在一起,也抵不上资产阶级的阶级统治下无产阶级日复一日、每时每刻被迫忍受的种种苦痛的百分之一。

  同志们,拿破仑说过:战争的胜利 80% 取决于道德因素。我很愿意假定,拿破仑并不是诸如克莱内同志那样杰出的政治和军事天才,但是拿破仑作为一位统帅和政治家,终归可望获得某种历史意义——与克莱内同志一样。我认为,拿破仑所说的那番话特别适用于内战。因为很清楚:无论我们如何坚决、努力、热心地在军事、组织意义上武装同志们(布兰德勒同志显然是这样做了,这一事实也就推翻了对他所作的胆怯、玩忽职守的指责),我们也永远达不到我们的敌人在这方面的水平。我们实行武装很大程度上仅仅是在斗争期间,出于斗争的需要。因而道德和政治的因素对于内战便有着巨大的意义。这些因素弥补了我们在军事和技术方面的不足,所以我们的政策应该让所有的人和每一个人,不单是每一个男人,而且是每一个女人,全都充分意识到斗争的必要性。

不能袖手等待仁慈的老天爷将武器送到反对资产阶级的暴动者手中，不，无产者应当自行设法亲手搞到武器；如果办不到这点，而斗争依然爆发了，那就应当在革命的搏斗中使用顺手能得到的一切打击敌人：家中的任何棍棒，工厂里的锤子，赤手空拳。党完全忽略了这个方面。它并未有计划地坚持不断地采取任何措施，以便在千千万万的无产者中传播武装斗争必不可少的意识，从而将他们的全部意愿集中到斗争上来。它没有充分认识到，政治也是以内战为目标的军备的不可分割的部分。

这就是党对内战的各种准备工作的情况，在群众中唤起相应的觉悟和意愿的情况。不仅在整个德国，而且在被选定充当革命桥头堡的萨克森都是如此。

在这样的情况下，由共产党人和社会民主党人组成工人政府就是一个不可思议的极其重大的错误。工人政府只有在这种情况下才有意义，才能起到革命的作用：如果它能依靠议会外的无产阶级政治机构、苏维埃代表大会，首先是依靠实际的权力手段、工人群众手中的武器，使威力特别强大的群众革命运动大功告成的话。当时不是考虑为革命的工人政府创造必要的前提条件，相反，却指望将工人政府变作群众运动和武装无产阶级的出发点。中央委员会，特别是布兰德勒同志，仿佛被他们的一个念头催眠了："无产阶级会得到武器！萨克森工人政府会给我们提供这些武器的"。这时同志们忘记了主要的事情：他们忘记了让需要使用这些武器的人的头脑革命化，否则这些人自己也会忘记了武器。

工人政府与群众的联系不够，它不具备坚实的基础。据我看，在这样的条件下萨克森实验对统一战线策略的运用是不正确的：国会领袖们之间的协议取代了准备齐心协力投入战斗的无产阶级群众的地位；这个错误比布兰德勒同志寻求与工人的民主幻想的联系的错误大得多——自然不是为了保持这类幻想，相反，而是要将其打破。萨克森事件所促进的并非别的什么，正是消除千千万万人们中的民主幻想的最后残余。不过我并不想隐瞒,共产党人是萨克森政府的成员,党整体上在严重背离革命的统一战线策略方面是有过错的。

同志们,面对既成的局面,布兰德勒同志在开姆尼茨代表会议上本来应该说,共产党缺乏与群众的联系。与社会民主党人结成政府联盟无助于建立与群众的联系——无论在萨克森还是整个德国都是如此。由于党的政策和整个活动的缺陷,"萨克森实验"的革命目的在任何地方都未能深入群众的认识。这一政策未能促使完成战斗准备。并不是开姆尼茨代表会议的压抑情绪和左派社会民主党领袖们公然的叛变迫使布兰德勒不发出对抗行动的信号,而是另有原因,确切地说就是他清醒而痛苦地意识到,共产党落入形单影只的地步,身后没有渴望革命、随时准备起义的广大无产阶级群众相追随。这是一种惩罚,原因就在于党未能及时认清革命的形势,未能及时地不断地对业已开始的运动加以利用,没有组织起波澜壮阔的一次次战役,没有开展宣传鼓动,没有表现出功效,没有预先做好准备,没有扩展这次运动并将其引向夺取政权的战斗。

这里有一些人断言,退却的信号阻碍了党和群众已有的革命准备形成为积极的斗争。同志们,这是一个错误的结论,它建立在从宣传鼓动大会和示威游行所得到印象之上,而没有考虑到事实。实际上我们所见到的是什么情形呢?由于党未能以适当的方式利用和强化群众下意识的革命情绪,这种情绪便消失得无影无踪。这早在抗议库诺政府的罢工期间即有所表现。自然,那次罢工也证明了无产阶级群众一定的政治成熟性。罢工者提出了一个政治要求——推翻库诺政府。但是此次罢工也暴露了,群众对于起义和夺取政权而言在政治上还不成熟。否则,难道群众会容许自己被社会民主党和资产阶级的那帮败类制服,让他们扑灭革命的一切火花,并且取名为斯特来斯曼—佐尔曼政府?!难道他们在号称稳定马克、物价、工资的希法亭的财政谣传之后,还会打起盹来,鼾声大作？

接下来，又出台了关于特殊权力的法律，批准和完成了这一骗局，连民主的影子也消灭无遗。国防军的部队开始进驻萨克森。我要顺便指出：这个事实证明，党忽视了利用在铁路员工中蔓延并于1922年形成为大规模罢工的运动这一机会形同犯罪。当时并未做出阻截这些部队的任何尝试。展开了对共产党的追捕，它被赶入地下。建立了法西斯专政，而群众却噤若寒蝉，一直默不作声。足以表现革命的决心和革命的战斗愿望的抗议行动一次也没有发生。党在这方面无疑是有过错的。

你们大概会反驳我：那么汉堡呢？同志们，汉堡只能用于证实我的观点。那里的情况如何呢？我怀着深深的真诚的喜悦之情，对那些在汉堡像雄狮般进行斗争的两三百位勇士表示敬佩，然而认同的感情和我对他们的崇敬都不能抹杀一个事实：无论在党员群众中还是汉堡的无产阶级中，他们的抗争都未能引起团结一致的、强大、自发、势不可挡的响应。如果我下面所引用的数字不够准确，还请我的朋友台尔曼加以纠正。据我所知，当时汉堡有14000名有组织的党员；而参加斗争的仅仅数百名。（台尔曼："其他的人没有武器。"）不错，这我也知道。可是，活见鬼，主动去为自己搞到武器的决心又在哪里呢？！在当时既定的情况下，不仅在党员之中，而且在汉堡工人之中，赫尔维格强烈的战斗召唤当时都应是深入骨髓的：

"拔出泥土中的十字架，
让它们成为你们手中的刀剑。"

我并未看见这种情形。（台尔曼："有过斗争……"）如果你们给我提供所需要的时间，我还会详谈此事。这样，我再说一遍：当时缺乏战斗的愿望。时间就这样一天天从成千上万斗争中的党内同志和数万罢工者身边流逝。有些人还要我们相信：他们在内心深处是同情斗士们的。

自然，他们也曾对自己说："嘿，小伙子们好勇敢呀！这些人的确善于斗争。"然而他们自己却不肯动手。哪怕是在一个工业中心，哪怕是在一个德国大城市，有过自发的主动的声援吗？我们被告知，工厂的工人们都满腔激情地热烈支持汉堡。如此这般，"满腔激情地热烈支持"，然而哪里也没有齐心协力地奔向街头多少表现一点无产阶级的团结一致，更不必说斗争了。

勒瓦尔同志在这里声称，十月里最普通的党员同志、最普通的工人也都满怀决心，准备投入革命斗争。亲爱的勒瓦尔同志，您的声明让我感到高兴，这证明了您的激情，您高度的革命热忱。我是个老人，具有丰富的经验，因而比你谦逊得多。要是哪怕有不多一些工人，哪怕有不多一些党内同志，即便50个或者100个当中有一个人（我就不说大批群众了）能够充满真正的共产主义精神，怀着强烈的自发的激情投入战斗，于我也就心满意足了。您会对我表示异议，说是党阻碍了这样做，它发出的信号是退却，而不是投入战斗。并非如此。如果经过我们的大力工作，群众的革命意愿真的已经觉醒，他们就会按照一条金科玉律行事："要更多地服从上帝，而不是听信凡人"；在诸如此类的情况下，人们会唾弃党中央的纪律，它由于机会主义和胆怯，在客观上和主观上都已具备的革命形势下自己就违反纪律。一旦群众中的革命意愿觉醒，他们便会投入斗争，甚至不会等待号召。常常有这样的情况，无产阶级自发的斗争意愿会提前爆发出来，无需来自党的信号。1917年7月那些日子里彼得堡的情形就是如此。另一个例子是德国1918年的十一月起义。革命爆发时不仅没有来自领导党（当时是社会民主党）的信号，甚而是违反它的意愿的。革命的旗帜就这样在慕尼黑上空飘扬，诺斯克被社会党中央派往基尔扑灭水兵们的起义。他未能得逞。谢德曼早在11月8日便运用自己的全部影响和全部精力，哪怕是为威廉二世的孙子保住恺撒的宝座也好。革命的爆发是违反社会民主党领袖们的愿望的。当然，亲爱的台尔曼同志，我绝不是想以此说明群众的革命情绪的自发性爆发经常都能发挥正面的作用。我想说的只有一点：有10月份当时的德国，如若有着可以证明群众中存在着革命意愿并准备投入战斗的微小征兆，在这种客观形势下，对中央委员会和整个党而言便足以发起有组织的抗争。因为他们是有斗争的决心的。而在缺乏上述征兆的情况下，布兰德勒发出退却的信号，或者准确点说是发出避免战斗的信号，是绝对必要的，值得党为他记上一功。如若他不发出这个信号，也许你们谁也无缘现在坐在这里开会，整个德国党都会被摧毁，萨克森和图林根的革命无产阶级之花就会被割掉和踏碎。我们就会丧失一部分最优秀的力量。（台尔曼从座中说："现在又怎么样呢？"）既然如今许多人还在铁窗内受折磨，那就证明新的中央委员会也暂时未能紧密联系广大无产阶级群众，未能激发起他们打破监狱高墙所需要的积极性。（"我们坐了5年牢！"）同志们，我对此感到痛惜，但是如果无产阶级至今依然未能从社会民主党的可耻叛变中吸取应有的教训，的确并不是党的过错。

若是将布兰德勒同志当做替罪羊和机会主义者赶入荒漠，那就会违背历史真相（我且不说公道了）。全党、我们大家都应当兄弟般地彼此分担过错。不但如此，我们还应当一道学习克服错误，以避免在今后重犯。我希望以自己的发言促进建成一个组织上统一的建立在牢固而清晰的政治基础上的党。假如注定了革命形势再次出现，德国共产党定然会成功地经受住作为革命无产阶级领袖的历史考验。

现在涉及第二部分——关于现今党的多数派的美好新貌。我们在这里所听到的关于党的团结、关于它的效能的提高和群众积极性的增长，所有这一切全都是真的吗？我要说："好消息我听，但内心里却信不过。"或者确切点说：我热切希望深信不疑，然而美丽的词句对我还嫌不够，需要的是实际行动；事实证明，党至今仍然深陷于严重危机的阶段。党既未能在组织上得到巩固,也没有制定出清晰、明确的政治方面的行动路线。因而与热切的愿望和渴求相反,党还不能让无产阶级群众革命化并推动他们前进。我且举数例。

党已脱离地下状态,同时却没有开展强有力的运动以广泛普及我们的有关迫切问题的具体口号,没有开展运动表明共产党并未遭遇迎头痛击,而是全副武装撤退,仍然充满战斗决心,保存了自己的战斗力。

在我看来,在这样的运动中,在当时的既定情况下,最紧迫的口号应当是要求释放囚犯。五一节不仅应当是招聘的日子,而且是武装、出征、宣布反革命战争的日子。柏林的五一带有平淡无奇的性质,并不比国内其他地方好(少数地方例外)。典型的是,中央委员会长时间地讨论是号召齐心协力地展开五一抗议行动呢,还是让不同地区根据当地条件过五一节。如果说有什么受到社会民主党的态度和社会民主党的做法的影响,那就是中央委员会关于是否应该和如何庆祝五一这个话题的讨论。

中央委员会在柏林警察袭击俄罗斯商务代表处时第三次退缩。当然,我十分满意地指出,在柏林和其他一些城市成功地举行了一系列抗议集会,但是这还不够,需要有一场坚定不移、强劲有力的运动。其次,专家委员会的建议已登上前台,就应当对其充分地加以利用。应当号召群众进行猛烈的斗争,反对力图将德国变为自己的殖民地的法国帝国主义和世界帝国主义,首先是反对德国重工业的头目们、大金融家和大地主,简而言之,就是反对德国大资产阶级及其企图将德国像商品一样出卖给国际资产阶级的政府。袭击俄罗斯商务代表处之事,应当作为对彭加勒的可耻献媚加以揭露。党不应当局限于抗议警察阴险、粗暴的专横霸道,还应当开展争取与苏维埃俄罗斯亲密结盟的运动。必须与协约国各帝国主义大国的相互关系以及与苏联建立牢固、密切同盟的巨大经济、政治利益为背景,阐述关于民族独立的问题。必须找出与小商人、工业产品贸易商、小工业家等人的，简而言之就是与一切愿意在德国与俄罗斯之间建立必要经济关系的所有的人的利益关联点。可是诸如此类的事情什么也没有做。

选举临近。共产党的得票获得令人十分欣慰的增长。但也不是没有闪失。这个闪失就是投给社会民主党的600万票，另有数百万张无产者的选票投给了各法西斯政党，这些选票我们未能通过革命工作获得并牢固保有。我衷心地赞同我们的议会党团在议会开幕日所举行的抗议示威。然而在这点上也看不出与群众的密切的政治联系。抗议之时，议会外面并未举行群众性的游行示威。而这类示威足以增大国会内抗议的分量和意义。选举期间，单是在柏林投我们赞成票的就有22.5万张选票，在全德国则有将近400万票。我认识一位工人，了解到，即便在亮出共产党员名号的情况下他走向票箱，也比从票箱走向街垒或者哪怕只是参加游行都要容易得多。因此我并不期望柏林的无产者们当时会冲破议会周围武装警卫的强大包围圈，到大门口去示威。不过可以用另一种方式进行示威：不上街，就在群众大会上、在工厂里举行，停工半小时或全面罢工数小时即可。这样的情形并未发生，一次群众性的抗议行动也没有。要想证实这点，只需看看报就行了。

现在我们转向哈雷、菲尔斯滕瓦尔德以及其他一些城市的抗争。我和中央委员会一样认为，对于法西斯分子的挑衅应当以无产阶级的反示威加以回击。需要以暴力反对暴力！我根本不认为中央委员会十分糟糕、很不完善的示威游行准备工作是不可饶恕的罪过。不过在准备抗议行动的过程中与群众却也没有任何接触，这终归是令人痛心的。党没有在政治上让足够广大的群众对游行示威做好准备。没有将无党派的工人和社会民主党党员工人吸引进我们领导的自下而上的无产阶级统一战线。在哈雷和梅泽堡选区，我们获得18.6万张票，而社会民主党只获得10万张票。在不存在统一战线的情况下，法西斯势力足以抗衡30万无产者。发生过类似的事情吗？无产阶级革命力量对自己有所了解吗？格施克同志在德国俱乐部所作的颇为有趣的报告中，曾讲述过哈雷所有的街道充斥着法西斯分子的情形。房前飘扬的全都是黑白红三色旗，没有一面黑红金色的旗帜。同志们，我很乐意原谅哈雷没有黑红金色的旗帜，对我们而言，那就是资产阶级统治的象征，在当时则是资产阶级民主的象征，正如黑白红旗是君主制的象征一样。但是，有力地飘扬的共产党人的和革命无产阶级的红旗哪里去了呢？没见它们的踪影。为了描述我们与群众的联系，只需指出这个事实就够了：铁路员工根本没有努力阻拦法西斯反革命武装向哈雷调兵遣将。

党的积极性不足，未能将群众的战斗情绪用来增加斗争的政治色彩并对其加以领导，在另外一系列情况下也产生了影响。最近数月，我们在德国经历了很长一段经济斗争的时期，类似的斗争还前所未见。群众性罢工的浪潮滚滚而来，遍及德国各地和所有的生产部门，而且这些群众性罢工延续数周、数月，显示出无与伦比的顽强意志、献身精神和英雄气概。可是来自党的领导在哪里呢？除了唯一的一个例外，我在任何地方也未能发现这种领导作用。在上西里西亚，群众表现出了真正的斗争意愿，矿业工人的广阔运动以真正的群众性罢工的形式表现出来。在鲁尔区则相反，运动并不具有总罢工的性质，而主要是矿业劳工们的普遍歇工斗争。总的说来，德国的运动具有无产阶级防卫性经济斗争的性质，而党却毫无作为，或者说，至少就激化这一防卫性经济斗争、为其增添政治内容、将其转化为政治抗争而言，还做得不够。甚至经济斗争的领导权也并不属于我们。党促使金属工业工人和铁路员工出于声援站到矿工罢工一边的努力遭到破产。我们未能在鲁尔区范围之外发动起任何一次群众性的声援活动。我们的工作毫不起眼。由于我们消极被动，或者说，至少是不够积极，群众再次落入了阿姆斯特丹分子和工会官僚的领导之下。这种事为什么会发生呢？因为我们提出了一些与工会官僚们的口号很少或者毫无区别的口号。恢复 8 小时工作日吗？好极了。但是这还不够。如果我们想要发挥领导作用，就不应当满足于只向工人们说明一个事实：现今存在的不是解雇，而是同盟歇业。其次，我们要求提高工资 30%，而不是 15%。号召夺取企业的事，中央委员会尚未下定决心，尽管"左派"早在春天即已提出了这一方案。运动的政治口号在哪里呢？它们只是在后来才出现的。我听说，不是别的人，正是"右派"在《战士》杂志上发表谈论无偿没收的文章……（座中有人说："这是左派写的。"）

好吧，就算是左派吧！我可听说是右派。对我而言，这是右派或者左派提出的并不重要，重要的是要提出正确的政治口号。这样，曾经提出了无偿没收停工的企业，让它们在工人的监督下投产。随后中央委员会又提出企业国有化的口号和建立工人监督。我现在不打算详细分析这两个口号中哪一个更适合当时的形势。我认为国有化的口号原则上是正确的。不过在已知的情况下，没收停工企业的口号可能更为合适，并且具有更大的宣传鼓动力量。糟糕的是，口号提出得迟了。它无论在鲁尔还是德国的其他地方都未能产生作用。并未随之发生纷纷宣布大力声援斗争中的鲁尔区矿工的事情。事实就是如此。

同志们，我从这类事实中得出结论，党至今未能与无产阶级群众建立联系，调动这些群众最大的积极性，将他们推向一个确定的方向——具体地说就是推向夺取政权的斗争。我事先即已预料到会以种种借口减轻党中央过失的情况。我不想否认，群众的消极被动是由各种各样的因素造成的。其中既有十月失败在群众中和党内所引起的惊慌失措情绪，也有对于因力量薄弱而回避斗争的党的信任的削弱。这既可以归咎于大规模地退出工会（部分地同样是由于党的过错），也可以归因于失业、工厂管理部门和工会官僚们对共产党人的大肆镇压。但与此同时，无疑还有其他的原因：党在组织方面不够团结、坚强，这只有将整个党组织改造为以生产第一线支部为基础才能办到；其次，中央委员会的政治路线变化无常，不够稳定、明确，整个党也是如此；最后，"害怕"被说成机会主义倾向。党中央缺乏原则性的、策略性的坚定路线，对工会运动方面的影响尤其巨大，其中……（格施克：《党代表大会的决议》）亲爱的格施克同志，您对我说党代表大会的决议。这很好，但是我要问您：为了实现这个决议，党开展了强有力的运动吗？为了实现这个口号实际上所做的事情就是：大家都加入工会，你们就去争取工会吧！

格施克（德国）：

如果您没有得到信息，那并不是我们的过错。

蔡特金（德国）：

格施克同志，我十分认真地阅读有关你们的工会工作的材料，我并没有发现有什么事实足以证明你们的状况。也许，中央委员会也曾分寄过一些通函，争取贯彻决议，这很有可能，但是通函本身并不能代替追求一定目标的齐心协力的运动，为了开展这种运动则须动员党的所有机关和全部力量。工厂委员会的选举结果再次证明你们在工会问题上的立场不够明确和坚定，这些结果只是在某些工业中心对我们有利，而在其他地方则极其糟糕。只需回忆一下雷姆沙伊德、美因河畔法兰克福、格丁根、海德堡等城市的情形就够了，甚至在柏林党在工会代表的选举中也惨遭失败。接下来我还要提一提中央委员会在工人代表大会问题上摇摆不定的立场。工人代表大会无疑已被想象为工会分裂的起点。不得不拒绝这种看法，所以党中央现在便千方百计地力图赋予工人代表大会以另外的"无害的"性质，日复一日地拖延它的召开。

请给我解释一下这种双重性！

格施克（德国）：

这里并没有双重性！

蔡特金（德国）：

党对群众的影响力的下降，在这方面受到重创，这从投给社会民主党的 600 万张赞成票即可看出，尽管打了 4 年世界大战，战后它又奉行可耻的同盟政策。这 600 万张选票不仅反映出广大工人群众在政治上还不成熟，而且表明我们缺乏将他们的不成熟转变为成熟所需要的力量。社会民主党在最近一次党代表大会上所表现出的无可怀疑的团结也证明了这一点。

他们的最近这次代表大会。是的，是的！党的这种团结尤其表现在所谓的左翼以最可怜、最怯懦的方式屈膝投降，完全驯服。（德国代表团座中骚动不安）

同志们，你们会说，对这样的角色本来就不应该抱任何别的期望。我大概比你们任何人都更为熟悉这帮角色们，不仅熟悉其扮相，而且熟悉其内幕。他们对深入真正的反对派队伍即深入革命斗争的历史性理解格格不入，他们的心中并没有革命精神。他们只是在感觉到高贵肢体上的工作靴很沉重、背上已经失去容易发音的名称之时，才假装成反对派，所以如果左派现在屈膝投降，那是因为此刻他们不再感觉到工作靴挤脚了。为什么不再感觉到了呢？因为我们已经不具有推动工人社会民主党员广大群众前进的占有优势的强大影响力了。

同志们，我说这话不是为了让你们难过，而是为了引起你们对这种事情的最认真的注意，其次则是为了让你们明白党内的状况和你们与工人群众的相互关系。如果每当成功时你们都声称："这完全是我们亲手办成的事情"，而每当失败时则说："这是旧中央委员会的遗产"，那么你们就永远无法摆脱自己的错误和弱点。从而你们同时宣布自己既无所不能又束手无策。无论哪种情况都绝不会有助于你们取得成功和党取得成功，尽管我丝毫也不怀疑你们的意图是严肃和真诚的。在当前的形势下，这种态度尤其危险。

目前的世界经济和政治局势中出现的趋势，导致产生一种思想，认为世界革命已经停滞，资产阶级的阶级统治仍然牢固，总之，对于资本主义而言，一个喘息期已经到来。然而另一方面，这种局势也包藏着矛盾迅速激化，特别是无产阶级与资产阶级之间的矛盾迅速激化的很大的可能性，所以我们也可能很快便直接面临一场大规模革命斗争的前景。有一点我们不应当忘记：革命不仅仅取决于经济条件的成熟，而且取决于作为人的意志的产物的主观历史因素。这种主观因素的力量是无法根据描述经济发展状况的统计表来衡量的。不受统计影响、难以觉察、无法计数和无足轻重的种种因素发挥着巨大的作用，它们能解除对革命意志的束缚，赋予意志以决定性的意义。这样，面对自相矛盾的各种趋向，我们需要高度沉着镇定，以度过革命停滞的时期，利用它进行夺取政权的革命斗争的准备工作，不过同时也需要做好战斗准备，因为革命可能悄无声息地猝然到来。这在德国比在其他任何一个国家都更为可能。该国的革命将是专家委员会所提出的那些措施的结果，德国资产阶级向世界帝国主义投降的结果，或者更正确地说，将是德国无产阶级完全陷入备受奴役、备受包括德国资本家在内的世界资产阶级剥削的结果。

这类前景赋予党空前重大而繁难的责任。我们应当有所准备。既然局势的激化可能接踵而至并且十分迅速，就必需竭尽全力唤起最广大的群众，将其争取到我们一边，组成自下而上的统一战线，在我们的领导下将千百万无产者吸引到斗争中来。

我们所剩的时间不多了，哪怕一分钟也不能浪费。必须在短期内完成武装自己和群众、让自身做好发起猛攻的全面战斗准备的工作，为此需要有最大的精力和计划性。党已经着手为大规模战斗进行武装,与各邻国的兄弟党协同配合;这不仅是有益的,而且是绝对必需的。但是,同志们,除了国际动员对我们施以援手之外,我们不应忘记,世界帝国主义必须由每个国家的无产阶级在自己国内去战胜,因此便需要动员本国的无产阶级群众,最广泛的劳动群众。在德国,这种动员应当围绕着什么样的具体的口号进行呢?围绕着这样的一些具体口号:一旦实现,首先就能甩掉剥削者加之于无产阶级肩头的重负,将其转嫁给有产者。足以将共产党与最广大的群众在经济上和政治上融为一体的具体措施在哪里呢?不知何故,对这样的措施我至今仍然闻所未闻。现在的情况是,德国无产阶级为了胜利地进行斗争,推翻资产阶级的阶级统治,正在为自己寻找同盟者。我们从民族问题、农民问题和小资产阶级问题的讨论中所得出的明显结论在哪里呢?党打算如何将小资产阶级群众从敌人变成同盟者呢?我对此至今一无所闻。

同志们,在我们正在经历的这个历史时期,还有一个问题不仅对于德国而且对于共产国际的所有支部都具有巨大的决定性的意义。这就是我们对于无产阶级统一战线的理解及其实现。第五次代表大会最主要的任务之一,便是对无产阶级统一战线问题作出最明晰的解释。与此紧密关联的则是作为统一战线策略的最后阶段的工农政府问题。

同志们,我应当承认,在这方面,无论是季诺维也夫同志的报告还是其后所开展的讨论,都未能让我满意。至今也没有完全弄清楚,各个支部应当如何实行统一战线,无论在原则上还是就组织方面而言都不清楚。从各国共产党的队伍中都不止一次传来反对第四次世界代表会有关统一战线策略、尤其是工农政府的决议的意见。这就意味着,共产国际的队伍中在统一战线策略和工农政府的实质和目的这一问题上还不完全明确。

季诺维也夫同志热衷于对历次世界代表大会的决议作出各种各样的

说明和阐释。我要直截了当和开诚布公地说，并且希望季诺维也夫同志予以原谅：他的阐释让我清楚地回忆起圣经和福音书，但并未能将问题阐明到共产国际所需要的那种清晰程度。至于我，则在现有的情况下我认为，关于统一战线和工人政府的问题应该像路德所说的那样，"让言词本身为自己说话"。世界代表大会的决议对于我们，无须说明和阐释就应当成为指示；如果它们不符合这一目的，就应该加以改变：个人的阐释是不够的，哪怕它们出自诸如季诺维也夫同志这样的当之无愧的领导人。要是我们授权执行委员会主席以世界代表大会决议的内容，区分这种解释出自他和出自诱惑者拉狄克同志，那也就应当将阐释权授予全体委员和每一个委员。那时候我们的纪律一致和行动一致就可能化为乌有。我们需要的是清楚明晰、不致有双重理解的文本。现在情况如何呢？有一点对于我们是十分清楚的：统一战线是全体无产者的战斗团结，各个党、工会组织、已组织起来和未组织起来的无产者没有差别；结成一个整体的工人、奋起反对资产阶级的经济和政治统治地位的无产者的战斗团结。统一战线意味着无产者团结一致、齐心协力、顺应潮流的斗争，不是盲目的随波逐流的群众，而是在各国共产党、共产国际领导下前进的群众。对于这样的统一战线而言，党应当是一个坚强有力、高度集中、纪律严明的整体，不会依附于别的党，不会消融于群众之中。但是组织上的统一和团结只能作为党在革命世界观和策略主张基础上的内部统一和团结的外部表现，因此在每一次实施统一战线策略的过程中，党都应当始终展现自己的真面目。党在自己的宣传鼓动和抗争中，任何时候都不应当忸忸怩怩，看着别的党的眼色行事，它应当作为无产阶级本阶级革命的领导党完全独立自主地采取行动，并证明自己作为这样的党是合格的。我们的统一战线策略的第二个先决条件是：善于日益紧密地加强与劳动人民群众的联系，仔细了解他们的需求、愿望和情绪，认真考虑自身的行动，不懈地维护无产阶级的利益。

如果这两个条件都能够实现,我认为实行统一战线是自下而上呢还是自下而上兼自上而下——即通过与上层组织谈判,已经是次要的问题。围绕这个问题爆发了如此激烈的意见交锋,我的观点则是:所谓统一战线,归根结底始终是自下而上的统一战线。上层组织与我们所进行的谈判,在或大或小的程度上,多多少少都看得出来,乃是下层对于团结的愿望的产物。改良主义者先生们与我们进行谈判并不是因为要我们对他们讲客气,给予他们不应得的荣誉,与这些叛徒和胆小鬼们坐在一张桌子跟前。不,他们这样做是出于他们的一部分追随者的压力。这样,如果我们偶尔在具备十分明确的前提条件下与这些先生们坐在同一张桌子旁,那么目的只不过是增强来自下面的对他们的压力,将其追随者中更加广泛的群众从他们的影响下解放出来并聚集到我们的旗帜周围。

现在转而谈谈工农政府的问题。我无论如何也不能同意季诺维也夫同志的说法:工农政府只是无产阶级专政的化名、同义语或者另外什么"东西"。对俄罗斯而言,这或许是对的,对处于资本主义发展更高阶段的一些国家而言则否。那些地方的工农政府是一定的具体历史状况的表现形式,恩格斯早已预见到了这种可能性,他曾说过,会出现一个时机,届时资产阶级无力掌握政权,而无产阶级也尚未能充分联合起来,成熟到掌控政权的程度。工农政府标志着广大群众清楚地意识到必须推翻资产阶级的政权,建立自己的政权。在这种情况下,群众依然对可能在现有的资产阶级国家形式的范围内实施他们的权力抱有幻想,以为无产阶级对于政权的革命意志的新酒,可以装入民主的旧瓶里。

工人政府只可能是革命群众运动的产物。即使在类似的政府出生自议会的洗礼盆的情况下,它仍然是群众性革命斗争的产儿。但是正因为如此,呼唤它面世的工人们所期待它的便是工人的革命政策。没有强硬的专政措施,就不可能有这种政策,这些专政措施不仅仅针对资产阶级政权的残余，而且也针对资本家们在其企业中的经济上的无限权力。因而很清楚，工人政府任何时候都不可能单靠议会维持，而是应当依靠国会之外的革命无产阶级的政治机关——苏维埃代表大会；它只有在有着武装起来了的无产阶级的时候才能生存。

这就是为什么我会认为，这类真正革命的政府不可能维持很久，无可避免地会导致争取专政的激烈斗争。很可能，在我看来大概会，而对于许多西欧国家来说毫无疑问，它们将绕过工农政府时期。那里夺取政权的斗争会当即采取为建立无产阶级专政而斗争的尖锐形式。不过我并不预先否认在某些国家作为过渡阶段出现这类工人政府的可能性。然而在我看来，这种阶段不会很长。我并不认为，机会主义者们大肆谈论其高涨和意义的和平主义的民主浪潮会长时间存在。相反，我坚信在无产阶级群众中现存的幻想会很快消除，觉醒和紧随其后的革命化必将来临。正因为如此，我坚持这一信念，认为应当利用无产阶级所夺得的每一点儿实权。

当前的形势是这样：世界经济连同资产阶级的世界统治从根基上受到震撼，日益趋于崩溃。资产阶级仍然掌握着政权，但所依仗的是合法和不合法的法西斯暴力手段；由于工人群众尚不成熟，他们还抱着机会主义和改良主义的观点，资产阶级尚享有一段比较长的喘息时间。这些观点削弱和扼杀无产阶级对自身力量和胜利机会的信心。因此我认为，当前共产国际及其各国支部面临着一个重大任务，就是大力干净彻底地清除改良主义和机会主义的观点，不单是在党内，而且是在党外的无产阶级群众之中，并且以共产主义的革命、战斗的思想加以取代。

但是有一点我们自己要作清醒的估计。改良主义传染病入侵的危险不单是由社会民主党的理论和实践在我们自己队伍中的残余所引发。它从目前的形势中一天天重新产生，再次在缺乏训练、目光欠远大的无产者中激起一种希望，以为工人们可以通过改良和民主的方式代价更小、速度更快地从当代地狱中脱身。因此我们务必坚决与其他的政党划清界限。现今的局势要求共产国际的各党这样做，以战胜来自右的危险，保持自己的党的独立性和自身的革命内涵。总之，形势要求我们成为名副其实革命的、真正布尔什维克化的党。

但是与此同时，由于同样的形势，由于革命的暂时停顿，也产生了另一种危险——左的危险。这是一种导致盲动主义倾向的危险，一种以为党可以不要群众、不依靠群众而单枪匹马地采取决定性的革命行动和进行斗争的危险。这种危险将另一个问题摆在我们面前——关于党与群众之间的相互关系的问题。这个问题至今为止布尔什维克在实践中都解决得很出色。如果我们想在党内确定一个无论对左的还是右的危险的正确态度，就应当学会布尔什维克党、俄国革命在有关纪律、集中的意义方面对我们所作的教导。如果我们希望成为真正布尔什维克化的党，就应当弄懂纪律的推动力量、坚定的原则的推动力量是什么，懂得是什么保障党能够快速出击和理智退却，简而言之，要掌握机动灵活的策略。每个党员都应该满怀着革命的责任意识。党最不喜欢那些只交党费的党员，而是要求每一个党员都发挥积极性。这种培养每个党员的责任意识的工作，是布尔什维克党发展、繁荣和胜利的最大的推动力。我们应当让每一个党员和每一个准备进行革命斗争的群众代表都满怀这种革命责任意识。关于我们党与群众的相互关系，我还要说上几句：由于俄国第一次革命而在德国出现关于群众性罢工、群众性抗争的问题之际，我曾经写过大致这样一些话："群众性罢工和群众性抗争的时代，重新将造就革命的布朗基主义干部的任务提上议事日程（只不过以往是在更高的历史发展阶段上）。我之所以说是在更高的历史发展阶段上是因为，现在所需要的已经不是那样的干部：他们组成阴谋分子的小圈子，希望抛开群众，以大胆政变的方式革新世界。不，布朗基主义干部的角色应当转变为强大而有组织的群众性的政党，清楚地意识到自己的目标，具有坚定不移的思想，团结成一个整体。这些群众性的党应当在群众性的抗争中发挥思考和领导的大脑、有组织的脊梁和热烈跳动的心脏的作用。"

　　同志们，我认为现在我们对待党与群众的相互关系的态度可能还是这样，我们应当竭尽全力实现这种相互关系。我强调建立党与群众之间正确的相互关系是因为，我听了关于十月事件中革命斗争的可能性的各种议论之时，发现一种论调，说共产党作为群众性的政党，可以单独进行夺取政权的斗争，不要群众，不依靠群众。我认为这种观点是危险的。群众和党作为发挥积极作用的革命的主观因素构成一个不可分割的整体。我们应当让每一个党员、每一个无产者充分地认识到，如果说他以其意志和行动只不过是整体的海洋中的一滴水，那么他也可能就是装满群众性革命斗争意志之杯的最后那滴水。要是我们都能这样工作，那时候不断增长的革命浪潮不仅仅会在那些徘徊于经济底层的力量影响下升高；党的发挥领导作用的有组织的意志必将变成群众的意志，在共产国际的领导下诞生一场风暴，以不可遏止的力量为革命的大潮推波助澜，吞噬资产阶级的社会。我们要努力工作，让俄罗斯少年先锋队员自豪而美好的口号"时刻准备着"在党和无产阶级群众的队伍中变成现实。（掌声）

　　（会议于8时30分休会）

第十二次会议

(1924年6月25日,星期三)

主席:斯图尔特

讨论季诺维也夫和瓦尔加的报告(续)

斯图尔特(主席):

同志们,今天第一位发言的人是荷兰的怀恩科普同志。但是在他开始发言之前,施蒂纳同志要宣布斯堪的纳维亚委员会的组成人员①。

斯图尔特(主席):

对斯堪的纳维亚委员会组成人员有反对意见吗?委员会获得通过。

怀恩科普(荷兰):

同志们,依我的看法,也就是荷兰党和代表团的看法,本次代表大会上的德国辩论(我说的正是辩论)仿佛一场噩梦。蔡特金同志说得对:真理是从意见的冲突中产生的。但是,同志们,还应该讲点别的事情,即从资本主义的冲突中产生革命,它是从资本主义各种集团之间的

---

① 见《国际共产主义运动历史文献》中央编译出版社2014年版第39卷相关附录内容。——编者注

斗争中产生的。于是，我们认为……（德国代表团座中发出喊声）我们认为，同志们，为了革命能够到来，不仅共产党，不仅这个机关必须有秩序。在我们看来，为了真正持久的革命能够到来，正确地开导群众是不够的。这本身是理所当然的事情，但是，当只谈某些同志的错误，甚而只谈德国党领导层中的错误，那么人们便往往忘记了这一点。必须记住的是，首先是客观形势，亦即我们生活在其中的资本主义的客观形势，使得已经有可能，单是借助于我们优秀的机关，我们布尔什维克主义的机关，借助于我们党，不仅进行一场真正的革命，而且要保全它。

不过，同志们，不言而喻，俄国革命之所以发生，并不是仅仅因为布尔什维克党过去和现在都是十分完美的党，十分优秀的机关；显而易见，这次革命得以发生只不过是因为有世界大战。（说得对！德国代表团中躁动不安）总之，有客观因素。而现在呢，同志们，我觉得所有的人，其中包括德国共产党（我不明白为什么都把它叫做左倾党，我认为它是一个共产主义的、布尔什维主义的党），就是说包括布尔什维主义的德国共产党和大家都应当承认，当前在欧洲出现了一种停滞，稳定，或者无论叫做别的什么。这会得到公认，而且辩论期间也都承认了这点。

同志们，大家都在谈论这一点，我和德国代表团也谈到过这一点，当然，这丝毫也不意味着我们放弃了革命，无论在我们的思想上还是工作中都没有放弃。好像有人已经说过这话了，我认为这是对的，就是说形势类似于（当然是大致类似于——周期是无法以年份来计算的）1905—1917年俄国运动中的情况。（德国代表团座中高喊："可你在睡觉！"）俄国的运动当时并没有睡觉，布尔什维克党在工作。当然，并不是全党，但是它最优秀的人物都正确地理解了当时的局势。他们明白，斯托雷平所施展的种种手段必定会导致某种暂时的平静，但是这并不意味着放弃革命。现在革命也一定会到来，我们应当对它做好准备。

同志们，我正是这样看待我们所处的时代的。有必要向自己清楚地说明这一点，不应该让坚持这种见解的每一个人都放弃革命。因为这是不对的。机关应当加以改进：德国党同意这一点，并且正在这样做。应当以最恰当的方式接近群众；机关当然应当联系群众。必须有一条明确的路线，以便在资本主义的客观发展过程真的让我们有机会的时候，便像布尔什维克所做的那样，一举达到目的；必须做好准备，借助于明确路线和真正有能力的机关，像布尔什维克们那里曾经出现的情形那样，夺取并牢牢掌握所赢得的东西。如果这样看待事情（我想，整个共产国际可能都是这样看的），那么我们就应当说（正是从这一客观的观点出发）：德国革命的浪潮起伏（还会再次升高的）只不过是中欧生活中的一个插曲，已成为（我的看法如此）附属于统治殖民地的各国的一个部分。事实上，无论巴尔干还是德国，从而欧洲的大部分，都已进入西欧殖民的范围；至少在殖民剥削的意义上是如此。如果像我们所见到的这样看待这点，那么到头来就必须给予当代资本主义最重要的因素大不列颠帝国以更大的关注。不过，其他一些同志亦已据此发表了意见，季诺维也夫同志大力强调了这点，罗易和佩珀同志也是如此。这里必须坦率而明确地说，在我们不肯这样做的时候，革命就不可能跨越今后道路上的一些巨大阶段。我的看法就是这样。我认为，不列颠帝国依然是世界帝国主义和世界资本主义最重要的因素。有些人将目光转向美国。是的，它具有很大的重要性。这类问题太广泛了，这里无法涉及。但是，如若对自己提出一个问题：如何才能最快地实现革命，那么最重要的因素就是目前暂时与美国的财政资本联系在一起的不列颠帝国了。所以，这就是革命的杠杆应当着力之处，如果今后中欧、德国的有利形势能为优秀的布尔什维主义的党所利用的话，那么了解我们曾如何为此创造条件是很重要的。在15分钟时间内我们只能简略地涉及这一问题。同志们，从不列颠帝国是主要因素这点出发，你们就能正确地阐明已知的各种问题。我考虑到了工会问题,但不打算在这里详述,因为有关它的话题还在后面,是在另一项议事日程里。我指的是费门的发言。我说这话并不是因为费门好坏是个荷兰人,而是因为他表达了相当一部分英国群众的真实感受,我们无论如何都应当从策略上重视他的劝告,以便将这些群众革命化。

不过首先应当着手殖民地的问题,比迄今为止所做的更多地注意英帝国和在印度的斗争。我们应当像罗易同志也提出的要求那样,将这个问题与不列颠的党联系起来研究。执行委员会和共产国际的路线也应该特别着重这个方面。执行委员会面临着许多任务,季诺维也夫同志表示,他不会忽视其中的任何一项。然而季诺维也夫同志每一次都需要涉及俄罗斯的问题、难办的德国问题、欧洲各地的所有这类细节,其后也许他就没有足够的时间用来处理一件大事,对这件事情现在我们终于不得不像季诺维也夫同志所希望的那样加以对待,这就是不列颠世界帝国的问题。

我应当说几句有关荷兰运动的情况。季诺维也夫同志,还有鲁特·费舍都谈到了荷兰。季诺维也夫只是说,怀恩科普同志在英国工党问题上一直坚持先前左的定位,怀恩科普当时甚至不同意我们加入该党的行列。这是我当时的意见;拉维斯泰因同志不同意我的看法。季诺维也夫接着说,荷兰党的定位偏右。(喊声:"完全正确!")

季诺维也夫同志比那些正在叫喊"完全正确"的年轻同志们略为谨慎一些。鲁特·费舍同志当面对我说了一些漂亮话,在我看来那只不过是对老特鲁尔斯特拉的嘲弄,这种话群众才应该对他讲:您希望同天主教党建立统一战线,当然,为了无产阶级的利益您可以强迫自己这样做。有人从我的发言中随便摘引了一段话,可是那里还有另外一段:"既然工人阶级现在还不能进行革命,那么他们就可以联合起来,为反对贫困而斗争,垂死的资本主义力图让他们永远遭受贫困。"

我们共产党人不能不提出这个问题。但如何提呢？在我们的纲领的基础上提。我在自己的发言中明确地说，共产党人从不脱离自己的革命理论和实践，他们提出自己的纲领作为统一战线的纲领。这个纲领中讲些什么呢？反对战争，保障八小时工作日，要有最低生活保障，没收和分配住房，实行免费义务非宗教教育，开展自由的国际交流，取消秘密外交，解放印度尼西亚。如果我们的同志中有谁认为这不是革命的纲领，那么他可以说出来。不过我们深信，在这个纲领的基础上，真正革命的富有战斗性的策略必定能开辟一条通向群众的道路。我们这样表态并不是因为认为仿佛工人政府真的会产生；对我们而言这只不过是反对社会民主党的一种手腕，主要是为了将布尔什维克、共产党人真正革命的斗争策略运用于工会群众之中。

还讲过两件事情。不是在这里，而是在别的地方。曾经谈论过拉维斯泰因同志一些文章的著名引文（可能有些同志对这些引文很熟悉）。但是那些挑起这个问题的同志后来自己致信执行委员会（该信在我手中），说他们弄错了。他们写道："现在我们不再追究万·拉维斯泰因同志在与托洛茨基的论战中所引用的论据是否正确。但是将他的一些文章作为一种证据进行批判是不公正的，不能证明他是在通过英国工党政府对英国工人的胜利表示欢迎。"

最后，还有下面一件我们认为最重要的事情：我们对印度党的态度。我可以说，我们在这方面的工作堪称模范。我们党数年之前既已提出了将印度和印度尼西亚从荷兰统治下解放出来的纲领，让印度群岛从荷兰资本主义手中完全获得解放。当然，这只是一句空话，用一句话概括所有的必要内容的口号。当然，我们的工作会更为全面；当然，我们也犯错误，但是共产国际中没有一个党不犯错误，其中任何一个党都未能像所需要的那样处理事情。

同志们，这就是我们要向代表大会所说的话。当然，对我们而言毫无疑问的是，我们应当遵守纪律，包括民主讨论的任何讨论都不应当触犯我们钢铁般的队伍。我们还要说，尽管我们生活在一个相当平静的小国，但是我们在战争期间也曾像其他不多一些中立国一样进行了斗争。如今在我们当前所爆发的工会斗争中，比如在纺织工人的罢工中，我们的同志同样走在队伍的前头。我们党的书记布罗默特同志和我们党的主编范特同志就为他们在这次斗争中的抗议行动而被捕；昨天我收到了关于此事的电报。你们都知道，我们总是走在运动的前列。我们是由95%的工人组成的工人的政党，我们绝不是知识分子的政党。邻国都很重视这点；我可以举例为证：这里在场的我们的同志德菲瑟即曾不止一次到过德国，与德国的同志们一道进行革命宣传。他也不止一次到过比利时，同样出现在这种场所。

霍格伦（瑞典）：

同志们，针对统一战线的策略问题，我想要说的话如下：瑞典共产党一度曾试图不仅与社会民主主义和工团主义的群众，而且与他们的领导人组成统一战线。然而我们很快便明白，统一战线只能自下而上建立。我们并不对吸引社会民主党和反工联主义的领导人参与真正的阶级斗争的可能性抱任何幻想。当我国有着社会民主党政府的时候，我们对它的反无产阶级的政策作了无情的斗争。我们曾支持和喜欢这个政府，有如南美洲的印第安女人喜欢一个人的情形。努登舍尔德讲述说，她们一边抓挠一边吐口水。瑞典社会主义党早已就是季诺维也夫同志所称之为的资产阶级第三党。它现在甚至希望将铁路由国家资本主义倒退而为私营组织。近日举行的社会民主党代表大会以高呼"我们的祖国万岁"结束。这足以说明这个资产阶级政党的特征。

也许，在9月份即将举行的议会选举中，共产党人与社会民主党人一起会获得第二院的多数。那时候我们面前便会出现一个问题：共产党人可否参加社会民主党的政府？对我们而言，这个问题只有理论上的兴趣，实际上它已经被排除，因为社会民主党人决不会建议我们加入他们的政府。按照他们的本质，他们将会采取右的定位。在瑞典，共产党必定会采取反对部长派头的共产主义的立场。但也可能发生例外的情况，就是在一些国家，各种工人政党偶然地自由联合而为工人政府，它也可能为无产阶级的事业服务。当然，这样的政府应该是无产阶级专政的笔名，但是用笔名比用本名可以更加公开地进行写作，也不必承担那样的责任。不过，需要代表大会就这个问题给予明确的指示。

季诺维也夫同志提到了我在挪威问题上的立场。"在处于少数的情况下也必须遵守纪律"，他说。是的，这次反对执行委员会的一些我们认为不适当不合理的措施是一种不遵守纪律的行为。这种反对是不允许的，我同意这点。季诺维也夫同志说："霍格伦现在应当承认利安是社会主义叛徒。"我从来不承认挪威工会领袖利安是共产主义者。不，从他1920年上台以来，我们就知道他不是共产主义者。但如今领导挪威共产党的那些人当时为他辩护。我从原则上或政治上都从来不同意特兰梅尔的看法。我只不过是反对在当时的形势下分裂挪威党。但是分裂还是发生了。从此挪威工人党更加远离共产主义；这可是不能不承认的。瑞典党与执行委员会在这个问题上的冲突已经于12月消除，旧话重提并无意义。12月之后我们党与兄弟的挪威党完全团结一致，所以我认为我们之间再也没有分歧了。

瑞典共产党内部没有政治上或策略上的原则分歧，但是少数派中某些杰出的同志在组织问题和其他问题上还有许多粗暴违反纪律的情形；这类违反纪律的现象与我们的分散化的地域传统有关，这让我们不得不召开非常代表大会，以维护党的最基本的纪律。在斯堪的纳维亚工人运动的历史上，党的纪律的概念起源相当地迟。

许勒尔同志认为，党代表大会在世界代表大会之后召开得太早了。

可是我们已经将其推迟了一次，正是为了能够作一个介绍世界代表大会的报告。9月里要进行议会选举，再也不能拖延；党应当团结一致地开展竞选斗争。因此我们坚决拒绝将党代表大会延期，那会在选举中对我们造成损害，将使党人为地分化为各种派系。我希望，季诺维也夫同志的金玉良言"处于少数派地位也必须善于遵守纪律"应该具有效力，不仅在我们瑞典党的多数派在对待执行委员会的态度方面，而且在瑞典党的少数派在对待我们的党方面，都应该如此。

现在谈谈机会主义的问题。瑞典党被指责有机会主义倾向。我听到瓦尔加同志在他的报告中说，他担心自己会被视为机会主义者。别人告诉我，连布哈林同志也被德国的一些左倾激进主义的同志抨击为积习不改的机会主义者。可见，我是处在一个很好的圈子里，就只缺季诺维也夫同志了——也许，将来他也会来的。瓦尔加同志为季诺维也夫同志的政治性结论赋予了一个经济基础。如果瓦尔加同志担心他会被当成机会主义者，那么想必季诺维也夫同志有一个机会主义者的小小魔鬼洗衣盆。不过如果我有机会在瓦尔加、布哈林和季诺维也夫等同志的圈子里跌入机会主义的地狱，我也就十分满意了。说正经的，同志们，我认为我们不应当过分地忙于乱贴机会主义的标签；否则，正当我们最需要它们的时候，它们倒会丧失效力。当然，同志们，在瑞典和其他国家都曾经犯过机会主义的错误。这是一种危险，应当采取措施加以反对。但不断地只是谈论这些危险，不断地在各个党内只是看见这些危险，被它们迷住了心窍，同样也是危险。自我批评是一件好事，谁也不曾比我们难忘的领袖列宁更好地教会我们使用它。然而从早到晚自我批评——这可就太过分了。它不应当变成一种癖好。我们必须在发现错误和臆造错误之间划清界限，否则我们完全会彼此吞噬。我们并不是将自身的肉体视做自己获救的敌人的鞭毛虫，我们是反对资本主义的刚强的斗士。

同志们，瑞典党完完全全听从共产国际指挥。我们将努力在瑞典建立一个具有铁的纪律的出色的共产党，这是取得胜利必不可少的先决条件。

库西宁（芬兰）：

亲爱的同志们，我打算反对霍格伦同志的观点，但还是预先谈谈策略问题的一般提法吧。

我们以芬兰代表团的名义表示，我们完全同意季诺维也夫同志的报告的政治观点。我要尝试着简要地陈述一下，我们所看到的不久之前最重要的教训和最近将来最重要的任务是什么。

在第四次代表大会上我们聆听了列宁同志向外国共产党发出的最后一次号召：**你们要学习**，尤其是学习俄罗斯的经验。另一个极其重要的主题则是季诺维也夫同志的号召：将共产国际变成世界性的政党。像在第二次代表大会上的情形一样，当时这两个号召再次将主要的注意力放在我们自身组织的发展问题上。第三次代表大会上我们的主要注意力放在外部，放在争取群众的任务上。这一任务实际上一直居于首位，不仅在第三和第四次代表大会之间的时期，而且在第四次代表大会之后很长一段时间内都是如此。只是现在我们才深切地体会到我们的组织需要布尔什维克化，无论每一个党还是整个共产国际都是如此。这是我们从德国和保加利亚的沉痛经验中学到的。

列宁同志说，你们要学习，要学会俄罗斯的部分经验。我们现在可以说得更具体一些：要学习列宁主义。但最好的学习方法是什么呢？最好的方法当然是**从斗争中学习**。俄国共产党的经验就是斗争的经验。我们应当从这些经验中、从列宁主义的实践和理论中吸取教训。当然，并不是机械地模仿（列宁同志也提醒要避免这点），而是通过经常性的革命对抗正确地进行斗争，为了学会获取胜利而斗争。因为列宁主义就是无产阶级获取胜利的艺术。

去年秋天德国的情况如何呢？当时党也曾做了许多有益的工作，还收集了武器，甚至厉兵秣马，然而有一件事情它却没有做：它不曾斗争。我们认为这是主要的错误。当时应当如何斗争，这是专门的德国问题，我在这里就不着重探讨了。但是总的教训在于，本应以某种方式进行斗争，而党中央却并未这样做。

当右派去年秋天强调退却的必要性的时候，我就怀疑他们同时还怀有与革命性退却全然不同的别的目的。斗争的革命性手段、革命的战略战术方式诚然各不相同，这可能是罢工、示威游行、武装起义等等，进攻与防卫、出击与退却的方式很多，但是所有这些方式在共产党手中都应该是**斗争的方式**。共产党在任何情况下都应当是富有战斗性的党。没有斗争、不斗争便投降的方法——这是社会民主党的方法。那怎么办呢？德国共产党的右派领导人去年秋天没有进行斗争。这是事实。更有甚者，他们反对任何斗争。其主要错误就在这里。他们也不能说完全无能为力；他们做到了塞克特将军的整个军队集群都办不到的事情，他们去年秋天成功地阻止了无产阶级的几乎全部的群众抗议行动。（对极了！）

为什么他们要这样做呢？这已经是次要的问题了：他们是下不了决心呢，还是不会做或者不愿意做？我认为，其中还有某种更为糟糕的原因——在关键的时刻没有能力战斗。在这种对革命斗争无能为力和暗中抵制的倾向中，我看出了**机会主义的倾向**。也有名副其实的左的倾向。季诺维也夫同志曾引用列宁关于这种倾向的天才论述，说有些真正的革命者不顾周围斗争环境的实际情况，一味盲目地进行斗争。只有这种情形我们才认为是左倾。但是在革命的漂亮空话后面，也往往只不过是隐藏着的机会主义，隐藏着的抵制斗争的倾向。

当右派的同志们以某种轻蔑的口气谈论现今的德国共产党的时候，那就不得不指出：在一定意义上，现在的这个党和它在一年之前的情况有着本质的区别。德国党的特征和本质现在与当时完全不同。这还不是全部,但对于党今后的发展而言,这却是一个正确的出发点、必不可少的前提条件。

统一战线策略是什么?难道它不意味着斗争?这里的错误在于,许多同志(至少在实践中)没有将这一策略理解为斗争……这绝对不正确。我们需要统一战线是在阶级斗争之中,而不是口头上。对我们给这一策略所下的定义,我们将其理解为为了斗争和斗争中鼓动、动员群众的一种手段。只有这样才能对它作出正确理解。法兰克福党代表大会前夕,一位领导同志曾对我说,"统一战线策略"这个术语的名声在工人们的心目中已遭到严重败坏,应该另外挑选一个。由于党的领导人在实践中做得很糟糕,同志们对这一策略便得到一个看法,仿佛这是一种与斗争相对立的策略。我对这位同志说:"既然如此,您可以采用另外的术语,比如说,'统一战线的布尔什维克方法'之类。"他对此表示同意,法兰克福代表大会的决议也提及了这点。对于季诺维也夫同志所说的统一战线策略就广泛的历史意义而言是一种手法这一番正确的话,也不应当曲解为它仅只存在于虚拟的斗争中,而不是在战场上。鉴于群众的革命抗争的情况,这整个策略应当随时加以实行。

现在转而谈谈斯堪的纳维亚。你们都知道,挪威早在一年之前就有了工党,它有个根本性的缺点:不愿意斗争,甚至还暗中对抗本国革命的发展。在扩大的执委会全会上,为了让共产国际踏上正确的轨道,我们曾对出席会议的特兰梅尔和霍格伦同志说:同志们,你们应当亲自在自己内部彻底根除某些东西,你们现在正处于十字路口,应当特别留神,好让自己走上正轨。

我们并未能使特兰梅尔和霍格伦同志走上正轨。在挪威,共产国际的一切决定都遭到抵制,共产主义的少数派不断受到压制。在德国失败后产生的惊慌情绪中,挪威工党领袖们的这种暗中抵制变成了恬不知耻的临阵脱逃。不能再容忍这种对党实行机会主义领导的进程了。执行委员会应当要求明确表态：要么与共产国际忠诚合作，遵从世界代表会议的各种决定，要么公开反对共产国际。诚然，可以预见，在与共产国际决裂的情况下一部分很优秀的工人党员会选择暂时追随特兰梅尔、利安及其一伙，而不是留在共产国际内。然而，另一方面，我们在挪威的共产主义队伍也存在着瓦解的危险；我们在该国会落得完全没有了有组织的力量。如果说我们在这方面犯了什么错误的话，那只不过是在贯彻执行主要决议过程中的一些次要的策略性错误。然而这个决议本身是必不可少的。我们看到，在不久之前的罢工中（那可是挪威阶级斗争历史上的首次革命斗争），几乎每天都发生警察袭击罢工工人的事件，特兰梅尔的党最终厚颜无耻地站到了企业主一边，反对继续进行斗争。我们年轻的挪威共产党积极参与这场斗争，表现出它是一个优秀的共产主义的群众性政党。

　　在1923年秋那个艰难的时刻，在挪威发生了分裂，霍格伦同志极端尖锐、背信弃义地攻击执行委员会和挪威共产党。我在这里就不引用他的话了。霍格伦同志自己已经明白，他当时的行为是完全不能容许的。但是因为他硬说自己从未袒护过利安一伙，那么我就应当说这不是真话。他曾白纸黑字地写道："没有特兰梅尔这批人，共产党便会束手无策，没有他们，挪威工人阶级便不能取得胜利，没有他们，斯堪的纳维亚的共产主义便会弱不禁风。"这难道不是袒护？季诺维也夫同志曾在他的一篇文章中写道：不能让所有这些暗中对抗革命的人留在共产国际之内，共产国际并不是有义务容纳全世界机会主义者的诺亚方舟。对此霍格伦同志的回应是："我同样认为，共产国际不应当成为诺亚方舟，但动物的品种多几个总比一种也没有要好，最后通牒政策就类似于最后一种情况。高度发育的动物不足，已开始成为共产国际中的一种危险现象。"

共产国际只是偶尔能从瑞典获得消息。实质上，我们一次也不曾根据充足地分析研究过斯堪的纳维亚问题。也许，现在在委员会内可以这样做？霍格伦同志说，瑞典党内没有机会主义者和原则性分歧。我认为，他忘记了一条布尔什维主义的好规矩（或者他不知道）：党的领袖应当自己主动地明确地提出问题，什么也不隐瞒，并找出所存在的分歧中的原则性矛盾。霍格伦同志的所作所为却相反。

当我们听到霍格伦在不同场合为宗教、和平主义辩护或者指责共产国际的中央集权制的时候，我们不能不对自己说：瑞典党的种种分歧之中，事情也牵涉到一些极具原则性的问题。诚然，我并不重视诸如不久前斯特勒姆同志出版了一本论述俄国革命的书之类的表面现象，该书被霍格伦同志盛赞为真正的马克思主义著作，实际上却像自由主义报刊上的普通杂文一样远离马克思主义。这并不那么重要。我事先已经替瑞典同志们要求略为享受"偏向权"了。有一种情况可以用来为他们辩解，那就是他们国家还从来不曾出现过革命的形势，尚未发展到可以像对德国同志那样要求瑞典同志具备斗志中的成熟性的阶段。这是十分自然的。瑞典远在北方，众所周知，那里矿藏丰富，你们也都知道，那里磁针的偏移相当大。因此对瑞典党不能提出太高的要求。但是有一点是我们不能容许其领导人们的，那就是缺少战斗的毅力，同时，作为一种一贯的倾向，我们也不能允许暗中抵制党的革命积极性。

这种倾向表现在瑞典党中央多数派的活动之中。很可能，霍格伦同志并未意识到这一点，他很可能自以为是希望斗争的，并没有进行抵制。但如果他是这样想的，那他就错了。他并没有进行斗争。多年之前什么时候有谁看到过他的革命主动精神？当他现在声称："我们应当做反对资本主义的斗士"，那都是好听的空话。您在什么领域斗争了？也许，是在工会里吧？对瑞典党而言，最重要的应该是在工会里开展反对社会民主党的斗争。但是瑞典党中央在这方面做过些什么呢？请给我举出第四次代表大会以来的哪怕一件事实，我也就感到满意了。有一些同志，特别是党内反对派的某些同志，的确在工会中工作，然而在中央委员会多数派方面却根本不曾主动领导过这一斗争，就像在将党改造为革命党的过程中也表现出这种暗中抵制一样。

中央委员会的多数派向来忽视反对社会民主党的斗争。在布兰亭担任政府首脑的时候，你们进行过反对他的真正斗争吗？请告诉我：你们是如何与他斗争的？我尽管随时关注瑞典报刊，却没有发现过这种事。而当社会民主党政府不久前在丹麦掌握政权的时候，可以绝对有把握地期待霍格伦同志马上就会说一些这个政府的好话——果不其然：我读到了他赞扬这个政府的和平主义的文章，而丹麦的社会民主党部长们自己则声称，他们所想要的并不是全面裁军，而只是精简丹麦军队。霍格伦同志都写了一些什么呢？

"很有意思的是，丹麦斯陶宁格的社会民主党新政府打算赞成在丹麦全面裁军，并在边境和海上设立从国际法的观点看来必不可少的警察哨所。社会民主党的军事法案预计每年的开支为600万—700万法郎。丹麦社会民主党所处的地位与瑞典社会民主党完全相同，即两党都还是少数派。不过这并未妨碍他们在会议中采取明确反对军国主义的立场。它们并不会对'捍卫中立'构成威胁，只不过是要求拥有肃清各种破坏中立的行为所必须的武装力量，但是不会让其强大到使国家陷入军事冒险。

它们并非要求用一切合实际的政策废除整个军事制度，以此进行威胁，而是将真实情况告诉人民：军队在国外不中用，在国内却很可怕，是工人阶级的负担。因而它应当消失。"

我还要提请注意下列情况。丹麦共产党人问社会民主党的军事部长拉斯穆森，他是否打算动用军事力量对付工人，他逐字逐句地回答如下：

"是的，毫无疑问我们有这种打算，但是军事力量的运用既会针对工人，也会针对其他每一个人，如果他们试图反对社会制度的话。你们可以确信，每一个试图违反法律法令的人都会遭到武装力量的反对。"

霍格伦同志怎么可以毫无批判地为这种无耻之徒辩护、在他们身上发现值得赞扬的地方呢？（季诺维也夫："完全正确！"）

霍格伦同志在瑞典只进行一个方面的斗争。这就是党内的斗争，反对希望将党改造的具有战斗性的党的少数派，也反对追求同样目标的青年组织。我认为，这场斗争不应当不受执行委员会干预地继续进行下去。霍格伦同志在这里援引季诺维也夫同志的话说，少数人应当服从。这当然是一条好规矩，但是不应当对其作过分形式主义的理解，以为瑞典党中央内部现今的这个多数派是高度一致的多数派（在共产国际内则是很小的少数派）便可以不服从**国际的纪律**。这一点，至今为这个所谓的多数派所忽视。既然现在霍格伦同志想尽办法，甚至以开除来威胁反对派，像许勒尔同志代表青年发言之后所发生情形那样（他对许勒尔同志说，如果党代表大会不在选举之前的现在召开，他甚至不得不开除少数派的代表），那么，我们就应当坚决地宣布，共产国际决不允许采取这样的手段。我们应当现在就着手研究瑞典党内的原则分歧并设法将其弥合。我们绝不希望像失去特兰梅尔那样失去霍格伦同志。但正是为了要将他留在我们身边，我们才必须要求他遵守秩序，必须对他说：不要离开前线，快回到前线上来。

我这就结束。考察一番最近一个时期我们各支部的、不单是瑞典党的发展，我们终归应当同意，**布尔什维克化**的开端也已具备。在许多支部都可以确认，积极主动精神的增长虽说不大，却很明显。党的组织已有显著改善。某些党在一定程度上具备了新的战斗性质，从而证实共产主义的群众性影响力也得到了提高。继续在这方面竭尽全力——这就是我们的任务。总而言之，还是那句大家早已知道、但在实践中却常常忘记的金玉良言：**斗争**。我们应当遵循列宁同志的指示，学会更好、更正确地进行斗争。为了学会节节胜利，我们应当进行斗争。

柯拉罗夫（保加利亚）：

现在由格罗兹尼矿工代表团的代表向代表大会致辞。（掌声）

沙塔洛（苏联）：

请允许我代表格罗兹尼矿工向共产国际第五次代表大会致敬。（掌声）请允许我向共产国际第五次代表大会转达格罗兹尼市矿工以老格罗兹尼油田"共产国际"班组工人名义发出的委托书。

（宣读委托书）

柯拉罗夫（保加利亚）：

同志们，请转告你们"共产国际"班组的同志们，全世界工人的代表齐集苏维埃莫斯科参加代表大会，在这里学习你们的榜样，学习应当以何种方式战胜资本家，夺取政权。本次代表大会肯定会做到这一点，打造出更加坚固的武器，用来推翻世界资本主义的政权。格罗兹尼矿工万岁！世界革命万岁！

（掌声）

斯图尔特（主席）：

我认为无须翻译这个致辞。现在请乌尔默同志发言。

乌尔默（德国）：

同志们，德国问题在这次代表大会上占据了重要地位。我们要指出的是，德国右派的代表们十分广泛地利用了会议的发言权，甚至可以说，代表大会充斥着他们的发言。（德国代表团中发出喊叫声："完全正确！"）因此，几乎无法研究其他具有巨大意义的重要问题。首先是很少谈论经济前景。只有几个发言人关注瓦尔加同志的论题，妙就妙在恰恰是右派的代表，诸如拉狄克、怀恩科普、霍格伦等人，声称他们完全同意这些论点。我认为这绝非偶然，其中有着一种必须加以指出的内在联系，以便共产国际不致由于错误的或表述不当的论点而每次面临我们认为已经克服的那种危险。

瓦尔加同志说，形势不明朗（他在自己的书中一个地方谈到了这点），因而也不可能有明晰的前景。在私下的谈话中他说，他没有时间和能力判定清晰的前景。但是我认为，这是他故作谦虚。当然，在他的书中和论点中有着严重的矛盾，有许多含糊不清的地方。不过尽管如此，无论是书中和报告中都可以发现一个十分明显的倾向。对这种倾向应予强调；代表大会有必要以最坚决的方式加以反对。这种倾向何在呢？

它就在于，瓦尔加同志揭示了资本主义内部的一种发展趋势，这种趋势会克服当前的革命危机，会终结目前让资本主义矛盾缠身的状况。现在我摘引他书中明明白白流露出这种倾向的一处地方。

"无产阶级在资本主义**范围内**为改善自身的状况而进行的正当而顽强的斗争，是阻碍克服危机的首要因素。如果作为全体无产阶级斗争领导者的各国共产党能够将遭受大地主和资产阶级剥削的农民阶级广大群众也吸引到斗争中来，那么这场斗争就可能以胜利告终，而且看来即便目前还谈不到的'正常的'资本主义得到恢复时也是如此。"

总之，瓦尔加同志所考虑的是正常的资本主义可能重新得到恢复。他的报告中有一个地方，这一倾向表现得更为突出。他说：

"社会民主党从国际资产阶级利益的交织中得出和平主义的结论。它认为，这种交织如此紧密，已经再也不会发生战争了，但是正如世界大战前夕诺曼·安杰尔的推测那样，这同样并不准确。不应当过度看重这种利益的交织。那不会起到如此重大的作用，竟然能够消除利益的矛盾。"

从两段引文中显然可以得出如下结论。诚然，对当前而言瓦尔加说正常的资本主义尚不存在，利益的交织尚未能消除矛盾，尚未达到这种程度。但是两段引文都说明，瓦尔加看出了一种趋势，一方面是趋向正常资本主义的恢复，另一方面是趋向超级帝国主义——这是考茨基对他所期待的资本主义新时代的称呼，在这个新时代里资本主义的种种矛盾都将统统消失。

我认为，判定资本主义会如此这般发展，对共产国际而言是极度危险的。我们没有任何根据坚持认为当前会有这样的发展。我们看到，资本主义的矛盾继续充分地存在。我们看不出资本主义内部有那种足以缓和矛盾和对立的错综交织的东西。相反，我们却看见这些矛盾和对立持续不断的尖锐化。因此没有任何必要指出这样的发展方向。

在我们看来，从瓦尔加同志的错误判定中还表现出另外一些同样应予指出的倾向；比如，侧重和平主义的倾向（至少在某些地方是如此）。他在论点中的一个地方谈到法国对鲁尔区非法的暴力入侵。我认为，在阐述纯经济问题的论点中夹杂这类道德评价是不适当的。我们只应当从马克思主义的观点分析研究鲁尔被占领事件。瓦尔加同志的这一错误并不是细枝末节，而是从他的整体判定中产生的。

在评价专家报告时，瓦尔加同志同样偏向于和平主义。他十分轻信地采用了主要是来自英国报刊的关于实现专家计划会导致何种结果的看法。在这种情况下，同样应当对瓦尔加同志的论点进行修改，无条件地删除这一类很容易被解释为和平主义的阐述。

根据我们在瓦尔加同志书中以及部分地在他的提纲中（不过提法较为温和）对经济形势的观点，已经十分清楚，当前的形势不可能对共产党产生必要的推动因素。瓦尔加打算以什么样的方式克服这一点呢？我们德国有一小批同志，他们自称罗莎·卢森堡的学生，却以最粗暴的方式夸大她的错误。这些同志以这样的方式想象事情的进程。他们看到资本主义正走向破产，走向剧变；因而他们认为，共产党只需以这场剧变为目标即可。如果在共产党内推行这种理论，那就会导致绝对的消极被动：据说，我们只需建立并从内部巩固共产党即可，对无产阶级群众我们暂时无事可做；有个领导中心就够了；剧变一旦到来，一切都会一帆风顺的。

当然，针对这类观点我们必须进行斗争，并以最严肃的方式召唤这些同志遵守规矩。这自然是不言而喻的事，然而瓦尔加同志却有着另一种倾向——他预料资本主义内部的相互矛盾会中止，我们现在所经历的革命危机会消除。当然，不可能按照这种判断只是一味地等待革命的到来和强有力的革命局势的降临。瓦尔加同志怎么办？究竟是什么会给共产党提供必要的推动力？他说：虽然形势正朝着矛盾中止的方向发展，但是在我们所经历的这个危机时期，这些矛盾还不足够，倘若各党能让必要的**意志力得到加强**，这些矛盾便会为共产党创造革命斗争的机会。我认为这样的论据是不能容许的。我们是马克思主义者，应当拒绝这种十足的唯意志论。我们都知道，社会革命不单是取决于共产党人的意志，而且取决于整个革命形势。在这点上我们必须绝对坚持原则。

诚然，革命条件可以转变的工人阶级的斗争意志，他们应当准备、组织和进行革命；但是如果不具备革命的形势，单凭个别的一些人以及共产党的意志并不能改变这些条件，使其转化为革命的条件。两个因素彼此交织：既有意志的因素，也有革命形势的因素。否则就不可能改变局面，带领无产阶级投入决定性的战斗。我们应当十分明确地澄清这一点，否定瓦尔加的观点。如果并不直接具备革命的前景，那么，尽管如此我们也应当继续斗争，目的是组织酝酿革命；如果有着革命的前景，则我们即应当直接以决定性的革命战争为目标。

我认为，本次代表大会也应当再次着重强调，我们坚持列宁所确定的旧有主张：随着世界大战的爆发，我们已进入世界革命的时代。必须返回到这一点上来，因为第三次代表大会的论点已经削弱了这一主张。瓦尔加同志引用列宁著作中的一个地方：想方设法去寻找某种局势对资本主义而言是否走投无路，这是愚蠢的。我们同样认为，谈论资本主义是否永远具有摆脱危急局势的能力是徒劳的。然而瓦尔加同志在这方面也出了错。正如他过分夸大共产党的意志的作用那样，他也过分夸大了资本家的意志力。在这点上他也不是马克思主义者，而是一个唯意志论者。这些错误必须加以清除。资本家无法凭借自己的意志摆脱资本主义内在的矛盾，这是不可能的事。

德国代表团认为，我们应当回到列宁的主张。列宁说，我们应当将世界大战变为国内战争。占领鲁尔，如今的专家方案，都是战争的继续，只不过形式不同而已。因此将这场战争变成内战的任务至今仍然存在。我们认为，战争赔偿的问题从而依旧应当是共产国际全部经济主张的核心。自然，关注美国所发生的事也极其重要。年轻的美国共产党需要共产国际的支持。美国的状况之所以重要，还因为它的经济影响着欧洲，它们之间有着相互作用。在这方面瓦尔加也自相矛盾。他说，除了英国之外，各国的资本主义现在都具有彼此尽可能隔绝的倾向；然而另一方面，他又说，美国的危机迫使它在世界市场上表现比此前任何时候都要积极得多。我不认为各国的经济会出现孤立的现象。相反，我认为它们会更加紧密地交织在一起，但这种交织并不会减少而是加深矛盾。总之，尽管了解这一切，我们仍然坚持，赔款问题应当继续成为我们的整个经济主张的核心，因为现在世界资本主义躯体脓包仍在继续明显地溃烂，这个脓包不但不能愈合，而且还在扩大和加深，病势很可能会蔓延至世界资本主义机体越来越广阔的部分。首先，德国资产阶级一定会试图利用专家计划以自救。资本家阶级只有通过极度剥削和压迫德国工人才可能办到这点。为了能实现专家计划,德国资产阶级的压迫必然极大地加强。因为德国无产阶级准备对此加以忍受,德国资产阶级便有机会推行这一计划,但还会遇到其他一些对德国资产阶级而言难以克服的困难:英国资本家在这个专家计划中的影响。报告以最恬不知耻的方式宣布其目的在于减少、压缩德国的出口。英国资本家根本就不想掩饰他们通过专家计划所要达到的目的。为了让德国资产阶级真正能够筹集到根据专家计划他们所应支付的款额,便需要大力加强德国的出口,那是英国经济无论如何也难以承受的。这将会导致德国局势的尖锐化,抑或导致英国资产阶级的破产。因专家计划所产生的这些矛盾,无可避免地会全面激化而不是改善(就资本主义的意义而言)整个形势。

必须指出这一切。那时候便会发现,形势根本就不是瓦尔加所描绘的那样(共产党人也许可以开展革命斗争了)。不,我们所面临的欧洲资本主义内部的形势**无疑是**革命的,所以共产党人**应当**进行准备,为革命斗争时刻准备着。拉狄克同志在我们的提纲中不理解这种形势。这种形势并不意味着共产党任何时候都可以发动革命斗争;这需要有具体的革命局势。这种形势的意思是,当我们面对具体的革命局势时,共产党就应当准备好带领德国无产阶级投入决定性的战斗。

我认为,提纲应当在这个意义上进行修改:必须更鲜明地表达出,形势绝对是革命的,我们可能在最近期间便会面临这样一种革命局势,届时德国共产党以及其他的共产党都应当准备投入决定性的战斗。尽管需要帮助英国共产党,密切注意英国的形势,尝试着在共产国际的协助下将英国无产阶级队伍中的运动推向前进——我认为,共产国际着力的中心仍然是赔款问题,因而也就是德国问题,我们认为,世界革命的最近一段里程在德国,因此必须以全副精力关注这个国家的局势。

（宣读西班牙代表团的信件）

同志们，西班牙资产阶级4年来持续不断地采取恐怖手段，企图摧毁无产阶级的革命政治组织。国家发生政变的结果，我国国内的镇压更为加剧。军事执政内阁——西班牙最恶劣的反动资本家的政治工具，毫不犹豫地对革命工人实施极为恐怖的打击。他们不断强化这种恐怖政策，以死刑威胁（这是对司法的嘲弄）我们的同志、诗人、被关押在巴塞拉要塞的胡安·巴蒂斯塔·阿舍尔，罪名是他参加社会斗争。胡·巴·阿舍尔不仅是为无产阶级事业而奋斗的志士，也是将画笔献给革命的伟大画家。他的生命危在旦夕。革命工人的国际团结能挽救他的性命。让我们将他从刽子手们的魔掌中解救出来吧！

西班牙代表团提议代表大会通过下列决议：

"共产国际第五次世界代表大会向阿舍尔同志致以最诚挚的问候，最强烈地抗议西班牙刽子手们的恶毒意图，他们利用手中的权力，图谋杀害这位年轻的画家和著名的工人。"

1924年6月21日

代表团书记费利西安·阿隆索

弗赖穆特（德国）：

同志们，德国代表团在昨天的会议上关注了代表大会的辩论过程，认为极为奇怪的是，在德国已经不复存在的一个派别的演说家们却在这里十分起劲地发言，结果势必给代表大会造成一种印象，似乎德国党内还有两个对立的派别。

因此代表团认为有必要向代表大会作出如下一致同意的声明：

"在就执委会总结所进行的辩论中，已被法兰克福党代表大会摈弃的拉狄克—布兰德勒派的许多代表，极其详尽地阐述了对德国党各种问题的个人观点。德国代表团耐心地听取了这些发言，一致认为是不符合实际的和纯属多余的。德国党已经从十月失败中吸取了教训，这次失败的罪魁祸首正是该派别的代表人物。党抛开这些观点而转入当务之急：在法兰克福党代表大会上已不再有任何人赞成该派拥护者的提议。因此，本次代表大会上他们只不过是代表他们自己及其错误的政策，不能代表其他任何人。为了掩盖这一点，他们不得不搜寻在德国党工作中还能找到的缺点，以党未来的失败进行投机。这些拥护一项业已破产的政策的人，打着攻击德国党的幌子批评执行委员会和整个共产国际缺乏远见；批评的目的在于加强和团结共产国际内的右倾思潮。就自身而言，德国党早已从政治上业已埋葬的那个派别的恶劣而徒劳的政策转向当务之急，竭尽全力克服本身政策中先前的错误所遗留下的一个个不足之处，力求通过大力的工作完成法兰克福代表大会上一致确定的新任务。党期待第五次世界代表大会通过决议并贯彻执行，彻底清除共产国际内的右倾思潮，使其代表人物今后再也不能在代表大会上大放厥词。"

汉森（挪威）：

会上都在谈论共产国际内的一种新时尚：阐述布尔什维克化。但我却发现一种更糟糕的事情：发表郑重其事的外交声明。我希望什麦拉尔和霍格伦同志不要在共产国际内创立这方面的学派；在任何情况下我都不会附和这个学派。

我现在要讲的不是整个共产国际的形势，而是斯堪的纳维亚的局部形势。我就直言不讳、开诚布公地讲吧。

共产国际正在清除社会民主党的残余，不断地成长。在我看来，法兰克福代表大会的表述中浓缩了世界代表大会的主要任务。世界各国的改良主义者和半改良主义者为保加利亚和德国的失败欢天喜地。特兰梅尔分子叫嚷说，正统的马克思主义政党没有能力进行任何斗争。我们应当冷静地直面事实，不要掩盖所犯的错误。我们不应当隐讳，我们的队伍中不仅有策略性的错误，而且机会主义正试图偷偷地钻进共产国际，成为其有机的组成部分。我们由于我们的一些在革命斗争中最久经考验的支部无能为力而惨遭失败。波兰党成了流血斗争的消极观众。保加利亚党在关键性的时刻宣布中立。德国党在十月事件中不经斗争即行退却。挪威党仔细分析了十月事件，衷心拥护清除德国党内的布兰德勒主义，认为第五次世界代表大会也应当将布兰德勒主义作为一种国际现象予以清除。不过个别的一些党和共产国际也应当毫不隐瞒地反躬自问：为什么我们在决定性的时刻无能为力？这些党所缺少的是什么？我们知道，过去和现在都有一种错误的策略定位。我们得到一种印象：党的领导人受到这种错误的策略定位的鼓舞，拉狄克同志幻想社会民主党人会与党一道经历一段革命道路，结果导致与社会民主党结盟的危险策略，在党内造成了这种恶劣的后果。然而，不仅仅没有正确的理论和实践上的定位，而且也没有斗争胜利永远必不可少的真正布尔什维克的战斗精神，在紧要关头缺乏进行革命斗争的强有力的统一意志。瑞典同志斯特勒姆在其讲述俄国革命史的"闲谈"性质的小册子中，讲了一件十分有趣的事情。他试图对迥异于西欧的斯拉夫民族精神作一分析，便写道：在俄罗斯和整个东方，共产党都是某种神圣的东西，为它服务是一种荣耀，为它而死是一种义务，而在欧洲则完全是另一回事，"那里最重要的是经济组织"。在那里应当采用另一种策略，另外的方式方法。斯特勒姆同志是霍格伦同志在瑞典共产党中的共同掌权之人，这里却根本拒绝让西欧各党布尔什维克化的想法，这是由于我们的种种失败和挫折而形成的一种想法。拉狄克同志在位时，我们根本没有提出形同空想的要求，说各国共产党应当组织最直接意义上的革命，亦即最终的革命斗争。我们根本没有向各国共产党提出它们无力完成的任务。

　　批判性地分析共产国际的内部状况让我们看到，不仅仅是我们一些最优秀的支部没有能力进行革命斗争。还有一些支部连进行局部的斗争也办不到。比如捷克党，我觉得就有这种倾向：人家告诉我说，群众都很消极，我们无法斗争，我们应当先争取做到有更多的人。但是没有明确的政治路线怎么能争取到群众呢？在挪威，我们曾有过另一种类型的消极理论。面对冶金工人长达7个月之久的英勇斗争，有些人却说出诸如此类的话：斗争是无益的，雇主基于指数和法律专横也减少工资5%，维持这一法令的效力对雇主联盟而言是威望和权力的问题，而站在联盟身后的则是资产阶级政府。由于我们无力粉碎企业家联盟和政府，亦即发动克敌制胜的革命，那么继续进行这种斗争也就没有了意义，罢工终告失败。冶金工人为将工贼逐出工厂斗争过并继续进行斗争。人家告诉我们说，根据同样的道理，这个叫法颇为令人发笑；按照政府的决定，工贼不应当被视做工贼，而由于我们尚无力推翻政府和进行革命，那么，据说为反对受到政府庇护的工贼而斗争便极不明智。在挪威，我们战胜了这种消极理论；必须尽快地克服其他国家中的类似倾向。否则，我们便难以保证我们各国的党不会落到对局部的斗争也无能为力的地步。

还有一些支部，它们未必已经学会了进行宣传鼓动。如果我们学不会这点，那么我们在英国即将有一份日报这类事情对我们也帮助不大。

有一些支部还处于比较低级的阶段，它们甚至无法理解邻国的尖锐斗争，至少还不能用文章和讲话声援近邻的兄弟党的抗争行动。很遗憾，霍格伦同志领导下的瑞典党还属于这第4种类型。对各种类型的我们的支部而言，第五次代表大会的口令应当是：宣传鼓动、抗议行动的布尔什维克化，西方共产党品格和精神的布尔什维克化，清除第二国际所产生的一切腐烂杆菌。

现在谈谈斯堪的纳维亚的状况。

自从第四次世界代表大会以来，斯堪的纳维亚发生了一些对整个共产国际都具有重大意义的事件。我们挪威当前存在着尖锐的阶级斗争。冶金工人在共产党领导下进行了英勇的斗争；资本家和政府动员全部力量对付斗争中的无产阶级；工人们加强了针对工贼和警察的搏斗；出现了以"反莫斯科统一战线"为口号的本国法西斯社团；在克里斯蒂安尼亚①组建了白卫军，而且在政府的首肯下以私人方式进口了机枪；我们党作为具体的组织任务提出了武装工人的口号。所有这些事实都表明，各国中"最民主"的这个国家已经进入革命的阶级斗争时期。在这种尖锐阶级斗争的环境里，连霍格伦同志也会同意，挪威只有一个共产党，就是共产国际支部。如果霍格伦同志不想离开共产国际，他就应当公开承认，作为所谓革命思潮的特兰梅尔主义在挪威已经彻底破产。拉狄克同志在克里斯蒂安尼亚向特兰梅尔大叫，说他出席第三国际持的是假通行证。这千真万确。特兰梅尔从来不是共产党人。挪威最近一年斗争的事实完全证实了我们对他的看法。现在看得很清楚：特兰梅尔已经与共产国际决裂，因为他不愿意在挪威执行革命的工人政策。他反对共产主义原则，他重返拒绝服兵役的和平主义路线（一家农民报纸将此准确地叫做"减轻行政当局负担"——再也用不着从军队中驱除红色分子了），他反对统一战线——所有这一切客观上就是对工人阶级犯罪。特兰梅尔实际上从未坚持过共产主义的路线和原则。因此我们并不会说他背叛了它们。他只不过是将其假面具下面的真面目隐藏得太好了。他在共产国际中的4年成员资格是一种历史的误会。他在以蛊惑人心的手段确保他自己在老挪威工党内的多数地位之后，选择了一个合适的时期摊开了他的牌。但他所真正叛卖的则是他自身曾为之奋斗过12年的工会反对派的思想，这种思想认为不能从后方攻击斗争中的工人，应当大力支持他们的整个工会斗争。最近数星期、数月中特兰梅尔都干了些什么呢？他完全拥护利安的工会政策。他积极促使冶金工人被迫认输。他扼住这些英雄斗士的喉咙。挪威共产党是主张继续加强斗争的唯一政党。我们将副主席开除出党，因为他追随利安。与自己的副主席还是与

---

① 克里斯蒂安尼亚（Christiania）是奥斯陆（Oslo）1624—1924年的名称。——译者注

斗争中的工人团结一致的问题，尽管有些同志在这种情况下动摇不定，党还是在数小时内便正确地做出了决定。不过我们的党还不够强大，不足以阻止冶金工人的失败。特兰梅尔派的半改良主义者和改良主义者与资产阶级结成的统一战线再次赢得了胜利。但是克里斯蒂安尼亚和其他重要工业中心有觉悟的工人们，以最强有力的方式奋起反对被他们痛斥为直接背叛工人阶级的这一政策。工人们立即召开工会非常代表大会，以终结这种叛卖政策。挪威工党内的青年们要求特兰梅尔执行他自己的工会反对派纲领。我们在瑞典的兄弟党对此的态度如何？霍格伦同志和报纸都说了些什么呢？他是否确认特兰梅尔已脱离革命的阶级斗争、他执行的是阿姆斯特丹分子的政策、表示异议的特兰梅尔分子和工人们是对的等等事实呢？丝毫也没有。他再次扮演了挪威党斗争中此前一个时期他所扮演过的角色，当时他是为特兰梅尔提供武器装备的主要支柱。

我们预见到挪威阶级斗争的激化，便于1月组建了斯堪的纳维亚政党联盟。在组建的过程中我们通过了一系列策略性的重要决议。我们决定开展为斗争中的工人提供斯堪的纳维亚援助的工作，然而很遗憾，瑞典党对此贯彻得很不得力。我们决定力求让工会与自己改良主义的过去决裂，不再执行与旧工会官僚们谈判的政策。我们决定采取各种措施，向工会中的工人提供一条明确的共产主义路线。瑞典党中央对所有这一切都予以赞同。然而现在必须展现自己真实面目的关键性的时刻已到，挪威工人群众反对利安和特兰梅尔的愤怒情绪形成了公开的抗议行动，变成了坚决的具体要求。在这个重要时刻，霍格伦在斯德哥尔摩的中央机关报令特兰梅尔分子不胜欣喜地写道：请再也不要在工会组织中搞摩擦了，请你们放心好了。霍格伦分子的这种观点是以"希望"的方式表达的。但这样的"希望"在诸如此类的情况下的政治含义是什么呢？这无异于符合特兰梅尔分子利益的一个暗号，亦即让挪威工人群众继续归改良主义者和半改良主义者掌控，归叛徒们掌控。瑞典霍格伦分子的这种行为也许符合形式纪律的概念，但这无论如何也不是我们共产国际所需要的东西。霍格伦同志在这里声称，他在莫斯科十二月协议之前即曾声援挪威共产党。然而挪威共产党的看法却另有不同，这在我们可以提交给斯堪的纳维亚委员会的文件中即一目了然。

同志们，我们在挪威正处于一场严重斗争的前夕。我们准备竭尽全力履行自己的革命义务。我们将从坚定的决心开展反对资产阶级及其一切代理人的斗争，为我们已有的成绩增添新的战果。挪威共产党作为挪威工人阶级的先锋队，已经经受住了首次考验。我们将全力以赴继续做好我们在工会中的开拓性工作。两个孟什维克党拒绝了统一战线。我们将为自下而上的统一战线进行斗争，我们面临着建立革命的工厂委员会以及在工厂支部基础上改组党的任务。我们还有一项具体的组织任务：关于武装的问题。我们必须阻止对无产阶级的孤立，对革命先锋队的孤立，我们必须首先争取到小农。我们要在共产国际的帮助下竭尽全力，以最快的速度完成这些任务。不过我们也应该对兄弟的瑞典党提出一些要求。我们根本不会要求霍格伦立即在瑞典举行革命。我们甚至也不会要求斯特勒姆同志再也不要在他的书中写那些小资产阶级的胡言乱语。我们不会向兄弟的瑞典党的领袖们提一些无法实现的要求。但是我们无疑应当坚持一点：希望他们再也不要在我们斗争之际从背后对我们施加打击，希望他们最终停止向特兰梅尔分子的报刊提供武器，希望他们不单是在表面上宣称，而且在实际上践行对战斗中的挪威共产党的声援。我们要求霍格伦同志不要对共产国际耍手腕，不是在形式上而是事实上遵守共产国际的纪律。我们对他所提出的要求也许很难实现：但愿他不是以一个从事政治活动的文学家颠倒了的望远镜，而是从一个同心同德的战士的视角看待挪威尖锐的阶级斗争。正如德国共产党真心关注捷克和波兰党的团结一样，挪威共产党也关心瑞典的发展。对我们而言，存在着一个瑞典问题，但它并非处于孤立状态，这同时也是斯堪的纳维亚各国之间的问题。这个问题的解决乃是斯堪的纳维亚革命力量顺利发展的前提条件之一。我们在前进的道路上还会遭遇很大的困难和新的阻碍，我们要聚集最优秀的无产阶级力量，在斯堪的纳维亚建成一批坚强的群众性的共产党。即便俄国党的反对派和霍格伦像此前一样继续向特兰梅尔分子提供武器弹药，我们仍然会在挪威将特兰梅尔主义作为一个政治因素予以清除。挪威工党队伍中的成千上万的正直工人或迟或早都会回到共产国际中来。我们不顾内部的种种抗拒、反对偏离布尔什维主义路线各种倾向的斗争中的一切阻碍，坚持共产国际的坚定的列宁主义方针，一定会在斯堪的纳维亚各国实现党的布尔什维克化。

现在谈谈统一战线和工人政府的问题。我完全同意第四次代表大会所做出的定义。"统一战线策略就是共产党人提出与隶属于其他党派和团体的所有工人、与无党派的所有工人共同斗争，以保卫自身的重大利益免遭资产阶级侵害；哪怕是为了极为细小的日常要求的每一次斗争，都会提高日常的悟性、提高革命的素养，因为斗争的经验会使劳动人民确信革命的必要性和共产主义的重要性"。统一战线的这一定义与德国十月实验之后季诺维也夫所提出的定义完全一致。如果某些情况下这一策略没有成为革命的群众运动进一步发展的起源，倒成了机会主义倒退运动的起源，那仅仅是因为像1912年王德威尔得在比利时不可能实际成功的总罢工一样，机会主义分子也不可能正确地实行统一战线策略。我不准备谈论"老近卫军的退化"。仅仅想指出，下面的事情已经是一种成就了：由于运用了统一战线策略，我们除了动员公开的战争之外，还揭露了机会主义的种种具体危险，并且能够确保整个共产主义运动避免这些危险进一步发展造成灾难性的后果。

布兰德勒在这里断言，说我们已经背离了第三和第四次代表大会的主张。对此我引用第三次代表大会的一个论点作为回答，这个论点在他们听起来也许和布尔什维克化的口号一样是老生常谈："**共产党只有在**

斗争中才能成长"。这是与布兰特勒同志的刻板观点迥然不同的说法；显然，他把重心挪向了党和革命问题的纯技术性的方面。根据他的观点，只有胜券绝对在握之时才允许开展革命斗争。

瓦尔加同志显然是对的，他强调指出，革命的胜利不是自动到来的，而是要通过顽强的斗争才能获得。但条件是共产党必须**意识到自己的力量**，并且具有独立活动的能力。当党随机应变，运用统一战线的战术战略的时候，它必须感觉到和认识到，它准备以这样的方式争取群众的目的何在。党应当是能提出目标的领导力量。否则整个策略都没有意义。

拉狄克同志认为，统一战线策略只是在意味着与社会民主党联盟的情况下的一种纯粹的手段；根据他的发言，我们不可避免地需要在本次代表大会上修改关于工人政府的决议原文。然而共产国际不可能对这样的尝试无动于衷：企图通过对社会民主党的政治主张作无原则让步的方式来争取社会民主党党员工人。我们必须反对任何幻想：仿佛作为政治因素的社会民主党具有无产阶级性质。在斯堪的纳维亚也曾有过将工人政府的理论作为民主过渡阶段的尝试。只有丹麦的同志们在这个问题上坚持了一贯的正确的路线。工农政府的口号对斯堪的纳维亚各国，尤其是对挪威而言，显得十分迫切、十分重要。而且必须反对对这个口号进行机会主义的错误解释，将其说成出自共产党的某种议会策略。我们尤其应当强调我们党对革命的独立自主的领导作用，并将这一点贯穿到我们的整个政策之中。我们尤其应当表明，将我们与改良主义者的各种差别区分开来的并不是鸡毛蒜皮的小事，而是一道鸿沟，横亘于我们与资产阶级之间的那道鸿沟。我们尤其应当强调，改良主义的党已经无可救药地堕落了，不再是无产阶级的政党。

马克·马努斯（英国）：

同志们，我认为，第一，从季诺维也夫同志报告的性质，第二，从会上所作的大部分发言，都可以十分明显地看出，共产国际自上次代表大会以来所遇到的最大的一项任务，便是在我们的许多党内日益明显增长的机会主义倾向的问题。我们已被告知，在德国、捷克斯洛伐克、俄国和波兰的党内都存在着这类倾向，而且我要说，这类倾向在英国党内同样也有。尽管这些倾向在特定的国家带有特定的性质，却也有着某种共同之处，有着足以说明这一波机会主义的明显的国际共同特点。每一种这样的机会主义思潮都具备的共同特点在于，它们全都是对正确运用统一战线策略进行某种歪曲的结果。无须太加深究，即可发现这些机会主义倾向所由发生并赖以存在的源泉。十分明显，它们必定是从社会革命发展迟缓这一事实产生的。因此我觉得，共产国际所面临的最重大的任务不单是为其造成的某些偏差而责备那些犯错和动摇的党；本次代表大会更为重要得多的任务在于，要让自己在将来避免重复那些缺点和错误。我确信，要做到这点只有一个办法，这个办法本次代表大会就应当采取，即制定一项精心草拟、高度明确的专门决议，它预先就要具体考虑到如何运用统一战线的策略。

此前我们的错误是，我们一度认为我们所有的各党都十分内行，完全能够（我还想补充一句，完全愿意）按照确切的意思和精神解释统一战线策略，这种精神事先已有指示，自然理应先进行阐释。因此，我再说一遍，上述任务乃是代表大会所面临的最主要的任务，根据季诺维也夫同志的报告去完成这项任务就是下一年的主要工作目标。季诺维也夫同志的报告中作了一个十分宝贵的指示，即他首次对困难而复杂的英国问题予以关注。这一指示作得很及时，因为这些问题非常纷繁，英国的整个状况又极为复杂，同时也因为，在这种复杂困难的形势下，人数相当少的英国党不得不直接进行处理。这一指示颇为有益，因为它产生了两个结果。一是事实上促使了在座的所有代表团都吩咐自己的发言人在就执行委员会总结所作的发言中也涉及这些英国问题。这本身就是一个明显的成就。毫无疑问，让共产国际中那些具有更为丰富而深刻的经验的大党关注英国所存在的复杂纷繁的状况是颇有裨益的。结果，这个讲台上许多人都谈到了英国的形势，不过我应当补充说明，所作的那些指示效果并不大。存在着一种倾向，就是在谈论英国的形势时，过多地谈论共同之点，并没有真正涉及问题的实质。因此我现在打算稍稍花费一点时间谈谈我们是如何看待这些问题的。首先我想指出的是，问题不单单在于我们对待工党和工党政府的态度应当如何。同志们，实质并不在这里。这只是从实际问题产生的次要问题。本次代表大会所面临的关于英国形势的实际问题在于，我们要以何种方式才能建成群众性的党，因为没有一个群众性的党，则我们如何对待工党、工党政府或者其他无论什么组织便并不十分重要：既然我们没有群众的拥护，那么无论想出什么样的态度也只能是空谈。所以我要说，英国问题就是要建成一个群众性的党。去年6月间的问题也是如此，当时共产国际执行委员会与英国共产党中央委员会一道力求弄清英国既有的局势。它们那时候是如何看待局势的呢？它们所想象的大致是这样一幅图景：它们看到英国整个有组织的工人运动都处于第二国际领袖们的监控和领导之下。它们看到，英国有一个工党，在下议院中处于"陛下"政府的反对派地位；它们看到，在英国组成工党政府的机会明显地在增长。它们也看到了，1921年以来气势汹汹的资产阶级进攻的浪潮日见衰落。同时它们还可以观察到，工人中的战斗精神相继增强，工人们纷纷提出自身的要求，而且提得颇具挑衅性，这一运动的结果，在英国便开始了一个罢工的新时期。它们见证了不同的工人联合会提出自己的要求并获得认可，他们还观察到了更多的一些东西，我希望能引起那些给英国共产党提出忠告的人的注意。它们目睹了这些工人联合会提出自己的各种要求，渴望并要求自己领导自己，而他们先前所有的领导人都并未做好带领他们前进的准备。

同志们，去年6月我们在英国所看到的景象就是如此。看到现有局势的清晰前景之后，我们的任务便是随即确定一条符合形势要求的明确而细致的路线，这条路线应当最终导致在英国建立一个群众性的共产党。如果我们知道了这是一条什么样的路线并对其有了深入了解，那时候，也只有那时候，我们才能在这里，在本次代表大会上发现其执行中的某些缺点，才能确定英国共产党拥有一份日报以取代周报的时机是否已经到来。

所确定的路线可以用这样的方式加以说明。群众变得越来越具备战斗精神，他们向自己的工会、工人领袖和工党执行委员会提出各种要求，而后者显然忽视这些要求。工人们要求有领导权，却并没有获得这样的权力。因此便作出决定，英国共产党首要的任务是毫不迟疑地积极参加这场斗争，既在车间中也在工会里参与，力争将所表现出的不满情绪化为有组织的行动，围绕一项明确的纲领将其团结成一个整体。制定出针对我们的要求的纲领之后，我们最近期间的任务便是在工会内部和各个工业部门开展一场联合运动，将可能向现今的工运领袖提出挑战的明显的少数派围绕着这个纲领紧密地团结起来。换而言之，我们所预定的纲领就是，要在所有的工会和工业部门中（只要是我们能办到的地方）开展一场少数派的运动。

随之而来的是第二阶段。这类少数派运动应当这样发展：让其在每个联合会、每个工业部门和整个工人运动中都变成对现今的工人领袖的挑战。只有通过将所有的少数派运动联合成为针对英国现今工人运动的整个领导层的确有组织的反对派，方才能够做到这点。

这里大家都在谈论党对这一斗争的态度。要能达到在英国建立群众性的党的目的，只能通过一种途径——发展和加强这类少数派和反对派运动的途径。如上所述，我们已经具有这种少数派运动的实际经验——在采煤工人工会中首先结集了足够的力量以制定纲领和提出采煤工人们准备为之斗争的某些要求。随后运动将采煤工们围绕着这项纲领团结起来,并在执行委员会中提出该纲领。纲领在采煤工人联合会执行委员会提出时,出现了反对它的坚定的反对派。这个反对派为首的是一个死不改悔的反动分子,他的名字对国际运动各种会议的参加者来说是再熟悉不过了,这就是采煤工人工会总书记弗兰克·霍奇斯,他接受了挑战。少数派对此的回答则是迫使他去职并使选举库克为总书记的提议得以通过。不过,少数派还获得了更大的成功。他们迫使英国采煤工人联合会执行委员会接受了他们的纲领。目前,当我们正在这里参加代表大会之际,英国采煤工人联合会内正围绕着少数派的这项纲领进行着一场斗争。这场运动并不是孤立的。它组织严密,有着自己的周报机关刊,据我所掌握的准确数据,其印数多达近4万份。煤炭工业中的情形也是如此。冶金工业中的少数派运动也在进行,它拥有自己的中央机关刊物(《冶金工人通报》)。围绕着少数派所提出的纲领,冶金工人的全体战斗成员团结了起来。这个运动在南安普敦组织了一场大罢工,目前机器制造业工人们也像采煤工人一样,正在进行关于接受少数派运动所提出的纲领的谈判。

其他一些部门也能看到这样的情形。码头工人、运输工人、海员、纺织工人等中间也出现了少数派运动。我列举这些情况只有一个目的,就是表明我们在运用我们所采取的策略方面都做了一些什么。

党的目的是一定要做到:每一个工业部门只要出现了工人们的不满,我们党的每一个党员就要立即参加斗争,站在斗争的前列。

这个少数派运动发展和扩大到何等规模,共产党人对它领导到何种程度,共产党的中央机关报表达它的政治诉求到何种程度,这些都表明与孟什维克类型的官方工人领袖进行斗争的有组织的持续运动在英国已发展到何种地步。

随后便产生了共产党对待工党的态度问题。我们的策略仍然很清楚明确。在这方面我们也应当继续进行我们在工党内团结这些反对势力和少数派运动的工作,将他们联合起来,以便在工党的代表大会上依靠已经组织起少数派运动的每一个联合会中的少数派,让具有革命性质的某个有组织的政治运动与旧有的领导人相对抗。这场斗争的发展规模与程度,我们党的机关变成传播工人要求的工具,共产党员积极领导这些罢工和这场斗争——所有这一切都是衡量我们在组建群众性政党过程中所取得的成就的直接标准。群众性的政党只能在激烈斗争的炉火中加以锻造,而对于共产党来说,要领导这场斗争只有一个途径——这条途径就是在旧有的领导人放弃领导权的地方成为反对派的首领,随时准备好团结群众,给予他们所必须的领导和方向。

现在转而谈谈对工党政府的态度问题。当前现有形态的工党是工人阶级各种联合会和工人阶级各种政治组织的混合物。在这个工党中,英国工人阶级有组织的所有运动事实上联合成为一体,墨菲同志恰恰考虑到了这点,他才说不待在工党里、不加入工党,就意味着不参加有组织的工人运动。佩珀同志在发言中批驳了墨菲同志的这种说法。佩珀同志不同意说置身工党之外,就是置身于有组织的工人运动之外。然而工党囊括了有组织的工人运动本身,既然如此,那么由此可以合乎逻辑地得出结论:自外于这个党,就意味着自外于英国有组织的工人运动。正因为如此,我们党的曼彻斯特代表大会才一致提出,根据去年的经验,党应当加强自己的斗争,以便达到加入工党的目的。

同志们,我们为加入工党而斗争并不是单纯为了并入它这个事实本身。我们争取加入它的原因在于,为了成为群众性的党,共产党就应当待在有组织的群众所在的地方,就应当待在可以参加有组织的工人们斗争的地方。这就是我们为加入工党而斗争的目的。这种斗争本身就能团结相当多的群众,这是好事。因此本次代表大会需要就加入工党的问题发表十分清楚明白的意见。这是所面临的最迫切的任务。本次代表大会是否持有这种观点：认为已经到了共产党不应再争取加入工党的时候了？我们的意见是：去年的经验不仅不能证实这点，而且相反，完全驳斥了这类决定。

人们常常将这个问题与另一个全然不同的问题混为一谈，这就是我们对待工党政府的态度问题。到处都能听到一个我完全赞成的要求——对待工党政府和工党上层领导的态度要更加不客气一些。我们同意这样做。但是要让这种批评（无论对工党还是工党政府）达到目的，只有一个确是无疑的办法：批评应当依靠群众的支持，只有那样，批评才能被感觉到。这就是我们的任务：贴近工人群众，将他们团结起来反对工党政府和反对工党。

关于加入工党的问题我还想插上一段题外的话，目的是纠正大会上多数人关于英国党对待加入的态度的错误印象。占主要地位的意见是，英国党静止地看待加入的策略。普遍的印象为：之所以力争被接受，我们是想加入工党后永远留在其中。同志们，我们完全没有任何类似的打算。我们认为，恰恰在当前应该加入工党，那是为了发展这场反对派运动。只有反对派运动在工党内能得到发展，只有这场反对派运动的斗争能导致与旧有领导人的决定性冲突，我们才打算留在工党内（如果我们终于加入了该党的话）。问题在于我们要对群众施加影响，将他们围绕着反对派的革命纲领团结起来，促使他们反对自己的领导人。

然而为了获得组织这场斗争的力量，我们就首先应当加入工党。这里我想提一提佩珀同志的表态，他说英国共产党的主要错误在于没有划清自己与工党之间的界限。即便大会因为英国党的各种过错、失误和罪行而提出指责，但绝不会是为了这一点，因为从共产党成立的第一天起（当时我们提出了希望加入工党的申请）直至今天，共产党与工党之间就不断进行尖锐的斗争；这场斗争至少教会了工人们看清，有一个共产党，也有一个名叫工党的党派。这场斗争还十分清楚地表明，共产党并不就是工党。

现在谈谈工党政府的问题。我们应当同它斗争，但最好的斗争方法何在呢？与工党政府作斗争的最好最有效的方法，就是**通过**工党同它斗争。在哪些方面、如何斗争呢？首先要像我们党所做的那样，在今年的工党代表大会上提出由工党监督工党政府的问题。为什么这很重要呢？原因如下。工党政府已经执政6个月了。在这6个月期间广泛发生罢工和工人阶级的抗议行动。政府事实上每次都被迫干预这种斗争，而在它这样做的时候，每次都迫不得已，不是站在进行斗争的工会及其领袖和工人方面，而是反对他们；不但如此，它甚至还被迫开始威胁动用国家权力对付自己的战友、对付自己的工会运动。同志们，我要提醒你们想一想阿姆斯特丹国际的维也纳代表大会。在这次代表大会上我们看到，英国的工会领袖们采取了极富挑战性的好斗立场。在阿姆斯特丹代表大会上，英国代表，也只有英国代表，要求代表大会承认俄罗斯工会，而且他们所作的发言具有某种战斗性质；请你们注意，这些发言出自英国政府的战友们。这种分歧从何而来呢？原因就在于，工会领袖们如今已开始明白，他们不得不同这个政府斗争，来自下面的压力十分强大，他们只得二选其一：要么跟工党政府走，要么带领群众反对它。这是斗争具有重大意义的开端，这将是工党内部争取对工党政府的监督权的斗争。某些最重要的问题就是如此。

我的时间有限，所以我仅只涉及了两点，这两点在大会上也引起了困惑不解，英国党内的机会主义问题无须我们过分担心。这种病症不是在加剧，而是在逐步消退。它是由共产党继承自加入党内的一些老组织的传统直接引发的。这种机会主义主要表现在一个方面，即在关于议会候选人的问题上。但即便关于这个问题，曼彻斯特代表大会上也十分清楚明确地形成了党的观点，确定了对待议会候选人和这种机会主义的态度。

因此，关于议会候选人的问题，只应该与已成为共产党的任务之一的这场运动的发展状况联系起来进行分析研究。

最后我想要说的是，我们代表团在讨论了所有的批评意见和大会上关于英国局势的全部发言之后，认为自己有义务向代表大会介绍各种情况，以便能对英国的确切状况和我们必须解决的种种问题作出一番全面、清晰、具体的描述。我现在宣读这份提纲，都很明确而具体：

1. 各国党内，特别是德国、俄国、波兰、捷克斯洛伐克以及其他一些党内所产生的"右的"思潮，不应当视做地域性的或民族性的倾向。我们都看到了包括英国党在内的各国党中机会主义思潮的普遍发展，在我们看来，这是社会革命发展缓慢的结果。

2. 各国党所作的报告和声明显示，尽管通常情况下这类"右"倾在某些国家以不同的形式表现出来，不过它们全都有着某种共同之处。这些机会主义派别都歪曲统一战线正确原则的运用。因此，我们认为世界代表大会不仅应当说明统一战线策略运用的正确方法是什么，而且也应当为每个党制订出具体的行动计划。代表大会应当十分明确地强调，统一战线必须被视为动员工人群众在共产党的领导下采取革命行动的口号。

3. 既然谈到英国，我们认为必须更坚决地反对工党的高层领导，反对已经变为纯粹的资本主义和帝国主义政府的工党政府。

4. 因为把工党看做各种联合会和工人组织的混合体，所以我们认为共产党应当利用这个舞台进行斗争，目的是掌握英国工人运动的领导权。为此英国共产党就应当继续为加入工党而奋斗。不过，在争取加入的同时，共产党在任何情况下都不应当牺牲自己独立采取行动的权利，都应当保留进行批评的全权。

5. 关于推出议会候选人对抗工党的候选人的问题，并不是原则性的问题，而是策略性的问题。共产党的任务在于密切注意，候选人只能在经过激烈的斗争之后遴选出来，但是不能背着各委员会闭门操作，而是要面对广大群众。在这场斗争中，独立工党和工党的候选人必定与共产党的纲领和候选人相对抗，但是，当工党的候选人打算反对共产党的意愿时，我们不应当在目前共产党还很弱小的现实条件下让自己的候选人与之相对抗。必须注意一点：按照工党的章程，提出与工党候选人名单相竞争的对手的团体应当开除出工人运动。目前我们采取任何类似的行动都只能有助于那些旧领导人，对组织和动员工人运动革命分子的共产党中央进行报复。不过，如果不提出我们自己的独立候选人，我们参加竞选运动的唯一目的就应当是促使选民群众要求工党候选人采取革命行动。这样运用统一战线就不会成为退让，而是战斗。

6. 共产党候选人只应当在明确的共产主义战斗策略的基础上选择和确定。我们的候选人无论如何也不能像工党左派代表那样简单地进行挑选。必须从竞选运动刚一开始便十分清楚地意识到，共产党候选人是为什么而斗争。必须记住，为了共产主义的利益而赢得群众比借助于模糊的机会主义的工党纲领而获得议员席位重要得多。

我们打算就这个问题向政治委员会以及英国委员会提出具体的建议。但是现在我们向代表大会提交这个提纲，目的在于防止对英国共产党的状况发生误解。

同志们，这些条款的草拟、签署以及现在提交给代表大会，都是会上代表英国共产党的代表团的全体一致、详尽全面的意见。

（会议休会）

第十三次会议

(1924年6月25日,星期三)

主席:斯图尔特

讨论季诺维也夫和瓦尔加的报告(续)

斯图尔特(主席):

主席团提议截止发言人报名。就执行委员会的报告所进行的讨论今天和明天3点之前继续进行,5点时由季诺维也夫同志致闭幕词。今天已登记的发言人必须按照规程限时15分钟。没有反对意见吗?一致通过。

皮奇尼(意大利):

同志们,这几天在意大利正发生一些具有极大政治意义的事件。我们很难根据暂时传到这里的数量很少而且迟到的消息对这些事件的全部意义作出评价。我们很难预计意大利所出现的这场危机的发展和结局。不排除意大利的局势如今会发生全面的转折。意大利的无产阶级群众和广大人民群众都参与了运动。如果我们党能够站到这次运动的前列,将其领导权掌握到自己手中,那么事情就有可能发展到与法西斯主义进行决定性的武装战斗。不过也可能法西斯分子与反对派达成妥协:既通过宪法形式与资产阶级反对派达成妥协,也与社会民主党达成妥协。意大利资产阶级的大部分人都知道,意大利群众中已经积聚了大量的革命燃料;他们知道,如果这种状况持续下去,那么迟早会有一天,无产阶级的革命浪潮不仅会扫荡法西斯专政,而且会扫荡整个资产阶级制度。因此,大部分资产阶级都希望将法西斯专政纳入法制、民主和正常关系的范围之内。也有可能,法西斯主义选择第三条道路,亦即出现新的反动浪潮和向罗马重新进军的道路,从而巩固自身的地位、自己的政权。不过我不想过多地谈论这些假设,最好还是指出下面的事实。这个重要的事实就是,一年半之后的现在意大利无产阶级里又作为一个决定性的关键因素,再次登上了意大利政治生活的舞台。同志们,你们都知道,1922年10月国家政变之后,意大利无产阶级陷入灰心丧气、迷失方向的状态。当然,他们内心充满深切的仇恨、巨大的不满和苦痛。但是意大利无产阶级在政变后已失去对自身力量的信心,期盼着法西斯专政不是由于无产阶级的斗争、而是由于其他的因素而溃灭。他们期待着这种溃灭不是由于议会中钩心斗角的把戏,而是由于别的一些国家社会力量对比关系进展的影响,也就是说,不是由于自身的力量,而是由于其他的因素。

  同志们,目前在这方面已发生根本性的重要转折,这是我们在两星期之前无论如何也不曾料到的。意大利数十万工人现在已投身运动:罗马、那不勒斯发生了总罢工,群众抗议的游行示威遍及所有的城市。

  同志们,这一事例对于我们有何意义呢?这说明,意大利无产阶级重新获得了对自身力量的信心。这说明,意大利无产阶级再次意识到自己是国家政治生活中的决定性因素。这说明,阶级斗争的烈火再次熊熊燃烧起来了。

  无论这场危机的结局如何,有一点是确定无疑的:意大利无产阶级再也不会有推动对自身力量的这种信心了。毫无疑问,最近的将来一旦有合适的时机,无产阶级将会再次投入斗争。毫无疑问,无产阶级届时发起的反攻将会持续为决定性的斗争，直至取得胜利。

同志们，意大利的工人和农民在这些日子里，也许在这几个钟头里，已经在进行反对法西斯匪帮的艰巨的斗争。所以极为重要的是，我们的代表大会要向意大利的工人农民表示声援，对他们加以鼓励和赞许。意大利代表团提议代表大会向意大利工人农民发出呼吁书，号召意大利无产阶级团结在共产党的旗帜周围进行斗争。

在宣读这封呼吁书[①]之前，我还要请求主席团将其交付无线电台予以广播。

埃尔科利（意大利）：

同志们，我的发言代表意大利共产党多数派，亦即代表我们党的中央集团。

由于中央集团不久之前刚刚组建，而在国际性的代表大会上我们一向总是与博尔迪加同志的左派集团协同行动，所以我认为你们会允许我简要地说明促使我们脱离博尔迪加同志及其集团并独立行动的缘由。

也许，只有联系到我们党的起源本身和由它所产生的那些团体的性质，才能解释得清楚。

意大利共产党是由"苏维埃"、"新秩序"等团体组成的。早在我们党建立之前，这两个团体在政治领域的许多问题上即存在着分歧。我仅仅说一说我们和博尔迪加集团对待议会制和工厂委员会运动的意义问题的不同态度。不过在共产党成立之前，我们与博尔迪加之间在批评意大利的社会民主运动方面是完全团结一致的，尤其是，双方都坚信意大利共产党必须建立在反对右派和政治中派的基础之上。

---

① 见《国际共产主义运动历史文献》中央编译出版社 2014 年第 39 卷相关附录内容。——编者注

这一基础在里窝那代表大会之后已经为共产国际所承认,所以我们现在仍然深信并断言,意大利共产党只有在上述基础上才能发展。

对博尔迪加同志都做了一些什么样的指责呢?

共产国际对此的看法十分明确,它指责博尔迪加向意大利共产党提出的基本理论限制了机动的能力。共产国际也指责他(在对罗马提纲的批评之中)未能将党的发展与群众的运动和客观现实情况的变化联系起来。

我们认为有必要提醒我们党在意大利诞生的环境以及我们在其存世初年开展工作的客观政治环境。我们要提醒一句,任何机动的能力(我还会谈到这个问题)首先都要求有一个真正共产主义的党。

我们党是在什么样的环境里建立的呢?是在最困难、最可怕的环境里。我们出现的时候正值意大利的工人运动已经注定会无可避免地失败,法西斯主义极其疯狂地向无产阶级发动进攻,这次进攻以法西斯主义夺得政权告终。

在这样环境里建立共产党的确是一个生死攸关的问题。我们当时必须解决这个问题。我们必须树立共产党的全国性组织的形象。我们必须在当时的群众意识中为共产党赢得一席之地,其时内战爆发,工人阶级最优秀的力量每日每时都在这场战争中牺牲。我们同样必须反对社会党所留给我们和整个意大利工人运动的机会主义和政治中派的可悲遗产。

考虑到党成立的最初数年期间我们不得不在其中工作的环境,我们认为那些年领导人所执行路线,如果不说完全符合共产国际的路线,那也终归是一条正确的路线,因为它产生了当时所能取得的最大成果。那个时期在意大利,任何别的路线都不可能让我们取得这些成果。

昨天青年共产国际的同志指责我们空谈理论。我们可以回答他的只能是这样:如果我们建立党并不得不在那样的环境里进行斗争的时候,这位同志你能和我们在一起,那么你就会看见如此艰巨的任务中有多少理论和多少实践。

　　下面就是促使我们在罗马代表大会上表决（甚至使用了发言表决）赞成博尔迪加提纲的理由；共产国际不赞成这份提纲，从而在共产国际内爆发了一场危机。如果我们不那样做，那么我们的党就会爆发内部危机，而且更为深刻，因为党在当时尚未走出组建时期。在当时的环境下不可能有不同于党的领导人们所作所为的其他做法。

　　我们知道这是明显的矛盾，因为与共产国际中央意见分歧就不可能建立一个强有力的共产党；我们正是受到这种矛盾状况影响的第一批人。我们党内形成了右派、"孟什维克派"，网罗了许多成员，我们必须为反对他们而斗争。对这些人员而言，连结点应是对共产国际的忠诚，然而实际上他们却是瓦解我们的运动的一种危险。我最好还是向你们提一提邦巴奇同志，我们当时必须解除（我们全都同意这一点）他在党内的一切负责的和代表性的职务。正如早在一个月之前即已签署了中央委员会会议上少数派的政治声明一样，这位同志是我们必须大力反对的一种思潮的代表人物，这种思潮包含着使党偏离革命的马克思主义路线的危险。

　　同志们，意大利工人运动的环境现在已经发生了根本性的改变。革命的热潮消退了，工人阶级依然像先前一样未能发挥压倒性优势的因素、足以决定政治局势的因素的作用。不过工人阶级力量的分化现在已经停止。

　　这种条件下我们应当为自己提出什么样的目标呢？党已经在工人阶级最优秀部分的意识中占领了牢不可破的坚固阵地。我们现在应当怎么办呢？党应当成为群众性的党，应当成为意大利广大工人和农民群众的党。这就是我们必须解决的问题。

　　为了解决这一问题，罗马代表大会上左派所采取的那套理念和实践上的主张已经不管用了，必须予以抛弃。应当改变全党在提供给罗马代表大会的提纲中所采取的立场；必须无条件地深信不疑地采取共产国际策略的观点。这就是我们对我们党内左派的要求，这就是我们决定与博尔迪加分道扬镳的理由。

季诺维也夫同志提到，本次代表大会上意大利代表团可能不得不进行非此即彼的选择：要博尔迪加还是要共产国际。我们希望无须这样做。我们要再说几句。我们要力求让这种非此即彼的选择成为不必要的事；这种两难选择不仅摆在党的面前，而且也摆在部分工人阶级的面前。

为了避免这一切，就需要代表大会从政治上和理论上完全澄清共产国际的原则。

至于季诺维也夫同志的报告，则我们完全赞同他的意见。我们认为，这个报告是阐明和完全确定共产国际主要的策略和政治观点的工作基础，我们要求代表大会进行这一工作。

我对这个问题的陈述可以分为三个部分：首先是一个总的意见，然后是两点有关局部问题的意见。

总的意见。在1923年4月的第四次代表大会和执行委员会扩大全会上，我们提出了一些针对共产国际论点的修正意见并表示与博尔迪加同志团结一致。为什么呢？因为我们坚信，第四次代表大会和执行委员会扩大全会的某些论点中有一些模棱两可的地方、不清楚的表述，这为右的危险打开了方便之门。

现在必须将这些门关上。我们要求将此事公开进行到底。但是我们认为，如果说模棱两可的表述是第四次代表大会倾向于右派一方的错误的话，那么第五次代表大会着重研究模棱两可的表述就是倾向于左派方面的错误。代表大会应当全面彻底地分析研究季诺维也夫同志已向我们说明过的左派的那些表述并弄清其政治和历史意义。这就是我们对代表大会的要求。如果左派肤浅的批判性立场并不会成为本次代表大会的结果，那么代表大会必将一步也无法向前迈进，我们就会得到一个包含着模棱两可内容的条款，将来就会感受到这样做的结果，何况，季诺维也夫同志自己也承认，反对右的危险只能通过十分清楚的表述才能办到。

举几个例子。特兰同志声称，他现在已接受季诺维也夫的表述，同时也接受扩大全会的表述。然而季诺维也夫同志本人却声称，扩大全会的表述中发生了某些改变。这样，这里就有着明显的矛盾。必须指出这种矛盾并加以纠正。

什麦拉尔同志也赞同季诺维也夫同志所说的一切。

这里还有一个例子。鲁特·费舍同志（德国左派）的发言中有一些与德国左派其他同志所说的话相矛盾的地方。

这里显然有一种停留在未能充分澄清的左派立场的倾向。

还有最后一个例子；它使我能够强调我们要求的是什么样的澄清，应当从哪方面着手，以及我们如何理解第五次代表大会的宣言。

我们的同志罗西说过：如果说工农政府是无产阶级专政的同义语，那么很清楚，这只不过是一个语言的问题，于是我们接受这个口号，因为我们并不害怕语言。

人们不禁要问，关于工农政府的问题真的仅仅是一个语言问题吗？如果是这样，那么拉狄克就是对的，他指责我们一连在几次代表大会上研究这个问题，却至今未能弄清这个关于语言的问题，其实1919年和1920年工人阶级早就很好地理解了无产阶级专政是什么意思。

这并不是语言的问题，而是一个关于不同的历史和政治条件迫使我们采取不同的策略路线的问题。

拉狄克同志说：不对，仿佛1919年和1920年我们只是一些进行宣传鼓动的普通党派；其实当时就有大规模的群众运动，广大群众为夺取政权而斗争。不过区别在于，那时候并没有共产党领导这些群众，而共产党却善于利用追随它们的各种力量，实行随机应变。

目前群众并没有进行自发的夺取政权的斗争。为了让他们投入这种斗争，为了向无产阶级具有决定意义的阶层以及最落后的阶层提出夺取国家政权的问题，共产党和共产国际应当随机应变。这就是我们所赋予工农政府这一口号的具体意义。

如果我们注意一下意大利的局势，这一点就会变得一清二楚。

意大利现今的条件与1919年和1920年的条件有多大程度的区别呢？1919年和1920年之时工人阶级在政治局势中自发地发挥着决定性因素的作用，因为他们与无产阶级最落后的阶层、与农村无产阶级以及部分中间阶层结合到了一起。

如今我们的工人阶级为了获得这种主导作用，就必须运用政治手法，而这个过程中的领导者则应当是共产党。这就是列宁同志用这样的一席话所指示的那种政治手法：

"**必须**极仔细、极留心、极谨慎、极巧妙地一方面利用敌人之间的一切'裂痕'，哪怕是最小的'裂痕'，利用各国资产阶级之间以及各个国家内资产阶级各个集团或各派别之间的一切利益上的一切对立，另一方面要利用一切机会，哪怕是极小的机会，来获得大量的同盟者，尽管这些同盟者可能是暂时的、动摇的、不稳定的、靠不住的、有条件的。"①

有些同志对我们这样说：列宁所表述的这种策略对他来说很好，因为他是天才的领袖、任何时候别的人都无法替代的最出色的领袖。但是现在他已经不在世了的时候，这个策略就不好了。

我们不同意这种看法。我们并不认为列宁同志所提出的策略路线仅仅对他一个人有用；我们认为，只要是有共产党、真正共产主义的马克思主义的布尔什维主义的党的地方，这些策略路线随时随地都可以得到

---

① 《列宁全集》中文第2版第39卷第50页。——编者注

运用。

总之，这就是第五次代表大会的主要任务。本次代表大会应当确定在每个国家都能赖以建立马克思主义的共产党、布尔什维主义的党的基础。

正是在这个意义上，俄国共产党中央在内部辩论中表明，为了建立和巩固一个团结一致的布尔什维主义的党、防止它非布尔什维克化，多么需要动一场手术。

再谈谈统一战线策略。我们认为，要否定这一策略只能是在这样的情况下，即运用它会导致忽视共产党在推动革命事件发展中的作用的时候。从我们在这里所听到的关于德国问题的议论中，我们得出一个结论，德国党的错误在于：它在众所周知的时刻忘记了共产党的这种作用，将共产党与左派社会民主党相提并论，忘记了季诺维也夫同志在其报告中十分清楚地表明的一点，即左派社会民主党在目前不能被视为工人运动的右翼，而是资产阶级的第三党。

至于工农政府的问题，我们则认为，季诺维也夫同志的表述应当用布哈林同志所说的话加以补充，布哈林同志是从政治和历史的观点对这个定义进行分析的。我们认为，这样分析能够使人清楚地认识到上述定义的整个意义。

关于意大利问题，季诺维也夫同志再次表示了他在4月的执行委员会扩大全会上已经表示过的意向，即建议接受社会党作为同情党加入共产国际。我受权代表包括少数派集团在内的意大利代表团声明，我们反对以六月扩大全会上的形式和条件通过这一建议。（掌声）

片山潜（日本）：

同志们！日本代表团表示赞同季诺维也夫同志的报告。我们感到遗憾的是，他只是略微涉及了一下东方的问题。继瓦尔加同志的报告和提纲之后，日本代表团认为季诺维也夫同志对东方问题的阐述是不全面的。他只谈欧洲和美洲，稍稍提了提其他各大洲。瓦尔加同志在他的报告的通论部分顺带提到了日本货币贬值的事。在我看来，他应该写出另一份更为详尽地讲述世界其他各大洲经济状况的报告，或者将自己的报告的题目《世界经济状况》改为《欧洲和美洲的经济状况》。

季诺维也夫同志提出的工农政府和统一战线的口号在策略上是正确的，因为是从革命的观点对其进行的分析。但是这些口号不能同样运用于欧洲和东方国家。运用的形式各不相同，但毫无疑用，这些口号东方也完全能接受。在东方，土地问题具有极为重大的意义，因为那里只有帝国主义的剥削，资本主义在这些国家的发展远不充分。耕作是最重要的手艺，所以这些国家的全部工人群众一无例外地出身于农民。不过，自战后以来印度、中国和其他一些殖民地、半殖民地国家的资本主义都开始显著地发展。工农政府的口号对东方国家而言还需要进行研究和确切地表述。

至于统一战线的口号，则共产国际的远东各国支部与东方国家之间显然需要单独建立反对帝国主义压迫的统一战线。这一口号应当在共产国际的领导下加以实现。至今共产国际各东方支部之间的联系尚未建立起来。共产国际在剥削殖民地各国的国家中的支部，像共产国际在东方各殖民地国家中的支部一样，都应当建立统一战线。顺便说说有关外来移民的问题，必须让各支部相互团结起来，共同为反对帝国主义而斗争。完全从种族的观点分析研究这个问题，这是可能的小资产阶级的谬误，我们务必加以防备。

同志们，我并不企图把自己说成德国形势的行家。对此我只想讲几句话。上次代表大会上我们听说，德国党的左翼微不足道，对它用不着加以考虑。数月过后，鉴于左翼的力量在一些最大的城市诸如柏林、汉堡和埃森都大大加强，在莫斯科举行了一次代表会议。我们当时就应该争取将他们团结起来，共同为即将到来的革命而斗争。当我去年9月从高加索回来的时候，听说德国党武装了60万工人，待到它武装起百万之众时即可开始与德国的资本主义进行斗争。随后我们便看到了萨克森的失败并满心激动地注视着汉堡所发生的令人震惊的悲惨事件。我一直听周围的人说，左派中谁批评多数派，谁就是叛徒。我有机会常常听到的正是最后这些话。我离开了莫斯科数月。现在与第四次代表大会上我们所听说的德国党的左翼微不足道相反，现在我们都知道是它在领导德国共产党。在德国党这样的条件下，德国革命要取得胜利是不可能的。应当从共产党内部的统一战线着手，这样它才能向工人们提出号召，建立为革命而斗争的统一战线。我希望你们，德国党的代表们、它的左翼的代表们，成为党的领导之后，要从右翼和中央的错误中吸取教训，建议他们与你们一道工作。

我希望，德国共产党最近的将来能在自己的国家胜利地实现革命，我们的第六次代表大会也就能在柏林举行了。

最后我要略为谈谈博尔迪加同志就俄国共产党在共产国际中的领导权问题所作的声明。我倒是可以怀疑博尔迪加在意大利的领袖地位。苏维埃俄罗斯在最近5年期间正变得日益强大。现在它无论在经济方面还是在其他方面都是最强大的国家。不过我主要指的是它的威力的经济前提。俄罗斯成为欧洲最强大的国家是意味深长的，虽然美国并未正式承认它，但在华尔街的美国资本家之中俄罗斯却享有极大的威望。今年1月，俄罗斯钞票在纽约交易所得到比英镑更高的评价。俄罗斯做到了收支平衡并让自己的预算变得稳定。请注意，苏维埃俄罗斯的政府是布尔什维主义的政府，苏维埃俄罗斯的威力就是共产国际的威力。世界密切注意苏维埃俄罗斯的新经济政策，不知道它是否会成功，但是许多人忘记了，新经济政策处于无产阶级专政的控制之下。换句话说，在俄罗斯，资本主义是可以驾驭的、受到利用的：利用它的是在俄国共产党控制和领导下的苏维埃俄罗斯的工农政府。这个党是共产国际中最强大的党,它发挥领导作用的权利任何情况下都不会受到怀疑。我反对博尔迪加对俄国共产党在共产国际中的领导地位提出质疑的论断。漫不经心、根本错误的批判态度只会把正在沿着正确道路前进的世界无产阶级搞糊涂。

蒙蒂菲奥里(澳大利亚):

同志们!当我听到英国同志马克·马努斯关于季诺维也夫同志的报告和英国共产党的工作的发言之时,我就想,澳大利亚共产党的工作与英国党的工作在许多方面何其相似。我们都把加入工党作为一项任务。我们都力争建立统一战线,力争把我们党变成一个真正充满活力的富有战斗性的组织。

然而在加入工党的问题上,我们在澳大利亚面临着大量困难,比英国共产党所面临的困难更加巨大,更加难以克服。首先,我们在开展我们的组织工作时所遇到的是广袤的国土和数量十分稀少的人口。

澳大利亚比美国要大。它比大不列颠、爱尔兰和苏格兰大 24 倍,而人口却只有 550 万,而且大部分分布在沿海或者集中在几个大的港口城市。其次,我们还遇到另一个困难,就是澳大利亚工会始终坚持"白色"澳大利亚理论,亦即反对有色人种工人入境,因为这可能降低澳大利亚工人的生活水平。但是现在随着资本主义的不断发展和集中,尤其是鉴于太平洋问题特别重要和紧迫,有色人种劳工的问题再也不应该被我们忽略了。我们的宣传和我们的学术的主要思想,根本就并未归结为要求进口有色的和廉价的劳动力——中国苦力,而是要解释清楚,马克思从来没有说过:"全世界的白人无产者,联合起来",只是说"全世界的无产者,联合起来"。当前正值资产阶级如此激烈地向我们展开进攻之际,我们不应当容忍对有色人种工人的剥削,因为剥削他们定然会引起白人工人工资的下降。类似的情况目前在鲁尔也存在，如果在德国鲁尔工人的工资降低到中国苦力的费用，那么这种减少既会影响到英国的也会影响到澳大利亚的工人。

我们为了打入工会和工党所做的工作是困难的，但颇富成效。我摘引一段报纸上涉及我们在上述问题方面工作成果的话。《泰晤士报》5月30日刊登了一封电报，其中说，两个资产阶级政党，即民族主义党和土著党团结一致，订立了一个类似同盟的东西，为的是与日趋严重的"劳工的进攻"作斗争。资本家并不觉得右派（保守党人）可怕，但他们严重注意一个因素：共产党正想方设法渗入而且很快即将渗入工党，并且会造成后者左倾，而这才是资本家们现在所最害怕的。

我可以补充一句，我们在澳大利亚国内获得了很大的进步，因为现在我们已经在那里发现了法西斯主义的征兆。你们听了我这就给你们读的一段引文就可以确信，法西斯主义正在这个国家抬头，这证明在那里已经做了相当多的有利于世界革命的工作。我从资产阶级报纸《澳大利亚亚洲人报》摘录一段与工党有关的话。工党正准备召开代表大会，因此该报上出现了下面这则简短报道：

"两种流派在怀有反对共产党人情绪的那部分代表大会代表中占有明显的优势。一派要用人身暴力手段将他们赶走……另一派则倾向于通过一项开除共产党人的决议。但无论采取这些措施中的任何一种，看来工党都会分裂为几乎势均力敌的两个阵营。就这一问题举行的表决显示，赞成和反对共产党人的两派几乎旗鼓相当，反共一方只有微弱的数量优势。"

为了更清楚地说明这个问题，我再摘引新南威尔士矿工组织的机关刊物《共同的事业》上的一段话。这份杂志刊登了我已经提到过的工党代表大会的总结，涉及共产党人加入工党的问题时，以下列方式进行表述：

"我们的委员会经过与澳大利亚工党的国家和联邦组织的著名代表们会商之后,得出结论:澳大利亚工党有着一个相当宽泛的纲领,足以接受各种色彩的工人思想,由于可能会定于近期举行全国和联邦规模的选举,所有的劳动政党都必须站到澳大利亚工党一边,以保证选出一批工人政府,从而让它们着手解决严重的失业问题,整顿帝国混乱的财政状况,打退对工会的猛烈进攻——委员会号召全体劳动者对本党给予支持,它在未来的斗争中不是以多党的面貌出现,而是以一个统一的劳工政党的面貌出现。然后我们推荐从事选举的执行委员会帮助所有的劳动者的党派实现完全统一,授权执行委员会无论其组成人员如何都要增补比斯利和基尔伯恩两位工匠。"

你们知道吗,这是因为共产党正步步紧逼他们。我们非常希望能让工党重返联邦政府和新南威尔士政府。

在昆士兰、西部和南部澳大利亚也都有工人政府。后两个是今年选出来的。昆士兰的工人政府已经执政相当长的时间了,我们希望像我说过的那样,建立联邦工人政府和新南威尔士工人政府。这是十分重大的目标,为了实现这些目标,大概他们会同意共产党加入,以便在即将到来的斗争中以统一战线的形式采取行动。

澳大利亚工会代表大会表示赞同所有真正的工人政党和团体加入工党,赋予它们宣传和组织的权利,只要求它们礼貌上服从代表大会的决议即可。这一问题将在最近数月内可能召开的国际代表会议上进行研究,如果像我们所希望的那样通过有利于共产党加入工党的决议,就会向我们提出下列条件:

"至今共产党都纯粹是一个宣传鼓动的党,不会提出工党之外的独立候选人,无论在工党内外都只应该赋予它以组织权。"

如果能达成这样的协议,我们就能获得继续开展工作的机会。

无须解释,我们希望打入工党并不是为了在什么事情上助它一臂之力。我们澳大利亚人根据经验已熟悉工党——我们在这方面的经验来自1911—1912年。当时这些工党在澳大利亚联邦政府和不同的州里获得了政权。我们知道它们很少有能力办成什么事情。我们知道它们办不到的范围有多大。我们也知道,这两个党(具体说就是联邦党和新南威尔士党)是由部长兼律师尤兹和同样是部长兼律师的霍尔曼领导的,战争刚一爆发,这两位绅士便立即改变阵线,成为地道的帝国主义者,毁掉了他们所领导的两个工党。因此现在工人们都清楚地懂得,他们如果希望取得胜利,只应该依靠自己。

澳大利亚的工人政党比英国的工党革命得多。当你们谈论英国的工党的时候,我们总觉得它那个"工党"的名称很可笑。

我给你们举一个事例,可以清楚地表明英国党是如何执行统一战线策略的。

在我们西澳大利亚掌权的是工党。请注意,在英国也是由工党执政,麦克唐纳部长常常夸耀,他被授予充分的一切权力。他甚至断言:"我被赋予权力,是为了终结某些事情,在我的权力范围内做到这一点。"这不,西澳大利亚不久前空出了一个最重要的行政职位,任命担任该职务的行政负责人须获得帝国政府的许可,委任书通常来自国王——在现有情况下就来自乔治国王,当然是根据首相的呈报——在现有情况下就是麦克唐纳的呈请。英国殖民地大臣也是一位工会会员。你们猜猜,他们挑选了谁来担任工党掌权的西澳大利亚的这个行政职位呢?……他们挑选了一位保守党员,保守党员而且……是军人……咳,如果说这不是暗中对抗,一个工党暗中对抗另一个工党,那么我就不知道这是什么了……

不过我们还是往下说吧。我想为了这一点而严厉批评英国共产党,因为它没有反对英国工党的这类行为。如果这样做了,如果在澳大利亚都知道英国共产党提出了反对,它的反对声洪亮到澳大利亚都能听见,那么我深信，这次反对——反对将一个保守党员军人强加给工党掌权的西澳大利亚任职，必定会在全澳大利亚激起巨大的热情（因为澳大利亚人民总的说来是感情外露的人民）并大大提高共产党的威信，不单是澳大利亚共产党，而且是英国共产党的威信。给你们提供这些细节，有助于如何理解统一战线，所以我认为，对这个问题值得深思。

我感到无比高兴的是有机会发表我的意见，并且利用这次机会向我的沿太平洋地区的同志们以及我的印度、马来半岛、中国、印度支那、朝鲜和其他东方国家的同志们宣布，我们澳大利亚共产党对有色人种不持任何偏见，不赞成"白人澳大利亚"。我们懂得，在太平洋地区我们也应当坚持"联合起来"的口号。我们知道，太平洋的资本家们已经联合起来了，如果我们不将辽阔而分散的这些地区联合成一个整体，我们现在就无法为共产主义做任何事情，或者做得很少。因此我很乐意利用为我提供的这一机会向各个国家和太平洋沿岸的同志们伸出友谊之手，对他们说，在伟大的共产国际的帮助下，依靠我们彼此紧密团结，在英国共产党不仅关注英国所发生的事情，也关注太平洋地区所发生的事情的情况下，我们一定能够在这里建成一个群众性的党，并且向澳大利亚工人们阐明何谓世界革命，说服他们为了这个革命而一致奋起。

塞马温（印度尼西亚）：

季诺维也夫同志正确地指出，在统治殖民地的那些国家中，必须与这些殖民地一起更加紧张地进行工作。据怀恩科普同志说，这种事仅仅荷兰才在做。然而我们知道，这是不准确的。诚然，荷兰党提出了一个口号：将印度尼西亚从荷兰手中解放出来，同时也作出了正确的指示。但是实际上印度尼西亚的革命运动只是在俄国革命的影响和执行委员会的支持下才发展壮大起来，仅仅有一部分靠的是荷兰党的工作。荷兰党的纲领可能并不那么差，但是实际的执行并不完全与纲领相符。荷兰与印度尼西亚之间的联系事实上微不足道，因为荷兰党一直将大量时间花在党和荷兰运动的内部冲突上。例如，当印度尼西亚的党举行铁路大罢工的时候，荷兰党对这一重要时局就关注得太少，因为它正忙于同全国工人书记处即工团主义者的冲突，我们还应当为工会国际争取这一些人。就是现在，荷兰党实际上对印度尼西亚的运动也支持不够，因为它自身就极度虚弱。极为重要的是，要让荷兰党变得强大起来，从而也成为印度尼西亚运动的支柱。我们希望，第五次代表大会能为荷兰党制定一条正确的行为路线。

我们希望，殖民地和东方国家中的工作能获得代表大会和执行员会工作的推动，特别是得到帝国主义国家的同志加强殖民地工作的推动。

克雷比赫（捷克斯洛伐克）：

我们之中谁也不打算反驳共产国际有义务对右的和左的倾向进行批评，也不会怀疑无论哪种倾向都发生过。自然，共产国际也有义务向各党指示它们应走的政治道路并批评它们的错误。但这如何做并非毫无区别。习惯的办法是主要关注各种文章、决议，有机会时也关注旧提纲；在这种情况下，最为困难的是分析一个党的工作的实际情况以及各国的经济、政治前景。荷兰共产党所发生的事情尤其能表明会导致何种错误，根据现有的材料我便能对这种事情深信不疑。反对派向莫斯科发出了一份内容拙劣的弄虚作假的报告，根据这份报告，万·拉维斯泰因同志便在欧洲各共产党报纸上受到指控，说他将英国工人政府掌权与俄国十月革命相提并论，认为具有同等的意义。重要的不单是这一起事件，而是这种批评各党的方式造成了可以产生这种情况的环境。至于古拉和瓦涅克的文章，则作为一个特别的标准，甚至其发表的时间也受到强调。这两篇文章都是针对其他一些文章所进行的辩论，它们作为对这些文章的回应，在其后不久发表，我看不出这有任何奇怪的地方。三年前我在这个会场里也是这样做的；当时我发言反对什麦拉尔的机会主义所根据的便是他的发言和文章。现在我仍然坚持我的意见，认为当时我所引用的材料比现在的更为重要。我还清楚地记得，我的大量引文并未引起列宁同志的注意，令我颇为惊奇。列宁甚至还说，我们这里出现了寻找中派分子（当时这还是这方面的技术术语）的真正热潮。列宁从提纲草案中删去了将什麦拉尔定为中派分子的评语，尽管还有其他种种问题使他不堪重负，他仍然不辞辛劳亲自仔细研究我们国内和我们党内的形势，因为他在任何情况下都把党的生活和实际工作视为具有决定意义的因素。

要是季诺维也夫同志按照这样的方式行事，那么诸如对喀尔巴阡罗斯的选举一类事情，他的说法就会有所不同了。他就不会在我们中央委员会与在喀尔巴阡罗斯工作的同志之间虚构我们这里丝毫不存在的矛盾，倒可能举出我们这场并非中央委员会功劳的胜利的其他原因。在喀尔巴阡罗斯，我们得到了匈牙利革命的优秀遗产；在这种情形下完全应该指出的是，无论是在喀尔巴阡罗斯还是捷克斯洛伐克，许多好事我们都应归功于已经几乎被忘记的匈牙利革命。但我们在选举中获胜同时也证明了我们党是这一遗产的优秀见证人。

我们已经采取措施，使执行委员会能再次得到更为详尽的报告，了解我们党的工作，了解它的表现和斗争。我们希望，在执行委员会最近一次总结中能用上这些报告，而不是仅限于引述。一位挪威同志硬要说，仿佛我们党不进行斗争，诸如这样的不实之词，我将其视做一般的流言，并不当一回事。我可以列举我们党自上次代表大会以来的活动作为回答。但是对于只不过建立在无知和愚昧基础上的不实之词其实无须回答。没有任何一次经济的和政治的搏斗我们党不是最勇敢积极地参与。至于一位法国同志十分轻率地侈谈我们阻碍青年反对军国主义的工作,我们会在内部调查清楚此事并报告我们所阻碍的是什么事情,同时也会要求回答我们是否有权干预这种事情。在一些人所制造的反对我们党的氛围中,我并不感到奇怪的是,这里有些人也竭力利用某些地区的同志的不满和他们针对党中央的抱怨,从而在我们代表团内造成不同的派别。我只是怀疑这能否带来任何政治上的好处。我之所以谈到这一切,是因为这样一些做法会使党的一切重大行动得不到必要的批评。我们党的普通群众正在全力以赴忙于在支部的基础上全面改组党的工作;正如诺伊拉特所说,这只不过是一项组织工作,但我认为,这也是在为革命做准备。为社会保险而斗争,反对粮食税的威胁,工会问题,反动势力反对给失业者发放救济金,政府联盟中日益尖锐的危机——这些就是我们的同志在国内为之奔忙的事情;他们期待本次代表大会能作出新的指示、建议、政治上的远景规划。尽管并没有判定我们的党在斗争中无所作为或者在政治和经济斗争中犯了重大错误,但是当工人们读到,我们正在这里研究古拉和瓦涅克的文章,每次都重复地唱关于什麦拉尔的机会主义的老调,他们会对我们说些什么呢?会对他们留下什么样的印象呢?你们是否以为,对我们党和我们的问题的这种态度将会对我们的工人留下特别良好的印象?

我也不认为从事艰苦斗争和工作的工人们能理解,为何党对待俄国和德国问题的态度应当成为评价它的主要标准。

对德国问题只有一条简短的意见。我们之中有许多人都得到一种印象,仿佛讨论德国问题的过程中所做的事情更多地是为了寻找替罪羊,而不是踏实认真地研究德国党和共产国际在德国的整个政策,比方说,找一找从法国入侵鲁尔以来我们大家一起在德国问题上所犯的错误。我应当承认,我在这里的大会上所听到的一切,并没有消除这种印象。我同样认为,直至目前为止所进行的辩论中都很少分析当前的形势和对最近将来的展望,对符合各党愿望的行动路线也阐述得很不够。当然,重要的是为夺权斗争做准备，但同样重要的是指出通向那个节点的道路，到了那里就能顺利地将这种准备变为现实。我认为利用党及其领导人的挫折是完全错误的；布兰德勒同志的预言我认为也不合适。执行委员会和共产国际各支部都应当无条件地支持德国党及其领导人，必须充实和实现德国党和其他国家的党更加紧密合作的计划。我们应当要求德国党准确地毫不夸张地调查并回答一个问题：共产主义运动是在前进呢还是停滞不前？因为策略的定位实质上取决于对这个问题的回答。

我也仔细研究了瓦尔加同志的报告和提纲，认为一个德国同志在这里所作的批评有些地方是对的。这个报告给人留下这样的印象：瓦尔加同志将自己的预言包装成这样的形式，让事件在任何情况下都无法把它驳倒。其中有那么多的保留条件，那么多的"一方面"和"另一方面"，到头来可以认为一切都有可能，同时又什么都不可能，结果不管什么你都无法确切地知道。我无意在这方面指责瓦尔加同志——我也无权这样做，因为我也无法给出更好的答案。不过不确切的表述迫使我怀疑，他的观点比他在他的提纲中所表达的更加悲观，可以说，他只是让它们在某种程度上迎合左的方针。在我看来，这是多余的，因为我认为，资本主义的处境比瓦尔加同志在他的提纲中所介绍的更为糟糕。在国际范围内，战后已经将近6年了，资本主义克服危机方面一步也未获进展，它的问题一个也无力解决——这一事实让我们有权比瓦尔加同志更加坚决地强调世界经济无可救药的危机性质。最重要的一点包含在提纲第一段的最后一句话中。他指出，资产阶级对工人的进攻是成功的，但绝对没有达到其真正的目的。这必将导致新的严重斗争，但同时也会导致资本主义试图寻求克服危机的新途径，因而使情况再次复杂化，再次产生严重的危机。而这就意味着，丝毫也不会有得到巩固的可能，哪怕是过渡到一个较为和缓和平静的时期也不可能。

再谈几句统一战线和工人政府。"手法"这个词有个缺陷，就是它包含着两层不同的意义。人们把虚假的斗争、虚假的行为也理解为手法；在这里当然谁也不用它的这个意义。但是激战之时常常离不开各种手法；不会运用手法的统帅是糟糕的统帅。就这层意义而言，统一战线是一种手法。这种手法应当用来揭露无产阶级的叛徒——这正是巧妙地施展手法不言而喻的自然结果。但是，如果事先宣布要揭露，事情也会半途而废。可以很好地进行揭露，有充分根据地进行揭露，没有必要总是运用这个字眼。这是常言所说的那一类事情之一：这类事情大家都是只做不说。无论是运用统一战线的手法之前或事后，我们都不会隐瞒对社会民主党的看法。我们要完全公开地告诉社会民主党的工人们：我们不相信你们的领导人会进行斗争，但重要的是希望你们愿意斗争，一旦有什么事，甚至反对你们的领导人。这已经讲清了自上而下或自下而上的统一战线的最重要之点。重要的并不是社会民主党的领导人们愿不愿意斗争，我们谁也不去认真地考虑这种事情；重要的是社会民主党的群众是否愿意斗争，以及我们如何引导他们投入斗争，如何给他们提供斗争的机会。在社会民主党的工人们若是离开自己的领导人就不肯主动投入斗争的时候，我们就应当转而面向他们的领导人，直至社会民主党人终于明白这无济于事，他们只能在离开或者反对自己的领导的情况下进行斗争。

在捷克斯洛伐克，我们不止一次运用统一战线，既自上而下，也自下而上。所有这些事实，在我们的报刊上都有详细的报道，党内关于我们在各种情况下的策略还没有严重的分歧。如果我们是那种无可救药的机会主义者，那么正是在这些措施中至少可以找到一个大错误。

在工人政府的问题上，我们党内也不存在分歧，这有正式的声明为证。关于资产阶级民主的界限的谈论意味着什么呢？工人政府（就第四次代表大会决议的意义而言）的实现正是在这样的时候：其时尚不存在无产阶级专政，这种专政尚未建立，因而资产阶级国家仍然继续存在。

我们的同志经执行委员会同意所加入的萨克森工人政府，也是在资产阶级民主的界限内建立的。以另外的方式不可能做到这点正是因为，除了我们的党，别的任何工人政党都不坚持无产阶级专政的立场。自然，我们加入资产阶级民主界限内的工人政府的目的只能是打破这些界限。然而只要我们这样做，我们就是站在无产阶级专政的立场上了，那时候我们也就不复需要工人政府和其他任何一个工人政党了。这里我必须指出一个矛盾：第四次代表大会的决议不容反驳地谈到"与其他各工人政党的联盟"，而季诺维也夫同志现在却宣称，工人政府不可以被理解为各工人政党的政府，我们不能与那些包含有资产阶级左翼的政党一道建立工人政府，与这些工人政党结盟甚至是犯罪。对此，除了认为是取消工人政府的口号、第四次代表大会决议意义上的这个口号，我无法做别样的理解。难道除了共产党之外，还有一个不是资产阶级左翼的工人政党？共产国际外面的每一个工人政党，换句话说，每一个对共产国际持反对态度的工人政党，都是资产阶级的左翼。我期待着季诺维也夫同志的闭幕词和他对自己的报告附上的提纲能将这个矛盾解释清楚。如果我们不希望在群众中造成混乱的话，至少应当在大会上对这个问题加以彻底的澄清。

  我认为，在资本主义巩固时期工人政府（此时所谓工人政府，我总是指的各工人政党的联盟）可以成为政府的一种形式的论点是错误的和不可能办到的；恰恰是在这样的时期不可能办到；此时资本主义很强大，它有足够的权力和威望严格约束住社会民主党，甚至根本用不着要它。依我之见，工人政府之事只有在革命时期才谈得到。为了在尖锐的革命形势下赢得工人群众的大多数以建立无产阶级的专政，工人政府是最后的手段，最后的一步棋，最后的手法。由此可见，认为这样的政府仿佛可以长期存在的看法也是错误的。

  由于我的时间已到，我不能再详细探讨工人政府的可能性问题了。

我希望还有这方面的机会。

（鲁特·费舍同志高声说："您谈谈俄罗斯嘛！"）

沃尔夫（墨西哥）：

同志们，我是墨西哥共产党的代表，我们党认为前面讲话的一些同志发言中的批评意见和佩珀同志所归纳的话是正确的："现在我们的任务至少是要着手各大洲的布尔什维克化"。

我想提请代表大会注意两个美洲的重要性的增长。瓦尔加同志告诉我们，美国现在是世界资本主义的中心。"世界资本主义的重心无疑已经转移到美国"。不仅是世界资本主义的中心，而且越来越成为世界反动势力的中心。当法郎在欧洲贬值的时候，摩根下令让其止跌。当战争赔偿问题陷于绝望境地的时候，摩根的联络员道威斯先生前往欧洲为德国安排贷款。阻止承认俄罗斯的主要核心也在美国。欧洲无产阶级应该日益清楚，美国是他们的最危险的帝国主义敌人。

我想请你们注意的是，在反对美帝国主义的斗争中，欧洲无产阶级和共产国际在拉丁美洲有着一个潜在的强大的同盟者。共产国际至今未能对此给予足够的重视。现在我引用季诺维也夫同志的报告（德文版，1924年4月5日，第70页），他在其中提到菲律宾群岛上的美帝国主义。报告中关于美帝国主义在拉丁美洲的情况什么也没有说。我不想也无法贬低菲律宾群岛的政治和经济上的意义。它在远东也可能成为那里革命活动的中心。菲律宾争取独立的重大运动无论在朝鲜、印度支那或印度都能得到反响，这就是菲律宾群岛的主要意义。不过我认为不应当忘记，菲律宾争取独立的斗争力度很弱，不足以在远东点旺一场熊熊大火。不应当忘记，菲律宾群岛会满足于部分的独立。就像当年所给予古巴的独立一样，美国保留着它认为需要的时候的干涉权，对古巴与外国签订条约的否决权，还在古巴拥有航海站和煤炭站，并且对财政进行监督——这样的独立也可能给予菲律宾群岛,而无损于美国在远东的帝国主义贪欲。这样的独立也可能会使菲律宾感到满足,这可以从菲律宾群众驻美国代表马努埃尔今年5月14日所作的下列声明中看出来:"如果国会通过一项10年后让我们独立的法律,我们将会感到满意。"

还是来谈拉丁美洲吧。我们看到,它的经济、政治、地缘意义对于美国而言都比菲律宾大得多,可是无论美国党最近一年的活动还是季诺维也夫同志的报告和建议都仍然不考虑这一点。拉丁美洲的人口在数量上相当于美国的人口,约1.1亿—1.2亿。瓦尔加同志在他的报告中声称,三年前他曾预料美国会发生危机,然而危机并没有发生。他列举了其中的各种原因。持续繁荣的原因之一是,当欧洲的市场关闭之际,美国却在拉丁美洲找到了现在的市场,还有投放它的多余黄金的市场,而此时欧洲的经济崩溃仍在持续。在欧洲远非所有的人都知道,美国现在已向拉丁美洲投资40亿美元。瓦尔加同志也说过,美洲危机的标志就是美国卖不掉的汽车和机车数量持续增长。这次危机期间,单是墨西哥最近3个月就在美国购买了500万美元的机车,最近一年则买了500万美元的美国汽车。我就用不着提其余的12个拉丁美洲国家了;当然,并不是其中的每一个都具有这样大的重要性。

拉丁美洲对美国来说就是一个原料中心。石油对帝国主义而言是最重要的工业部门,在六七个拉丁美洲国家都开发有石油产地。单是墨西哥今年就开采了1.82亿桶石油,价值1.65亿美元,超过三分之二的产品输往美国。

墨西哥的石油产地才刚刚开始利用。在6000万公顷的总面积中,石油公司正在开发的只是分布在良好的地质构造内的6000公顷。秘鲁、阿根廷、哥伦比亚和委内瑞拉也都有石油,而且秘鲁的石油在目前为止已知的重油品种之中具有最优良的品质。

至于一般矿物,那么应该指出,单单是墨西哥(我只谈墨西哥,因为它的统计资料我最熟悉）即提供价值1.25亿美元的产品，其中五分之四运往美国。墨西哥的白银开采量居世界第一位。秘鲁则占第四位。铜的开采量则秘鲁居第四位，墨西哥居第五位。黄金开采量墨西哥占据第四位，铅的开采则占第二位。在矿物资源方面智利仅稍逊于墨西哥和秘鲁。

现在转而谈谈拉丁美洲的政治局势。美国侵入并剥夺了半打拉丁美洲国家的独立。它入侵圣多明各、海地、尼加拉瓜、洪都拉斯、萨尔瓦多、哥斯达黎加等国。美国的军队常驻这些国家，因为那里一直对美国所扶植的政府不满。此外，超过一打的国家中盘踞着有如在德国的道威斯之类的金融巨头，他们操纵着这些拉丁美洲国家的财政。为了说明这类现象所引发的不满在政治上的重要性，我只需举出圣多明各抵抗美国入侵的难忘历史就足够了。4年多之前，由于美国军队的入侵，圣多明各的总统被撤职，美国舰队竭力物色别的总统。他们既提供金钱，也提供军事保护，但是6年期间内却始终在整个圣多明各找不到一个人同意从美国军队手中接替总统职位。现在已经是第7个年头了，他们不得不任命一个意大利人担任总统。

美国资助了拉丁美洲的一系列革命，每一次这样的革命都导致专制独裁制度的建立。专制制度与帝国主义的联系显而易见。只有建立独裁统治，美国才能够镇压因向美国出卖国家利益而爆发的抗议浪潮。今年委内瑞拉和秘鲁的专制制度正面临着革命的威胁。甚至此刻我也几乎坚信不疑（尽管我已经置身于抗美的接触之外了），人们所期待的委内瑞拉反对美国的专横霸道行径的革命要么已经爆发，要么在最近的将来即将爆发。

秘鲁局势的危急程度也毫不逊色。美国共产党甚至不知道委内瑞拉或秘鲁的革命已经迫在眉睫。我们感到不幸的是，反对美国帝国主义的斗争领导权掌握在拉福莱特和博尔的手中。

拉丁美洲的内部环境未免令人沮丧。比如墨西哥教育部长巴斯孔塞略斯向秘鲁的工人、农民和学生发出公开信，号召他们起义，反对美国所强加的总统；这一号召并不是拉丁美洲的共产党发出的。秘鲁根本没有共产党，整个拉丁美洲都没有一个共产主义力量的行动中心，如果有，它就可以预料到秘鲁即将来临的起义，号召秘鲁的工人参加这次起义；而这回的号召却只得由自由知识分子去发布。

美国劳工联合会主席塞缪尔·龚帕斯同时也是包括拉丁美洲各国和美国在内的全美洲劳动联盟的主席。他为在美国军队帮助下占领海地一事进行辩护。美洲各个共产党完全可以利用此事作为将龚帕斯逐出全美洲劳动联盟的机会，既然有拉美联盟存在，这根本不难。全美洲劳动联盟中的拉丁阶层力量强大，足以在最近一次代表大会上不让龚帕斯再次当选。他们提名莫罗内斯，此人当时已经是龚帕斯的秘密喽啰。他一直等到候选人名单不再保密的时候，这才表示拒绝；全靠耍弄这一套手腕，龚帕斯才得以再次当选。在拉丁美洲，并没有利用龚帕斯经常为美帝国主义辩护这点采取任何行动，不过要采取什么行动除非在这种情况下才有可能：如果我们有一个包括整个拉丁美洲在内的全大陆的中心，并且它要熟悉各个地区经常发生的事情。

同样是在拉丁美洲，工会国际也犯了表现为疏忽和行动不正确的各种错误。我们随时随地都谈论过这些错误。现在我只是想指出：阿姆斯特丹目前在拉丁美洲不具备任何实力，问题只能涉及红色国际或者无政府主义——要么是红色工会国际，要么是某个也许由龚帕斯领导、也许由无政府主义领导的美洲国际。既然问题是这样，那么很容易让工会加入红色工会国际——我说"容易"是因为，在智利几乎没有经过斗争便做到了这一点，在阿根廷则仅仅经过一两年的宣传，共产党人就在数月前所举行的最近一次代表大会上获得全部选票。

最后我要说的是，美国党最近改变了它在这个问题上的观点。证据是洛夫斯通同志在党代表大会上的工作报告（党首次关注拉丁美洲事务），还有就是昨天邓恩同志在发言中宣称，美国党最近一年内的任务之一是关注拉丁美洲的帝国主义。

我们将向政治委员会和知识分子委员会提出一些具体的建议，这个问题对拉丁美洲而言相当复杂。我们也会向民族和殖民地委员会提出建议。此刻我只想指出：第一，去年在美国党和拉丁美洲各党的工作中在这个问题方面有许多缺点；第二，主要是由于缺少西班牙语文献，共产国际的工作在这一年里也蒙受严重损失；第三，美国在世界经济中和拉丁美洲在全美洲经济中日益增长的重要性，也像拉丁美洲对美帝国主义的不满和反抗的增长一样，使得共产国际、美国党和弱小的拉丁美洲各党都必须更多地注意在拉丁美洲反对美帝国主义的组织工作；同时我要请你们相信，欧洲无产阶级如果给予此事应有的关注，他们必定会因此而获得丰硕的成果，并在那里觅得一批宝贵的同盟者。

博尔迪加（意大利）：

同志们，首先要请你们原谅，因为我今天早上才刚刚来到这里，参加多少有些特殊的环境下举行的如此重要的辩论。我尽量讲得简短一些。

首先谈谈季诺维也夫同志的报告和眼下代表大会正在讨论的这项议事日程。我们就关于第四次和第五次代表大会之间一个时期执行委员会的活动和策略的报告进行辩论。很清楚，我们所讨论的并不是关于共产国际的策略的一般性问题。我认为，关于策略的一般性讨论并无必要——我们可以回忆一下以往历次世界代表大会上这个问题的演变过程。

诚然，第三次代表大会给予策略的讨论以很大的关注，并且通过了我们已众所周知的提纲。但是在这份提纲中尚未提及（至少未正式提及）只是在后来才引起强烈兴趣的一些问题,譬如说,关于统一战线和关于工人政府的问题。第三次代表大会之后,我们曾举行过几次研究策略问题的扩大执行委员会全体会议。然而这些执委会扩大全会会议并不是世界代表大会,所以第四次代表大会应当以某种方式批准那几次会议上所做的工作,并且在提纲中形成共产国际的策略指示。

问题被列入议事日程,并在类似于有关执行委员会活动的报告的季诺维也夫同志的报告中进行了探讨。甚至向代表大会提出了一份由季诺维也夫同志亲自拟定的策略提纲草案,这份提纲草案确实在代表大会快结束时获得了通过。但是那个应该研究这一问题的委员会(如果我没有记错的话,它是由主席团和一些最重要的代表团的几名团员组成的)却没有机会深入研究问题。它仅仅在最后几天开过一次会,我也只能在我们工作的最后时刻提出一份提纲草案,我的草案与季诺维也夫同志的草案迥然不同,代表大会对它连知道都不知道。

我已经说过了,那是代表大会的最后时刻,我不可能坚持自己的意见。虽说通过了关于策略问题的提纲草案,但像第三次代表大会一样,并没有就策略的事进行过真正的讨论。

现在我认为这样的讨论必不可少。然而此时此刻我们所进行的完全是另一种性质的讨论,因为讨论共产国际总的策略路线问题是一回事,而对共产国际在此次和上次代表大会之间的时期中所运用的策略进行分析,从中得出迫切的临时性质的结论,并不就共产国际尚未解决的这些问题作出普遍的结论——这又是另一回事。(洛佐夫斯基:"两个问题一起讨论。")

当然。不过我们并没有一个关于策略问题的明晰而确定的提纲草案。我们有第四次代表大会的提纲,但那应该进行修改了。因为大家都同意,应该对其加以改动,连季诺维也夫同志也承认有这种必要。但是我们并未进行过其规模与这一任务的重要程度相称的讨论。关于这种讨论以及这里所进行的、作为世界代表大会最重要阶段的各种讨论,我还要斗胆地提出一个意见:我们本来应该根据共产国际的最高机关执行委员会的报告讨论共产国际在两次代表大会之间的整个间隔时期的活动和策略。因而我们也应当同时对共产国际领导中心的活动、工作进行最细致的检查。然而实际上我所看到的却是,并不是执行委员会面对代表大会的审判,而是每一个党、每一个支部被这个执行委员会传唤来接受审判。(掌声,笑声)结果每一个出席共产国际代表大会的发言者,为了向这次大会的讨论作出自己的追随共产国际的党的贡献,几乎总是仅仅关注本党的事务,只对季诺维也夫同志所能谈及的该党事务的话作出回应。他一直停留在他本国问题的有限范围之内。但是我并未见到真正具有国际性质的讨论和决议,本来通过它们追随共产国际的革命群众应该可以经由自己的代表对领导中心在被审议期间的活动发表意见。

作了这些预先说明之后,我想谈一谈季诺维也夫同志提及并成为讨论话题的几个最重要的问题。季诺维也夫同志向我们概述了世界的局势,总的说来这不会引发异议。他说:我们在第四次代表大会上预料和平主义幻想时代可能会来临,现在我们看到,在一系列具有重要意义的国家中建立了左派政党的资产阶级政府,在某些国家甚至有社会民主党参与其中。这样便面临资产阶级将会执行自由民主性质的政策的时代,这种政策在一定意义上与反动的法西斯主义资产阶级的政策迥然不同,好像两年前还列入议事日程,作为第四次代表大会上局势述评的基础,其中我们已指出资产阶级会大举进攻。

我同意说当前的形势是资产阶级左派的政策将会发挥主导作用,但我并不认为这就意味着(季诺维也夫同也未必会反对)资产阶级的进攻已经停止或者延缓下来。在我看来,资产阶级的进攻可以表现为各种不同的形式。现在就有右派政策的一些方式:公然的反动,戒严,针对无产阶级运动的恐怖手段。与此同时也有左派政策的一些方式:民主谎言，幻想，阶级合作。无论什么方式都力求达到一个目的，当世界资产阶级或部分世界资产阶级采取的只是右派或者左派政策的手段之时，没有必要假定必然会有一些界线分明的历史时期。

报告人自己也能预见到，和平主义时代可能在不远的将来成为法西斯主义反动势力的新时期。至于我，则认为我们都会看到两种方式相结合。

关于资产阶级危机的结论，使我们在先前几次代表大会上有理由指出，资产阶级为了保持自身的统治地位，不得不对工人阶级发动猛烈进攻。这些结论对于目前仍然具有全部意义。

资产阶级的进攻仍在继续，在进攻具有法西斯性质的地方（我认为，联系到其他各项议事日程我们还需要谈到法西斯主义），它稍稍有别于季诺维也夫同志所描述的社会民主党的政策，这种政策已变质为资产阶级第三党的政策，变成为了资产阶级的总体利益而动员工人贵族和某些农民、小资产阶级阶层的政策。实质上，法西斯主义是同一类性质的现象。法西斯主义已经不是依靠戒严和恐怖手段的先前那种传统的反动势力，这是一种更为现代化、更为巧妙更为有经验的运动，它所追求的正是依靠群众中的某些阶层。它很难在产业工人群众中获得共鸣，但是在其早期的活动中它通过利用小资产阶级的民族主义思想，成功地进行了类似于社会民主党的动员，同样有利于保护资产阶级。我们可以预料，资产阶级的这两种进攻方式将会合二为一，法西斯分子和社会民主党将会齐心协力地对革命运动进行最猛烈的进攻，他们通过这种联盟必将变成世界共产主义必须与之进行战斗的可怕的敌人。

通过这种情况可以得出什么样的结论呢？如果我们面临的是一个民主的、资产阶级自由主义政策的时代，我们会同意说，我们的确正受到我们各个党内无可避免地会产生的和平主义的危险和幻想以及阶级合作的威胁；但是我们也受到另一种危险的威胁，即在存在着法西斯反动势力的情况下，总爱从资产阶级的进攻中得出一些并不是列宁在第三次代表大会上所阐述的那种纯马克思主义的结论，而是平庸和片面得多的一些结论，具体地说就是：资产阶级正在法西斯运动的帮助下对我们发起进攻；已经到了这样的时刻，即我们应当以各国共产党与各社会主义政党、也许还要与某些小资产阶级的和农民的政党结成联盟，来回应资产阶级与小资产阶级势力的联盟。这种结论当然是不正确的。第三次代表大会并没有向我们提出用这种本着第二国际精神的平庸方法——用革命政党与那些自以为无产阶级政党实为资产阶级左翼政党的联盟去回应世界性的进攻。我们的结论应当具有另一种性质。作为真正的马克思主义者，我们应当将我们的注意力投向那些由资产阶级进攻引发的与工人阶级生存直接相关的物质条件问题。我们应当确认，各国共产党的任务（在这一点上我们完全一致）不仅是要宣传我们的最高纲领、我们的马克思主义思想，而且要研究工人的生活，关注一切生活细节，参加由工人阶级切身利益所引发的斗争的各个阶段，研究这种斗争，将其作为共产党教导无产阶级进行斗争、引导他们走向革命发展后续阶段的学校。

为了完成这一任务，我们应当并有可能甚至于向那些尚未认清我们的思想、并不在我们党的队伍中进行斗争而是在其他的党里斗争的工人们发出号召：我们能够组成工人阶级的统一战线，工人阶级团结一致行动应当成为我们的口号。这并不意味着与社会党和社会民主党结成泛泛的联盟，这些党我们称之为背信弃义的党，视之为无产阶级目前状况的罪魁祸首。这是完全不同的两件事情，只有第一种情况可以接受，只存在这个意义上我们才宣布准备接受统一战线的策略，争取在我们国家加以运用。

这里曾经提出过一种表述；这种表述在总体上是可以接受的。表述的用语不多，因而普遍都能接受，但是需要预先商定，准确地界定这一表述空间作何理解。

这里所提出的表述,不是自上而下、而是自下而上实行的统一战线的表述:这是一种相当好的表述,它意味着劳动者的统一战线,整个工人阶级的统一战线,但并不是共产党的总部与其他所谓工人政党总部的联盟。如果我们不想败坏无产阶级革命和政治准备工作的名声,那就连想不也应当这样想:除了共产党之外还有别的工人政党,社会民主党人和共产党不是工人阶级两个并立的派别,它们分开纯属偶然,它们还能并肩前进、共同斗争。

相反,我们应当声明,我们党独立于那些机会主义的党是革命斗争的需要,但是尽管如此我们并不拒绝在局部要求的基础上共同采取行动,并不拒绝共产党员工人与留在社会民主党和机会主义政党中的工人、也许还有资产阶级政党中的工人结成联盟。

不过我们现在已得知季诺维也夫同志所作的表述,并不完全排除实行自上而下的统一战线。我们还听到了鲁特·费舍同志的表态,她说,这种表述还有待明确,但无论如何,在某些情况下我们甚至可以很好地采取那种能导致与其他党派的领袖和总部交往的统一战线策略。

然而在何种意义上可以采取这种策略呢?就我的观点而言,在这个问题上应当采取的态度是这样:统一战线的基础在任何情况下都应当是政党之间联盟的基础。这种基础可以在工人阶级的其他组织、任何性质的一些组织中找到,但这些组织实质上都是由共产党掌握领导权,都能够领悟革命斗争的精神。

如果我们提出建立在联合工会、工厂委员会或其他任何工人组织的基础上的统一战线,而这些组织也许是由机会主义领导人所领导的,即便这会导致必须与这些人建立个人交往(这我们并不害怕),我们也要号召那些有意革命、若要取得胜利就必须革命化的那些机关投入斗争;如果我们号召一个政党但不是共产主义的政党投入共同的抗争,我们就需求助于其机关,而这种机关就其本性而言不可能是世界革命决定性的终极道路，不可能捍卫工人阶级的利益。与此同时，由于我们的立场，我们还是要发给它革命证书，这就会破坏我们整个的原则性工作、我们在工人阶级政治准备方面的全部活动。（热烈的掌声）

甚至有人对我们说：是的，对统一战线策略的阐释充满机会主义的错误，夸大了与左派社会党联盟的意义。我们拒绝这种阐释，我们甚至对我们看待这个问题的观点作出修正。现在，正如季诺维也夫同志出色地阐明的那样，这种产生于引发悲观情绪的时期（当时革命的曲线似乎正在向下延伸）的策略已经与充满革命机遇的局势不相符合。相反，现在我们的意见是赞成强调共产党政治上的独立性的策略，同时仍然坚持必须面向最广大的群众的观点，以达到我们大家都同意的目的，达到在共产党领导下的工人阶级甚至农民阶级的大团结。

但是在我看来，这个观点并不令人十分满意，因为它依然与我们所处的形势有着联系。

当前世界革命的前景已经让我们觉得，与社会民主党人联盟的策略并非必不可少。不过什么事情也不能保证我们明天不再恢复这一策略。所以我们对这一问题的看法与季诺维也夫同志的观点不同之处在于，我们永远也不会认为与机会主义政党结盟的这种策略会有益于共产主义革命——无论是在革命形势有利，共产党显然可以发挥独立作用的情况下，还是在情况变得不利于我们，似乎会让我们失去最终战斗的时机的时候，都是如此。

所以我认为，这个问题只有在论述共产国际的策略的提纲文本中才可能彻底解决，而不是在关于执行委员会报告的普通决议中解决，决议仅仅涉及以往两年这一时期。

这是两个不同类型的决议，它们以不同的方式保障我们的未来。

比如，我们听说，第四次代表大会的提纲中包含着某些错误有待纠正。我们自然很高兴得知这些纠正方法（笑声），但是我们可以肯定，机会主义的错误不仅仅是实际运用的错误，而且是共产国际和代表大会整个领导机关的错误，应当说，当时这些错误已经为真正共产主义策略的表述所承认。

比如，格拉齐亚德伊同志因为他论述超额利润的书在这里挨骂（笑声），他在第四次代表大会上继我之后就我们当时正在进行的那项议事日程发言的时候，曾经声称：意大利共产党左派反对联合是因为它反对统一战线；联合就是统一战线的表现。

目前大家都同意，共产党独立的组织是统一战线策略必不可少的前提条件，但在当时格拉齐亚德伊的意见是正确的意见。现在连我们少数派的代表里恩齐同志都对格拉齐亚德伊同志的这个观点作了合乎情理的批评，而当时这是正统思想，人们诉诸于它，大声疾呼要对我所发表的异端看法保持中立。这是整个那次代表大会的调子。我现在举这个例子，但我也可以援引季诺维也夫同志的任何一次发言、他的闭幕词，等等。

自然，问题并不在于这种个别的情况，而在于一个事实：统一战线是共产国际和共产国际代表大会以工党、共产党与那些只不过窃取了工人的称号而对此并无任何资格的党结成联盟的形式向我们推荐的。

因此，为错误解释统一战线策略应承担的责任便落到了整个共产国际、大多数共产国际代表大会和共产国际领导机关的身上。

在德国，我们也遇到同样的现象。事实向我们表明，在巨大的失望等待着我们之前的某个时期中，经共产国际允许，在德国实行了联盟政策；党抱着幻想，以为这种政策能将左派社会民主党人吸引到与共产党团结一致采取革命行动的道路上来。

我们在其他国家也看到了这类幻想。

现在，如果我们为了党好希望清算这种经验，我们就应当公开地说，这些幻想并不是德国党中央委员会中的某某同志个人的幻想，而是共产国际绝大多数人、甚至是它的领导核心的幻想。

如今局势已经发生变化，我们得出结论：统一战线是我们应当坚持的策略，因为工人阶级的局部要求对于我们的日常宣传而言乃是主要的基础，但是，作为革命机关的政治独立性任何情况下都不容破坏。这应当特别加以载明，而不是就行政或官僚性质的报告所进行的辩论中提提而已。这个问题应当以这样的方式加以解决：该方式要能在将来充分保证共产国际行动的性质。

现在来谈谈工人政府。这方面的情形全然类似。我不得不引用第四次代表大会的提纲，因为季诺维也夫同志自己便提起了它。

又是同样的情况。例如，在我刚才提到过的格拉齐亚德伊同志的发言中，对工人政府的描述与拉狄克同志的描述一样，顺便提一句，亦即都是基于议会制（因为谁也没说这种现象纯属议会性质，无论格拉齐亚德伊还是拉狄克同志都没说）而实行的一种战略手法，都是一种应当借助于群众的积极抗争，但也通过利用资产阶级民主的途径加以实现的手法。

同时，在我们向第四次代表大会所提交的提纲中我们否定了这样的解释，说它让涉及国家和夺取政权问题的具有原则性意义的重要论点遭受极大危险，而这个问题正是我们的纲领中的精华部分，它从历史作用的角度界定了我们的组织的性质。然而我们的理由没有获得同意。所采用的是我们反对的那种解释。现在，当我提醒说，在关于这个问题的讨论中季诺维也夫和拉狄克同志异口同声地宣称，他们终于同意有关工人政府的表述之时，人家又告诉我说，这句话由于出差错而出现在了我无论如何也不能同意的文本里。

这里所说的并不是格拉齐亚德伊同志、拉狄克同志、季诺维也夫同志抑或其他哪一位在共产国际中发挥着或大或小显著作用的同志，而是要了解共产国际如何评价统一战线策略，并且考虑共产国际当下希望改变自己的评价这一事实的重要性。

我们所涉及的是名副其实的修正。这并不是取消统一战线策略,因为革命意义上的统一战线策略应当保留——不能加以放弃。不过至于工人政府的策略,我则要肯定地说,事情只能是不折不扣地取消。

若说我们保留工人政府的表述是作为一种宣传性的表述,是作为我们随口向工人群众提出的一个口号,这是不够的。显而易见,这一表述实质上就是无产阶级专政的同义语或者假名,我们并没有推翻我们的各种原则的基本实质,因为这些原则涉及以革命行动夺取回家政权的问题。

同志们,1922年6月我们采用了一个极为类似的表述,罗西同志十分正确地指出,这个表述现在也可以采用。又是同样的东西。这是一个相对的表述。既然你们对我们说,工人政府意味着无产阶级专政、以革命行动夺取的政权,干吗还要拒绝相对的表述呢?但我还想比我的朋友罗西更左一些。

实质上,我们之间并无分歧。我们需要的是明确地取消了拉狄克同志所解释的工人政府策略的文本和决议,德国党的右派在整个共产国际对拉狄克和他们的所作所为毫不反对的那个时期一直遵循这种解释。

然而,同志们,我认为应该忘掉那些好听的空话。请允许我完全开诚布公地说吧。我再也不想同这个谁也不愿袒护的幽灵作战了。但是我认为,要是我有机会更细致地研究布哈林同志讲话的文本,我肯定会在其中发现比隐藏着无产阶级专政假名的那些普通的漂亮话更多的东西。即便想一想我们党中央的埃尔科利同志在这里的发言和斯科奇马罗同志在我们党内的辩论期间所说的话,我就应当说,利用资产阶级民主的想法仍然残留着某些痕迹。自然,这是一种很复杂的东西,它与群众的抗争交织在一起,以借口革命的需要作证明,但它毕竟留下来了。我不再深究这个问题,但我想谈谈"工人政府"的词义。这里的人们都说,那是拉丁语无产阶级专政翻译成俄语的普通说法。

这种译法有什么好处呢？这个词语本身并不直接表示我们希望赋予它的夺取政权的意思。

无产阶级专政，马克思这句令人吃惊的话，有些人希望以如此不礼貌的方式通过共产主义的代表大会这个窗口提出，这是可悲的。我在这几个词中看出了我们的政治纲领思想的一个清晰的概念。无产阶级专政——这告诉我，无产阶级政权不会给予资产阶级以政治上的代表资格，这也说明，无产阶级政权将会是通过群众的革命行动、武装起义的方式夺取。当人们说"工人政府"的时候，如果愿意，可以暗指这一切，如果不愿意，也可以认为是另一种政府，这种政府的特点并不是将资产阶级排除出政治代表机关这一事实，或者夺取政权要通过革命的而不是合法的途径实现这一事实。（法国代表团座中有人说："这是对的。"）

这个词语并不能认为很得当：它未能表达出我们所需要的思想。我们常常听说，群众无法理解"无产阶级专政"这个词语；如果我们说"工人政府"，他们就能理解，我们也就能争取到我们通过理论宣传的方式未能掌握的那些阶层。"工人政府"这一表述的小小作用就表现在这里。不过我对这点也并不满意，我不认为这种表述有什么实际的意义。

与"无产阶级专政"这几个词联系在一起的是一些让世界无产阶级广大群众激动不已的事件，即便苏维埃俄罗斯国外的工人们也都十分清楚地懂得无产阶级专政是什么意思，如果他们不是处于社会民主党领袖们的影响下，都会本能地要求这种专政。

但是，既然我们这些工人运动的领导人3年期间都无法理解和满意地阐释工人政府为何物，一个普通工人或者农民怎能明白"工人政府"这一术语包含的是什么意思呢。（掌声）

我简简单单地要求按照第三等级既埋葬"工人政府"这一策略，也埋葬这几个词语本身。

但是有人会对我们说：你们是一些忘恩负义的人。共产国际已经在向左前进了，你们还不满意，还要提出更多的要求。

就算共产国际是在向左前进吧，可是，如果允许我回头看一看我在第四次代表大会上的发言，你们就会发现，正是这种视形势变换、事件意义而左右倾斜，才引发了我们对共产国际领导机关工作的批评。

至今我们都未能讨论关于变通性和折中主义的问题。折中主义是我的说法，曾遭到布哈林同志的尖锐批驳（我用这个词说明针对社会民主党的机会主义的布尔什维克化运动的性质）。至今这种变通的做法依然如故，往这个方向或者另一个方向的摇摆仍将继续，直至急剧的向左转在我们内部引发预料之中的更加急剧的向右转。

现在我们所要求的并不是向左倾斜，而是检查和准确而明晰地表述共产国际的策略。即便这种检查不是像我们所希望的那样进行，而是按照共产国际大多数人和它的领导人的意见办也行，因为他们享有向我们表述其意见和经验的优先权，但是要让这种检查以明明白白的方式进行：我们希望知道，我们正在向何处去。

由于我们已经有了经验，由于我们都看到了，自从1922年6月我们采用了工人政府的表述之后，工人政府已经由无产阶级专政的化名变成了庸俗的议会制的同义语——我们建议删除这种说法，以避免今后出现类似的意外。

然而这就出现一个极其重要的问题。人家对我们说：同志们，你们对纪律，对必须有一个组织纪律性强、严格集中的世界性政党，都干了些什么呀？你们破坏这种纪律，你们拒绝服从共产国际的观点，你们经常与共产国际闹矛盾——你们应当明白，在世界无产阶级的组织里，这样的事情是不能容许的。

我们首先要回答说，这些事情的发生并非出于我们的意愿，在我们看来，正像从右的和左的方向破坏纪律的和组织的严谨性——这都是因为共产国际在政治和策略问题方面的领导工作的性质太容易改变和不够确定。

在继续往下讲之前，我要顺便提一提，季诺维也夫同志弄错了，他硬把下面一席话强加于我，似乎那是我在我们党内的辩论中说的：要么第五次代表大会同意我的观点亦即意大利左派的观点，要么我们便组建一个左的派别，与共产国际的领导人进行斗争。

我并没有说过这话。为了让那些担心会同共产国际发生冲突的同志们放心，我曾经说：只有在共产国际内出现明显倾向右的修正主义的情况下，才应该以组织左的派别对其加以回应。

但是我并没有说，在共产国际处于现有的状况下或者第五次代表大会后它向右转（可能）的情形下，就需要甚至容许在共产国际内部组建一个派别。这是两件不同的事情，特此申明，谨请季诺维也夫同志明察。（季诺维也夫："不胜高兴之至。"笑声，掌声）

这样一来，声名远扬的两难选择（博尔迪加抑或共产国际）也就自然而然消失了。而且提出这种选择本来就很可笑。因为它当即便可以决定……反对我这个单枪匹马的可怜之人，赞成共产国际就行了嘛。

我们希望实现真正的集中，真正的纪律。我们大家都拥护集中和纪律。但是我们正在努力创造足以保证其实现的条件，不会相信某一个同志的善良愿望，他能在开过20次会之后签署一个协议，右派和左派最终联合了起来，如此这般。这种制度在任何情况下都不可能保障严格的纪律——这样的纪律应当转入现实生活，转入我们抗争行动的实际，转入对无产阶级革命运动的领导之中，这一运动正逐步获得全世界团结一致的性质，但它暂时还是某种自发性的运动，是阶级斗争过程中的一系列直接的反应。

为了达到在内部纪律基础上的充分集中，必须增加策略领导原则的透明度，增加我们的组织结构和区分我们与其他各党的界限的稳定性。

因此我要再次重申我先前的意见，反对与别的党的组织上融合，反对消融于别的党内，也反对各同情党的制度——这是一个可以在关于新的提纲草案的辩论中加以讨论的问题。

我们反对在遵守极为严格的纪律的共产党身边还存在着另外一些党，这些党在共产国际旗帜的庇荫下占据方便地位，不承担任何义务，可能还时刻准备背叛无产阶级，因为我们无力对它们进行监督。

有人对我们说：你们不相信共产国际。你们的话说明你们对共产国际将会始终革命缺乏信心。你们对它的态度令人生疑。共产国际不能容忍自己的队伍中有对它持怀疑态度的人，这些人过分悲观地看待对自身力量信心十足的革命。

有人对我们说："保障是有的。这种保障是存在着布尔什维主义的俄国党领导共产国际这一事实所提供的，该党具有深厚的革命传统，掌握着第一个无产阶级国家的政权。这就足以向你们保证，共产国际不可能变得太右，它会永远坚持革命的道路。"在我们党内的辩论期间，中央的一些同志这样对我们说。

季诺维也夫说，我以极大的勇气对此发表了自己的意见。我庆幸自己受到这样的恭维。我仍将继续以同样的勇气发表自己的意见。

我认为，布尔什维主义对世界无产阶级革命解放运动所贡献的巨大意义，恰恰是由于俄国党所处的特殊状况所决定的。它不涉及高度发展了的资本主义制度和数量众多的富有政治教养的无产阶级。它不涉及业已完成的资产阶级革命，业已经历的民主发展阶段。不过尽管如此，这个党还是能够从资本主义力量强大，无产阶级高度觉悟的地方汲取真正革命的思想，将这种思想大规模地运用于一个失败的可能性最大、结果却证明自己是正确合理的国家之中。这场气势磅礴的验证的确是布尔什维主义对世界无产阶级事业不可估量的贡献,它始于俄国革命的时代,继之以共产国际黄金世纪的初年。

不过我们终究不应当忘记(不要落入社会民主党人对资本主义发展与革命力量状况之间的联系进行庸俗解释时的夸大其词),我们不应当忘记,如果说布尔什维克党能够实现俄罗斯独特的发展条件与世界革命经验相结合的话,那么,这在某种程度上是因为,它的领袖们曾经不得不侨居和生活在西方资本主义的生活环境之中,那里已经有了能够创造出自己的理论和政策的无产阶级。

世界资本主义的历史发展和1914年的帝国主义战争,创造了出色地、胜利地运用革命的马克思主义和列宁主义世界学说的机会,因为列宁是一位世界性的人物,而不单是俄罗斯人,他属于我们大家。(掌声)

我想完全真诚地说,在当前的形势下,世界革命无产阶级的国际应当向俄国共产党归还自己从该党获得的为数众多的服务中的一部分。

俄国党的状况从右倾机会主义危险的角度来看是最具威胁性的,共产国际的其他支部应当给予它以支持。它应当在共产国际中吸取摆脱它极为困难的状况所需要的力量,在这种处境中,它的领导人显示出了着实令人惊叹的努力。

自然,俄国党的巨大贡献对我们而言是一种保障。但我们希望将真正的保障建立在全世界革命无产阶级全体群众的基础之上。

在对待共产国际的态度方面我们被指责为悲观主义。这是悲观主义吗?我们不是看到共产国际的领导核心在对待其他国家无产阶级的革命能力方面更加明显地表现出悲观主义吗?我觉得,某些同志在反躬自问,我们是否面临着世界革命的一个停滞时期,我们是否面临着那些围绕着俄国共产党诞生的共产党的一种隔绝状态,这些党已经退化为一些集团,一些政治流派,无力实现俄国共产党所实现的事情了。

我认为，这样评价西方无产阶级群众未免悲观，并且范围也过于夸大了。

我们仍然面临着争取群众的问题。这是一个基本问题，但不必不切实际地加以看待。西方的无产阶级群众比某些人所设想的要革命得多。当然，对于实现其他各国革命的胜利发展而言，情况必然会有一定的变化，就我们而言则必须达到应有的水平。

不过我们已经可以证实，西方无产阶级阶层中在心理和政治方面都有了良好的进展。我且举一个十分普通的例子，同时也借助于在世界各国工作的所有同志的经验。在欧洲三个大国都举行了议会选举。我们取得了很大的成绩。尽管我们到处都试图通过与其他一些党派结成同盟的方式参加选举，我们还是应当独立自主地在这些国家开展选举活动，向工人阶级亮出共产主义的旗帜。针对右派和左派资产阶级的纲领，我们提出了共产党的纲领，号召无产阶级响应。结果，几乎同时在这三个大国里，数量相当多的工人都表现出准备跟着共产党走。这具有重大意义，如果我们在一个国家坚持合作的策略，在另一个国家采取别的合作形式，在第三个国家，比如说，又运用自主行动的策略，其意义会远逊于此。

西方的无产阶级群众可以证实，各国都有一个有着同样纲领的团体，它们组成真正的国际，在工人阶级中引起极大的反响。

即便在反动势力取得极大胜利的意大利，我们时刻关注着局势，可以确定地指出，群众虽然力量分散，秩序混乱，情绪沮丧，但他们依然是革命的。革命工人的数量无疑已经增长，其组成人员的品质在这个严重考验时期已大大改善。

我们信任共产国际恰恰是因为，它就是全世界的应当被发动起来参与争取从资本主义剥削中解放出来的斗争的无产阶级；因为它也就是俄国革命，是俄国无产阶级解放运动奇迹般的传统，同时也是其他各国无产阶级的革命传统，这种传统是无法消灭的，因为即便是在第二国际时代、在其最好的时期，甚至在其蜕变的时期，各国的无产阶级群众中依然有一些信守革命纲领的群体。

我们相信这一切，相信与列宁的名字和俄国革命联系在一起的世界力量的团结，这次革命在我们心目中乃是国际革命的第一场伟大的战斗。

我们要再次强调我们的乐观态度，我们对革命和对共产国际的信心。我们希望只是力所能及地参与将会引导我们达到这一宏伟目标的工作。我们不怀疑这一天必定会到来，届时会召开共产国际代表大会，宣布取得了对世界资本主义的彻底胜利。

（会议休会）

第十四次会议

(1924年6月26日,星期四)

主席:怀恩科普

讨论季诺维也夫和瓦尔加的报告(续)

怀恩科普(主席):

同志们,会议开始。请弗里德同志发言。

弗里德(捷克斯洛伐克):

季诺维也夫同志在他的报告中阐述了捷克斯洛伐克共产党的某些错误。他说,未免担心捷共内会出现机会主义倾向,然而我们应当指出,在大多数代表团的声明中,代表大会并未得到对于这一说明、这一指责的清楚明确的回答。在捷共布尔诺全国代表会议之前的一次中央委员会会议上,一位杰出的委员因此事而表示不满,似乎季诺维也夫同志不仅想当世界革命大军的将军,而且同时还要当它的听了忏悔的神甫。这就是说,季诺维也夫同志并不满足于一般地宣布统一战线的口号,他还要追问共产国际各支部,它们寻求与社会民主党接近是何目的:是为了替革命争取群众呢,还是为了和他们一道建立执政的联盟。捷共至今拒绝这种忏悔,世界代表大会上大多数代表团的声明中也没有这种忏悔。这种拒绝令人生疑,谁没有罪孽,谁就用不着害怕忏悔。然而共产国际无法对这种沉默感到满意。对共产国际而言，捷共内部所发生的事情不可能无关紧要。顺便说说，世界代表大会上所讨论的既有德国问题，也有俄国问题。在这两个问题上，在两党的事务上，捷克党都发挥着相当重要的作用。捷克这个国家在德国背后履行着协约国宪兵的功能。德国共产党在自己的革命准备工作中一直无法感到安心，除非它背后有一个党，一旦德国革命爆发，这个党能够根据协约国的命令大力反对捷克斯洛伐克的干涉。其次，捷克国在协约国的反布尔什维克计划中是一个重要的因素；一个尚不成熟的党在这方面无法发挥自身的作用。至于捷克斯洛伐克党犯错误的事，连代表团多数派的声明中也都承认。但是纠正的办法只能在这些错误得到无条件的、公开而明确的承认的情况下才能找到。这个党在整体上还远远不能称之为布尔什维主义的富有战斗精神的党。该党的全部活动就是宣传鼓动。甚至在具有决定意义的一些事件中，党也只能采取议会的手段、召开会议和在报刊上宣传。去年由于通过了保卫共和国法，党面临转入地下的危险；党的责任是组织大规模的群众性的抗议活动，反对通过这项法律。党没有这样做，而是再次局限于采取一些夸夸其谈的宣传措施。议会工作没有与群众运动相联系。议会党团提出各种议案，议员发表一些讲话并刊登出来，却没有尝试着动员群众支持这些议会活动。议会发言的腔调本身远非那种足以让群众振奋的腔调。在资产阶级采取反对工人的行动时，一些人呼吁资产阶级不要激怒工人群众，因为这最终可能引发革命；他们规劝资产阶级，想说服他们改弦更张，放弃压迫，放弃行政机关中的行贿受贿和欺骗行为，可是并不从高高的议会讲坛号召群众奋起反对这些恶行。可以说，党除去议会和资产阶级宪法的渠道之外，并未寻求别的途径。没有什么能像这个事例一样充分说明宪法拜物教的特点：在议员界产生一种想法——向国际联盟呈文，吁请实现捷克斯洛伐克政府承诺但未予兑现的喀尔巴阡罗斯的自治。在捷克斯洛伐克曾经有过、现在某种程度上仍然有着与其幅员和人口数量相比十分众多的失业者。数十万失业者没有组织起来,除了议会的和宣传性的活动之外,在这方面没有进行任何系统性的工作。由于对待统一战线策略的态度不明确,这种策略在有些地区被作为机会主义的手法来运用,在许多集体自治机关中,共产党党团借口统一战线而奉行与社会民主党共同的政策。对待统一战线模糊不清的态度,在一些地区甚至导致与社会民主党合流。妇女运动和青年运动被弃置不顾,甚至对其抱着敌对态度。

"无产阶级专政"和"夺取政权"等用语几乎从捷共的宣传语汇中消失得无影无踪。在农民问题方面最近才多少做了一点事情,而民族问题方面可以说毫无作为,而且对两个问题的阐述只是停留在宣传鼓动的意义上,而不是在积极革命的意义上。党在国内(斯洛伐克和喀尔巴阡罗斯)形势的紧迫问题上现在只是迈出了第一步,其实上述地区的组织多年以来早已要求为解决这一问题而斗争。在数次国际会议上通过了一系列关于捷共任务的决议。但是为贯彻这些决议却什么也没有做。党根本未对不合法存在做好准备。它没有开展反对军国主义的工作,没有对国内战争的思想和组织准备采取任何步骤。它的全副精力都集中在完善机关和争取新的居民群体。对于增加党的活力没有做出任何一点尝试。党员群众在迅速成长,但是先前的和新争取到的群众未能用共同的斗争团结起来,存在着一种危险:在遭遇资产阶级大举进攻之时,大量集结的群众会完全解体,结果成为更糟版本的保加利亚。因为自发地涌进党内的群众只不过是用宣传的手段联合在一起的。对俄国党和德国党而言,正像对整个共产国际一样,捷克斯洛伐克是否有共产主义的群众组织或者真正的共产党,不可能无关紧要。即便是这一事实也不可能无关紧要:党的官方报刊将资产阶级国家首脑马萨里克描绘成一个愿望良好、但被蹩脚的顾问们引入歧途的人。在这种情况下,还可能带领群众投入与国家的斗争吗?如果布尔什维克说,克伦斯基是个好男子汉,只是他的顾问们糟糕，俄国的无产阶级群众还会听从布尔什维克反对克伦斯基的号召吗？诚然，捷克斯洛伐克的群众在一定程度上已经摆脱了他们的小资产阶级、民族主义、和平主义的幻想，一致信任共产党。但是，一旦群众对它感到失望，那就会有致命的后果。党内表达了一种担心：要是我们加快党的工作的速度，党就可能失去与群众的联系。然而真正有丧失与群众的这种联系的危险恰恰是在这样的情况之下，即如果我们保留原有的路线，如果党不带领群众进行斗争，如果它在国际工人运动的迫切问题上抱着与己无关的观点，就像现在对待俄国和德国问题所采取的态度那样。

代表团多数派指责我们搞派别活动、违反纪律和持反对态度。然而这里所讨论的一些问题在党内根本不曾开展过辩论，单凭这一点这种指责也就无从谈起。党员们没有机会采取一定的观点。世界代表大会之后的讨论必将证明，加入捷共的工人群众会团结一致地坚决追随共产国际。斯洛伐克和喀尔巴阡罗斯已经不止一次地证明，它们懂得共产主义运动在全捷克斯洛伐克的必要性；因此红色斯洛伐克和喀尔巴阡罗斯一直在奠定共产党的基础，直至共和国的全体工人群众在一个统一的共产党内团结起来。匈牙利没有共产党严重地影响我们党，特别是在斯洛伐克和喀尔巴阡罗斯。为了捷克斯洛斯克革命运动的利益，共产国际应当促进匈牙利共产主义运动的恢复。

同志们，最后我必须说，共产国际有义务让捷共走上正确的道路，促使其从群众中获得对一个问题的回答：他们是否愿意与共产国际及其各支部共同沿着为夺取政权的斗争进行思想和组织准备的道路前进，沿着反对机会主义的毫不妥协的无情斗争道路前进，他们是否愿意成为一个坦诚的共产主义的、布尔什维主义的党，抑或依然愿意作为现今这样一个平庸的回避斗争、回避直接反应的群众组织？我们并不怀疑，渴望斗争的捷克斯洛伐克群众一定会作出明确的回答。在喀尔巴阡罗斯，党的选票上除了"第三国际"这几个字之外，还有"莫斯科国际"的字样。喀尔巴阡罗斯的工人和农民知道，他们投出自己的一票，并不是信任一个温和的只会宣传的充当议会反对派的党，而是置身于一个曾经认真准备斗争、手持武器夺取了政权的党的领导之下，这个党现在正在昔日沙皇的都城为完成在全世界夺取政权的任务而工作。

博克（加拿大）：

同志们，我谈谈加拿大代表团的意见。我们同意大多数人对俄罗斯问题的看法，并赞成共产国际针对德国问题的活动。

我们大体上赞同季诺维也夫同志的报告，但是觉得，其中对涉及英国党以及操英语的那些党所给予的关注不够。如果承认德国的形势是共产国际的直接的核心问题，那么我希望，大家也都会同意，操英语的各个国家的形势正迅速成为国际革命运动的核心问题。让我们加拿大人感兴趣的主要是两个讲英语的国家。在我们的运动中，英国工人运动的思想影响始终与美国工人运动的组织力量进行着斗争，总的政治倾向因为都表现在工党的活动之中，所以几乎完全处于英国的影响之下，同时工会运动由于完全建立在美国的运动之上，便直接反映出美国的影响。既然我国的工党和我国的一般政治组织都是从工会中成长起来的，我们便会发现，它们总是处在不断的冲突之中，如果不适当协调两个国家对统一战线策略的阐释和执行，那么加拿大工人运动的主要积极因素便会处于不安状况和不断的相互摩擦之中。

这里有些人说，共产国际运动的两个中心问题是统一战线和工人政府。马克·马努斯同志说，这些问题无关紧要，我们的问题在于要造就一个群众性的党。不过在我们看来，统一战线问题构成创建群众性政党问题的一部分，因为创建群众性政党这个目的本身便包含着统一战线策略的运用。

我们也遇到这些基本任务，但我们意识到，创建群众性的党将是正确运用统一战线策略的结果。我们希望，经过关于统一战线问题的这些争论和思想冲突之后，我们会变得坚强起来。但在讲英语的国家里解决这个问题取决于工会的积极性。在大部分讲英语的国家中统一战线，只是在政治领域才毫无价值。

这里已经指出，我们的党应当将在组织上加入工党而在思想上置身其外作为一个任务。然而单单这样做还不能解决问题。无论怎么说，加拿大党在思想上从来不曾与工党协调一致。它在思想上始终处于工党之外，不过我们至今仍不理解统一战线的结构和组织形式的意义。我认为（而且我的想法得到整个加拿大代表团的赞同）这也是英国同志们的弱点之一。在大多数讲英语的国家（一定程度上在英国和加拿大也一样），统一战线组织形式的结构表现为代表制组织、劳工代表委员会和这二者的混合委员会。可以对代表委员会产生重大影响。我们已有对代表委员会进行思想和组织领导的经验。但是监督和管理代表委员会并不意味着让群众更加革命化。在大多数情况下，思想影响不超出代表委员会的范围。我们必须注意到，既然在讲英语的国家里工党是由加入这些组织的工人群众创立的，就只有最积极、坚决的工人才对政治组织的工作感兴趣。如果我们希望从统一战线的口号出发变得强大起来并造就群众性的政党，就应当明白，还需要有比思想影响更多的某些东西。思想影响非常重要，这点我们懂得。但是我们也应当注意策略和组织的各种细节。比如，我们认为，当代表委员会还是能发挥作用的政治组织的时候，斗争的中心和对工作关注的中心就应放在车间和地方工会。要是我们希望利用统一战线，要是我们希望从统一战线的口号出发，将这些组织发展到群众性政党的规模，那么我们就必须将我们在代表委员会中的工作建立在车间和地方工会的工作的基础之上。如果时间允许的话，我可以举出从我们在加拿大工作中得来的一两打例子。在我们的采煤工人的各种组织之间，有一些按矿井设立的分部。共产党的每一个地方分部都由在煤矿里干活的采矿工人组成。许多铁路分部则由在同一工务段或铁路车间干活的人员组成。同样情况也存在于金矿的工人营中。

另一方面，在别的一些州，在组成人员更为多种多样的新工业中心，那里虽然有社会民主党的根据地理特征组成的分部样式，但我们的生产分部无论在数量还是思想方面都走在前面，在它们所诞生的每一个点上逐渐成为当地工人运动的领导因素。在我们的分部大多按照车间、工厂、矿山建立的地区，不仅我们的党特别活跃和坚强有力，而且工党也同样活跃而坚强有力。在那些地方，工党比在它存在了两三年的地区更为积极。我要顺便指出的是，加拿大工党在加拿大的10个省中的5个省内以联合会为基础开展活动，它几乎完全是由加拿大共产党建立起来的。

我深信，特别是对美国、加拿大和英国而言，解决正确运用统一战线问题的办法不仅仅在于加入工党，不仅仅是组织上加入而思想上分歧，而且主要是在按车间建立分部的基础上进行重组，并且与工会中少数派的活跃运动相结合。

这就意味着，你们在车间中所进行的宣传鼓动会在我们的地方运动中获得反映，而二者本身又会在加入工党的我们的代表委员会中产生反响和回应。这样一来，我们所开展的两个思想体系的斗争就会让普通工人群众参与其中，使我们得以巩固和发展我们的力量。否则，成为工党成员也会像置身其外一样徒劳无益，因为关心事业的积极主动而又精力充沛的工人都了解正在发生的事情，了解我们的纲领和工会反动官僚们的纲领。

在加拿大，我们还面临着另外一个问题，它不仅关系到英国党，而且直接与美国党相关，如果注意到美国的领土面积，工人们不断地从加拿大流动到美国又返回，大量的美国书籍供加拿大人阅读，如果注意到美国的运动由于这种情况在很大的程度上影响到加拿大的工人运动,那么,清楚明确地解决这一问题便极为重要。这个问题就是工农政府的问题。这里大家都断言,工农政府乃是工人专政、无产阶级专政的同义语。但是休想我们能将这个论点运用到加拿大或北美洲。加拿大的农民工人政府只能是自由工人政府,不会是别的。在我看来,加拿大的农民工人政府甚至会是像现今的英国工党政府那样明显的工人政府。我们面临着一个问题:是农民工人党呢,或者只是农民工人协会?加拿大的农民数量相当可观。我们可以看到,1919年加拿大的9个省中的4个省里都是工人政府。1921年的联邦选举中,各农民组织将56名成员送入了联邦议会,与此同时工人组织却仅仅送入3名。农民们有自己的特别的组织,为数达10万人,组成一些有着某一类具体要求的严密的政治团体,然而它们却不是革命的。让它们感到愤怒的只是高额的运输税和粮食储存公司以及交易所在他们的粮食上赚得比应得的更多的那些手法。但是他们无论如何也不是革命的。甚至农民组织中最激进的组织所通过的决议,也只是要政府铺设一条新铁路,以降低粮食货物运往大西洋海岸的运费。我们都知道,问题并不在于我们是反对还是赞成统一战线,我们知道,我们应当有统一战线,但是有一个问题本次代表大会应当加以讨论,这个问题就是:在统一战线策略的运用过程中对我们应当施加哪些限制,我们可以用统一战线的口号做些什么事情,在我们的环境下应当如何正确地运用统一战线。

至于美国的工农政府问题,则问题在于,我们是建立一些工人政党呢,还是让工人政党与农民组织结成联盟,如果决定走上结盟的道路,我们朝着这个方向可以走多远?代表大会就这两个问题作出决定会具有巨大的意义,主要是因为这会涉及农民,同时也是因为这会导致在北美要么建立一个新的保加利亚或德国,要么造成一种有别于它们的局面。还有一个问题也是代表大会应当解决的,我认为执行委员会的报告本来应该提一提这个问题。这个问题涉及英国共产党及其在英国的殖民地和殖民地各党中的工作。要是它们在思想方面同心同德并且拥有一个共同的纲领，那么殖民地的各党就能在许多情况下都对英国党起到促进作用，同样，英国党也能对殖民地各党起促进作用。但是只有英国和加拿大两国共产党之间的工作必须协调一致，有利于完全独立自主的倾向才会占有优势。这应当像在工会会员范围内所做的那样去进行。我们深化了工会运动内部的自治要求。这一要求注定会成为将来的一个伟大口号。这种自治会有助于我们，但更加有助于英国党。如果这个问题能得到正确的解决，则美国和加拿大的共产党都可望获得迄今未曾有过的进步。现在共产国际已经取得了世界政党的地位，所以我认为，不论德国的局势如何重要，我们所面临的一些问题都需要进行更为广泛的讨论和更加深入的分析，并要求我们不得不具体解决统一战线的运用问题。

贝尔（德国）：

同志们，由于我的时间有限，我不可能着重探讨第五次世界代表大会所讨论的所有国际问题。我仅仅分析几个单独的问题，首先是博尔迪加同志昨天的报告。德国党和德国代表团希望意大利问题在本次代表大会上能获得解决，因为意大利的事件近日证明，法西斯主义已猖狂到了极点，意大利党在最近的将来必将面临一些十分重大的问题。

再略为谈一谈保加利亚党。依我之见，保加利亚的同志们在去年忘记了马克思的有关教导：革命党可以与各种小资产阶级政党共同斗争，只要它们愿意为革命工作即可，哪怕是间接地工作也行。保加利亚的同志们忘记了马克思的这个教导，从而导致他们的党遭遇失败。

再谈谈怀恩科普同志的发言。昨天他在一定程度上让自己充当了发现美洲的角色。怀恩科普同志在自己的发言中将革命的重心从中欧和东欧移到了英国和美国，仿佛这两个盎格鲁-撒克逊国家现今在某种程度上已是充满了无限的革命机会的国家。进行这次重心转移的不是别人，正是荷兰党，它对一切都了如指掌，国际资本的积聚就在它的眼皮底下发生（鲁尔的煤炭与洛林的矿石相结合），建立了蒙大拿康采恩，这是大陆上日渐成熟的资本主义对抗性矛盾的基础。英国政府和法国掌权的小资产阶级政府联盟所推广的和平主义计划，只不过是已经开始的军事准备工作的挡箭牌。英国国防大臣的说法是，英国的未来在空中，法国所建立的空军足以遮天蔽日——所有这一切都证明，这两个国家为了让鲁尔问题也按照它们的意愿解决正在进行武装。

简单谈谈那些从"十月的牺牲者"方面对德国党进行的责难。有一句俗语说，对牺牲者只能说好话。但是我们应当就拉狄克和布兰德勒同志所说的话提出几点意见，他们谈到了德国的局势，说党的现任领导人对各种经济和政治问题漠然置之。拉狄克声称，德国党对所谓专家方案没有作出反应。德国党在自己的整个竞选宣传中都以专家方案为目标，在成千上万的会议上都指出过专家方案的后果。中央委员会在方案公布的最初数日内便发出了通报。

其次，拉狄克针对工厂委员会的选举说，选举并非到处都进行得像有利于革命运动所需要的那样齐心协力。与此相反，我要指出的是，只要是我们党能够积极参与工会委员会选举的地方，我们的得票率与改良主义者之比到处都不低于8∶3。不言而喻，在那些斗争持续数月之久的地区，90%的共产党员都被解雇抛到了街头，那里我们便无力取得像其余地方那种程度的胜利。

拉狄克在这里套用斯特来斯曼的一句名言。他声称，必须支持现任中央委员会，因为它可说是德国共产党最后的预备队了。本届中央委员会为共产党员所一致承认这一事实证明，德国党内再也没有改良主义倾向的地位，再也没有在十月事件中将德国党导致失败的布兰德勒及其同伙的地位。

辩论期间布兰德勒大谈德国党的"深入骨髓的幻想"。与此相反，我必须指出，党员们从来不曾抱有任何幻想；相反，在每一种情况下他们都能认清自己的任务。三月抗争之后党员们仍然拥护中央，尽管中央犯了很大的错误，动手的时机选择不当，一开始便抛出了武装起义的口号；党员们当时支持中央，是希望无论如何都要保持党的团结。我们已经在德国党内经历过几次这一类事件了。我想提醒弗里斯兰特的是，十月事件让我们大家都明白了，布兰德勒一伙的发号施令已到尽头，党的领导权只能交到3年期间一直抨击布兰德勒中央委员会错误的那些同志手中。

布兰德勒说，领导1924年整个斗争的并不是共产党，而是社会民主党。我想提一个问题：是谁在一月领导了保卫被占领州活动，是谁领导的莱茵州和威斯特伐利亚的斗争，那里的六七万工人没有任何支援而斗争了长达4—8个星期，还有莱茵煤矿地区，4万矿工毫无外援地进行斗争。这些都是谁领导的呢？我用不着在这里发言为党辩护——议会选举的结局就是证明，这整个斗争正是在共产党的领导下进行的。

关于布兰德勒的中央委员会的萨克森政策已经谈论得很多了。我还想提一提一个缩微的萨克森式投机勾当。在埃森和法兰克福，我们与法国的和其他一些外国的朋友一起开会，寻求开展反对占领鲁尔、反对帝国主义军队入侵斗争的手段和方法。正当共产党员们在十月事件中进行反对分离主义的武装斗争的时候，布兰德勒的中央委员会都干了些什么呢？布兰德勒的中央委员会派出施特克尔参加任务为分离被占领各州的六十人委员会。我们已经声明过，我们兄弟般的法国党一直进行最坚决的斗争，反对分割莱茵州，反对法国帝国主义的政策。党进行了反对分离主义的斗争。我们提出一个问题：共产党参加六十人委员会的目的只能是阻挠分割被占领各州。在布兰德勒中央委员会的授意下，当时流传着一则快讯，其中要求就分割被占领各州的问题进行全民公决。

这就是布兰德勒的中央委员会在被占领各州所实施的策略和政策的一个小小实例!

接下来,布兰德勒又在这里预先进行了散布对现任党中央不信任的尝试。布兰德勒宣称,明年春天的普鲁士州议会选举将会证明,德国共产党已陷入艰难境地。我们一刻也不曾怀疑过,如果这个停滞时期延续,如果我们不能走出沼泽,也许共产党便会失去尚在它影响之下的相当多的群众。我们的任务、共产党的任务应当是这样巩固党:我们今天要准备进行争取工资提高10芬尼的斗争,明天就要能够同工人们一道奔赴街垒。我们就是这样理解我们在共产党内的组织工作的。最近几天,我们又看到了共产党在德国议会里是如何对待反动势力进攻的一个事例。议事日程上已列入大赦政治犯。这次会议上,巴伐利亚前司法部长罗特却说枪毙莱维内是一件大好事。共产党人对此的回应是一跃而起抓住这位司法部长的后脖领子。后来查明,共产党人们离开会场之后,司法部长罗特的无耻恶行甚至迫使社会民主党人罗森费尔德也跳起来显示他的反对态度。

我们就是这样理解我们的策略的;我们想要的不是布兰德勒的消极策略,而是积极的策略,为的是将来任何时候都能组成团结一致的队伍,带领无产阶级的先锋队共产党投入战斗。

阿姆特(美国):

同志们,在季诺维也夫同志向第五次代表大会所作的报告中,有好多问题我都想加以着重探讨,但是由于我的时间不多,我就仅限于谈谈代表大会未能加以应有的重视的话题。这时有些人对我们说,德国的局势是共产国际的中心问题,看来这是对的,但同时却完全忽略了美洲。其实,道威斯专家委员会的方案获得通过并不是因为它仅仅受到英国资本主义或法国帝国主义的赞许,而是因为归根结底它得到美帝国主义的赞同。专家委员会报告所引发的后果将不仅仅会在德国、法国或英国感觉到，而且也会影响到美国的事态。由于美国对这个问题具有决定性的影响力，所以关于美国和美帝国主义的问题应该在已展开的辩论中提到首要地位。我且举出几个与美帝国主义有关的事实。美帝国主义不仅将自己的触角伸向南美洲和加拿大，而且也伸向西印度群岛和中美洲。你们大家清楚地知道，中国承认苏维埃俄罗斯早先被耽延就是美国和法国帝国主义干涉的结果。美帝国主义沿着两条平行线向捷克斯洛伐克和波兰、向近东和远东推进，在德国获得了最高的影响力。赫里欧承诺，在预先未与华盛顿商量的情况下不会采取承认苏维埃俄罗斯的任何步骤。尤兹准备去欧洲，向欧洲帝国主义宣布摩根的意愿。美国正在准备于必要时动员1700万人。全部美国工业数月内将被动员起来，服务于军事需要。这就意味着，我们正面临着战争的前景，教唆战争的正是美帝国主义，必须考虑到这一点。

现在转向另一个问题。对美国，不仅从国外、而且从国内方面都进行了充分的阐述，但对美国共产党的状况却关注不够。邓恩同志在这里声称，党的过错在于对破产农民寄予了太大的希望。如果说对破产农民赋予了很大的意义，那么在这点上应当受到指责的是佩珀。但是我在这方面却和佩珀一致，同意与他分担责任。在我国共产党内有三个派别：左派、中派和公开的机会主义者。佩珀应该受到指责的地方是，他对美国共产党的状况缄口不言，其根据是他让这种状况在美国和美洲委员会都已遭到足够多的批评。现在代表大会正在开会，代表大会应该知道事情的状况如何。是的，我们党内有机会主义者，就像在波兰、瑞典、捷克斯洛伐克和德国党的右翼中，在已经被德共开除的布兰德勒帮派中都有这种人一样。我们党里有一个帮派，被美洲委员会作为第二半国际的余孽加以痛斥。领导这个帮派的是洛尔。德国的同志们大概都知道洛尔，就是《人民报》的主编，他曾与莱维、塞拉蒂一道反对共产国际。

共产国际五周年前夕，洛尔发表一篇社论，顺便说说，他在其中分析这次周年纪念的意义时说了这样一些话：

"新的国际按其方式方法而言是**改良主义的**，虽说它进行斗争并不是为了改良……"

我不懂得这篇文章的雄辩术，但我必须声明，提出这类说法的同志是站在共产国际之外的。

接着，同样是那位同志，在阐述德国的局势时又说：

"每一个密切关注德国事态发展的人都知道，社会民主党首领扬哈格尔在有意撒谎。与德国共产党一样，'莫斯科'现在感兴趣的是不允许在德国发生无产阶级起义。革命常常是违背其鼓吹者们意愿的情况下爆发的，德国革命也是如此。因此我们坚信，要不是共产党及其所组织起来的工人群众的反对和阻挠，德国普遍的绝望和贫困早就演变为革命的爆发了。"

美国的同志们一定会理解和恰如其分地评价这位美国"革命者"的这类思想深刻的说法的。

洛尔对麦克唐纳政府的看法与其他许多人的观点相同，而下面所引的这段话为这些看法提供了清楚的概念：

"我们并不对麦克唐纳的外交政策抱过高的期望，不过也不能说它没有清晰的前景和目标。然而他要做成很多事情却也无能为力，因为自由党人只不过是在等待时机，以便从背后给予工人政府施加叛变性的打击。尽管如此，在他的领导下英国政府的政策不能不是首次尝试与各国人民和解、防止战争、与挑拨和追捕作斗争。"

同志们，我认为发表诸如此类的文章的那位同志不仅是麦克唐纳的同事，而且是其机会主义的应声虫。

党中央对这种机会主义的说法都采取了些什么措施呢？以福斯特和邓恩同志为首的多数派所领导的中央委员会允许洛尔发表这类文章。少数派则像对待任何中央委员会一样，要求其表明对待第三国际和对待这类机会主义征兆的态度。然而多数派让事情毫无进展。共产国际在关于美国问题的决议中宣布，美国党应当批判第二国际和第二半国际残余之类的思想意识，为达到将其根除的目的而进行不懈的斗争。

现在谈谈美国的农业危机。邓恩硬要人相信农业危机正逐渐失去其意义，因此无须与农民结成统一战线。这已经是在回避对美国农业危机的完全无知，并且与季诺维也夫同志的报告的矛盾，报告中说了这样一段话：

"农业危机为我们的宣传提供了有利的根据。许多党至今没有弄清楚农业问题的重要性。"

同志们，美国党内有一个佩珀同志所领导的少数派，他曾向你们讲明美国农业问题的重要性。这种危机让两个国家深受震撼：苏维埃俄罗斯和美国。如果你们现在考虑到美国农民的处境，如果你们回忆一番千百万农业人口曾流入城市，在那里被工业化、被无产阶级化，陷入贫困状态，如果你们注意到目前美国的千百万农民能生活在自己的农场里只不过靠的是银行家的善心，如果你们得知国家根本就不试图收税，银行家也决不企图获取利息，因为他们知道眼下谈不到什么纳税或支付利息，只能以希望两三年之后情况会略有好转来聊以自慰——如果你们了解这一切，那么你们便会明白在存在着这类危机的时候，共产党的策略应当是什么样了。我们对这些群众的责任就是帮助这些正在为反对资本主义、托拉斯、金融和铁路寡头而斗争的农民。我们有义务做出让步，以吸引他们与工人们和直接与我们共产党人共同行动。

而"工人党"、美国共产党在吸引农民加入工党的行列这一问题上的态度又怎么样呢？党的正式声明是这样说的：

"工党的发展要具备这样的条件才有可能：它不是所有的人和每一个人的

党,而是阶级的党。这并不意味着工党不应当包括劳动农场主即农场承租人和处于抵押状态的农场所有者。这从未来的工人阶级的观点看来会是一个极大的错误。工党要取得胜利的最重要条件之一就是增加农民与工人的紧密合作,这在美国早已成为传统。"

同志们,现在让我们看看被邓恩同志所否定的美国农民和工人运动处于何种状况。去年举行的党代表大会和与本次世界代表大会同时举行的另一次党代表大会给我们提供了什么呢？10万纽约工人建立了纽约州农民工人党,同时应当指出的是,这个农民工人党分部完全是由工人组成的。明尼苏达州工党征集到将近35万张票；其中有一个有组织的工人团体,将农民工人党完全置于自己的监控之下。更准确地说,在明尼苏达有14万产业工人,在华盛顿、宾夕法尼亚有2万,在纽约有10万,他们全都加入了这些州的农民工人党。不过也有这样的一些农民工人党,主要是由农民组成的。有一个事实引人注目：蒙大拿州的农民工人党是由邓恩同志建立的,其组成人员主要是被他所否定的那个阶级,具体地说就是农民。我们还有另一个党——伊利诺斯州农民工人党。在即将举行的选举中,新党的敦坎-麦克唐纳将被推荐为总统候选人,他是由伊利诺斯州的10万矿业工人选派到代表大会上的。我们完全清楚地了解,工人应当对农民具有领导地位,领导权必须掌握在工人手中。但是我们也承认,农民必须参与以美国创造的传统方式亦即农民工人党的方式与我们所造成的联盟。

现在转而谈谈经济危机的问题。我不想说邓恩同志对美国的形势估计不足,不过瓦尔加同志引用了一些统计资料,我现在要加以补充：他完全忽略了一个极为重大的现象,这类现象不仅对于美国共产党的活动,而且对于新的农民工人党的成长都非常重要。

去年年底,或者准确些说是今年年初即1月初,所举行的党代表大会的情况如何呢？佩珀同志断言，鉴于国内的局势，共产党应当关注失业现象。这个问题在代表大会上引起更加急切的争论。二月里局势变得更加危急的时候，佩珀同志重新提出已被党的大多数人所否定的提纲。但是上月多数派公布了自己的提纲，其中都说些什么呢？我同意瓦尔加同志的看法，中央委员会不仅赞同资产阶级的幻想，而且走得更远，不相信现在连资产阶级都已承认的东西。上述多数派提纲中关于危机可能开始的日期都说了些什么呢？

"我们深信，工人阶级在最近期间不得不遭遇大规模的失业。这并不意味着我们一定想说，这种事会在1924年夏天或者1924—1925年冬天到来，要么说这不可能拖延到1925年夏天。"

昨天瓦尔加以统计数字证实，失业人数已达数百万之众；正如4月间反动分子龚帕斯承认的那样，失业现象正在变成美国的一个严重因素，同样是那个龚帕斯甚至建议工会发行募捐邮票以帮助失业者；同时资产阶级却不喜欢把形势描绘得太阴暗。因此对共产党中央执行委员会而言，对失业的后果不闻不问，回避采取与失业现象进行斗争的措施，在这里的世界代表大会上说这些后果无关紧要——这一切都意味着没有意识到共产党的责任。《纽约编年史家》（今年6月2日的一期）写了些什么呢？瓦尔加同志根据统计数字证实，钢铁工业仅仅生产了它所能产出的60%—65%，《纽约编年史家》则报道说：

"许多大企业主所生产的仅仅是其正常产量的50%。"

同志们，如果资产阶级都承认他们开工仅及负荷的一半，那么我们可以相信这个负荷还要低。接着《纽约编年史家》又说：

"企业主削减了他们支付凭单的5%。他们得出的普遍结论是这样：西部各州的农业正经历萧条状况，债务方面亦已破产；工业指望倾销而过度扩张；改善国外市场状况的希望渺茫，对工资的指望未免夸张，最终就是，生产下降，消费下降，盈利下降，对工作的希望下降。"

同志们，眼看着 20 万矿工闲着无活可干，8 万人罢工，30 万人每星期只有一两天有活干，最近 6 个月期间 22 万铁路工人被解雇，汽车工业减产至 25%，采煤量减少至 25%，有些地区甚至减少至 10%，数十万纺织工人被赶到街头——眼看着这一切，党应该采取些什么措施呢？直至 4 月 5 日（我所收到的最近一期《工人日报》所标注的日期）我们的中央机关都只字未提与失业作斗争、建立失业工人委员会，闭口不谈与美国大规模的失业现象相关的活动。

我要强调的是，美国共产党一直未考虑农业危机和失业现象，结果对我们生活中的两个最重大的事件不闻不问。

同志们，我很遗憾，时间不允许我探讨季诺维也夫同志报告中涉及的其他问题了。

泰尔尼克（德国）：

同志们，德国代表团对这一事实表示欢迎：即由于昨天博尔迪加同志的发言，讨论重又采取了原则性的立场。许多参加讨论的人的发言都给人一种印象，仿佛在他们看来，交付讨论的只是一些个别的同志、个别的党的个别的错误。我们认为，提交讨论的那些问题不仅是共产国际的策略问题，而且是共产国际的基本原则、**列宁主义的基本原则**的问题。如果我们分析研究一番共产国际右翼的某些代表人物所作的声明，我们便可以确定，问题并不是批评某些策略性的措施，而是这些发言是在反对列宁主义的基本原则。德国代表团之所以希望各个党对这个问题表明态度，不要像捷克和波兰代表团那样仅限于发表圆滑婉转的宣言，原因就在于此。

这些原则性的问题是什么呢？首先，列宁主义、革命的马克思主义的一个基本问题是，共产党必须在资本主义制度之内进行斗争，但**目的只能是准备和组织革命**，法兰克福党代表大会上我们明确地作过表述的基本原则就是如此。我们终于看到拉狄克（不久之前还是执行委员会主席）采取了敌视这一列宁主义原则的观点。我们明白拉狄克同志为什么坚持这个观点：因为1923年8月之时，不仅执行委员会，而且德国的整个无产阶级都看到，我们正面临夺取政权的斗争，他在《红旗报》发表了一篇题为《德国资产阶级的崩溃与德共的任务》的文章，文中他说德共的任务是将**千百万工人组织起来**。我与一位波兰同志存在着争论，这位同志说，在这种情况下的确可以组织起百万成员。我这样回答他："当然，如果党宣布这样的口号：**一切权力归无产阶级**，那么它在这种情况下是能够组织起百万成员的，但是，如果问题涉及夺取政权，而党却提出组织百万成员的口号，那么它就得不到这百万之众。"在布兰德勒发言期间，某些尚没有经验的同志也许会认为他无论如何也不可能是机会主义者，因为他讲述了自己进行非法的秘密准备工作方面的可怕故事。这些所谓的非法准备正是**机会主义必要的反面对照**。如果在革命的形势下党提出的不是明确的革命的阐述，而是民主主义的改良主义的口号，那么它就不可能在工人群众中提出武装斗争的问题，它就不得不在地下小组中讨论武装无产阶级的问题。因此毫不奇怪，布兰德勒伟大的军事计划在党内并未受到特别的赞许。既然党的里里外外都没有将目标定为革命的起义、夺取政权的斗争，群众也就不可能理解这套军事把戏的意义。现在领导我们的是将夺取政权的口号置于首位的中央委员会，每个工人也都明白需要着手进行技术性的准备。布兰德勒力求背着无产阶级，以偷偷摸摸的民主主义的方式进行革命，并不向工人们透露我们在准备无产阶级革命。这样的改良主义政策理当遭到破产。其次，我们还听取了**克拉拉·蔡特金**同志的长篇报告，其中大谈群众的自发性，从而我们再次可以确认，**关于党在革命中的领导作用的列宁主义的基本原则**并未得到理解。她说，如果在无产阶级中确实有着群众性的革命意愿，那么无产阶级便会违背党的意志进行革命了。更严厉地批评党的所作所为一般说来不太可能；因为这会意味着所谓的共产党在1923年10月所起的作用，就是1918年11月改良主义的社会民主党所起的那种作用。蔡特金引用来作为对比的1918年11月的形势究竟如何呢？当时这个党里有一个确定无疑的革命的反对派斯巴达克派，它自觉地领导着斗争。然而正是因为还没有一个布尔什维主义的群众性的党，无产阶级才未能夺取和保持政权，胜利才归于了资产阶级民主主义的反革命派。

要是现在有人对我们发表讲话，像我们重提我们尚不懂得列宁主义原理的1918年之时的观点，那么这就是对共产主义的修正，我们无论如何也会参与其事。群众一直期待着我们发出信号，他们之所以未能参加斗争，就是因为没有等到信号。如果根本没有党，群众就会自己发动斗争并被打败；然而由于存在着党，他们以为它会带领大家投入斗争，由于它并未发出信号，群众也就没有展开斗争。正当群众急于投入战斗之际，中央委员会却发出通令称，形势对我们不利，资产阶级获得胜利之后必定会自行瓦解的。事情未能发展到我们翘首企盼的斗争，完全是因为共产党的领导机关以这种方式让已准备好斗争的群众产生了错觉。尽管克拉拉同志往日曾有着种种功绩，我们还是应当对她说，我们坚决拒绝这种观点并要求代表大会明确表态反对这类见解。

塔尔海默同志说他反对共产国际干涉德国党的争论，赞成党的领导的连续性。这是在暗示，布兰德勒中央委员会的领导人那样的一些"**布尔什维克老战士**"退职之际，正值俄罗斯的所有布尔什维克老战士在德国党的支持下保住了领导角色之时。这种比较并不完全符合事实。我们公开明确地支持俄国党中央并不是因为它是一些老革命战士，而是因为它是一些布尔什维克老革命战士。十月事件中我们撤换了我们的老革命战士，因为他们证明自己并不是布尔什维克战士。

现在谈谈某些支部和总的局势。

人们都在谈论和平主义民主浪潮。在讨论中发言的某些人已经证明过了，在德国谈不到和平主义民主浪潮，更可能谈论的是法西斯和平主义浪潮，无论这听起来是多么奇怪。贯彻执行专家方案、与法国资产阶级达成导致最残酷地剥削无产阶级的协议，这都需要极其残忍的资产阶级专政。诚然，从这一点还得不出关于法西斯主义战胜了十月共和国的论断——相反，可以预料的倒是两个最强大的资产阶级政党（德国民族主义党和德国社会民主党）彼此团结合作反对无产阶级，以及在"民主"共和国范围内的资产阶级对无产阶级最严厉的专政——德国的形势就是如此。我们已经提出过了，目前群众斗争的浪潮正在高涨。很可能在可以预见的将来我们会重新面临决定性的革命战斗。因此我们极为关注各邻国革命的准备情况，希望各兄弟党能对德国革命给予积极的支持。

有人肯定地说，我们在捷克斯洛伐克已经赢得了无产阶级的大多数。如果这是真的，那么我们的注意力的中心就不应该放在争取新的群众上，而是要专注于动员已经追随共产党的群众投入斗争。从捷克代表团多数人的发言中可以看出，他们还不明白我们说他们缺少积极性是什么意思。他们给我们提供问卷调查、建立书记处的报告，却不告知可以不依靠竞选斗争而采取的具体的政治性革命行动。捷克党大谈他们开展了揭露行政当局行贿受贿行为的斗争。这是一件好事。但是接下来出什么事情了呢？资产阶级以针对报刊的特别法令和废除议员不可侵犯权来回应，我们的捷克同志则在议会发言中就废除"新闻自由"和侮辱"议会尊严"表达自己道义上的愤怒。为唤起群众性的抗议行动却什么也没有做。只有在这样做了的情况下，整个揭露当局行贿受贿的运动才会具有革命意义。由于这种种原因，事情便很清楚了，无论捷克党还是波兰党都未能理解俄国和德国辩论的全部政治意义；所以它们才避免采取明确的观点。

怀恩科普（主席）：

同志，您的时间早就到了。

泰尔尼克（德国）：

谁也不代表的其他一些同志讲的时间都更久。

怀恩科普（主席）：

今天所有的同志都遵守了分配给他们的时间。代表大会的决定就是如此——3点钟必须结束会议。

弗赖穆特（德国）：

照章办事。既然谁也没有派他们为代表的一些同志都能讲几个小时，我建议再给这位发言人10分钟。

（法国代表团赞成德国同志的提议）

怀恩科普（主席）：

延长时间。

泰尔尼克（德国）：

季诺维也夫同志已经提到了古拉同志的一篇文章，其中有几个地方对捷共的观点而言颇为典型。该文中说：

"在俄罗斯的那场辩论中，所涉及的是一些只有通过俄国党自己的力量才能解决的问题……比方说，如果来自布拉迪斯拉发的同志们赞成托洛茨基同志的意见，而布尔诺的同志们则赞成季诺维也夫同志，就丝毫无助于问题的解决。"

这就说明，捷克党至今不明白在俄国党内的辩论中，问题所涉及的是在俄国坚持无产阶级专政，俄罗斯今后是否仍然是世界革命的支柱，它是否仍然会与西方各国共产党齐心协力进行斗争，抑或在俄罗斯国内外必须向资产阶级继续作出让步，对这个世界革命的前哨构成威胁。他们至今不明白这一点。同志们，如果坚持这样的观点，同样就很难理解，德国问题并不在于布兰特勒是不是一个好人，也不在于费舍同志是不是最能干的领袖，而是在于，革命处于高潮的时刻是否可以加入一个政府，这个政府不采取任何措施真正动员群众并带领他们投入斗争，按照拉狄克确切的说法，政府中的那些同志不得不"像傻瓜一样坐在国家机关的办公室里"寻找武器，而不是去动员自己就可以弄到武器的群众。问题并不在于个人。同志们理应采取明确的立场。我认为，这并非偶然：不仅克雷比赫同志，而且无能的社会民主党人的中央机关报《前进报》都认为，最熟悉德国环境的是拉狄克，而不是天真到相信德国具备革命可能性的季诺维也夫同志。尚未确定自己对待这些问题的态度的代表团，特别是捷克代表团，早就应该采取明确无误的观点了。如果我们经常听到说捷克斯洛伐克的群众极为消极，因而在该国什么事情也做不成，那就会完全没有结果。是的，如果捷克斯洛伐克党能证明它已经尝试过各种办法以克服这种消极状态的话——但是我们却看见领导人自身就很消极。所以现在不能像蔡特金同志要求德国那样，要求革命的工人们甚至违反领导人的意愿、越过这些领导人，去投入斗争。

现在谈谈世界形势。有些同志对德国党抱有如下的观点，认为它现在就是这样：德国出现了一些好青年，一些无产者和一些不那么好的青年知识分子，但都是忠诚的战士，准备着哪怕明天便奔赴街垒；以失利告终的一场斗争已经过去，但他们根本不了解世界形势，他们以为革命明天就会到来，因此他们的行为极为激进。

同志们，我们完全开诚布公地说——我们面临着**两种前景**。我们在法兰克福党代表大会的决议中这样说；在对德国代表团的指示中也这样说。我们考虑到一种可能性（这种可能性相当大）：**革命在德国迅速发展**，从而在整个欧洲蓬勃发展；不过我们也认为有另一种可能性：德国资本主义借助于外国资产阶级根据专家方案所给予的支持而暂时获得稳定，革命运动暂时处于停顿状态。

但是我们的任务仍然是这样：如果民主和平主义的浪潮兴起，如果社会民主党和阿姆斯特丹分子团结起来，如果全世界资本主义团结起来，那么所有这一切都绝对不能成其为共产国际和共产党让自己的策略适应改良主义的借口；相反，**更加有必要**明确地毫不含糊地**与共产党内的取消派倾向**划清界限。正是在我们面临停滞时期的情况下，危险性会变得加倍严重，我们这时候就要力求让共产国际像德国党在法兰克福、俄国党在第八次代表大会上所做的那样，与取消派倾向坚决而明确地划清界限。只有我们明确无误地毫不妥协地这样做，我们才能够说，我们真正以列宁主义的精神召开了这次代表大会，列宁逝世之后的首次大会。在这种情况下，我们就可以骄傲地宣称：我们是世界性的列宁政党。

德菲瑟（荷兰）：

我以荷兰代表团的名义指出，贝尔同志未能完全正确理解怀恩科普同志的话。当时谈论的并不是英国和美国具有无限的革命可能性的问题，而是说这两个国家对资本主义而言有着最主要的意义，从而也对革命的工人运动的斗争具有重要意义。

至于荷兰党，则从1905年起便早已为反对改良主义而进行了强有力的斗争，对此列宁不止一次表示了赞许，而自世界大战爆发以来党又为革命的统一战线而斗争。我们是最早加入共产国际的党之一，它接受并力图实现共产国际的各种决议。也曾犯过错误,但每个斗争中的党都会犯错误。我对一件事感到惊奇:有一位同志将怀恩科普同志与霍格伦同志相提并论,尽管荷兰党整体上不仅同意季诺维也夫同志的讲话,而且也同意在本次代表大会上抨击瑞典党的机会主义的发言。

当年由于哥尔特—潘涅库克的共产主义工人党的反对而在荷兰党内存在的所有困难,都已经完全被我们党的领导机关所克服,这一点在列宁论述左派幼稚病的小册子以及收录在其中的怀恩科普同志的声明中都已着重指出了。现在重新出现的党的策略分歧,亦已在共产国际的帮助下彻底克服。4月间从俄罗斯派往荷兰的执行委员会代表团承认了荷兰党的功绩,将它视为革命的列宁主义的党。

关于塞马温同志的发言,我首先必须声明,译文对其转达得并不完全准确。例如,关于塞马温所说的怀恩科普夸大荷兰党对荷属印度尼西亚运动的影响,对这一运动产生最强烈影响的是俄国革命,我要说的是,不言而喻,俄国革命对各国的党都有着最为强烈的影响。但是早在1911—1912年许多荷兰同志即已积极参与了印度尼西亚的运动。我可以举出斯内夫利特、阿龙、巴尔斯、布林等人的名字,他们后来都遭到政府追捕、流放、剥夺生计。在塞马温引述的1923年铁路员工罢工的时候,我自己在许多次会议上都对政府、对国际反对势力表示抗议,并且阐明了印度尼西亚所发生的事件。我们曾与塞马温一起在30次会议上讨论过印度尼西亚事务,在这些会议上他也对荷兰党所进行的踏实认真的宣传鼓动工作这一事实表示赞成。

马林同志4月间在我们荷兰党的代表大会上同样确认,荷兰党在殖民地宣传事务方面进行了出色的工作。在最近的一次荷兰代表大会上已作出决定,积极着手按企业建立组织,使党布尔什维克化。此次代表大会的各代表团95%都是由工人组成的。我们并不认为议会是最重要的因素;相反,我们将自己的力量主要集中在反对军国主义的斗争、深入群众、将行业大工会改造成为革命的工人机构。

至于德国党，那么在危机之后已经壮大起来，在议会选举中获得数百万票便是它能力巨大的证明。

我希望代表大会能寻求到为共产主义赢得群众的手段。荷兰党也坚持这样的看法：世界革命是可能的，它也定会在最近的将来到来。

洛佐夫斯基（苏联）：

在关于执行委员会活动和共产国际未来策略的讨论中需要回答的一个基本问题就是：

执行委员会的策略是否促进了国际共产主义运动的发展？为了加强我们的各个党并使争取共产主义的斗争变得更强有力，今后应当运用何种方法？

共产国际的目标自从其存在的最初之日起即已确定。至于斗争的方法，则是不断变化的，也应当根据我们需要采取行动时的条件而变化。世界市场的状况，国家和世界经济的分化程度，资产阶级对无产阶级的影响程度，城市与乡村之间的力量对比，改良主义在工人运动中的作用等等，所有这些因素在确定斗争方法时都应当加以考虑。我们必须达到的客观目的是组织革命，凡是能增强工人阶级的力量、能导致改良主义溃灭和让我们接近革命胜利的策略手段，都是好的策略手段。必须从这个观点出发去分析研究统一战线和工农政府的口号。

博尔迪加在他的发言中指责执行委员会的灵活性过大：在他看来，灵活性和伸缩性是执行委员会的主要缺点。博尔迪加对布尔什维主义策略的认识相当奇怪，对国际革命总参谋部任务的理解更加奇怪。共产国际并不是一座静止不动的青铜雕像，也不是一台不断重复同一套动作的自动机，它不可能也不应当像电报杆一样静止不动；它是一个战斗组织，为了达到其主要目的——为社会革命争取群众，它就要常常变换自己的斗争方法。如果一位将军只会遵循战争的"不可动摇的法则"，不能让自己的战略和战术计划适应不断变化的条件，不善于迅速改变自己的部队的布局，进行部署，从进攻转入防御，从露天会战转入阵地战，等等，我们会对他怎么看呢。对这样的将军至少可以这样说：他只不过是一个学徒，而绝不是一位战略家。

如果博尔迪加不是指责执行委员会的灵活性，而是证明这种灵活性妨碍了共产主义运动的发展，那他就是对的。然而他恰恰未能证明这一点；他仅限于指出，灵活性总的说来不应当作为共产主义的美德。我们要冒昧地指出，博尔迪加对布尔什维主义的策略原则的认识完全不正确。布尔什维主义的创立者和战略家列宁为共产国际提供了布尔什维克党的灵活性的足够多的范例。从这个观点出发认真研究列宁的著作和政治活动会对博尔迪加同志大有裨益。那时候他就不会对共产国际的最大功勋进行指责了，他就不会将执行委员会的战略机动视为优柔寡断了。从形式主义的观点出发，可以谈论俄国党在其革命期间犹豫不决。只有充分注意俄共的整个活动便会发现，它那些表面上看似的摇摆不定（军事共产主义、新经济政策、建立贫农委员会又将其撤销）与改良主义所特有的摇摆不定和犹豫不决毫无共同之处。这是真正的名副其实的共产主义策略，也就是在条件变化的时候以新的手段、新的方法遵循自己的基本路线的能力。

如果从这个视角考察执行委员会的活动，我们便会发现，情景并不像博尔迪加所描绘的那般阴暗。从这样的观点去看，共产国际不可能接受仅仅自下而上的统一战线的口号；就像不能接受无论工人阶级斗争的具体条件如何都要将这一策略推广至所有国家的口号一样。

1923年5月在柏林举行了运输业工作人员国际代表会议。这次会议将俄罗斯的工会代表和参加了阿姆斯特丹国际的国际运输业工作人员工会联合会团结了起来。这就是自上而下的统一战线。我要问问德国同志们：这次会议对整个国际共产主义运动、尤其是对德国的运动是有益呢，抑或它只不过是一次庸俗的妥协行为？这个例子已足以使人深信，只有自上而下的统一战线这种因循守旧的定义是不能令人接受的。此外，自上而下的统一战线始于何处又终于何处？企业、工厂委员会、基层工会机构中的统一战线——这是自下而上还是自上而下的统一战线？我觉得，重要的是可以用来将群众在我们的口号下围绕企业动员起来的那种方法，重要的是我们能够掌握的那千千万万工人，重要的是为了将处于改良主义者影响之下的工人吸引到我们一边来而缔结的统一战线是成功还是失败。正是在这个意义上我们在工会中的策略具有决定性的意义。工厂委员会和工会是运用统一战线策略的天然基础，依靠这种运用，争取工人阶级的大多数才成为可能的事。鲁特·费舍在其发言中谈到红色工会国际在工会问题上动摇不定，力图以此说明德国党在这方面的模棱两可缺乏战略性。看来，鲁特·费舍是以这个意见强调红色工会国际，特别是我，在这个问题上执行的是一种有别于共产国际的政策。如果我没有记错的话，法兰克福代表大会前夕和大会期间，共产国际和德国党之间关于我们的工会策略就存在着分歧。但是共产国际和红色工会国际之间对此并无任何分歧。最后，即便红色工会国际动摇不定，德国党无论在表面上或实质上都没有义务效法它，因为党有来自共产国际的清楚明确的指示。我们还会详谈这个问题，我们将以极大的兴趣听取声称红色工会国际对德国党在工会问题上动摇不定负有责任的证据。最后还有一个意见。将共产国际变成统一而强大的布尔什维主义的党是一个十分漫长的痛苦的过程。这个过程只有在这样的情况下才能加快：即如果共产国际的领导核心能够根据情况执行或者右的或者左的（当然是在相对的意义上）路线。它只有在这样的情况下才可能加快：即如果共产国际表现出最大的灵活性，如果它善于适应群众中所出现的各种进程，如果54个共产党都经常积极地日益频繁地参与解决各种**国际性的问题**。国际性的布尔什维主义的党只有通过国际活动才能够建成。

共产国际已经处于这样的境地，共产国际及其支部的活动在即将到来的一个时期内必定能解决这个问题。

瓦西里耶夫（喀尔巴阡罗斯）：

同志们，喀尔巴阡罗斯工人和农民的领导者共产党（掌声）派我前来参加共产国际第五次代表大会，嘱托我向代表大会转达热情的革命的问候，这一问候不仅来自获得胜利的党，而且来自工农群众，是他们取得了这一光辉的胜利，他们将向世界各国的共产党表明，如果给予他们一定的重视，他们就能够成为积极的革命战士。（掌声）

我迟到了，未能按时出席第五次代表大会，未能听到这里所发生的那些争论。但是读过季诺维也夫同志关于捷克斯洛伐克共产党所说的那番话之后，我应当指出，他令人惊叹地准确揭示了党的错误。（掌声）我不知道季诺维也夫同志是否了解我们的共产党员在会议上和私下交谈中都议论了些什么，但事实上季诺维也夫同志讲的正是我们的党员们所说的话。

匈牙利的无产阶级革命遭到镇压之后，一个新的政府上台，它许诺为捷克斯洛伐克的工农无产阶级安排新的生活。现在业已众所周知，喀尔巴阡罗斯的无产阶级又被套上了新的枷锁。捷克斯洛伐克共和国政府执政至今已经6年，喀尔巴阡罗斯的土地却仍然掌握在申博恩伯爵手中，此人拥有25万俄亩土地。（惊呼声："啊呀！"）同志们，你们都知道，在最近这次选举中喀尔巴阡罗斯人民选入议会和参议院的共产党人占40%。（掌声）这一进展显然证明了，喀尔巴阡罗斯受苦受难的人民正在共产党的红旗之下寻求救助。

喀尔巴阡罗斯是捷克斯洛伐克共和国的普通殖民地，该国的统治阶级将这个殖民地称为亚洲。这个区域内的确具备亚洲条件。人民被剥夺了一切，谁都可以剥削他们。喀尔巴阡罗斯的工人和农民成群结队地加入捷克斯洛伐克共产党，希望在它的领导下赢得彻底的解放并建立无产阶级专政。

同志们，我们热爱我们亲爱的捷克斯洛伐克共产党，何况它诞生于我们这样一个小地方，这里仍然保存着匈牙利无产阶级专政的伟大传统，这里常常能听到俄罗斯红军大炮的轰鸣。但正是我们对党的这种爱戴才迫使我们直截了当说出自己对这个党的政策的不满。党没有过问土地问题。它在这个问题上没有任何政治意义上的明确看法，然而土地问题对我们而言却具有决定性的意义。在民族问题方面党也没有任何纲领，而民族问题是喀尔巴阡罗斯人民最具实质性的问题。我们希望能填满苏维埃社会主义联盟的框架。我们希望喀尔巴阡罗斯也进入这个联盟，我们要求自己党的领导人摒弃一切外交手腕，就这个问题发表意见。无需一星期便可以让喀尔巴阡罗斯的工人农民不再流血。这个时候党在做什么呢？它在议会中夸夸其谈，仅仅召开一些会议，而不是号召喀尔巴阡罗斯的工人农民和捷克斯洛伐克的全体工人组织起来，夺取武器，将其用来反对压迫者。

我们要求党毅然改变其现行的令人不能容忍的政策，坚决转而采取行动，这正是对一个革命的共产党的要求。我相信，从代表大会回去之后，我一定会听到喀尔巴阡罗斯的工人农民的同样要求。我们那个地区一直具备革命的形势。应当对它加以利用，而为此就需要让党坚定不移地走上布尔什维克的道路。

同志们，我向参加共产国际代表大会的全体代表发出热切的呼吁：请支持喀尔巴阡罗斯无产阶级艰巨的革命斗争。这会减轻我们的工作，为近期内获得胜利提供希望。革命的无产阶级万岁！

格雷戈尔热夫斯基（波兰）：

在谈到一些问题的实质之前，我必须关注的是，与机会主义进行斗争、与右的倾向进行斗争时不应当掩盖机会主义的真正基础。

我这样说是因为，在辩论中提及波兰党的活动问题的某些同志不是力求从广阔的政治观点去考察问题，而是仅仅停留在一些琐事上。波兰党的错误很多，但是那些指出错误的人所使用的不单有正确的论据，而且也有次要意义的论据。

如果我们真心希望增进波兰党的健康，治愈它的机会主义倾向，那么就需要揭示这些倾向的深层次的基础。这就是我为了这一点而想说的话。

现在谈谈共产国际总的政策。

博尔迪加同志说共产国际的策略中没有明晰的行动路线，他在陈述自己的观点时告诉我们，他是统一战线的反对者。实际上就意味着他是革命的见风使舵的反对者。

同时，博尔迪加同志自己又承认随机应变的做法，声称在工人们的工会和经济斗争问题上实施统一战线是有可能的，这表现在工会、工厂委员会等的中央机关的共同行动之中。

如果博尔迪加同志想要成为一个始终如一的人，那么在这个问题上他就应当得出结论：工人共产党员可以不单是属于仅仅团结共产党人的那些组织。

同志们，布尔什维主义的实质何在呢？

就在于要争取群众，要以革命的方法解决各种政治问题。

博尔迪加同志正是因此而犯下了重大的机会主义错误：既然他已决定加入萨克森政府，他也就不会实行革命的随机应变了。恰恰是在这种解决实际政治问题的过程中，共产国际内部于第四次与第五次代表大会之间的时期在错误理解第四次代表大会决议的基础上出现了右翼。

在谈到波兰党的内部事务时我们应当承认，尽管党有着富有战斗性的过去，我们却未能充分运用革命的随机应变的政策来争取群众。

我们被指责为机会主义。这机会主义表现在哪里呢？就表现在我们没有充分利用局势来开展积极的抗争，没有以革命的精神贯彻统一战线的策略，不止一次为了统一行动而牺牲了实质性的口号和独立自主的抗争行动。我们的机会主义就在于此。

现在谈谈俄罗斯问题。我必须声明，波兰代表团多数派所采取的立场就是**中央委员会**的立场——这是对波兰中央的无条件的支持。这一立场的彻底形成并不是在这里的代表大会上，而是要早得多——在解决这一问题过程中经过两种思潮的长期斗争之后。我非常惊奇的是，我们代表团的少数派同志们并未发表意见以澄清自己在这个问题上的观点。

在对待波共内的反对派方面，我们一直在进行分析，而不是积极参与当时波共内部所发生的政治斗争。从一开始我们便不同意反对派的观点，但在客观上我们的行动恰恰应当解释为对它的支持。我们提出的问题并不是布尔什维主义的党面临着一些什么任务，它应当说和做些什么，我们只是说：同志们，不要把达姆弹射向反对派，射向那些与你们一道斗争的人。这就是我们对待德国问题的态度。在这方面我们也进行的是分析，而不是解决问题。我们的出发点并不是德国党作为无产阶级的领导者犯了一些什么错误，我们并没有指出它的政治错误。我们是分析家，而不是政治家。

我们所犯政治错误的主要原因之一，是我们党的领导核心成分复杂和不够团结。然而对共产党而言，领导之事是最重要的政治问题。

最后谈谈工农政府。同志们，工农政府的口号对于我们具有特别重要的意义，更何况波兰社会党也使用这一口号。我们应当明确地说，工农政府对我们而言就是工人农民的政权，就是无产阶级专政。

不过我相信，我们的党在第五次代表大会的帮助下，一定会沿着共产国际所执行的革命路线前进。

萨穆埃尔松（瑞典）：

同志们，霍格伦同志昨天发了言，他在发言中攻击瑞典的少数派。我要代表这个少数派讲几句话。

霍格伦同志是表面的和圆滑的纪律的杰出代表。至今为止他一直都能够在共产国际的官方路线上站稳脚跟和保持平衡。他经常对"千千万万的提纲"感到不满，但依然一直几乎都是这些提纲的拥护者。他是共产国际中反莫斯科流派独特的典型。表面上霍格伦同志声称，他认为决议人人都应该遵守，不过这种机械的同意在我们的队伍中只能起到抑制和阻碍的作用。我们党的党员们并不是将共产国际视做他们希望形式上归属的组织，而是将共产国际视作行动和斗争的组织。追随我们的工人们这样做是因为他们希望斗争，并且看到共产国际是一个革命的阶级斗争的组织。霍格伦同志的修正意见一次又一次反复出现，刚将它们清除几个月，接着我们又突然见到了它们。很遗憾，这已经不是什么例外，而是极右倾向的一个系统，由于霍格伦同志的革命传统，这些倾向正在变成不小的危险。如果我们少数派反对这种抗拒和修正的政策，我们就被视做处于莫斯科的奴隶般臣服的地位。我们党的一些知名成员养成了一种思想，它类似于1921年在左派社会党内直至中派分子被开除之前曾经存在过的那种思想——这就是对莫斯科持"自由和独立自主"态度的思想。如果对执行委员会提出毫无根据的指责，就被视为特别的英勇行为。最终这种行为必然导致开始将共产国际视做异己的势力，在对它的关系上需要占据尽可能有利的地位。早在共产党诞生之时，霍格伦同志即已开始奉行他的对共产国际的决议抱矜持态度的策略。他反对将党的名称从"左派社会主义党"改为"共产党"，尽管在这次党代表大会上我们已将中派分子开除出党。他也反对明确表述纲领中关于武装无产阶级这一条，当然，是出于"策略性的"考虑；事情总是这样：如果有人想要阻碍一件正确的事，那么从来不会出于原则性的考虑去做，永远只能是出于"策略性的"考虑。我仅仅提醒一下霍格伦同志看待第四次世界代表大会关于集中制问题的决议的观点。霍格伦同志不满代表大会就这个问题所通过的决议,他甚至威胁说要拒绝让他进入执行委员会的委任状。不过我们的党代表大会却赞成世界代表大会的决议。

在1923年的执行委员会扩大的全体会议上,瑞典代表团多数派对有关宗教问题的决议采取了提出修正意见的传统观点;他们至今也没有放弃这个观点。

在关于集中制的问题和挪威问题上,情况也是如此。在这方面他们甚至对瑞典各级党组织的决议也感到不满,便大大扩展了保留政策的范围。

在挪威问题上,霍格伦和斯特勒姆同志提出了一系列与瑞典共产党的决议针锋相对的建议。

挪威党分裂期间,霍格伦同志不顾一切地反对执行委员会。他再次示威性放弃自己在执委会中的权力。在去年11月5日所写的一篇文章中,他未与瑞典党领导机关进行任何讨论便采取了与特兰梅尔分子一致的明确立场。

昨天我第一次听到霍格伦同志承认这些文章是不能容许的错误。

针对霍格伦的行径,党内产生了强烈的反应,强烈到连霍格伦同志也明白了他所执行的政策是何等危险。关于他对挪威党分裂所持态度的争论,于12月在莫斯科这里"被平息",办法是季诺维也夫同志替霍格伦搭桥,顺着这座桥他再一次若无其事地溜进了共产国际。

尽管霍格伦同志实际上在每一个关头都做得不对,他却一直坚持自己的错误,直到昨天所作的声明:他从旅行中回到莫斯科后声称,他什么也没有放弃。他对党内的左派展开迫害,进行清洗。对那些对霍格伦持反对态度的同志,他力图将他们撤职。在莫斯科他当然服从各种决议,甚至还发表宣言表白自己的忠诚。然而他的忠诚能维持多久呢?能维持到跨出苏联国境之时。霍格伦同志昨天再次表白自己的忠诚。但是，同志们，我们并不抱幻想。我们懂得这套老把戏，我们已经对它习以为常。

霍格伦同志在他的报纸《政治报》上开展了一场粗暴迫害瑞典青年联盟的运动。霍格伦同志公开将这个联盟称为"党的内部敌人"、"隐蔽和公开的敌人"、"破坏分子"，等等。事情发展到最近一次青年代表大会之后他竟然宣称，这次代表大会是拿瑞典共产主义运动的团结及其整个未来去冒险。

霍格伦同志昨天说我们一方粗暴破坏纪律。这种粗暴破坏表现在哪里呢？就在于我们没有沉默地消极地坐视我党的多数派毁坏共产国际的威望。霍格伦同志并不是纪律的拥护者，当问题涉及在世界范围内发展和推行集权制时，他也不是集权制的拥护者。他以自己对待挪威党内分裂的态度证明了这一点。他不承认共产国际的集权制，并提出了一系列建议，企图动摇共产国际的纪律。不过他同时却又主张瑞典共产党内的最严格的服从，并且是一名推行无条件服从纪律的极为卖力的斗士。我们觉得，这种类型的纪律仅仅服务于一个目标（绝不是共产主义的目标）——确保霍格伦在党内的统治地位。

当霍格伦同志落入少数派地位时，他便从分权制的观点来论证纪律问题。他在去年的执行委员会扩大全会上发言反对关于宗教问题的决议，其实只有他以及与他沆瀣一气的特兰梅尔、斯特勒姆以及法尔克才是这一错误观点的绝无仅有的代表人物。反对派中只有一位瑞典同志——弗利格挺身而出反对霍格伦，结果此事却被霍格伦和多数派定为违反纪律。他们不仅要求我们遵守组织纪律，而且要我们奴隶般地服服帖帖。他们要我们少数派采取多数派特有的那些错误的观点，否则，你们瞧瞧，我们就是不守纪律的共产党员。

很遗憾，我们的党距离成为布尔什维主义的党还差得很远。我仍然认为，我们党的党员队伍中存在着一种美好的愿望，希望我们的党成为具有战斗精神的真正共产主义的党。但是，同志们，这一美好的愿望不应当被霍格伦同志不断重复的攻击和偏离所破坏。正如库西宁同志所说，我们缺乏革命的行动，党没有为重大的斗争做好准备。现在世界代表大会的各种决议也只是在缓慢地贯彻执行。

唯有在一个方面我们取得不少成绩，具体地说就是"集中制"方面。我们对此十分满意，主动抓紧建立各种规章，不过目的并不是用来反对共产国际。无疑，不同的组织部门之间的平等原则与我们党在政治和革命方面的成熟度正好相互吻合。

现在，正如许勒尔同志所提到的那样，党的中央委员会的多数派委员向少数派发出了最后通牒。最后通牒一直是霍格伦武库中的惯用手段，如果他觉得适合他的战略的话。集中制也常常被作为捍卫多数派模棱两可和动摇不定的倾向、反对少数派的工具加以运用，少数派一贯真诚地为共产国际的领导路线、提纲和决议而斗争，因为他们感到，是共产国际为他们提供了在瑞典开创革命运动的锐利武器。

现在霍格伦同志却说（他这样说不难理解），在我们党内我们之间并没有原则性的分歧，有的只是**"私人问题"**。我们早就料到了这点。

我觉得，我在这里所指出的是我们中央委员会大多数人对第四次世界代表大会关于集权制问题的态度，是他们对挪威问题、1923年执行委员会扩大全会问题、宗教问题等的态度，所有这些全都不是"私人问题"。在各委员会内我们也还将陈述对我们党内的和平主义倾向的看法。

基于所有这些事实，我们不得不持反对立场。我们目前的分歧乃是我们在各种原则性问题上的观点差异的反映。霍格伦硬说原则性的矛盾仿佛已经消失，他力求将所争论的问题由组织范畴转移至私人问题范畴，这只不过是他的策略性手法。

瑞典少数派与季诺维也夫同志一样认为，现在比以往任何时候都需要有一个富于战争精神的共产党，需要有实际上而不是口头上的作为共产国际一条基本原则的纪律。如果这样的铁的（而不是局限于各地区支部的）纪律得到承认，届时目前瑞典共产党内的分歧也必将消失。（掌声）

戈尔斯基（波兰青年团）：

同志们！我的时间有限，我只是很简要地说说我们心中最重要的一些话。季诺维也夫同志批评了波兰党的领导人。波兰共产主义青年代表团（我有幸代表它讲话）认为这一批评是正确的，总的说来对此表示同意。同志们，每一个在艰苦的非法环境中工作的人都应该同意，在这样的环境里更有必要要求领导机关在各种尖锐的政治问题上具有统一的明确的路线，更需要领导机关善于正确地估计形势并据此迅速确定党的方针。显然，在这样的条件下掌舵的应当是一个坚强、团结、革命和布尔什维克化的领导机关。

波兰的经济状况很严重，而且一天天变得越来越严重。波兰资产阶级追求稳定的尝试激发起日益尖锐的阶级斗争。因此现在我们面临一个问题：我们有没有充分的信心迎接即将到来的战斗，我们的领导机关能否胜任这场斗争？

如果我们考察一番我们的领导机关最近数月的所作所为，那么我们就会看到，正如这里大家所指出的那样，产生了些许的向左的进展。但是如果我们仔细看看这一进展，我们就应当承认，它还不够坚定和明确。前面发言的人已经指出，党的第二次代表大会以来形势获得了改善。不过如果我们分析一下在波兰三月经济斗争之前不久举行的领导机关最近一次会议的结果，我们就应当指出，无论对形势的估计还是对待由于德国十月失败而出现在国际运动面前的重要政治问题的态度，都是不正确的。我们应当指出，在有关工人政府的问题上，当时所作的表述既不是对的也不是错的。它不明确,而这是最糟糕的,不知道在这种情况下都可以做些什么。统一战线策略的情况同样如此。它既不是右的也不是左的,同时它又既是右的也是左的,同样不明确。

在统一战线问题上,人家告诉我们说,不允许任何妥协,与社会改良派不能有任何共同的纲领,但同时又留一扇敞开的小门,说在某种条件下允许进行某种合作,允许与社会改良派结成竞选联盟。他们在工人政府问题上也采取了相应的态度。由这种暧昧的态度便产生了各种机会主义的错误,党在各种事件上的错误方针、一定程度上党对待我们的工人运动各种重要事件的消极态度,根源也都在此。因而我们十分高兴地欢迎我们党的发言人克拉耶夫斯基同志以及格雷戈尔热夫斯基同志的声明:从今以后,工人政府对我们而言就是无产阶级专政的同义语和化名。

因此完全可以理解,何以我们青年关切地注视着波兰、波兰党内事件的发展。在讨论党的立场的我们的历次全会上,我们常常尖锐地批评这种立场。所以我们高兴地欢迎某些同志的发言(认为这是反对机会主义的警示信号),他们力求以自己的论点为党注入新鲜活力,为自由辩论创造条件。

因此我们认为季诺维也夫同志所表达的一种想法是完全正确的:必须对波兰党的领导进行纠正、改善和重组。因为正如我们从我们的一些同志的发言中所看到的,他们尚未弄清楚这件事情。有些同志在这里的发言并没有表明这种进展,这种左转已经完全明确地确实发生,已经真正成为事实。

所以青年们希望表达一种愿望,要使这次整顿成为真正激进的行动。我们表示赞成停止对所谓左派同志的一切攻击、一切斗争。我们拥护波兰党的领导重新向左倾斜。我们坚决拥护波兰党的方向盘向左转。

菲亚拉（奥地利）：

同志们，很遗憾，奥地利的党一直未能澄清自己对过去一段时间在共产国际内部所进行的最重要的一些辩论的态度，虽说正是在奥地利有必要就俄国共产党所辩论的关于党的团结的问题采取明确的立场，因为奥地利党在两年期间都一直经历着连续不断的危机，连续不断的派系斗争。

结果，我们便无法在党的最广泛的范围内对这些问题展开辩论。仅仅中央委员会能够澄清自己看待这些问题的观点，既可以在自己的会议上，也可以在报刊上进行。奥地利党中央和奥地利代表团的大多数人都表态赞成俄共中央的路线。

虽然我们并不希望在奥地利党内和俄国党内的派系斗争之间进行对比，但我们仍然必须指出，如果不是中央委员及时而坚决地进行干预，俄共内部的斗争也会导致在奥地利党内出现那样的现象，那样的激烈冲突。

季诺维也夫同志在这里所发挥的关于运用统一战线策略的观点，符合奥地利的共产主义无产阶级绝大多数人的观点。针对奥地利国内在统一战线策略的运用过程中，例如在下议院选举期间，所表现出来的某些倾向，从一开始便进行了最激烈的斗争，因此这些倾向没有在党内得到蔓延。

我们认为前德共中央对统一战线策略的运用是不正确的。对工人的宣传鼓动和思想准备工作不够，一如与社会民主党左派领导人进行高层谈判时没有通过基层的抗争对这种谈判进行巩固不够，所有这一切都事先使得德国同志们变成了自身策略的俘虏，这在萨克森事件中尤其容易得到证实。在我们看来，如果德共中央的同志们当时能够正确地运用统一战线的策略，开姆尼茨代表大会根本不会落得那样的下场。现在已很清楚，由于政治透明度不足，领导机关便无法动员广大工人群众，向他们提出夺权斗争的目标。同志们，很清楚，对革命的组织准备还不足以消除这些政治的缺点,何况与此同时还忽视了政治和经济方面的局部斗争的延续和发展,结果导致党部分地脱离无产阶级的广大阶层。这种政策无可避免地必定会引发普通党员与中央委员会之间的尖锐矛盾。

依我们之见,在这种情况下执行委员会本应进行干预,挽救德国党免于灾难性的崩溃,或者至少避免分裂。执行委员会尤其应当这样做,因为德国党的崩溃对共产国际的其他各个支部都会是命运攸关的,同时会大大削弱共产国际在国际范围内的力量。执行委员会对德国问题的这种干预是正确的,在我们看来,能证明这点的不单是法兰克福党代表大会;这里反对派的不同发言人在讲话中也或多或少真诚地表示,执行委员会的观点是正确的。

现在谈谈工农政府的问题。

同志们,我们认为,萨克森和图林根的事例说明,为工农政府下一个明明白白、毫不含糊的定义是十分必要的。奥地利代表团的大多数人都认为,季诺维也夫同志所下的定义连同布哈林同志所作的补充都是正确的,我们无条件地予以支持。

怀恩科普(主席):

主席团收到瑞典代表团的一份郑重声明。这份声明自然不能作为报告来听取,主席团提议将其记录在案并在简报中予以公布。

有反对意见吗?没有。提议获得通过。

声明的内容如下:

"瑞典代表团坚决不接受库西宁同志对瑞典党缺乏主动性所作的毫无根据的批评。

在失业工人和住房问题上,亦即在近年来最为迫切的一些问题上,党表现了强烈的主动精神,无论在议会活动中还是议会之外都是如此;在已成为目前当务之急的反对军国主义的斗争方面,党在全国组织了一系列群众大会,反对资产阶级和社会民主党的军国主义,宣传拥护革命纲领,拥护工农民兵部队。党的威望无论在政治领域还是工会中都在不断增长——这是事实。库西宁同志完全歪曲地描述了霍格伦同志对丹麦首相斯陶宁格裁军建议的电报报告的评论。霍格伦同志只是证明,连丹麦这位反动的社会民主党领袖在自己的裁军建议方面都比瑞典社会民主党有作为得多;他捉弄斯陶宁格反对布兰亭,自然并不是以此表示与斯陶宁格团结一致。必须大力阻止库西宁同志企图用这类方式损害瑞典党领导机关的威信。库西宁同志是执行委员会分管斯堪的纳维亚的书记。我们很想问问他:他在这个职位上的主动精神在哪里?他试图以何种方式消除瑞典党的"主动性不足"?这是令人很想知道的事情。同样的话也想奉送给我们的挪威同志阿尔维德·汉森,他也借口主动性不足否定瑞典党。汉森同志是新近组建的斯堪的纳维亚联合会的书记。顺便说说,他在这个职位的主动性的特征可以用1月中旬即已在斯堪的纳维亚代表大会通过的宣言来说明,宣言论述了斯堪的纳维亚国家当时的政治和经济形势,他于5月末即过了4个多月之后才寄给我们校正,其时宣言的每一句话都已经过时了。顺带说说,宣言中提到早在宣言写成之前数月即已举行的丹麦议会选举。在挪威金属工业工人冲突的问题上与我们的联系也很不充分。其次,我们要指出,霍格伦同志所写的为挪威共产党辩护、反对特兰梅尔分子的文章,并没有被我们的挪威同志加以利用。汉森同志作为斯堪的纳维亚联合会书记,在教训瑞典、波兰、捷克斯洛伐克以及其他一些国家的支部之前,倒是应该从提高自身的主动性做起。"

怀恩科普(主席):

有反对意见吗?没有。提议获得通过。

接下来,主席团提议由鲁特·费舍同志接替库西宁同志,担任英国委员会主席。有反对意见吗?没有。提议获得通过。

其次,主席团提议任命佩珀同志为英国委员会委员。有反对意见吗?没有反对意见。提议获得通过。

(会议休会)

图书在版编目(CIP)数据

共产国际第五次代表大会文献(1) / 陈新明主编. — 北京：中央编译出版社，2013.12
(国际共产主义运动历史文献 / 王学东主编；37)
ISBN 978-7-5117-1945-4

Ⅰ. ①共…
Ⅱ. ①陈…
Ⅲ. ①共产国际-代表会议-会议文献
Ⅳ. ①D165

中国版本图书馆 CIP 数据核字(2013)第 291997 号

共产国际第五次代表大会文献(1)

出 版 人：刘明清
出版统筹：薛晓源
责任编辑：李媛媛
责任印制：尹　珺
装帧设计：田晗工作室
出版发行：中央编译出版社
地　　址：北京西城区车公庄大街乙 5 号鸿儒大厦 B 座(100044)
电　　话：(010)52612345(总编室)　　(010)52612335(编辑室)
　　　　　(010)52612316(发行部)　　(010)52612315(网络销售)
　　　　　(010)52612346(馆配部)　　(010)66509618(读者服务部)
传　　真：(010)66515838
经　　销：全国新华书店
印　　刷：北京印刷一厂
开　　本：787 毫米×960 毫米　1/16
字　　数：440 千字
印　　张：34.25
版　　次：2013 年 12 月第 1 版第 1 次印刷
定　　价：200.00 元

网　　址：www.cctphome.com　　邮　　箱：cctp@cctphome.com
新浪微博：@中央编译出版社　　　微　　信：中央编译出版社(ID：cctphome)

本社常年法律顾问：北京市吴栾赵阎律师事务所律师　　闫军　梁勤
凡有印装质量问题，本社负责调换，电话：(010)66509618